Le roman
des châteaux de France

*

La liste des ouvrages du même auteur figure en fin de volume

Juliette Benzoni

Le roman des châteaux de France

*

PERRIN
www.editions-perrin.fr

ISBN : 978-2-262-03659-1

Préface

Que serait la France sans ses fiers châteaux qui constellent notre territoire d'un patrimoine historique et architectural que le monde entier nous envie et que les touristes viennent visiter en masse ? Austères ruines qui défient le temps, forteresses patinées par les siècles, manoirs et gentilhommières aristocratiques qui ont résisté à la folie des guerres et des révolutions, les châteaux français sont les vivants témoins d'un glorieux passé et, s'ouvrant toujours davantage aux visiteurs, ils ne demandent qu'à raconter leur histoire. Sillonnant la France des châteaux au gré des tournages pour la télévision de « Secrets d'Histoire », j'ai pu mesurer l'incroyable richesse patrimoniale qu'ils représentent et, par-delà leur rôle essentiel de conservatoire du beau et des savoir-faire artistiques, ils rendent toute sa saveur à la grande Histoire dont ils ont été, souvent, le cadre grandiose. Derrière les lambris et les stucs dorés, les plafonds à caissons, ou les épais murs de tuffeau et les voûtes peintes, il y a la vie trépidante et souvent aventureuse de hauts personnages qui ont écrit des pages du roman national.

Certes, l'histoire est devenue le parent pauvre de l'enseignement, délaissée au profit des sciences dites exactes, mais jamais l'appétence du public n'a été aussi grande pour le récit des grandes heures du passé. Les paroles de l'archiduc Otto de Habsbourg sont restées gravées dans ma mémoire : « Quand les langues se taisent, les pierres parlent encore. » Les châteaux de France sont nos meilleurs livres d'histoire. Ils maintiennent d'autant plus vivante la flamme du souvenir qu'ils sont avant tout des constructions humaines. Des êtres de chair et de sang y ont vécu, aimé, souffert, pleuré, prié, et œuvré sans relâche à leur embellissement tandis qu'ils défendaient un monde ancien, avec ses valeurs familiales et son code d'honneur qui, dit-on, serait englouti aujourd'hui. C'est aussi ce qui fait l'attrait singulier des châteaux, lieux magiques d'une mémoire préservée et réceptacles de toutes les passions humaines : la soif de pouvoir, le désir de plaire, l'art de la conquête, la course à la fortune et la domination. Avec en prime un grain de folie qui autorisait toutes les audaces et les constructions les plus démesurées. Derrière l'histoire de tous ces châteaux, il y a des bâtisseurs au destin hors du commun que Juliette Benzoni nous fait revivre avec talent. De sa plume alerte et précise, elle se glisse dans le sillage des rois, princes, seigneurs ou écrivains qui ont nourri des rêves de grandeur et de gloire, et fait construire leur château souvent pour défendre leur territoire, parfois par amour, mais toujours pour s'ancrer dans l'Histoire. À chacun de ces châteaux s'attache une histoire unique, flamboyante, romanesque, et c'est ce qui explique que ces palais d'autrefois continuent d'être habités, sinon hantés. Il fallait toute la maîtrise de cette écrivaine prolifique qui a rendu à l'Histoire toute sa saveur par ses milliers de romans, pour nous entraîner de Vaux-le-Vicomte à Chambord, de Lunéville à Amboise, de Dampierre à Chenonceau, de l'Élysée à Eu et d'Uzès à Chantilly... Entrez dans la folle aventure de l'Histoire, le roman vrai des châteaux de France qui s'éveillent par la magie du verbe.

Stéphane BERN

Il n'a rien d'un château, guère plus d'un palais en dépit de ses jardins mais, résidence du chef de l'État, il m'est apparu normal d'ouvrir cette assemblée de demeures historiques – et à histoires ! – par l'évocation des aventures tragi-comiques de ce joli bâtiment qui n'en demeura pas moins la maison du châtelain de ce beau pays que l'on nomme la France...

L'ÉLYSÉE

Folies en tout genre

Cette bâtisse trop froide n'a pas été trempée par le jeu de l'Histoire. Trop peu d'événements historiques ! Trop peu d'hommes illustres !

Général de GAULLE

Inutile d'ajouter que le Général n'aimait pas l'Élysée. Il jugeait cette maison frivole et peu adaptée aux exigences du pouvoir. On sait qu'il lui eût cent fois préféré Vincennes, plus inconfortable et plus austère mais plus noble. Néanmoins, il sut s'en contenter sans songer un instant qu'il allait apporter à la demeure de tant d'êtres farfelus cette grandeur qui lui manquait mais qui n'est pas forcément transmissible.

Remontons à présent les siècles.

La construction du palais de l'Élysée, résidence parisienne et habituelle du président de la République, a eu deux causes initiales, totalement différentes et cependant liées l'une à l'autre : un mariage arrangé, véritable mésalliance, et une exigence du Régent. Le premier précédant l'autre.

Dans les toutes premières années du XVIIIe siècle, l'aimable Louis-Henri de La Tour d'Auvergne, comte d'Évreux et colonel-général de cavalerie, se retrouve soudain d'autant plus impécunieux que son régiment représente pour lui une lourde charge. Cette grande disette d'argent tient à ce que ses parents, le duc de Bouillon et Marie-Anne Mancini, dernière des nièces du cardinal

Mazarin, ont allégrement dévoré en folies de toutes sortes une fortune cependant considérable et due tout entière au cher oncle. En effet, la duchesse, ravissante mais acariâtre et débauchée, n'a jamais su garder d'argent. Pour comble de disgrâce, elle s'est laissé compromettre, avec sa sœur Olympe, comtesse de Soissons, dans la dangereuse affaire des Poisons et a dû prendre le large. C'est dire que son époux n'a pas eu la vie heureuse, d'autant que le sort l'a nanti d'un frère, homme d'Église cependant, mais que la charge de Grand Aumônier de France n'a pas guéri d'un goût prononcé pour les enfants de chœur.

Grâce à ce concours de circonstances, l'héritier d'un des plus beaux noms de France, parvenu à l'âge de trente ans, se trouve réduit aux expédients. Et c'est pour tenter de le tirer d'affaire que le comte de Toulouse, fils légitimé du roi Louis XIV et de Mme de Montespan, lui propose un beau matin un riche mariage, et même un mariage fabuleux à condition qu'il ait la sagesse d'accepter un beau-père de basse extraction. Quel beau-père ? Le financier Crozat que l'on a surnommé Crozat le Riche pour le distinguer de son frère puîné Crozat le Pauvre, lequel était déjà passablement riche.

De toute évidence, le nom dut arracher une grimace au jeune comte d'Évreux qui, cependant, n'avait pas lu Saint-Simon : « Crozat était du Languedoc, écrit le mémorialiste, où il s'était fourré chez Pennautier en fort bas étage. On a dit qu'il avait été son laquais. Il fut petit commis et parvint à devenir caissier. Il donna dans la banque, dans les armateurs et devint l'homme le plus riche de Paris. Le roi voulut qu'il fût intendant du duc de Vendôme. Il était glorieux à proportion de sa richesse. »

En fait, Crozat, qui est très habile financier, a surtout fait fortune en obtenant le privilège du commerce avec la Louisiane. Il se double d'un mécène et le bel hôtel qu'il vient de faire construire place Louis-le-Grand (notre place Vendôme) s'emplit de collections où se côtoient Titien, Tintoret, Van Dyck et autres seigneurs d'égale importance, que Catherine II rachètera par la suite.

Secrétaire du roi qui l'a fait marquis du Chastel, Crozat pourrait fournir une copie de l'image élégante du surintendant Fouquet de fastueuse mémoire. Malheureusement, il n'est pas aussi raffiné et surtout il est snob comme il n'est pas permis. Et follement désireux de se faire une place dans une société qui ne semble pas tellement pressée de l'accueillir.

L'idée de marier sa fille à un La Tour d'Auvergne, cousin du roi, lui met la tête à l'envers et lui vaut, de la part de son épouse, une scène en tout point digne de Molière. Car, fidèle au modèle de la sage Madame Jourdain, Mme Crozat, bien qu'appartenant à une excellente famille bourgeoise, n'approuve ni les prétentions nobiliaires de son époux ni les dépenses folles auxquelles il se livre pour « régaler » des gens qui ne songent qu'à profiter de sa fortune.

La scène se prolonge. Décidément, Mme Crozat n'a aucune envie de devenir la belle-mère d'un comte d'Évreux dont on clabaude un peu partout les succès féminins. Mais les lois de l'époque donnent tous pouvoirs au père de famille et, au printemps de l'an 1706, la jeune Anne-Marie Crozat, qui n'a guère plus de douze ans, épouse Henri-Louis qui en a vingt de plus.

Mariage somptueux dans le bel hôtel paternel mais mariage blanc : en échange de la dot royale qu'il reçoit, M. le comte d'Évreux n'accorde à Mlle Crozat que la joie contestable de devenir comtesse. Sa personne, estime-t-il, n'a rien à faire dans cette histoire de gros sous. Au soir de ses noces, le jeune époux salue courtoisement celle qu'il appelle son « petit lingot d'or » et s'en va passer la nuit chez sa maîtresse en titre.

On peut admettre que la mariée est un peu jeune mais l'âge est alors de peu d'importance. En outre, Anne-Marie est loin d'être laide. C'est une jolie fille brune avec des yeux noirs magnifiques et qui en grandissant va encore embellir. D'autant qu'elle a le bon esprit de cultiver aussi bien ses connaissances que sa personne dans l'espoir d'attirer enfin l'attention d'un époux qu'elle adore en silence. Résultat : à vingt ans, Anne-Marie est devenue non seulement une jolie femme mais une grande dame.

Contrairement à ce qui se produit généralement en pareil cas, le comte d'Évreux est peut-être un mari volage, un mauvais mari mais ce n'est pas un mari dépensier.

Tout au contraire. Entré en possession d'une fortune inespérée, il se met en devoir de l'augmenter et, pour éviter les frais, s'est installé dans l'hôtel de son beau-père, ce qui lui évite d'entretenir une maison. En outre, il ne cesse de briguer des charges royales afin d'arrondir son magot. C'est ainsi qu'il harcèle le Régent pour obtenir de lui la capitainerie des chasses de Monceaux.

Or, Philippe d'Orléans, fin psychologue, se prend un jour à confesser la jeune comtesse d'Évreux et, à sa grande stupeur, finit par apprendre que son époux n'a jamais daigné en faire sa femme selon l'amour. Généreuse, Anne-Marie attribue ce dédain au fait qu'elle et son époux habitent toujours l'hôtel du financier et que cette cohabitation rappelle trop quotidiennement ses origines plébéiennes.

Fort de cette confidence, le Régent convoque le mari récalcitrant et lui tient à peu près ce langage : « Vous aurez votre capitainerie et je vous en porterai le brevet moi-même quand vous habiterez un hôtel vous appartenant. »

C'est un ordre déguisé. Aussitôt Évreux se met en campagne, achète au financier Law un terrain de mille deux cents toises d'une valeur de 77 090 livres situé sur l'ancien « marais des Gourdes ». Comblés, ces marais forment à présent un beau terrain situé entre le Grand Cours – futurs Champs-Élysées – et le village du Roule.

L'architecte Mollet se met au travail sur ce terrain et, à la fin de l'année 1718, l'hôtel d'Évreux est inauguré au cours d'une fête donnée dans les salons du rez-de-chaussée. Il n'est pas question de visiter le premier étage car, toujours fidèle à son avarice, le maître des lieux n'a pas jugé utile de le faire décorer. Il n'en reçoit pas moins le brevet tant désiré mais ne s'en va pas pour autant frapper à la porte de sa femme.

C'est au cours de cette fête inaugurale que la jeune Anne-Marie comprend son erreur en voyant la maîtresse en titre de son époux, la duchesse de Lesdiguières, s'efforcer de prendre ouvertement sa place. Elle sait à présent qu'elle ne sera jamais la femme de son mari et d'ailleurs elle s'aperçoit en même temps d'une étrange opportunité : elle ne le souhaite plus.

Quelques mois plus tard, après avoir demandé la séparation de corps et de biens, Anne-Marie quittait l'hôtel d'Évreux pour rentrer chez son père où elle mourut en 1729, à peine âgée de trente-cinq ans. De son côté, le mari, usé par les débauches, apoplectique et retombé en enfance, trouva le moyen de lui survivre de nombreuses années dans le palais qu'il avait fait construire et où il entretenait un train chiche. Ce n'était plus guère qu'un déchet humain quand la mort le prit en 1753. Quelques mois plus tard, l'hôtel d'Évreux devenait la propriété de la marquise de Pompadour.

Quand elle achète l'hôtel, la marquise n'est plus favorite qu'en titre. Sa santé jointe à une certaine froideur de tempérament lui interdit l'alcôve royale mais elle demeure pour Louis XV la confidente, l'amuseuse, l'amie irremplaçable. Elle le demeurera encore plus de dix ans mais, elle le sait, sa situation de maîtresse platonique a des pieds d'argile. Le roi tient à elle, certes, mais qui peut dire si son cœur et surtout ses sens ne vont pas un jour ou l'autre l'attacher à quelque jolie femme particulièrement habile... aussi habile qu'elle l'a été elle-même ?

La Pompadour sait également qu'ils sont nombreux ceux qui, sous les lambris dorés de Versailles, la détestent et guettent sa chute. Alors, elle s'est cherché à Paris une maison agréable, une maison qui sera la sienne, achetée par elle, payée de ses deniers, arrangée selon son goût. Ce sera l'hôtel d'Évreux qui d'ailleurs gardera ce nom.

Tout de suite elle s'est mise à l'œuvre, remaniant profondément les intérieurs, décorant enfin le premier étage qui a été beaucoup négligé, attirant à elle selon son habitude les meilleurs artistes du temps afin de recevoir un jour le roi dans un cadre digne de lui et digne d'elle. En réalité elle ne séjournera pas beaucoup dans sa belle maison parisienne car Louis XV ne permet guère qu'elle s'éloigne de lui.

Alors, elle y installe son frère, le marquis de Marigny, qui est surintendant des Bâtiments du roi, et aussi son fidèle intendant à elle, Collin. C'est au marquis que Paris est redevable de l'avenue qui porte aujourd'hui son nom. C'est encore lui qui donnera leur forme définitive aux jardins du futur Élysée après l'échec du fameux potager de

Mme de Pompadour. La marquise souhaitait en effet un potager aussi beau que celui du roi à Versailles mais les débuts de ses installations soulevèrent une véritable tempête chez les Parisiens : le potager barrait le Grand Cours et la popularité de la favorite n'avait rien à y gagner.

Quand meurt la marquise, le 15 avril 1764, c'est le roi qui hérite de l'hôtel mais seulement de l'hôtel : le mobilier et les collections sont dispersés au feu des enchères. De quoi faire rêver un commissaire-priseur du XXIe siècle !

Curieusement Louis XV décide que l'hôtel d'Évreux servira désormais à loger les ambassadeurs étrangers. Ce sera l'hôtel des Ambassadeurs extraordinaires. Comme le roi décide en même temps d'y empiler les meubles et objets du mobilier royal, car le garde-meuble n'est pas encore construit, aucun ambassadeur ne s'aventure dans ce fatras. Il y aurait trouvé à peu près autant de confort que dans une boutique de brocanteur.

Quand l'architecte Gabriel eut construit les deux palais à colonnades qui honorent toujours la place de la Concorde, l'hôtel des Ambassadeurs extraordinaires perd à la fois son nom et sa fonction de garde-meuble. On le vide consciencieusement. Louis XV, ne sachant plus qu'en faire alors, le vend à l'abbé Terray, son contrôleur général des Finances qui, en bon collecteur d'impôts, est extrêmement impopulaire. C'est de son nom qu'une nuit un Parisien facétieux recouvrit la plaque indiquant la rue Vide-Gousset.

Terray est aussi un homme prudent. Le joli palais planté en plein milieu de Paris lui paraît un peu trop voyant et il se hâte de le vendre sans l'avoir jamais habité. Il le vend à un financier, le richissime Nicolas Beaujon, qui le paie un million de livres et s'y installe aussitôt que possible.

Si le comte d'Évreux ne s'est intéressé qu'au rez-de-chaussée, Beaujon, lui, s'occupe surtout du premier étage et de ses appartements privés. Sous son règne, « l'hôtel Beaujon » connaît un luxe et un raffinement plus grands encore qu'au temps de Mme de Pompadour. Que l'on juge plutôt d'après ce passage du livre que Merry Bromberger consacra à l'Élysée au temps du financier : « Son lit était une corbeille de roses peintes ; un jeu de glaces le faisait s'éveiller le matin dans ses draps de linon au milieu des parterres de fleurs étendus sous ses fenêtres. Le soir, il se couchait dans une féerie : on éclairait pour enluminer ses rêves les arbres et les statues du parc de feux de Bengale couleur d'or en fusion. Sa salle de bains, tendue de mousseline à petits bouquets doublée de rose était si ravissante que Mme Vigée-Lebrun venue pour faire le portrait de Beaujon voulut absolument s'y baigner. »

Ajoutons que l'un des salons du rez-de-chaussée porte le nom évocateur de salon d'argent ! On pourrait imaginer que l'usager de tant de merveilles est quelque beau jeune homme, un rien éphèbe, quelque Narcisse passionnément épris de sa propre beauté ? Il n'en est rien. Ce serait même une tragique erreur car à cinquante-sept ans – quand il achète l'hôtel en 1775 – Beaujon est obèse, perclus de rhumatismes et ne se déplace que dans une petite voiture. Il ne voit plus très clair, n'entend plus très bien et son estomac délabré lui interdit de goûter aux fabuleux festins qu'il offre royalement à ses innombrables amis. Quant aux femmes, s'il les adore, il n'y touche plus guère mais il aime à s'en entourer comme il aime à s'entourer de fleurs.

Ainsi, le soir, laissant ses hôtes festoyer, il se retire dans sa chambre avec tout un bouquet de jolies femmes qui s'installent autour de son lit pour bavarder, rire et parfois chanter. Il les appelle ses berceuses et choisit toujours les mêmes, la favorite étant une certaine Mme de Falbaire entre les bras de laquelle d'ailleurs il s'éteindra le 20 décembre 1746, inaugurant ainsi sans le vouloir une sorte de tradition à laquelle l'un des présidents de la IIIe République sacrifiera tout aussi involontairement.

Mécène fastueux, hôte royal, Beaujon était surtout un homme simplement généreux. Deux ans avant sa mort, il avait fait construire au faubourg du Roule un grand hospice pour les indigents qui est devenu par la suite l'hôpital Beaujon.

La femme qui va lui succéder dans son palais portera devant l'Histoire le nom bizarre de citoyenne Vérité.

Pourtant, quand elle achète l'hôtel Beaujon après la dispersion aux enchères des trésors accumulés par le financier, Louise-Bathilde d'Orléans, duchesse de Bourbon par son mariage, n'imagine guère qu'elle portera un jour ce nom baroque. Elle a trente-sept printemps et sait déjà que ni un grand nom ni une belle fortune ne peuvent apporter le bonheur.

Elle y croyait pourtant quand, à vingt ans, elle épousait par amour – amour payé de retour – le fils aîné du prince de Condé, le jeune duc de Bourbon. Elle a alors connu quelques mois de bonheur dans un décor que, cependant, on n'imagine guère créé pour ce tendre mot, le Palais-Bourbon, ce monument imposant et vaguement rébarbatif où s'agitent périodiquement nos députés.

Mais après la naissance d'un fils qui sera le jeune et malheureux duc d'Enghien, le fusillé des fossés de Vincennes, Louise-Bathilde a perdu tout intérêt pour son époux qui le lui fait savoir sans trop de délicatesse. Un jour, en effet, où elle s'apprête à partir pour le château de Chantilly, domaine privilégié des Condé, la jeune femme reçoit un billet aux termes peu équivoques : « Il est inutile, Madame, que vous preniez la peine de venir nous trouver car vous déplaisez autant à mon père qu'à moi-même et à toute la société. » On ne saurait être plus brutal.

Privée d'un fils qu'elle ne voit jamais, chassée de sa demeure normale, Louise-Bathilde cherche à se consoler et prend des amants : le chevalier de Coigny, le comte d'Artois qui la traite d'une manière indigne et quelques autres moins connus. Jusqu'à ce qu'elle rencontre l'amour sous les traits d'Alexandre de Roquefeuille, jeune officier de marine dont elle a une fille, Adélaïde-Victoire, qu'elle fait élever auprès d'elle en la faisant passer pour sa filleule.

Quand la duchesse réussit à acheter l'hôtel Beaujon, elle en éprouve une grande joie et se hâte de le débaptiser : ce sera désormais l'Élysée-Bourbon. Elle va y mener une vie de femme du monde dépourvue d'aventures. La mort du jeune Roquefeuille qui s'est noyé en 1785 dans la rade de Dunkerque l'a dégoûtée de l'amour et lui a laissé un véritable chagrin.

N'ayant plus d'amants, elle se trouve des passions platoniques et se tourne vers les sciences occultes. Le magnétisme, dont le grand prêtre Mesmer attire tout Paris autour de son fameux baquet, trouve une adepte passionnée en la duchesse de Bourbon. Ensuite, elle s'engoue du Philosophe inconnu, Louis-Claude de Saint-Martin, de qui la postérité tiendrait la formule promise à un bel avenir : Liberté, Égalité, Fraternité. Avec lui, des philosophes fumeux, une voyante à moitié folle qui se fait appeler la Mère de Dieu envahissent les salons de l'Élysée et y prennent leurs habitudes jusqu'à ce qu'éclate la Révolution.

Cette Révolution, Louise-Bathilde l'approuve d'autant plus que son frère, le duc Philippe d'Orléans, en est l'un des meneurs. Et, le jour où il s'affuble du sobriquet de citoyen Égalité, sa sœur se hâte de devenir la citoyenne Vérité.

Elle n'en est pas moins obligée de s'enfuir et de gagner son château de Petit-Bourg où elle est tout de même arrêtée et conduite à la prison de la Force. Condamnée à mort, elle ne doit son salut qu'à la chute de Robespierre mais ce n'est qu'en 1797 qu'elle pourra enfin rentrer chez elle et retrouver son petit palais parisien. Et dans quel état !

Dépouillé, ravagé par les invasions populaires, l'Élysée-Bourbon aurait besoin, pour retrouver son aspect d'antan, de beaucoup plus d'argent que n'en possède sa propriétaire. Elle en loue alors le rez-de-chaussée à un couple de commerçants, les Horvyn, qui entreprennent de l'exploiter. De palais quasi royal, l'Élysée devient bal public (il convient de préciser que, durant la Révolution, il avait abrité successivement une imprimerie et une salle des ventes). Et quel bal public ! Grisettes et soldats y côtoient les merveilleuses les plus dévêtues. On y danse, on y boit, on y fait l'amour et, s'il n'y avait pas tant de courants d'air, on pourrait dire que l'Élysée est devenu simplement une maison close.

Il va falloir la lourde main de Napoléon Ier et son goût de l'ordre pour refaire une dignité à l'ancien hôtel d'Évreux. Le 6 août 1805, Joachim Murat, maréchal de France et beau-frère de l'Empereur par son mariage avec sa sœur Caroline, prend possession de... l'Élysée-Napoléon. Percier et Fontaine, les décorateurs de l'Empire, se sont mis à l'œuvre. La demeure retrouve éclat et luxe. Murat et son état-major y étalent leurs plumets et leurs bottes étincelantes. Caroline, elle, y reçoit ses amants durant les absences fréquentes de son époux. Sans trop de discrétion, il faut bien l'avouer.

Ainsi, devenue la maîtresse de Junot, gouverneur de Paris, elle se fait raccompagner par lui après le théâtre et laisse l'équipage du gouverneur stationner toute la nuit dans la cour afin que nul n'ignore où se trouve Junot et à quoi il s'occupe. Un soir, l'épouse de Junot, Laure, se voit oubliée elle aussi dans la voiture. Elle s'en vengera en compagnie de Metternich alors ambassadeur d'Autriche en France et qui, entre parenthèses, a été précédemment l'amant de Caroline.

Les turbulents Murat devenus roi et reine de Naples, Napoléon reprend le palais. Ce sera pour le donner à Joséphine au moment du divorce, mais l'impératrice répudiée ne l'habitera presque pas et ne le gardera que deux ans.

En 1815, après Waterloo, c'est le tsar Alexandre Ier qui s'installe à l'Élysée tandis que ses cosaques campent tout autour.

Intermède de jeunesse et de gaieté quasi familial, le duc de Berry et sa jeune épouse, Marie-Caroline de Naples, la duchesse Vif-Argent, viennent habiter l'Élysée. La duchesse y installe une petite cour aussi joyeuse qu'elle-même et y donne quelques bals mais, en contrepartie, y vivra un effrayant désespoir quand le coup de couteau de Louvel aura fait d'elle une trop jeune veuve. Elle n'y restera plus longtemps.

Autre possesseur fugitif : le prince Louis Napoléon quand il devient le premier président de la IIe République. Il ne restera à l'Élysée que le temps de devenir empereur et partira alors s'installer aux Tuileries.

Après Napoléon III, la République reprend ses droits et ne les cédera plus. Les présidents se succèdent sous les lambris dorés qui deviennent avec le temps un peu poussiéreux. Certains y meurent : Sadi Carnot, assassiné par Caserio, le sévère et intègre Paul Doumer assassiné par Gorgulov et, entre eux, le fameux Président-Soleil, Félix Faure, qui s'éteint entre les bras de sa maîtresse, la belle Mme Steinheil.

D'autres y apportèrent leur bonhomie, leur sagesse, leur talent d'homme d'État… ou leur insignifiance…

Avec l'épouse de Vincent Auriol, premier président de la IVe République s'ouvrit l'ère des maîtresses de maison. Mme Auriol apportait avec elle son goût très sûr, son élégance et une certaine autorité. Elle commença par débarrasser l'Élysée d'une hideuse verrière qui encombrait la moitié de la cour d'honneur et défigurait la façade, redonnant au petit palais sa grâce d'origine. L'intérieur suivit et les réceptions officielles cessèrent d'être des corvées pour devenir d'élégantes réunions mondaines. L'y aidait sa belle-fille Jacqueline, ravissante jeune femme passionnée d'aviation qu'un grave accident défigura sans réussir à abattre son courage : après plusieurs interventions chirurgicales, elle reprit les commandes et apporta à la France plusieurs trophées inscrivant le nom de Jacqueline Auriol au palmarès des grandes aviatrices.

Vinrent la Ve République et le règne du Général ! Sous les rayons de sa puissante personnalité, son épouse, née Yvonne Vendroux et devenue « tante Yvonne » pour la France entière, géra avec discrétion mais non sans fermeté la vie quotidienne de la demeure présidentielle que l'on quittait chaque semaine pour regagner la chère demeure de Colombey-les-Deux-Églises...

Georges Pompidou, normalien lettré, passionné d'art contemporain et de poésie française – il en écrivit une anthologie –, gardait bien évidentes ses racines terriennes, les joignant à son sens de l'État et à ses talents de financier qui laissaient prévoir un grand septennat, peut-être deux. Sa mort priva la France d'un grand président !

Avec Valéry Giscard d'Estaing, brillant financier, la vie à l'Élysée prit une tournure inattendue : le Président y invitait ses éboueurs à prendre leur petit-déjeuner avec lui. Par ailleurs, il s'invitait de temps à autre à dîner chez un couple de Français modestes en prenant soin de se faire précéder par un traiteur de bon aloi...

Avec François Mitterrand, l'Élysée, tout en gardant son lustre présidentiel, aborda le temps des secrets. Danielle, son épouse, s'intéressait davantage aux révolutionnaires sud-américains qu'aux réceptions d'une demeure où du reste elle ne vivait pas. Un conseiller du Président, François de Grossouvre s'y suicida mais on y vit fleurir, un beau jour, la jeune Mazarine, la fille cachée du Président. Aussi bien que la maladie qu'il se refusait à révéler...

Avec Jacques Chirac, grand cœur, grande gueule – à tous les sens du terme – et vitalité garantie, le petit palais vécut à cent à l'heure... mais bénéficia des talents de maîtresse de maison qu'apportait avec elle Bernadette Chirac, parfaite épouse, femme de tête, mère déchirée... et conseiller général de Corrèze qui, tout en gardant à son mari un amour intact, sut se tailler sa propre popularité avec des œuvres caritatives aussi originales – les pièces jaunes ! – que bienvenues... Une grande Première Dame !

Tout change de nouveau avec Nicolas Sarkozy que l'on a pu voir, à peine élu, faire des efforts pathétiques pour retenir son épouse Cécilia que la fonction ne tentait absolument pas ! Divorce suivi presque aussitôt d'un remariage avec une fort jolie femme, Carla Bruni, chanteuse et ancien top-modèle. Avec elle, la guitare et le monde du spectacle sont entrés en familiers à l'Élysée mais leur éclat tapageur vient de faire silence pour l'événement le plus joli qui se soit produit sous les plafonds dorés de la République : la naissance d'une petite Giulia...

Quant à la suite... Qui vivra verra !

Le palais de l'Élysée est ouvert uniquement durant les Journées du patrimoine.

http://www.elysee.fr

AMBOISE

Les larmes des Marguerites

Moi, Marguerite, de toutes fleurs le choix
Fus jadis mise en grand jardin françois
Pour demeurer auprès des fleurs de lys.
Là, ai vu joutes, et danses, et tournois
Et maintenant, je vois et je cognois
Que ces grands biens me sont pris et faillis.

Ce n'est pas un poète illustre mais une fillette de douze ans qui écrit ces jolis vers mélancoliques au moment de quitter une demeure où elle espérait pourtant passer toute sa vie. On la chasse, ou presque, elle qui est peut-être la plus grande princesse d'Europe. Son nom ? Marguerite d'Autriche. Elle est fille de l'empereur Maximilien, petite-fille de Charles le Téméraire, le fabuleux grand-duc d'Occident, et de Marguerite d'York. Et pourtant, le jeune roi de France, Charles VIII, qu'elle aime depuis toujours et auquel on l'a autrefois fiancée – autant dire mariée pour l'époque –, auprès de qui et pour qui elle a été élevée selon la coutume royale, Charles VIII en a épousé une autre. Une autre qui exige son départ...

Tout a commencé neuf ans plus tôt, au soir du 22 juin 1483, vers cinq heures, près du pont qui enjambe la Loire. Il y a là grande assemblée de seigneurs et de dames menés par Mme Anne de France, fille aînée du roi Louis XI, et son époux Pierre de Beaujeu. Tout ce monde attend l'arrivée d'un cortège impérial escortant une voyageuse.

Attente brève. La rencontre a été bien réglée par des gens qui connaissent leur métier. Ceux de France sont à peine au coin du pont qu'apparaît une litière un peu poussiéreuse. Dedans, une minuscule Marguerite de trois ans, blonde et rose comme une vraie poupée. Quand la lourde machine s'arrête, un garçon d'une douzaine d'années qui est le Dauphin s'avance, écarte les rideaux de velours qui ferment la litière et montre à tous sa future épouse assise sagement entre ses deux gouvernantes : Mme de Ravenstein, la Flamande, et Mme de Segré, la Française. À cet instant, sur les remparts du château, les trompettes d'argent font entendre leur sonnerie. Puis ce sont les cloches de Saint-Denis et de Notre-Dame-de-Grève qui se mettent à sonner tandis que le couple juvénile, se tenant par la main, monte au milieu des acclamations vers le château où l'attend la reine Charlotte, seconde épouse de Louis XI et mère du dauphin Charles.

Le jeune prince n'est pas beau. Il a un grand nez, des lèvres trop épaisses et le dos un peu arrondi mais la petite Marguerite le trouve aimable. Le lendemain, dans la chapelle, les deux enfants sont unis par une sorte de mariage provisoire. La cour est au complet autour d'eux. Seul manque le roi. Cette union est pourtant son œuvre patiemment réalisée car elle fait rentrer dans le royaume la dot fabuleuse de Marguerite : l'Artois, la Bourgogne, le Charolais et le Mâconnais. Mais Louis XI, à l'heure où sonnent les cloches, est quasi mourant dans son château de Plessis-lez-Tours où il attend son heure dernière sous la garde de saint François de Paule.

Deux mois plus tard, il est mort. Sa fille Anne dont il avait coutume de dire qu'elle était la moins folle femme de France « car de sage il ne s'en connaissait pas » devient régente durant la minorité de son jeune frère. Autant dire qu'elle va mener toutes choses d'une main vigoureuse, à commencer par la petite troupe d'enfants royaux dont elle a la garde. En effet, outre Charles et Marguerite, celle que l'on appelle Madame la Grande élève à Amboise une orpheline pauvre, une cousine, Louise de Savoie qui, pour la toute petite reine, sera toujours une amie fidèle et sûre. Un jour, bien plus tard, après le désastre de Pavie, les deux princesses signeront ensemble la paix des Dames : Louise pour son fils François Ier, Marguerite pour son neveu Charles Quint. Et ce jour-là leur amitié, comme la tendresse que Marguerite garde au « grand verger françois » pèseront d'un certain poids dans la balance politique.

Pour l'instant, nul n'imaginerait destin à la fois si dramatique et si illustre. On vit agréablement à Amboise. Le château jadis construit par la famille du même nom et qui lui appartenait jusqu'à ce que Charles VII confisque le domaine a été, depuis longtemps déjà, attribué par Louis XI à une femme dont il ne s'occupe guère – la sienne – et à des enfants qu'il considère surtout comme des pions d'échiquier. Depuis l'arrivée de Marguerite, la vieille demeure jouit d'une atmosphère presque familiale. Une tendresse profonde et mutuelle unit le jeune roi à sa petite reine. Il lui porte des présents, des colombes aussi douces qu'elle-même et, en principe, rien ne devrait ternir ce ciel pur parce que encore enfantin.

En principe ! Mais existe-t-il des principes pour le jeu politique ? En 1491, une grave nouvelle réussit à faire trembler Madame la Grande : la jeune duchesse de Bretagne, Anne, qui va sur ses quinze ans, vient d'accorder sa main à l'empereur Maximilien, père de Marguerite. C'est à la fois une offense pour Charles VIII car, vassale, la duchesse ne saurait se marier sans le consentement du roi de France… et un danger. Cela signifie en effet l'Allemand installé aux confins du royaume, coupant la France en deux s'il lui en prend fantaisie. Il faut à tout prix empêcher le mariage et, pour cela, un seul moyen : il faut que Charles épouse Anne de Bretagne.

Courageusement, le jeune roi défend Marguerite et son bonheur mais contre une sœur aînée en qui s'incarne – et avec quel éclat ! – le principe monarchique, il n'est pas de taille. Bon gré, mal gré, il lui faut partir pour Nantes dans le dessein officiel de ramener la duchesse à une plus saine compréhension de ses devoirs.

Hélas, en fait de raison, c'est lui qui, à Nantes, perd la sienne. Tombé amoureux d'Anne, Charles oublie du même coup Marguerite, l'Artois et la Franche-Comté. Il convainc Anne de renoncer à devenir impératrice pour devenir reine de France et, le 6 décembre 1491, au château de Langeais, il l'épouse puis gagne le château de Plessis-lez-Tours pour y passer sa lune de miel. À Amboise, c'est le silence. Un silence qui ne va pas durer : un an après le mariage, Marguerite qui a espéré, contre vents et marées, contre toute probabilité, pouvoir continuer à vivre au château reçoit l'invitation à s'éloigner. C'est, en fait, un ordre à peine déguisé par les formules protocolaires : la nouvelle reine est jalouse d'elle et exige son départ.

Alors Marguerite s'en va. On l'installe d'abord au triste château de Melun, le temps d'essayer d'arranger les choses avec un Maximilien mécontent à double titre. Qui ne le serait ? On lui prend sa fiancée et on lui renvoie sa fille. Enfin, la jeune fille va retrouver la liberté : celle de rejoindre, en Flandre, sa grand-mère Marguerite d'York qui, déjà, lui prépare un autre destin. Un destin étrange et fastueux : d'abord mariée à Juan, prince des Asturies, Marguerite se retrouve veuve peu de temps après. Plus tard, on la marie au beau duc de Savoie, Emmanuel-Philibert, dont elle tombe éperdument amoureuse. C'est enfin le bonheur jusqu'à ce qu'au retour d'une chasse le duc boive un verre d'eau glacée qui le mène au tombeau. Un tombeau que Marguerite voudra à la mesure de sa douleur : immense et somptueux. Ce sera l'admirable église de Brou, près de Bourg-en-Bresse, aux blanches pierres de laquelle est confié le corps du bien-aimé ; un fabuleux cadeau fait, sans le savoir, au cher « verger françois ». Veuve à nouveau c'est en tant que gouvernante des Pays-Bas que Marguerite va écrire en grandes lettres son nom dans l'Histoire avant de revenir dormir, à Brou, de son dernier sommeil.

Mais revenons en arrière et surtout à Amboise où Charles VIII a entrepris toute une série de bâtiments neufs et où il fait dessiner de grands jardins pour plaire à sa petite Bretonne. Il l'y entoure d'une cour brillante mais « de ces grands biens » lui non plus ne va guère profiter : le 7 avril 1498, se rendant en compagnie de la reine en une galerie surplombant le jeu de paume, Charles se heurte rudement le front contre le linteau de pierre d'une porte basse et trépasse à la fin du jour. D'aucuns prétendent que le résultat fatal fut obtenu, non par la porte trop basse, mais par une orange pas trop fraîche. Le secret en appartient désormais à Dieu.

Le nouveau roi, c'est le turbulent cousin d'Orléans qui devient le sage Louis XII et qui épouse la veuve de son prédécesseur après avoir répudié au moyen d'un procès crucifiant la pauvre Jeanne de France, fille de Louis XI, sainte et douce créature mais boiteuse et disgraciée. Louis délaisse Amboise, lui préférant son château de Blois, et c'est Louise de Savoie, la cousine pauvre d'autrefois, l'amie de Marguerite d'Autriche, veuve du comte d'Angoulême, qui s'y installe avec ses deux enfants François et Marguerite. Louise ne fait que reprendre d'anciennes habitudes mais, pour les deux enfants, Amboise va représenter ce paradis d'enfance que l'on ne peut oublier. Ni l'un ni l'autre ne songe à la politique, laissant à Louise ses noirs soucis. François est en effet l'héritier présomptif de Louis XII tant qu'Anne de Bretagne n'aura pas réussi à donner à la France un dauphin. Ses grossesses répétées qui finissent mal font endurer l'enfer à Louise de Savoie.

En octobre 1509, le temps des ris et des jeux s'achève pour sa fille, cette « Marguerite des Marguerites » qui est en vérité la plus accomplie des princesses. C'est le temps des larmes qui est venu et des larmes amères contre lesquelles le charme des jardins d'Amboise demeure impuissant : par ordre de la reine Anne, Marguerite doit épouser le duc d'Alençon, un cousin qui a vingt ans de plus qu'elle. Mais, en fait, l'âge ne serait qu'une gêne mineure si le cœur de la jeune fille n'était déjà pris ailleurs. Et par qui ? Le charmant, le vaillant, le superbe, le légendaire Gaston de Foix à qui d'ailleurs les « fumées et gloires d'Italie » seront bientôt fatales à la bataille de Fornoue. Et Marguerite, qui ne sait pas encore qu'elle sera un jour reine de Navarre, pleure tandis que son frère François court les filles et les aventures en attendant que la couronne de France lui tombe sur la tête.

En 1515, année fameuse dans la mémoire des écoliers de tous les temps, c'est chose faite et la cour du roi François Ier et de la reine Claude – fille de Louis XII et duchesse de Bretagne – s'installe à Amboise. Et quelle cour ! Un magicien règle ses fêtes et imagine pour elle des merveilles : c'est tout simplement le grand Léonard de Vinci que François Ier a installé au pied du château dans le charmant manoir du Clos-Lucé où le sourire de la Joconde s'épanouira jusqu'à la mort du vieux maître.

C'est après celle de Louise de Savoie, survenue en 1531, qu'Amboise va retrouver le silence. Le roi construit Fontainebleau et, en pays de Loire, l'étourdissant Chambord pour un sourire de Mme de Châteaubriant. Puis, c'est l'heure noire entre toutes.

Alors que le frêle François II, l'époux de Marie Stuart, séjourne au château, une conspiration protestante éclate. Elle est menée officiellement par La Renaudie mais en sous-main par le prince de Condé. Le roi est en danger et la cour vit des jours d'angoisse, mais bientôt c'est la délivrance. Le mot, malheureusement, signifie massacre. Durant treize jours, du 17 au 30 mars 1560, on pend, on décapite, on écartèle à Amboise et le balcon de fer qui borde la salle des États porte ces mêmes fruits atroces que porteront quatre siècles plus tard les balcons de Tulle. La mort fauche impitoyablement les conjurés et le jeune couple royal assiste, impassible, aux pires exécutions. Quand la cour se retire, au lendemain de l'horreur, elle laisse en souvenir quatre têtes de meneurs exposées sur la place du Grand-Carroi. C'en est fini d'Amboise demeure de plaisance. Commencera bientôt le temps d'Amboise prison d'État.

Le surintendant Fouquet, arrêté à Nantes, y séjournera quelques jours sur le chemin de Vincennes et de son procès. Plus tard, ce sera Lauzun, retour de Pignerol. Par don royal, le château passe à divers propriétaires : Gaston d'Orléans, la duchesse de Berry, Choiseul, le duc de Penthièvre, mais la Révolution apporte ses ravages et quand, enfin, la duchesse d'Orléans récupère le château, il y a beaucoup à faire. Un temps, le château redevient prison pour Abd el-Kader, le vaincu d'Algérie. À présent, il est la propriété de la fondation Condé.

Horaires d'ouverture

Du 2 janvier au 31 janvier	9 h-12 h 30 et 14 h-16 h 45
Du 1er février au 28 février	9 h-12 h 30 et 13 h 30-17 h
Du 1er mars au 31 mars	9 h-17 h 30
Du 1er avril au 30 juin	9 h-18 h 30
Du 1er juillet au 31 août	9 h-19 h
Du 1er septembre au 1er novembre	9 h-18 h
Du 2 novembre au 15 novembre	9 h-17 h 30
Du 16 novembre au 31 décembre	9 h-12 h 30 et 14 h-16 h 45

Fermé le 1er janvier et le 25 décembre.

On peut aussi visiter le logis royal et la chapelle avec la tombe de Léonard de Vinci.

http://www.chateau-amboise.com

ANGERS

Le Faucon noir

Le faucon rompt l'étreinte
Et fond au loin, rapide, orgueilleux, solitaire.

William FAULKNER

Il s'appelait Foulques, comte d'Anjou, issu de la puissante famille des Ingelger mais, autant à cause de son teint basané que de sa crinière noire, on l'a tout de suite surnommé Nerra, le Noir. C'est en effet le temps où un nom de prince s'accompagne toujours d'un sobriquet. Pour son père Geoffroy, c'était Grisegonelle en raison du manteau gris qu'il affectionnait. Pour son grand-père Foulques, c'était le Bon à cause de son courage car, le bon, cela signifie alors le brave.

Foulques n'a pas connu que les grosses tours de schiste noir et de calcaire blanc telles que l'on peut toujours les admirer. Les traces de ce qui fut sa forteresse se perdent dans les fondations du château. Mais son ombre plane, depuis tant de siècles, sur la ville, le château et même sur tout ce pays de Loire où s'érigent toujours, défiant les siècles, les donjons terribles qu'il fit, le premier, dresser entre terre et ciel : Langeais, Loches, Montbazon, Buzançais, Montrésor, Montrichard. Moitié génie, moitié forban, le Faucon noir fut un maître impitoyable, un conquérant, un bâtisseur mais aussi un chrétien prosterné. Pour les gens de son temps – il prend le pouvoir en 967 – il préfigure les monstres de cette Apocalypse dont les admirables images tissées sont aujourd'hui la gloire du château d'Angers. Il ne craint ni homme né de femme ni diable né de l'enfer. Devant Dieu seul il tremble et courbe l'échine. Une échine singulièrement raide.

Quand il succède à son père, il n'a que quinze ans. Mais ce siècle est le siècle des géants et Foulques va montrer qu'il entend y tenir sa belle place. En effet, un peu plus haut vers le nord, en pays franc, un autre personnage hors mesure est en train, cette année-là, de prendre le pouvoir. Il s'appelle Hugues Capet et il fonde un État destiné à faire carrière dans le monde, un État qui sera la France. Bientôt, dans quelques années, une belle Normande accouchera d'un gamin que l'on appellera Guillaume le Bâtard en attendant qu'on l'appelle Guillaume le Conquérant... d'Angleterre. Foulques, de son côté, fonde un État d'importance car l'Anjou, à son avènement, ce n'est pas grand-chose. Il fonde aussi une race peu commode : celle des Plantagenêts qui sera, pour les Capétiens, l'ennemie perpétuelle quand elle plantera ses serres sur l'Angleterre.

À peine assis sur son trône, Foulques se trouve confronté à ses deux voisins les plus puissants : Eudes, comte de Blois, Tours et Chartres, et Conan, comte de Rennes. Autant le dire tout de suite, il est impossible de suivre ici pas à pas la vie tumultueuse de Foulques. Il y faudrait un volume. Il s'agit en effet d'un règne de cinquante-trois années pleines de bruit et de fureur, d'une longévité exceptionnelle qui aura, du moins, pour le comte d'Anjou, l'avantage de lui offrir en spectacle les funérailles de ses ennemis les plus gênants. Mais revenons à la prime jeunesse.

Celui des voisins qui ouvre le feu le premier, c'est Eudes, qui tente de s'emparer d'Amboise et de Loches. Le comte de Blois pense avoir facilement raison d'un jouvenceau encore imberbe. Or, non seulement il n'a pas raison, mais il se fait battre à plate couture gardant tout juste assez de forces pour rentrer chez lui et respirer un peu. Reste Conan, le barbare breton.

Celui-là n'est peut-être pas très civilisé mais c'est un malin à qui les mésaventures d'Eudes servent d'exemple. Il préfère prendre d'abord la mesure du jeune faucon. Or, à Orléans, Hugues Capet réunit ses grands féodaux, tous ceux qui viennent d'apprendre qu'il existe à présent un roi de France et qu'il faut compter avec lui. Et d'abord lui rendre hommage.

Conan s'y rend. Foulques aussi et l'on commence par se saluer correctement. Mais, en traversant une salle que coupe une grande tapisserie, le comte d'Anjou surprend une conversation entre le Breton et un personnage dont le rôle dans l'Histoire se borne au fait qu'il a écouté ses confidences. Et il entend ceci : « Dans quatre jours, dit Conan, j'accablerai mon voisin d'Anjou et serai maître d'Angers. »

Un homme prévenu en vaut deux. Homme exceptionnel, Foulques vaut la demi-douzaine. Filer discrètement d'Orléans, regagner Angers ventre à terre et mettre sa ville en défense, voilà ce qu'il faut faire et ce qu'il fait d'ailleurs sans plus tarder.

Rentré chez lui, il abat si bonne besogne que lorsque le comte de Rennes se présente avec ses gens, la surprise qu'il escomptait est pour lui. Le combat, violent, tourne vite à son désavantage car Foulques est partout à la fois. Le comte de Rennes voit tomber ses deux fils et un si grand nombre de ses hommes, massacrés avec ardeur par les Angevins, que, durant des siècles, l'une des tours du château s'appellera Ecache-Breton ou Écorche-Breton.

Momentanément tranquille pour ses frontières, Foulques s'emploie à agrandir son pré carré. Il s'en prend d'abord au comte de Poitiers, lui enlève le Bas-Poitou et les Mauges puis, se souvenant du comte de Blois – il va s'en souvenir souvent dans sa vie –, s'en va l'attaquer chez lui et prend Tours que d'ailleurs il rendra plus tard. Et puis, sur sa lancée, il décide d'en finir avec les Bretons, pénètre chez Conan et le rencontre sur la lande de Conquereuil près de Guéménée-Penfao. Cette fois, il tue le comte de sa propre main puis, incapable de maîtriser sa folie meurtrière – il est sujet à des crises de fureur quasi démentielles –, il ordonne le massacre de tous les prisonniers. C'est une boucherie. Un vrai bain de sang dont Foulques va mesurer la gravité quand, le lendemain, la griserie du meurtre sera tombée.

On l'a déjà dit, il craint Dieu et sa colère. Plus encore peut-être l'enfer et ses grandes chaudières qui, en la circonstance, lui paraissent se rapprocher dangereusement. Si dangereusement même qu'il se décide à une grande pénitence, une pénitence majeure. Et le voilà parti pour Jérusalem afin d'obtenir le pardon du Seigneur. Il s'y rendra ainsi quatre fois au cours de sa vie. Quatre fois l'immense voyage dont, souvent, un seul pouvait être fatal. Pour lui ce sera le quatrième.

Revenu avec une âme qu'il croit candide, Foulques assure ses conquêtes et entreprend de réformer ses domaines. Il le fait sagement, intelligemment et, après lui, l'Anjou sera devenu un grand fief, riche et puissant, ce dont ses vassaux lui sauront quelque gré. Mais la chose ne va pas sans brutalités. Les Angevins, à quelque rang qu'ils appartiennent, doivent se mettre en tête qu'ils ont un maître et un maître impitoyable. Foulques entretient une escouade de bourreaux et ne leur ménage pas le travail. Lui-même, à l'occasion, ne dédaigne pas de mettre la main à la pâte. D'où ses nombreux repentirs toujours spectaculaires. C'est ainsi, par exemple, qu'après avoir molesté vigoureusement les moines de Saint-Martin de Tours, le Faucon noir revient pieds nus, en chemise et pleurant à creuser les cailloux pour obtenir leur pardon.

Avec un tel homme, on conçoit que les femmes n'ont pas la part belle. Quand d'aventure il en rencontre une qui lui plaît, il s'en empare sans se soucier de ses cris ou des protestations de l'entourage. Il aurait ainsi poussé au suicide la belle Chana, fille du seigneur de Chaumont qu'il poursuivait de ses assiduités. Pourtant, il se marie et par deux fois, mais ni l'une ni l'autre de ses épouses n'aura lieu de se réjouir de son choix.

La première, c'est Adèle, fille du comte Bouchard de Vendôme. On ne sait trop la date du mariage, en revanche on sait celle de la mort de la dame qui disparaît dans un incendie en 999. D'aucuns prétendirent qu'elle ne brûla pas de son propre mouvement mais que son aimable époux, en mettant le feu à une chapelle, opta ainsi pour un veuvage rapide. Peut-être, après tout, s'agit-il seulement d'un accident ?

Hildegarde, la seconde épouse, n'a pas beaucoup plus de chance. La légende dit qu'un jour où il était, comme par hasard, de fort mauvaise humeur, le comte s'en prit à son épouse, l'accusa d'adultère, lui reprochant on ne sait trop quelles coquetteries avec on ne sait trop quel écuyer. Désolée et scandalisée car, n'étant plus de toute première jeunesse, elle avait dépassé l'âge des péchés parfumés, Hildegarde se défendit de son mieux mais apparemment sa défense n'eut pas l'heur de plaire à son seigneur. Pris d'une de ses terribles crises de rage, il empoigna sa femme et la jeta par la fenêtre.

Vu la hauteur du château perché sur son éminence dominant le Maine, chacun put penser que la pauvre femme s'était rompu le cou. Mais « les anges de Dieu veillaient. Ils transportèrent Hildegarde de l'autre côté de la rivière. Elle vint atterrir au pied d'un vieux monastère à demi ruiné bâti sur une ancienne crypte ». En fait, on ne sait trop en quel état Hildegarde se tira de l'aventure. Ce qui est certain, c'est que Foulques – émerveillement ou remords ? – se hâta de reconstruire le couvent et de le combler de ses bienfaits.

Sur la fin de sa vie, ayant eu des démêlés avec son propre fils qu'il châtie durement, Foulques part une fois encore pour la Terre sainte. À Jérusalem, ce vieillard indomptable se fait attacher à un âne et flageller par des moines. Entre les coups, il crie : « Seigneur, Seigneur, ayez pitié du traître et parjure Foulques ! » Dieu pardonna-t-il ? C'est en paix avec lui-même que le terrible comte revient vers ses terres à petites journées et non sans faire un long détour. Il ne reverra pas Angers car, le 22 mai 1040, il meurt à Metz... en passant par la Lorraine.

C'est Saint Louis qui, de 1230 à 1240, fait élever sur les restes de l'ancienne forteresse du Faucon noir l'énorme château aux dix-sept tours noires et blanches que reflète le Maine avant de le donner à son frère Charles. L'Anjou reviendra à la Couronne à la fin des Capétiens et Jean le Bon l'offrira à son fils cadet Louis avec une couronne ducale.

Devenu Louis Ier d'Anjou, c'est lui qui fait tisser par Nicolas Bataille, lissier parisien, la fabuleuse tapisserie de l'Apocalypse qui demeurera le plus précieux trésor des ducs d'Anjou. En même temps, il complète, il aménage le château suivant le goût fastueux de l'époque. Son fils Louis II fera de même mais ne vivra pas assez longtemps pour en jouir vraiment. Angers sera alors le cadre où évoluera sa veuve exemplaire, Yolande d'Aragon, duchesse d'Anjou, celle à qui l'Histoire décerne le joli titre de reine des quatre royaumes : Naples, Sicile, Aragon et Jérusalem. C'est là que Yolande fera venir le dauphin Louis, le futur Charles VII, renié par sa mère Isabeau à qui elle refusera de le rendre : « À femme pourvue d'amants point n'est besoin d'enfants. Le garde mien ! »

C'est là qu'elle l'élèvera, lui donnera sa fille en mariage. C'est là qu'elle préparera la venue de Jeanne d'Arc surgie au duché de Bar qui est terre de son fils. C'est de là enfin qu'elle soutiendra à bout de bras le royaume de France agonisant et s'efforcera de lui rendre le goût du bon combat pour la liberté.

Après elle, son fils, le fameux roi René, donne à Angers des fêtes demeurées célèbres. C'est un homme de goût, un charmant poète, auteur d'un joli livre, *Le Cœur d'amour épris*, qui partagera son temps entre ses douces terres d'Anjou et ses non moins aimables terres de Provence. Après les horreurs d'une guerre de Cent Ans, René d'Anjou inscrit enfin sur l'Histoire une figure souriante car « il prenait toute joye, laissait douleur, chassait désespération. Dieu lui avait donné ce don ».

Réuni par Louis XI au domaine royal, Angers ne devait plus connaître d'aussi douces heures. Le souvenir du Faucon noir y régnait sans partage.

Horaires d'ouverture

Du 2 mai au 4 septembre	9 h 30-18 h 30
Du 5 septembre au 30 avril	10 h-17 h 30

Fermé le 1er janvier, le 1er mai, les 1er et 11 novembre et le 25 décembre.

À l'intérieur du château se trouve la plus grande tapisserie médiévale connue : la tenture de l'Apocalypse.

http://angers.monuments-nationaux.fr

BAGATELLE

Des roses...
et Duthé !

Où j'ai planté des rosiers
Toujours j'ai moissonné des roses...

Amado NERVO

Il s'est d'abord appelé Babiole quand, en 1720, le maréchal d'Estrées fait construire pour sa jeune et jolie femme une petite maison en lisière du bois de Boulogne, à l'extrémité du parc du château de Madrid. Une toute petite maison en vérité : quatre pièces au rez-de-chaussée, autant à l'étage plus les mansardes. Mais elle coûte tout de même fort cher : plus de cent mille livres, sans d'ailleurs que le maréchal s'en plaigne ; la chose est toute simple : il vient de gagner beaucoup d'argent en spéculant sur le chocolat et le café, sans compter les belles sommes que lui a rapportées le système de Law. Et il est amoureux... Comment ne le serait-on pas quand on a près de trente ans de plus que sa femme ?

En revanche, il n'est pas jaloux du tout. Que sa femme soit jolie, brillante, fêtée, et qu'on la lui envie, c'est tout ce qu'il demande et la charmante maréchale va en profiter largement.

Elle a pour amie sa plus proche voisine, Mlle de Charolais, qui habite, dans les environs immédiats, le Petit-Madrid où elle mène une vie de fête fort peu édifiante. Mlle de Charolais est la fille du duc de Bourbon et de Mlle de Nantes, elle-même fille de Louis XIV et de

Mme de Montespan. C'est dire qu'elle a de qui tenir. En fait, c'est tout ce que l'on veut sauf une vertu.

Le 12 août 1721, on pend la crémaillère avec un grand souper que président le Régent et sa nouvelle maîtresse Mme d'Averne. C'est placer d'emblée la maison sous le signe de la galanterie élégante à laquelle elle restera longtemps fidèle. Ce Bagatelle qui a coûté si cher va être, pour sa maîtresse d'abord et pour certains des amis de celle-ci, une retraite charmante vouée tout entière à l'Amour et à ses plaisirs.

La maréchale d'Estrées y reçoit ses amants : le beau Marsilly, le marquis de Chauvelin, le chancelier d'Aguesseau, le président Hénault, le comte de Roussillon, sans que son époux s'en soucie le moins du monde. Quand celui-ci meurt, en 1737, ce n'est pas accablé sous le poids d'une ramure qui ne l'a jamais beaucoup gêné. Sa femme le pleure juste le temps qu'il faut, puis reprend l'aimable vie qui est la sienne, pour le plus grand bénéfice du jeune Louis XV. Le roi viendra plusieurs fois rencontrer l'une ou l'autre de ces jolies sœurs de Nesle que Mlle de Charolais avait quelque peu poussées dans son lit. En bref, les deux amies, toutes grandes dames qu'elles soient, se comportent en vulgaires entremetteuses... Il est vrai que c'est pour le roi !

Il semblerait d'ailleurs, si l'on en croit d'Argenson, que le bois de Boulogne et ses environs sont alors regardés comme une assez bonne imitation du paradis : « On dîne à Madrid chez Mademoiselle ; on soupe à La Muette ; dans l'après-midi à Bagatelle chez la maréchale d'Estrées, on passe joyeusement le temps, on y fait l'amour si l'on veut, tout est très bien réglé... »

La mort de la maréchale viendra en 1745 déranger ces plaisirs si bien réglés. Sa petite maison passera ainsi par plusieurs usagers dont une certaine Mme de Mauconseil qui, afin de ménager à Louis XV d'autres rendez-vous galants, obtiendra de lui qu'il nomme son époux gouverneur de Colmar puis de Huningue. Après quoi, reconnaissante, elle accueillera les amours du roi et de la princesse de Robecq et poussera le dévouement jusqu'à donner, en l'honneur du roi Stanislas, beau-père de Louis XV, des fêtes si somptueuses qu'elles la ruineront à peu près totalement. Les lampions et les feux de Bengale s'éteignent, les fleurs se fanent, les parfums s'évaporent, Bagatelle s'endort pendant quelques années : celles que Mme de Mauconseil y vit assez solitaire, avant de quitter ce monde en 1770. La petite maison, qui passe par trois propriétaires en quatre ans, s'abîme...

Elle se dégradera même au point qu'en 1777 on la rasera pour faire place aux élégants pavillons que nous connaissons. Un prince de vingt ans va, pour le plus grand plaisir d'une reine, se changer en magicien...

Ce prince, c'est le comte d'Artois. En 1775, il a acheté la Babiole de Mme d'Estrées mais n'en a pas fait grand-chose jusqu'à ce jour où sa belle-sœur, la reine Marie-Antoinette, le met au défi de construire un petit palais à la place de l'ancien rendez-vous galant du roi Louis XV. Et de le construire en un peu plus de deux mois : soixante-quatre jours exactement.

Quand on a vingt ans, on ne recule devant rien. Artois relève le défi et va mettre sur l'heure au travail l'architecte Bélanger. Enjeu du pari : cent mille livres. Exactement ce que Babiole avait coûté au maréchal d'Estrées mais cette fois il s'agit de faire beaucoup mieux... Et c'est peu de chose, car le prince prévoit de dépenser six fois plus.

En fait, pour reconstruire Bagatelle avec ses « jardins, ses dépendances, ses grottes, ses eaux et ses plantations de fleurs » il en faudra douze fois plus. Neuf cents ouvriers vont travailler jour et nuit cependant que les gardes du comte d'Artois détournent au profit du chantier tous les charrois de pierres, de plâtre ou de chaux qui passent aux environs. En même temps, on rassemble les meubles, les bronzes, les porcelaines, les cristaux, les panneaux que peint Hubert Robert, les boiseries, les soieries de tenture, tout ce qui doit faire de Bagatelle le plus charmant des nids princiers. Ce sera une folie, mais combien ravissante ! Et, au jour dit, Marie-Antoinette traversera un jardin de roses si foisonnantes qu'elles semblent avoir été plantées là de toute éternité. La reine a perdu son pari mais gagne une fête mémorable au cours de laquelle, s'adonnant à sa passion pour le théâtre, elle interprète le principal rôle de *Rose et Colas* avec le maître de céans et Mme de Polignac pour lui donner la réplique. On dit que Louis XVI, trouvant la pièce ennuyeuse, la siffla, s'attirant les reproches d'une épouse en qui la comédienne se trouvait froissée. Ce qui était grave ! La jeune reine, néanmoins, se plut tant à Bagatelle qu'elle y revint plusieurs fois pour souper aux violons et aux flûtes et pour danser…

Mais Marie-Antoinette n'est qu'une visiteuse. À peine a-t-elle regagné Versailles qu'une autre souveraine pénètre dans ces jardins, dans ce petit palais qui semblent avoir été créés tout exprès pour servir de cadre à sa beauté, car elle est peut-être la plus jolie femme de Paris. Si jolie même que, par-delà les décennies écoulées, on se prend à rêver en contemplant de ses portraits : il n'est pas possible d'être plus blonde, plus nacrée, plus tendrement exquise que cette jeune femme faite visiblement pour l'amour. C'est un bouquet, un rêve, l'ombre rose de ce XVIIIe siècle spirituel, raffiné, galant et libertin. C'est Mlle Duthé, de l'Opéra, qui est pour l'heure la maîtresse attitrée du plus charmant des princes. Arrêtons-nous un instant auprès d'elle, car elle en vaut la peine !

De même qu'avant Bagatelle il y eut Babiole, il y eut d'abord Rosalie Gérard, fille d'un modeste officier et d'une encore plus modeste demoiselle de Versailles, l'un et l'autre sans fortune. Mais non sans religion. La petite fille fut ainsi confiée au couvent de Sainte-Aure où, dit-on, elle eut pour condisciple une jeune personne, plus âgée qu'elle d'ailleurs et qui, sous le nom de comtesse du Barry, était destinée à faire quelque bruit dans le monde.

Mais Rosalie ne reste pas longtemps à Sainte-Aure. On la confie assez vite à ses tantes, qui prennent en main son éducation. Ces dames, qui sont prêteuses sur gages, marchandes à la toilette… et entremetteuses, ne tardent pas à s'apercevoir de l'extraordinaire beauté de leur nièce et vont s'appliquer à lui faire découvrir les avantages et les plaisirs que l'on en peut tirer. Sans pour autant oublier de perfectionner son éducation religieuse.

Elles la perfectionneront même si bien que c'est à l'archevêque de Narbonne qu'elles vont confier le soin de son autre éducation.

Mgr Arthur-Richard Dillon, descendant des anciens rois d'Irlande, est un prélat fastueux, président des États du Languedoc et administrateur du même Languedoc. C'est un bel homme raffiné, adorant les femmes et la chasse – toutes les chasses ! – et parfaitement à même d'apprécier à sa juste valeur le trésor qu'on lui confie. On est en 1769 et Rosalie a dix-sept ans.

Auprès de ce prince de l'Église que Marie-Antoinette déteste presque autant que le célèbre cardinal de Rohan, la petite Gérard va s'initier non seulement aux plaisirs de l'amour mais à la vie élégante et aux grâces de l'esprit. Mgr Dillon lui fait connaître les bons écrivains, les poètes, et singulièrement La Fontaine – celui des *Contes* ! – qui vont meubler cette tête charmante. Mais il ne garde pas Rosalie très longtemps. Ses plaisirs et aussi, il faut le dire, ses incessantes charités ne lui permettent pas d'entretenir une aussi jolie fille sur le pied qui lui conviendrait. Et il la présente à Mme de Saint-Étienne qui possède, sous les apparences d'un salon littéraire où se rencontrent Diderot, Marmontel et Crébillon, la plus élégante maison de rendez-vous de Paris. Les hommes d'esprit s'attardent au salon mais les grands seigneurs fréquentent assidûment les chambres et Rosalie va rencontrer ces maîtres en galanterie que sont le duc de Richelieu et le prince de Soubise.

Mais là elle ne s'éternise pas. Un noble italien, le prince Altieri, l'enlève pour une brève passion, à l'issue de laquelle le fermier général Hocquart fait son entrée. C'est lui qui donne à la belle enfant le cadre qui lui convient en même temps qu'il la fait entrer à l'Opéra où elle sera « espalier » et choriste. Là, elle abandonne définitivement son nom de Gérard pour devenir Mlle Duthé, une charmante fille dont tout le monde raffole car, à sa beauté, elle joint une grande gentillesse et même un certain esprit.

« J'ai beaucoup vu, écrira-t-elle – car elle écrira ses Mémoires ! Nous sommes nées à une époque heureuse où une jolie femme pouvait si bien employer sa vie ! J'ai amplement profité de la mienne. J'ai été folle, coquette, sensible, froide, maligne. On me disait sotte, cela ne devait pas m'étonner ; on m'accordait une beauté peu commune et on se dédommagea en lui donnant pour compagnon indispensable le manque d'esprit. »

C'est à l'Opéra qu'elle rencontre la Guimard, et la célèbre danseuse deviendra sa meilleure amie.

Le fermier général se ruine-t-il ? Mlle Duthé va choisir dès lors quelques amants qui ne sont pas toujours appelés à subvenir à ses besoins. Elle aima vraiment M. de Létorière, et le comte Potocki sut lui plaire assez pour lui inspirer une fugitive aventure. Mais voici qu'approche la consécration princière... en attendant l'apothéose.

Paris parle beaucoup de Mlle Duthé, de son charme et de ses charmes. Le duc d'Orléans la fait pressentir, non pour lui-même mais pour son fils. Ce tendre père souhaite confier les prémices de son héritier à celle qui saura le mieux les exalter. Et c'est ainsi que la jolie Rosalie, un beau soir, va déniaiser le futur Philippe Égalité qui n'est encore que le duc de Chartres. C'est la gloire !

Mais voici le comte d'Artois et, cette fois, c'est le triomphe. Le frère du roi est plus jeune que Rosalie de quelques années mais il est aussi fou d'elle que cela est possible à un cœur et à une tête aussi légers. Il l'installe somptueusement dans un magnifique hôtel de la chaussée d'Antin où elle aura la chère Guimard pour voisine, mais c'est bien souvent à Bagatelle, au milieu des merveilleux jardins, que le prince et sa belle amie se retrouvent.

Faisant allusion à l'épouse d'Artois, l'insignifiante Marie-Thérèse de Savoie qui a le nez trop long, le comte de Provence – qui a excusé sa sœur – ironise :

— Mon frère fait passer le gâteau de Savoie avec du thé...

Mais Rosalie mène grand train. On la voit à Longchamp dans un carrosse attelé de six chevaux blancs avec des harnais de maroquin bleu. Elle brille, elle éblouit mais il y a malgré tout quelques sifflets, une bagarre éclate même près de sa voiture car son luxe trop évident offusque :

« Quand on voit s'afficher un tel luxe, doit-on être surpris si tant de grandes dames se dégoûtent du métier d'honnêtes femmes », écrit la comédienne Sophie Arnould avec beaucoup plus qu'une pointe de jalousie.

Cependant, Bagatelle s'enrichit d'une nouvelle œuvre d'art : le comte d'Artois a commandé au peintre avalonnais Antoine Vestier un grand portrait de sa maîtresse. Un portrait en pied qui ne laisse aucune ombre sur l'éclat et la perfection de sa beauté. Un portrait qui va être le plus charmant ornement de la salle de bains... Mais la fin des temps heureux s'approche. Vient la Révolution et pour Artois l'émigration. Bagatelle va s'enfoncer dans le silence tandis que Rosalie Duthé part pour l'Angleterre où elle va vivre de longues années. Elle y a de nombreux amis et, fidèle à tout ce qu'elle a aimé, royaliste à sa façon, elle ne reviendra en France qu'à la Restauration, lorsque « ses princes » rentreront eux aussi...

Mais les roses se fanent. Les cheveux blonds sont devenus blancs. Certes, elle a de nouveau des rois selon son cœur mais, de ses amis d'autrefois, il en reste bien peu. Beaucoup sont morts sur l'échafaud, ou dans les combats sans espoir de la Vendée ou de l'armée de Condé. Même Bagatelle n'est plus Bagatelle...

Acheté sous le Directoire par un certain Lhéritier qui ne trouva rien de mieux que d'en faire un établissement de plaisir considéré comme une « succursale du paradis de Mahomet », il faudra attendre Napoléon, l'homme de l'ordre, pour que le petit château fasse enfin connaissance avec la respectabilité. L'Empereur le remet en état car il a l'intention d'en faire un but de promenade et de courts séjours pour les siens. Le roi de Rome viendra jouer dans ses jardins, et c'est là qu'un jour Joséphine rencontrera cet enfant qui lui a coûté sa couronne mais qu'elle ne pourra s'empêcher de trouver charmant.

L'Empire s'efface et voilà que reparaît l'ancien propriétaire, le magicien qui a jadis suscité cette œuvre d'art. En un mot le comte d'Artois. Mais si Bagatelle s'imagine que le temps des fêtes galantes va refleurir, il se trompe. Ce comte d'Artois-ci n'a vraiment plus grand-chose à voir avec le farfadet de Versailles. C'est un long monsieur grave et dévot qui est à présent l'héritier de son frère le roi Louis XVIII. Et s'il fait quelques travaux au château, c'est surtout pour en effacer les traces des folies d'autrefois : on badigeonne les peintures galantes, avant d'offrir le tout au duc de Berry, son fils, qui s'en serait peut-être fort bien accommodé, étant d'humeur folâtre.

En 1832, Bagatelle sort du domaine de la Couronne, devient anglais et subit quelques transformations. Le marquis d'Hertford, frère de lord Henry Seymour à qui le sport hippique doit beaucoup et peut-être frère naturel de sir Richard Wallace, installe des Bains chinois, des statues provenant du château de Vaux-le-Vicomte et des vases de celui de Bercy. Il fait aussi dessiner dans le parc une pelouse en terrasse où le jeune prince impérial, fils de Napoléon III, viendra prendre des leçons de cheval. C'est à Richard Wallace qu'il lègue Bagatelle. Celui-ci supprime le bâtiment des pages et fait construire ce que l'on appelle le Trianon. Sa veuve en héritera. Elle-même le laissera à son secrétaire qui, enfin, en 1904 vendra à la Ville de Paris le si joli palais. La seule débauche que connaîtra désormais Bagatelle sera celle des roses, ces roses qui toujours s'y sont senties chez elles...

Quant à Rosalie Duthé, elle avait « patienté jusqu'en 1820 », laissant une fortune évaluée à six cent mille francs, qui témoigne que la vertu n'est pas toujours la seule récompensée.

HORAIRES D'OUVERTURE

Samedis, dimanches et jours fériés	15 h-16 h 30

BALLEROY

Monsieur l'abbé... ou madame ?

C'est une étrange chose qu'une habitude d'enfance...

Abbé de CHOISY

Célèbre jusqu'en Amérique pour la perfection de son style Louis-XIII, le château de Balleroy, œuvre de jeunesse de François Mansart, est sans doute l'un des plus beaux et des plus majestueux parmi les châteaux français ; d'autant qu'il se dresse sur « de profonds fossés secs et sur un socle oblique qui l'élève presque vertigineusement... ». Il est le point d'orgue d'un admirable ensemble de pavillons, d'avenues, de terrasses et de jardins à la française décorés en « broderies de buis ». Et il n'est jusqu'au village qui ne s'élargisse en hémicycle devant lui comme pour lui rendre hommage...

C'est Jean Ier de Choisy qui, en 1600, achète le petit fief de Balleroy, alors composé de maigres pâtures, de ronces et de bruyères. Sa fortune, commencée dans le négoce des vins, prend son essor après une mémorable partie d'échecs disputée contre le marquis d'O, alors surintendant des Finances. Mais c'est son fils Jean II qui, entre 1626 et 1636, construira le château.

Conseiller d'État puis chancelier du duc d'Orléans, ce Jean II va concevoir un fils – et même deux mais l'aîné meurt assez jeune et sans enfants, ce qui fait du cadet le maître de Balleroy – destiné à faire quelque bruit dans l'histoire galante, l'histoire amusante et même l'histoire tout court de notre beau pays de France.

Tout a commencé vers l'an 1647, trois années environ après la naissance du jeune François-Timoléon. Avide de se concilier tout à fait les bonnes grâces de la reine Anne d'Autriche auprès de qui elle est fort en pied, sa mère, la comtesse de Choisy, décide d'adopter pour lui la politique suivie par la reine envers son second fils Philippe, duc d'Orléans.

En effet, redoutant pour l'avenir une dangereuse rivalité entre le futur Louis XIV et son cadet (elle est payée pour savoir combien de fois le turbulent Gaston d'Orléans a conspiré contre le roi Louis XIII), la reine mère a voulu, poussée par Mazarin, donner à Philippe des goûts moins dangereux pour la France. Elle a donc imaginé de l'habiller en fille beaucoup plus longtemps qu'il n'était d'usage et de lui donner le goût de la parure, des bijoux et de tous les raffinements de la toilette féminine.

Elle n'a que trop bien réussi. Dès son jeune âge, Philippe, qui est très beau, se passionne pour les colifichets. Cette éducation insensée amoindrit naturellement beaucoup de ses qualités viriles sans pour autant, néanmoins, lui ôter le courage. N'en déplaise à ses détracteurs, Monsieur fut un homme brave et loyal, même s'il n'avait pas beaucoup de goût pour les dames.

François de Choisy a quatre ans de moins que lui. C'est un très joli enfant et quand sa mère l'amène un jour chez la reine, habillé en fille, des diamants aux oreilles et un soupçon de maquillage sur son joli visage, il obtient un vrai succès. Bientôt, on rencontre partout les deux enfants habillés en filles, et la cour s'en amuse comme d'une plaisanterie. Mais admire sans réserve. Les deux fausses fillettes sont en effet irrésistibles de grâce, de gentillesse et d'élégance. Naturellement une grande amitié ne tarde pas à les unir. Une amitié qui va durer des années et qui vaudra au jeune François – son frère est encore de ce monde – de notables avantages dont une abbaye. Mais le jeune abbé s'est si bien habitué au costume féminin que, jusqu'à l'âge de vingt ans, il n'en a guère porté d'autre.

Sa mère tenait même tellement à lui éviter les rudesses de l'aspect masculin que, dès l'enfance, elle lui frotta chaque jour le visage d'une certaine « eau de veau mélangée à une pommade de pieds de mouton » qui possédait, paraît-il, la propriété de faire mourir le poil dans sa racine. L'abbé de Choisy n'eut donc jamais à soumettre au feu du rasoir une peau qui demeura blanche et douce.

Mais cela ne lui suffit pas. À dix-huit ans, il juge qu'il lui manque certains avantages pour ressembler tout à fait à une jeune demoiselle. Et comme c'est un garçon inventif, il se fait confectionner une « gorge à ressorts faite de deux petites vessies de cochon recouvertes de satin ». Des dentelles mousseuses dissimuleront cette mécanique à laquelle les ressorts assurent une stabilité parfaite. Et, ainsi armé, il se lance dans la vie la plus joyeuse qui soit.

La mort de sa mère le décide à ne plus vivre qu'en femme. Il hérite en effet de superbes joyaux, et pour rien au monde ne se priverait du plaisir de les exhiber. Puis, afin d'être plus libre de lui-même, il décide de faire disparaître pour un temps l'abbé de Choisy et va s'installer dans le quartier Mouffetard sous le nom de comtesse de Sancy (le nom d'un diamant célèbre lui convient tout à fait !).

On l'y voit, le dimanche, assister à la messe en jupe de brocart et coiffe de dentelle, paré comme une châsse et suivi d'un laquais qui porte son missel. On le voit aussi offrir le pain bénit, précédé d'un écuyer et suivi de trois laquais dont l'un soutient sa traîne.

Dans le quartier on apprécie beaucoup Mme de Sancy. Elle est généreuse et fait beaucoup de bien. On ne s'étonne donc pas de la voir toujours entourée d'un essaim de jolies filles dont elle est la protectrice fort attentive. Il faut noter en effet qu'en dépit de ses accoutrements, François, contrairement à son ami Philippe, est très sensible au charme des jolies femmes. Il s'y intéresse même de si près que bientôt un petit drame éclate : l'une des jeunes amies de la « bonne comtesse » se retrouve enceinte. Ce qui fait jaser. Un peu inquiet, l'abbé se hâte de doter sa belle amie et de la marier, mais le scandale prend de l'ampleur. Paris et la cour en font des gorges chaudes – qui ne sont point, elles, à ressorts – et un soir, à l'Opéra, le scandale éclate.

L'instrument de la justice divine est un affreux bigot, le duc de Montausier, auquel le fait d'avoir aidé Louis XIV à mettre Mme de Montespan dans son lit a valu le poste envié de gouverneur du Dauphin. Or, ce soir-là, c'est justement dans la loge du Dauphin et en compagnie de Monsieur que l'abbé de Choisy paraît. Il arbore une merveilleuse robe de brocart blanc à fleurs d'or dans laquelle il est... tout bonnement ravissant. Mais Montausier n'apprécie pas :

— J'avoue... madame ou mademoiselle, claironne-t-il, car je ne sais comment vous nommer, j'avoue que vous êtes belle mais en vérité n'avez-vous point honte de porter un pareil habillement et de faire la femme puisque vous êtes assez heureux pour ne pas l'être ? Allez donc vous cacher !

L'éclat est impossible à dissimuler. Montausier a une voix de sergent-major et toute la salle a pu profiter de son algarade. Malgré l'intervention de Philippe d'Orléans, François se retire dignement, puis s'éclipse de Paris. On le prétend d'abord à Bordeaux, puis on affirme qu'il dirige une troupe de théâtre dont fait partie une fort jolie créature nommée Rosalie. Mais sans preuves. Et puis, un an environ après l'affaire de l'Opéra apparaît, en pays berrichon, une certaine comtesse des Barres qui réside dans un beau manoir à quelques lieues de Bourges en compagnie d'un charmant page. On est en 1676.

Non loin de là vit, dans son antique château du Coudray-Monin, la vieille et aimable Mme du Coudray, la plus enragée marieuse qui ait jamais respiré sous le soleil. Et Mme du Coudray apprécie beaucoup Mme des Barres. D'autant plus qu'elle voit en cette jeune femme une excellente occasion de remarier son vieil ami le président Bergeret, qui doit justement venir passer quelque temps chez elle.

Ce président Bergeret est un homme d'importance car il est aussi le premier secrétaire du ministre Colbert de Croissy, et il est fort riche. À peine est-il arrivé que Mme du Coudray lui vante le charme de sa nouvelle amie et n'a de cesse de le traîner chez elle. Où se réunit belle et nombreuse société.

Hélas, Bergeret est parisien et il ne lui faut qu'un coup d'œil à la fausse comtesse pour reconnaître le très réel abbé de Choisy. Bien élevé il ne dit rien mais, la nuit venue, il se fait discrètement reconduire chez « la comtesse » qui, elle aussi, l'a reconnu. François accueille son visiteur en robe de chambre, et cette fois sous un aspect tout à fait masculin :

— J'imagine, dit-il, que vous venez me faire la morale ? Je vous attendais...

Bergeret moralise moins qu'il ne raisonne. L'abbé de Choisy est d'Église. Il est intelligent, spirituel, très cultivé. Il pourrait prétendre aux plus hautes destinées...

— Et, ajoute-t-il, puisque vous aimez tant les robes, songez qu'il n'en est pas de plus majestueuse que la simarre cardinalice...

Il prêche si bien qu'il remporte la victoire. Mieux, il emmène à Rome où s'ouvre le conclave le trop sémillant abbé qui va entrer au Vatican en tant que conclaviste du cardinal de Bouillon. Choisy y prendra le goût de la politique et des grandes affaires... et s'apercevra que sa piété est réelle.

Dès lors, il renonce aux folies de sa jeunesse, fait quelques séjours en forme de retraite dans son magnifique Balleroy et se lance dans la diplomatie. Nommé coadjuteur de l'ambassadeur envoyé au Siam par le roi, il y opère des conversions spectaculaires et en revient couvert de gloire pour se lancer dans la production littéraire. On lui doit une *Histoire de l'Église*, le *Journal* d'un voyage au Siam, des œuvres religieuses d'une haute portée morale... et une amusante *Histoire de la comtesse des Barres*.

Retenu à Paris par ses travaux, il vend en 1700 Balleroy à la princesse d'Harcourt qui ne le gardera que quelques mois avant de le céder à la petite-fille de Madeleine de Choisy, sœur de l'abbé, qui le léguera à la famille de La Cour. Le château sera alors érigé en marquisat.

Le second marquis de Balleroy se retrouvera exilé au château pour avoir pris parti contre Mme de Châteauroux, favorite en titre, lors de la maladie de Louis XV. Il en profitera pour fonder au pays une poterie de grès et s'occuper de ses houillères. Mais cet exil ne sera que temporaire et les Balleroy continueront à s'illustrer auprès des rois de France.

La Révolution fit saisir le château mais laissa la vie sauve à Mme d'Hervilly, fille du marquis, grâce au dévouement et à la ruse de son médecin qui la fit se rouler dans les orties et présenta le résultat aux sectionnaires en déclarant sa maladie contagieuse.

Quant à notre abbé, il devait mourir à Paris, sinon en odeur de sainteté, du moins en ayant acquis le droit à la considération et au respect de ses contemporains...

En 1971, l'homme d'affaires américain milliardaire Malcolm Forbes achète le château. Il y recevra Liz Taylor qu'il voulait épouser...

HORAIRES D'OUVERTURE

Du 15 mars au 30 juin et du 1er septembre au 15 octobre	10 h-12 h et 14 h-18 h (fermé le mardi)
Du 1er juillet au 31 août	10 h-18 h

Le musée des Ballons et le parc sont ouverts toute l'année (sauf mardi et week-ends).

http://www.chateau-balleroy.com

BELLÊME

Mabile de Montgomery, la Locuste du Perche…

Et pour ce cœur instruit par une âme si noire
Des crimes éclatants ressemblent à la Gloire

G. de BREBEUF

Du château de Bellême, il ne reste qu'une porte fortifiée et une tour, mais cela devrait suffire pour évoquer les comtes, mi-forbans, mi-bâtisseurs, qui ont fait cette ville haute dont on devine qu'elle fut forte. Et surtout pour faire surgir de la nuit des temps la fleur vénéneuse par qui s'acheva le dernier rameau : Mabile !

Elle n'était pas belle et le savait, mais elle fascinait par l'éclat de deux yeux d'un vert doré, énigmatiques comme ceux d'un chat, et par l'épaisseur d'une crinière de lionne, rousse comme une flamme. En dehors de cela, sa taille courte et grasse tôt empâtée par d'énormes ripailles, sa peau tavelée et son nez trop gros détournaient les regards attirés par l'éclat apparent.

L'âme ressemble à l'enveloppe et, à quinze ans, la jeune comtesse de Bellême, la plus riche peut-être et la plus puissante des héritières de Normandie, joint à la violence d'appétits dévastateurs et à une cruauté rare, même au XIe siècle, un goût de la fourberie, une passion du mensonge et une cupidité qui, dès son jeune âge, ont terrifié ses nourrices, ses compagnes, et jusqu'aux rudes guerriers qui gardaient les forteresses familiales.

Il faut bien avouer qu'elle a de qui tenir : son père, Guillaume Talvas, surnommé le Lièvre, est sans doute le coquin le plus redoutable que l'on puisse trouver à quelques lieues à la ronde. Pourtant, les racines étaient belles...

D'ancienne famille bretonne venue chercher fortune sur les terres normandes, Guillaume le Lièvre comptait parmi ses ancêtres quelques hommes de valeur. Yvon, le premier des comtes, esprit brillant et ingénieur en machines de guerre, avait eu la bonne fortune, le courage aussi, d'arracher des mains de Louis IV d'Outremer le jeune duc Richard Ier de Normandie. La récompense avait été à la hauteur du service rendu : le vaste et riche comté qui tenait tout le Perche et lançait même des tentacules vers la mer.

Guillaume, son fils, avait reçu l'Alençonnais. Lui aussi était un bâtisseur, mais de forteresses : Domfront, Mortagne, Alençon et bien sûr Bellême. Mais la violence était latente dans le sang des Talvas et avec la richesse vint le goût d'une puissance toujours plus grande. Bientôt, Guillaume l'Ancien compta plus d'ennemis qu'il n'avait de châteaux.

À cette époque où la Normandie était fraîchement soumise aux guerriers venus du Nord, seule comptait la force du bras armé et celle des bandes dont on pouvait s'assurer les services. Les ducs eux-mêmes avaient le plus grand mal à maintenir un semblant d'ordre.

Néanmoins, quand il entra en révolte contre le duc Robert II dit le Diable, Guillaume l'Ancien fut abattu avec la majeure partie de sa famille. De ses quatre fils ne resta que Guillaume le Lièvre, qui avait pris grand soin de se tenir loin du carnage et qui, de ce fait, recueillit l'énorme héritage.

Devenu comte de Bellême, il se crut tout permis. Qu'avait-il à craindre d'ailleurs ? Le duc Robert mort en Terre sainte ne laissait pour héritier qu'un garçon bâtard, un petit Guillaume né de ses amours avec Arlette, la fille du tanneur de Falaise[1], contre lequel tous les hauts

1. Voir Falaise.

barons se levaient et qu'il avait fallu faire passer en France pour le confier à la protection du roi.

Un beau jour, le Lièvre, marié et pourvu de trois enfants, s'éprend d'une jouvencelle, bien rentée de surcroît, et découvre du même coup que son épouse Héréburge a cessé de lui plaire. Et même qu'elle le gêne...

Au matin de Pâques 1042, la comtesse Héréburge, suivie de ses femmes et tenant par la main sa fille Mabile alors âgée de dix ans, se rend à l'église pour y entendre la messe. Elle n'a pas fait la moitié du chemin qu'une troupe armée l'assaille, disperse ses femmes et envoie la fillette rouler contre un montoir à chevaux. Quand ils en ont fini, la comtesse gît au milieu de la rue dans sa robe de fête, étranglée avec son propre voile.

L'horreur de ce crime secoue la ville mais personne n'ose rien dire. Seule Mabile affronte son père. Ses hommes ont failli la tuer ; doit-elle se préparer à mourir ? Tout dépend de sa conduite, et si elle se montre aimable avec sa nouvelle mère, tout ira bien.

Mabile promet d'être aimable mais elle a bien compris la leçon. Son père vient de lui montrer comment s'y prendre pour obtenir ce que l'on désire. Et quand, deux jours après la mort d'Héréburge, Talvas épouse celle qu'il voulait, l'enfant de l'assassinée assiste, souriante, à la cérémonie. En contemplant le nouveau couple, elle se dit que, faute de beauté, elle tâchera d'obtenir la puissance et la fortune. Ce sera facile... lorsqu'elle se sera débarrassée de son père et de ses frères...

Les noces scandaleuses sont d'ailleurs marquées d'un épisode abominable. Sur ses terres, le Lièvre compte une puissante famille de grands vassaux : les Giroie, seigneurs d'Echauffour, de Montreuil l'Argillé et de toute la vallée de la Charentonne. Ces Giroie, Bretons d'origine eux aussi, ont été jadis les amis de Guillaume l'Ancien et, sur leurs fiefs, ils sont aimés autant que les Talvas sont détestés. C'est une superbe famille : quatre filles et sept fils, des géants blonds, des cavaliers puissants comme leurs gros chevaux percherons et riches aussi de toutes leurs terres acquises, par mariage ou à la pointe du glaive. Certes, ils reconnaissent les comtes de Bellême pour leurs suzerains, mais leurs terres leur appartiennent en propre, et ces terres, le Lièvre brûle maintenant de se les approprier.

Depuis quelque temps, les Giroie semblent poursuivis par le malheur. Ernaud, l'aîné, a péri, les reins brisés, en luttant à mains plates contre un de ses bûcherons. Le second, Foulques, est tombé en 1040, tué par son frère Robert en défendant leur tuteur commun, Gislebert de Brionne, que les Giroie accusaient de malversations. L'avant-dernier, Hughes, a été tué par accident au cours d'un concours de tir à l'arc. Un autre est devenu fou. Trois seulement restent : Guillaume, un homme de bien et de paix, Robert, le meurtrier sans le vouloir, et Raoul, un être rare, une âme privilégiée qui a choisi à la fois la tonsure et la médecine. Élève de la grande abbaye du Bec-Hellouin, il s'est retiré à celle de Saint-Evroult, qui doit tout à sa famille, pour y poursuivre des études vouées au soulagement de l'humanité souffrante, une préoccupation rare à l'époque. À cause de ses cheveux courts et hérissés, le peuple qui l'adore l'a surnommé « Malcouronne[1] ».

De tous ces Giroie, c'est Guillaume que Talvas déteste le plus, parce qu'il est le plus riche. Il l'a invité à son mariage et Guillaume, bonne âme, a cru qu'un refus chagrinerait cet homme sur qui pèse déjà la réprobation publique. Il a eu grand tort car, le repas de noces terminé, le Lièvre se retire avec sa nouvelle épouse… et livre Giroie à ses hommes qui le martyrisent, lui coupent les oreilles, le nez, et le châtrent avec une sauvagerie que l'on tentera par la suite d'attribuer à la folie du vin. Car le malheureux ne meurt pas de cette abomination qui a eu lieu sous les yeux même de Mabile, d'une Mabile qui y a pris un étrange plaisir.

Rentré chez lui, Guillaume Giroie cachera sa face devenue monstrueuse sous un voile épais et choisira de devenir un saint. Mais, tandis qu'il gisait sur son lit de souffrance, Robert Giroie est allé tirer son frère Raoul de son monastère. Ils ne sont plus que deux capables de porter les armes. Raoul doit aider à punir le Talvas. Il priera

1. Je ne saurais trop recommander le beau livre de La Varende, *Docteur Malcouronne*.

plus tard ! Et Raoul suit son frère, réendosse la broigne à écailles de fer, ceint la longue épée normande mais refuse le casque. Il combattra tête nue, à la grâce de Dieu.

Ils rameutent leurs gens, et la poursuite commence. Devant leur colère, le Lièvre détale, traînant sa femme et sa fille, refusant le combat dont il sait qu'il ne sortira pas vivant. Il va de l'un à l'autre de ses châteaux, s'y cachant du lundi matin au mercredi soir car l'Église a institué la Trêve de Dieu qui interdit le combat les autres jours de la semaine. Mabile suit, silencieuse, murée dans ses pensées mais jouissant des sueurs paternelles quand le danger se fait pressant.

Chaque fois qu'ils trouvent l'oiseau envolé, les Giroie brûlent son gîte et reprennent la piste, plus sombres et plus acharnés que jamais... Un jour, un jeune homme vient vers eux :

— Pour prendre un Talvas il faut un autre Talvas, dit-il.

Il s'appelle Arnulf. Il est le fils du Lièvre, et les deux autres le regardent avec horreur mais acceptent son aide. Hélas, le Lièvre fuit encore mais cette fois, c'est en France qu'il va chercher refuge. Il a eu trop peur ! Son digne fils mourra d'indigestion peu après pour avoir mangé tout entier un cochon qu'il avait volé à une religieuse... Il ne reste plus comme héritiers qu'Yvon, évêque de Sées, et Mabile.

Bien souvent, celle-ci a pensé tuer son père. Elle est habile dans l'art des poisons, grâce aux leçons de certaine sorcière de Bellême dont elle a fait son obligée. Mais le temps n'est pas encore venu de rentrer en Normandie et de réclamer ses terres. Les choses, en effet, changent au pays : le Bâtard est devenu le duc Guillaume et il est rentré chez lui. En 1047, à Mézidon, il a battu ses barons révoltés et il est devenu le maître. Un maître à la poigne de fer.

Mabile pense qu'il serait temps de faire la paix avec lui car, au fond, son père n'a jamais combattu contre le duc. Et elle conseille au Lièvre d'aller à Rouen plier le genou devant le jeune vainqueur et réclamer ses biens.

Talvas suit le conseil, se rend à Rouen où il est accueilli avec une grâce inattendue. Le duc le reçoit avec bonté mais lui fait comprendre que la récupération de ses terres est soumise à une condition : le mariage de sa fille et unique héritière avec le bras droit, le plus fidèle serviteur de Guillaume, Roger de Montgomery, seigneur de Vimoutiers.

Le père et la fille acceptent avec enthousiasme : le premier parce que les terres des Montgomery, jouxtant celles des Giroie, vont permettre la prise en tenaille de ses ennemis, la seconde parce que le fiancé annoncé a tout pour lui plaire... jusqu'à une singulière habileté à manier le poison. N'est-ce pas par les soins de Montgomery que le duc a été promptement délivré de son tuteur et régent du duché, le duc Alain de Bretagne ?

Le mariage a lieu à Rouen, en grande pompe : Mabile, libérée de la tutelle paternelle, va pouvoir entreprendre la réalisation du vaste plan qu'elle s'est proposé. Son père, comme par hasard, disparaît rapidement à la suite d'un trop bon repas pris chez le jeune couple. Après quoi la nouvelle comtesse de Bellême va s'occuper des Giroie.

Ceux-ci sont mal en cour. Montgomery a réussi à se faire donner une partie de leurs terres. Guillaume l'Essorillé est parti en pèlerinage en Terre sainte, et son fils Ernauld a fui en Sicile. Raoul aussi est parti pour la Sicile, mais afin de s'y adonner à de hautes études médicales auprès de la célèbre Trotula. Reste Robert, marié à une cousine du duc dont Mabile a su se faire une intime amie. Et tout va aller bientôt selon les désirs de la terrible femme : Robert Giroie meurt un beau soir, après avoir mangé des pommes à lui présentées par sa propre épouse.

Mabile, alors, se croit assurée de la victoire. Les terres Giroie sont pratiquement sans maîtres. Il suffit de tendre la main. Et elle la tend.

Soudain reparaît Ernauld, après un tour d'Italie. Ernauld qui rapporte au duc un manteau précieux et fait sa paix. Tout est à recommencer. Mais la dame de Bellême n'est pas femme à se décourager si vite. Avec toute la grâce dont elle est capable, elle invite le jeune homme à un grand souper. Sans résultat. Prévenu, Ernauld s'est excusé.

Alors, elle essaie autre chose. Tandis que le Giroie se prépare à regagner son château d'Échauffour, on lui offre un pot de vin frais. Il refuse le vin parce qu'il n'a pas soif mais un de ses compagnons l'accepte... et meurt le soir même. Le malheur veut que ce compagnon soit le propre beau-frère de Mabile, Gislebert de Montgomery. C'est encore raté !

Mais le diable est avec l'affreuse petite femme : elle achète les services d'un domestique d'Ernauld, un certain Roger Goulafre de la Goulafrière qui, moyennant un sac d'or, se charge volontiers d'accommoder les boissons de son maître. Et Ernauld rejoint enfin ses ancêtres par la vertu des breuvages de Mabile. Il ne laisse qu'un fils et celui-ci se hâte d'aller offrir ses services au roi de France afin de mettre le plus de champ possible entre lui et sa voisine.

Le temps poursuit sa marche. Le duc Guillaume, suivi de Montgomery, s'en va conquérir l'Angleterre. Les honneurs pleuvent sur Roger et sa femme mais Mabile craint la mer et préfère demeurer sur ses terres normandes qu'elle continue d'arrondir au moyen de poudres ou de décoctions judicieusement distribuées. Tout en mettant dans son lit ceux de ses vassaux qu'elle juge convenablement bâtis. À la grande joie, il faut bien l'avouer, d'un époux désormais terrifié par sa femme et qui ne souhaite plus guère cohabiter.

Le châtiment mettra longtemps à venir mais il viendra : le 2 décembre 1082. Ce jour-là, Mabile, fidèle à une vieille habitude, a pris son bain dans l'eau glacée d'une rivière. Dûment rafraîchie, elle rentre chez elle, s'étend sur son lit devant un grand feu, aussi nue que la main puisqu'il n'est pas d'usage de mettre quoi que ce soit pour dormir. La nuit tombe et, après un plantureux repas, la comtesse s'apprête à dormir quand la porte de sa chambre s'ouvre, livrant passage à trois hommes armés.

Mabile n'a pas le temps de crier : une seconde plus tard, sa tête vole à travers la pièce, tranchée par un maître coup d'épée. L'auteur de cet exploit est un cousin des Giroie, Hughes de Saugei, dépossédé lui aussi au profit de la dame de son château de La Motte Igé. Puis les justiciers disparaissent dans la nuit, sans même que le fils de Mabile, qui tient le château, ait paru s'apercevoir de leur intrusion. Il ne les poursuivra que quelques heures plus tard. Pour la forme. Et, bien sûr, ne trouvera personne.

Soulagé d'une épouse dont il confia la dépouille au couvent de Troarn, Roger de Montgomery poursuivra tranquillement une superbe carrière qui le mènera jusqu'à la vice-royauté d'Angleterre et au cours de laquelle, avec l'aide d'une nouvelle compagne moins belliqueuse, il fondera la branche anglaise des Montgomery....

BLAYE

Épilogue pour la grande aventure de « Petit-Pierre »...

Dieu veut peut-être que les rênes de ce peuple soient renouées par une jeune princesse...

CHATEAUBRIAND

Un jour de novembre 1832, les habitants de la petite ville de Blaye en Gironde – bien petite depuis que Vauban l'a en partie dévorée pour construire la superbe citadelle qui domine et défend l'estuaire – se bousculent devant la grille de l'hôtel de ville pour lire la proclamation que l'on vient d'y accrocher par ordre du sous-préfet :

« Habitants de Blaye, cette même citadelle qui, par vos courageux efforts, conserva la dernière son pavillon tricolore aux jours de 1814, renfermera aujourd'hui, captive et impuissante, la dernière espérance de l'absolutisme. Le règne des lois, le triomphe de l'ordre reçoivent de ce grand événement un nouveau gage de force et de durée... »

Ce beau morceau de rhétorique officielle fleurant encore le style ampoulé si fort à l'honneur sous la Révolution est apparemment destiné à exciter une sorte d'horreur sacrée chez les bourgeois et les pêcheurs de lamproies de Blaye envers le monstre terrifiant que l'on va mettre en cage derrière les gros murs de la forteresse qui fait la gloire du port girondin. Pour un peu, emporté par son sujet, le sous-préfet demanderait que l'on gare les femmes et les enfants et que l'on barricade les maisons sur le passage de « la dernière espérance de l'absolutisme »...

En fait, la future prisonnière est un petit bout de femme d'un mètre cinquante à peine, âgée de trente-quatre ans depuis le 8 de ce mois de novembre. Et, malheureusement pour la prose préfectorale, les Blayais la connaissent bien pour l'avoir acclamée lorsqu'elle est venue chez eux, quatre ans plus tôt, au cours d'un long voyage dans l'Ouest et le Sud-Ouest. Évidemment, elle n'était pas alors la dernière espérance de l'absolutisme mais une charmante princesse, Son Altesse royale Madame la duchesse de Berry, née princesse Marie-Caroline des Deux-Siciles et mère de l'héritier du trône de France, le jeune duc de Bordeaux, dit « l'enfant du miracle » parce qu'il avait vu le jour plusieurs mois après la mort de son père, poignardé par Louvel à la sortie de l'Opéra.

En dépit de ses titres imposants, les gens de Blaye ont gardé le meilleur souvenir de cette jeune femme vive, aimable et spontanée, aussi peu altesse royale que possible et qui moissonnait les cœurs avec une aisance à laquelle on n'était pas habitué.

Aujourd'hui, le décor et les circonstances ont changé. Louis-Philippe, installé par la révolution de Juillet, règne à la place de Charles X. Il est l'oncle de la duchesse mais il est aussi pour elle l'usurpateur et elle vient de faire d'héroïques efforts pour le jeter à bas de son trône. Cela fait la différence...

Mais, cette différence, elle ne l'accepte pas et elle ne l'acceptera jamais. Pour elle, le seul roi digne de régner sur ce beau pays de France, c'est son fils âgé de douze ans et que les légitimistes appellent déjà Henri V. L'enfant pour lequel, depuis sa naissance, elle a tout admis, tout accepté, tout supporté, tout tenté jusqu'à la folle mais héroïque aventure qui l'amène captive à Blaye, ce 15 novembre 1832, vaincue mais non soumise...

Quand la révolution de 1830 a chassé Charles X et sa famille des Tuileries, celle que l'on a surnommée la duchesse « Vif-Argent » les a suivis en Angleterre mais n'a pu se résoudre à y rester longtemps. Elle s'est toujours mal entendue avec sa belle-sœur, la sévère duchesse d'Angoulême, en qui ceux qui l'ont connue enfant ont bien du mal à reconnaître la fille de l'éblouissante Marie-Antoinette, et pour elle il y a mieux à faire que dire des prières et se lamenter. Marie-Caroline ne croit pas à la solidité du trône de Louis-Philippe et, le 17 juin 1831, bien décidée à lui arracher sa couronne, elle a quitté l'Angleterre avec une poignée de fidèles ; après quelques tribulations elle s'est installée en Italie, à Massa di Carrara, chez le duc de Modène. Là, elle a reçu des centaines de lettres venues de France. Les légitimistes, sachant qu'elle refuse la défaite, se sont rués sur leurs plumes. On l'appelle ! On la réclame ! On lui répète que c'est à la Vendée, toujours si fidèle, qu'il faut confier le sort du Prétendant. À la Vendée dont elle garde un si vivant souvenir...

Parmi ces lettres, certaines sont signées de Chateaubriand, d'autres du grand avocat Berryer qui l'adjure : « Hâtez-vous d'accourir ou nous ferons le soulèvement sans vous... » Et elle va accourir, persuadée que tout l'Ouest l'attend les bras ouverts et l'arme au pied. Elle se sent tous les courages. Elle n'en manque pas, cette petite femme au cœur bien placé, car une épidémie de choléra fait rage en France et elle le sait. Elle partira quand même...

Le 30 avril 1832, la duchesse de Berry déguisée en mousse débarque d'un petit bateau à Sainte-Croix près de Carry-le-Rouet, en compagnie de deux ou trois amis dont son écuyer inamovible, l'excellent comte de Mesnard. Elle pense y retrouver deux mille partisans : il n'en est venu que soixante... et encore ! Un mouvement de troupe les a égaillés comme moineaux. Cela ne décourage pas pour autant la duchesse : on ira en Vendée !

Et elle y va. À pied d'abord puis à cheval, en voiture et même à dos d'âne. Le 7 mai, elle arrive au château de Plassac près de Saintes où elle trouve un accueil chaleureux chez les Dampierre. Certaine que toute la province va se lever à sa voix, elle refuse d'écouter le baron de Villeneuve quand il essaie de lui expliquer que les choses ont peut-être changé, qu'on n'a peut-être pas tellement envie de se battre pour ce qui n'est, au fond, qu'une querelle de famille : branche aînée contre branche cadette...

Après dix jours de repos à Plassac, la duchesse pénètre enfin en Vendée et gagne Montaigu où le baron de Charette vient à sa rencontre. Charette ! Quel beau nom pour une insurrection ! Presque un drapeau !... Par des chemins détournés, Charette conduit Marie-Caroline au château de Preuillé, chez le colonel de Nacquart qui l'accueille avec respect mais non sans inquiétude. Une inquiétude qu'il ne songe pas à dissimuler :

— Nul n'attend Madame. La Vendée n'est pas prévenue et la présence de la mère d'Henri V va attirer tous les malheurs sur le pays...

C'est peu agréable à entendre mais, en ce qui concerne « la mère d'Henri V », il ne saurait en être question. Ce n'est pas une princesse qui va entrer en guerre, c'est un jeune partisan, un paysan comme les autres et avec qui les autres se battront mieux. Et, le lendemain, la duchesse apparaît vêtue d'un pantalon de coutil bleu, d'une veste noire à boutons de métal ouvrant sur un gilet jaune, d'une blouse de paysan et d'une paire de sabots. Une perruque foncée couvre sa chevelure blonde et par-dessus elle a enfoncé un bonnet de laine.

— Voilà ! dit-elle. À présent, je suis Petit-Pierre. Bien malin qui me reconnaîtra sous cette défroque.

Elle pétille de vie, elle éclate d'espérance et son enthousiasme est communicatif. Et puis jamais elle ne s'est autant amusée ! À l'aventure se mêlent son goût du théâtre et sa passion du risque. Et puis, bientôt Petit-Pierre a un compagnon : Petit-Paul, autrement dit Stylite de Kersabiec, une jeune Vendéenne un peu exaltée qui se voue corps et âme au service de Madame. Ces deux gamins vont faire une fameuse paire que rien ne rebutera : ni la fatigue, ni le mauvais temps, ni les dangers toujours présents comme dans cette chaumière cernée par les soldats de Louis-Philippe et dont Petit-Pierre sort tranquillement en vidant un bol de cidre. On couche sur la paille ou au creux d'une haie, on trinque avec les paysans. C'est une vie merveilleuse au milieu d'une poignée de braves parmi lesquels se distingue Achille Guibourg, un jeune avocat nantais qui se veut le chevalier de Petit-Pierre. On fait le coup de feu au coude à coude, on passe des nuits à la belle étoile...

Pourtant, les déceptions s'ajoutent aux déceptions. La Vendée ne se soulève pas du tout. Elle n'a plus envie de se battre. L'ordre de soulèvement qu'a promulgué la duchesse risque fort de rester lettre morte. Et Marie-Caroline ne comprend rien à ce qui lui arrive ! Là-bas, à Massa, elle recevait des centaines de lettres qui l'appelaient, la suppliaient de venir se mettre à la tête des troupes fidèles. Et voilà que les troupes fidèles n'existent pas, qu'on l'a leurrée et qu'elle s'est jetée sur ce leurre ? Mais tout cela ne peut pas être vrai ? Ce n'est pas possible ? Ces gens ne savent pas ?

Pauvre Petit-Pierre ! Pauvre brave petit soldat qui ne demandait pas mieux que de mourir pour sa cause ! Les chefs qui se sont présentés se rétractent à présent et, à Paris, le comité légitimiste prend peur. Il envoie Berryer, l'homme qui voulait que Madame se hâtât pour ne pas manquer le début du soulèvement. Il tient aujourd'hui un tout autre langage : « Le seul nom de chouans amènerait même les gens d'opinions paisibles à lutter contre les légitimistes... » Il y aura aussi une lettre de Chateaubriand...

Ce qu'il y a surtout, c'est que Paris a envoyé le maréchal de Bourmont avec des troupes et que les forces sont disproportionnées. Dans un moment de découragement, Petit-Pierre décommande le soulèvement, puis se reprend. La raison en tient tout entière dans son caractère héroïque. Elle dira : « J'aime mieux mourir sur cette noble terre que d'accepter pour moi et pour ma famille la fin des Stuarts... » Le soulèvement aura lieu dans la nuit du 3 au 4 juin.

En attendant, on mène la guérilla. On tiraille dans les haies et dans les bosquets autour du lac de Grandlieu. Les Bleus ont l'avantage du nombre et multiplient les perquisitions. Qu'importe ! Dans la nuit du 3, le tocsin sonne pour de maigres troupes qui convergent vers Maisdon, entre Sèvre et Maine, cette Maine dans laquelle, il y a quelques jours, Marie-Caroline a failli périr noyée. Il ne faut pas un quart d'heure à Bourmont pour les disperser.

La troupe de Charette se fait mettre hors de combat au hameau du Chêne et Charette ne pense plus qu'à sauver Petit-Pierre qui s'enfuit à travers la nuit avec Achille Guibourg, lequel sera pris un peu plus tard et envoyé aux prisons de Nantes.

Un seul combat, mais héroïque, au manoir de La Pénissière. Dans la nuit du 5, une soixantaine d'hommes aux ordres des quatre frères de Girardin, d'Athanase de Guinefolle et de Louis de Chevreuse, se font encercler. Ils se battent trop bien. Alors on les enfume comme des renards. On met le feu au toit. Tout brûle autour d'eux mais ils se battent toujours en chantant le *Miserere*. Quelques-uns tentent une sortie, la réussissent, mais huit d'entre eux veulent rester jusqu'au bout pour l'honneur du drapeau blanc aux fleurs de lys.

Quand ils cessent de tirer et que le silence revient, les troupes s'éloignent tandis que le manoir achève de brûler. Les défenseurs ne peuvent vivre encore dans ce brasier. Pourtant, ils sont toujours vivants et sortent enfin, roussis sur toutes les coutures pour se perdre dans la nuit et se jeter dans la première rivière.

Et Petit-Pierre dans tout cela ? Au lendemain du combat du Chêne, elle est restée cachée dans un fossé boueux jusqu'à ce que la route soit libre. Elle abandonne le combat en campagne pour ne pas provoquer d'autres morts, mais elle n'abandonne pas la lutte. Elle veut se rendre à Nantes où elle sait trouver un refuge. De là, elle correspondra avec les puissances étrangères, avec les rois qui sont ses frères ou ses cousins, elle pourra fanatiser ses fidèles, ranimer la flamme vacillante et attendre dans l'ombre le moment inéluctable où s'écroulera le trône de Louis-Philippe. A-t-on jamais vu un roi avec un parapluie pour sceptre ?

Elle quitte, non sans regrets, le costume de Petit-Pierre pour celui d'une paysanne : coiffe, tablier et sabots puis, toujours flanquée de Mlle de Kersabiec habillée de même, elle prend un panier de légumes et entre à pied dans Nantes, un jour de marché. C'est le 6 juin. Il fait beau et Marie-Caroline s'accorde de flâner un moment avant de gagner le refuge dont elle ne pourra plus sortir. Elle va même lire, tout en croquant une pomme, l'un des placards apposés sur les murs de la ville et qui donnent son signalement. Ce qui l'amuse beaucoup. Puis, elle gagne le n° 3 de la rue Haute-du-Château.

Là habitent deux vieilles filles, plus riches d'ancêtres et de noblesse – la leur remonte sans faiblir jusqu'au XIVe siècle – que d'écus : les demoiselles du Guiny. Elles sont légitimistes passionnées, vaillantes et de cœur haut placé. Barbey d'Aurevilly a décrit, dans *Le Chevalier Destouches*, des femmes de cette trempe, fidèles, courageuses et sachant se taire, par le truchement des demoiselles de Percy et de Touffedelys. Telles sont les demoiselles du Guiny, surtout l'aînée, Pauline. Aussi, quel que soit le danger que représente la présence de Madame, n'hésitent-elles pas à l'affronter. Elles ont déjà, d'ailleurs, un assez dangereux pensionnaire : Achille Guibourg, qui a été arrêté, s'est échappé du château de Nantes et a précédé la duchesse chez les demoiselles du Guiny. Autant le dire tout de suite, il est « très attaché » à l'ex-Petit-Pierre. Attachement payé de retour ainsi que le révélera la suite de l'histoire. C'est grâce à lui que l'asile des demoiselles du Guiny a été ouvert à Marie-Caroline...

Celle-ci s'installe au troisième étage de la maison en compagnie de Mlle de Kersabiec. Leur logis est une mansarde succinctement meublée mais pourvue d'une cheminée intéressante car la plaque qui en constitue le fond bascule, dévoilant une cachette. Les repas sont pris en commun au second étage et la duchesse se trouve bien dans cette maison amie. Il y a autour d'elle Stylite et sa sœur Eulalie venue la rejoindre, le bon Mesnard... le cher Guibourg ! Elle entreprend sans tarder une énorme correspondance avec toute l'Europe, que son courage et son obstination finissent par remuer un peu.

À Paris, cependant, on s'inquiète, on s'énerve. M. Thiers vient de prendre le portefeuille de l'Intérieur et aimerait inaugurer son ministère en mettant la main sur la duchesse de Berry. Il trouvera, hélas, l'homme qu'il lui faut dans un misérable, un certain Simon Deutz, un juif converti au catholicisme. La duchesse connaît ce Deutz depuis Massa où il s'était présenté à elle comme mandataire du pape. Du pape qui n'a jamais voulu lui confier quelque message que ce fût. Mais, ignorant ce détail, Marie-Caroline a confiance en lui, et c'est cette confiance qu'il va monnayer : il demande 500 000 francs !

Thiers a tiqué. Judas était moins cher, mais qui veut la fin veut les moyens et Deutz aura son argent quand la duchesse sera prise. Deutz assure qu'il réussira et part pour Nantes en compagnie du nouveau préfet.

Le 31 octobre, il est reçu par la duchesse à laquelle il « apporte des nouvelles du Portugal ». Une seconde audience lui est assignée pour le mardi 6 novembre. Deutz vient vers quatre heures, reste une heure et ne s'éloigne qu'après avoir constaté que la table est mise pour sept personnes et que Madame va souper ici. Ce soir-là, en effet, outre les habitués, il y a la baronne de Charette.

Vers cinq heures et demie, comme, réunis dans la chambre de Mlle Pauline, on bavarde en regardant se lever la lune, Guibourg qui est debout près de la fenêtre voit soudain luire des baïonnettes et constate que des troupes encerclent silencieusement la maison. Aussitôt, on se précipite au troisième, on ouvre la plaque de la cheminée. Mesnard et Guibourg se glissent les premiers dans la cachette, puis la duchesse et Stylite. Il est temps. La maison est envahie. On fouille partout mais on ne trouve rien. On commence à sonder les murs. Sans succès. Alors le gros de la troupe se retire, laissant des gardes dans toutes les pièces.

Deux gendarmes sont installés dans la chambre où se cachent les fugitifs. Comme la nuit est humide, ils font du feu avec des papiers, au grand affolement des captifs de la cheminée. Heureusement, le feu s'éteint. Les hommes n'ont pas cherché à l'entretenir et l'air qui passe à travers les tuiles du toit ranime les occupants de la cachette.

Hélas, au matin, ayant froid de nouveau, les gendarmes rallument le feu et cette fois ils l'entretiennent. La plaque devient brûlante. Le bas des robes commence à prendre feu et la fumée envahit l'étroit espace. Alors, Marie-Caroline se rend...

Sur son ordre, Mesnard et Guibourg ouvrent la plaque. On éteint le feu et les gendarmes éberlués voient une petite femme couverte de poussière, aux vêtements roussis, qui sort de la cheminée à quatre pattes et leur dit :

— Je suis la duchesse de Berry. Vous êtes français et militaires. Je me fie à votre honneur...

Et, sans rancune, elle leur sourit. Elle n'est même pas abattue par ces seize heures de cauchemar.

Une heure plus tard, au bras du général Dermoncourt, elle quitte la maison des demoiselles du Guiny pour les prisons du château de Nantes. Deutz a gagné son argent, qu'on lui tendra, dit-on, avec des pincettes. Il a gagné aussi la flétrissure que lui infligera Victor Hugo, indigné :

Rien ne te disait donc dans l'âme, ô misérable !
Que la proscription est toujours vénérable,
Qu'on ne bat pas le sein qui nous donna son lait,
Qu'une fille des rois dont on fut le valet
Ne se met pas en vente au fond d'un antre infâme
Et que n'étant plus reine elle était encor femme...

L'aventure de Petit-Pierre est terminée. Il va falloir, à présent, en payer le prix...

À la nuit close, ce 15 novembre, le bateau qui amène à Blaye la duchesse de Berry et ses deux derniers compagnons, Mesnard et Mlle de Kersabiec, jette l'ancre dans la Gironde. Le général Janin et son aide de camp prennent un canot pour aller chercher les prisonniers qu'accompagnent, depuis Nantes, le colonel Chousserie et son officier d'ordonnance. Un officier qui s'appelle... Petitpierre ! Le destin a de ces jeux !

Le roman cependant n'est pas terminé. Au bout de quelques mois, le général Bugeaud, qui est commis à la garde de la duchesse, constate que la taille de sa prisonnière a tendance à s'arrondir. Certes, elle n'a jamais perdu son bel appétit, mais tout de même ! Et il finit par lui faire avouer l'invraisemblable : elle est enceinte ! Mais de qui ?

La duchesse déclare qu'elle s'est mariée secrètement en Italie mais refuse de donner un nom.

Le gouvernement de Louis-Philippe pourrait étouffer le scandale, mais il n'en fait rien. Bien au contraire. Il faut donner le plus de publicité possible à cet événement qui ridiculise les Bourbons aînés. Il faut plonger dans la honte le courageux « Petit-Pierre ». Plus il y aura de boue sur sa légende et mieux cela vaudra !

Dès lors, la duchesse est surveillée plus que jamais. Le général Bugeaud couchera pratiquement devant sa porte et il assistera à l'accouchement qui a lieu le 10 mai 1833. Il s'agit d'une petite fille que l'on baptise Anne-Marie-Rosalie.

Cependant, affolés, les partisans, les amis cherchent une solution. Ils ont repris celle que Madame a proposée : elle est secrètement mariée... Et l'on cherche. Et l'on trouve : « Madame » a épousé le comte Hector Lucchesi-Pali, des princes de Castel Franco, qui lui a parfois rendu visite à Massa. Et c'est lui qui, un beau jour, vient gravement chercher « son épouse » quand, enfin, les portes de la forteresse de Blaye s'ouvrent devant celle qui n'est plus que Mme Lucchesi-Pali. Donc, à présent nullement dangereuse.

Mais personne n'est dupe. Au moment de la conception de l'enfant qui n'a pu avoir lieu qu'à Nantes, Lucchesi-Pali était en Hollande. Mais Achille Guibourg, lui, était là. Achille Guibourg qui était jeune, beau, plein de charme et qui était passionnément amoureux de la duchesse « Vif-Argent »..., de son gentil compagnon de combat.

Achille Guibourg que Marie-Caroline ne pouvait pas épouser... et qu'elle ne reverra jamais...

Aujourd'hui, la citadelle de Vauban est inscrite au patrimoine mondial de l'Unesco.

En saison, visite de la citadelle par les souterrains pour comprendre le génie de Vauban.

Pour les jours et heures de visite, se renseigner auprès de l'Office du Tourisme : 05 57 42 12 09.

BONNEVAL

Les aventures de Bonneval-Pacha

Ne regarde pas à la blancheur du turban
Peut-être que le savon était pris à crédit.

Proverbe turc.

Le talent de se brouiller avec tout le monde et de se créer un peu partout des affaires n'est pas donné au commun des mortels. Mais il est des êtres distingués du ciel qui, à ce jeu, s'entendent mieux que personne. Chez Claude-Alexandre de Bonneval, cadet de l'une des plus nobles et des plus puissantes maisons du Limousin, ce curieux talent confine au génie. Cela tient moins d'ailleurs à un caractère emporté et parfois violent qu'à une fabuleuse dose d'orgueil. Un orgueil qui, tout de même, trouve moyen de n'être pas insupportable tant le jeune Bonneval possède de charme.

À un physique agréable, il joint « beaucoup d'esprit orné de lectures, bien disant, éloquent avec du tour et de la grâce ». Mais, à côté de cela « fort gueux, extrêmement débauché, grand escroc et fort pillard ». Le portrait étant de Saint-Simon, chacun peut en prendre ce qu'il veut.

C'est en 1675 que Claude-Alexandre vient au monde dans cet admirable château au charme médiéval intact que les descendants d'Aymeric de Bonneval et de sa femme Sybille de Comborn, les bâtisseurs, ont su conserver tel qu'il était lors de sa construction au XIVe siècle – avec tout de même plus de confort. Il descend de ce Guillaume de Bonneval qui, en 1248, partit pour la croisade, de ce

Germain de Bonneval qui fut, à la bataille de Fornoue, l'un des sept preux armés et vêtus comme le roi Charles VIII et qui se fit tuer à Pavie en défendant François Ier. Il descend des rois de Navarre et des vicomtes de Limoges. Ses ancêtres comptent parmi les premiers barons chrétiens ; ils ont acquis le droit de se dire cousins du roi et, chez eux, la bravoure est chose toute naturelle : on ne saurait concevoir un Bonneval qui ne soit la vaillance même.

Pour Claude-Alexandre, tout commence en 1685, quand il atteint ses dix ans. À un âge où l'on n'est encore qu'un petit garçon, il s'engage sur les vaisseaux du roi comme garde-marine. Je dis bien : il s'engage. Nul ne l'a poussé. Il pense seulement qu'il n'est jamais trop tôt pour se faire une réputation. Un cousinage avec M. de Tourville fait le reste et décide de sa vocation momentanée : ce Limousin sera marin !

Un marin pittoresque. Il est de ceux à qui l'on peut demander le plus pur héroïsme et le sacrifice suprême mais certainement pas de se plier à une quelconque discipline : brave jusqu'à la folie mais impossible à faire plier.

À treize ans, ce gamin se voit convoqué par le ministre Seignelay, fils du grand Colbert, qui le tance vertement et le menace de le renvoyer dans ses foyers. Cela vaut au grand personnage une non moins verte réplique :

— On ne casse pas un homme de mon nom !

Seignelay sait jauger les gens. La riposte lui plaît. À cet enfant à l'échine raide dont les yeux bruns le défient, Seignelay sourit :

— Le roi casse le garde-marine mais le fait enseigne de vaisseau, monsieur !

Enchanté, Claude-Alexandre retourne à la mer sans trop savoir s'il préfère se faire tuer pour un si grand roi ou devenir amiral... Hélas, quelque temps après, le nouvel enseigne, traité « comme un croquant » par un lieutenant du même vaisseau, se prend de querelle avec lui, le gifle, l'affronte en duel et le tue. C'est un exploit pour son âge mais les conséquences sont graves : il faut quitter la marine.

Il n'en éprouve guère de regrets. La discipline lui est décidément insupportable et il se sent fait pour le commandement. Mais où le trouver ?

Comme tous les Bonneval passés, présents et futurs, c'est un cavalier-né. Comme tel, il persuade son père de lui offrir un régiment alors que s'ouvre la guerre de Succession d'Espagne. Et le voilà parti. En fait, il vient de trouver sa véritable vocation car c'est à la fois un stratège et un entraîneur d'hommes. Il s'illustre si fort sous Villeroy et Catinat que sa réputation franchit les lignes de feu et s'en va résonner jusque chez l'ennemi aux oreilles du prince Eugène de Savoie-Carignan qui applaudit. Décidément le jeune capitaine pourrait se retrouver un jour maréchal de France.

Seulement, voilà ! Il a, sur la conduite du soldat en campagne, des idées bien personnelles : le pillage lui paraît chose normale ainsi que la levée de contributions arbitraires sur les populations qui ont l'honneur de l'accueillir avec ses hommes. C'est ainsi qu'ayant fort malmené les gens du Piémont il se retrouve, un beau jour, debout dans le cabinet d'un ministre.

Cette fois, il s'agit du marquis de Chamillart, installé à la Guerre par la volonté de Mme de Maintenon beaucoup plus pour son assiduité à la messe que pour ses talents militaires. Il fait preuve, en l'occurrence, d'une insigne maladresse. C'est ainsi qu'il donne, concernant notre tête chaude, des ordres féroces. On doit « retenir tout ce qu'il [Bonneval] pourra toucher [en fait de traitement] en attendant qu'on pût lui faire payer le reste ». Pour un cadet, c'est la misère à brève échéance. En outre, Chamillart, fils d'un robin de Rouen ayant fait carrière dans la magistrature et portant son marquisat tout neuf comme un trophée, n'impressionne pas Claude-Alexandre. Un échange de lettres parfaitement acides s'ensuit.

Au reçu de la dernière épître ministérielle, Bonneval voit rouge. Chamillart ne lui dit-il pas qu'il n'est pas « assez grand seigneur pour faire des présents au roi » ? Et le roi a l'air d'être d'accord sur cette prose insultante ? Il ne fait rien pour défendre la meilleure noblesse de France contre les sottises de ses fonctionnaires ? Du coup, l'offensé reprend la plume et la plonge dans son encre la plus tempétueuse :

« Si, dans le terme de trois mois, je ne reçois pas une satisfaction raisonnable sur l'affront que vous me faites, j'irai au service de l'empereur où tous les ministres sont gens de qualité et savent comment il faut traiter leurs semblables. »

Naturellement, Chamillart refuse d'obtempérer et, au mois de mars 1706, Bonneval passe à l'Autriche avec armes et bagages sans éprouver un seul instant le sentiment qu'il a peut-être tort. Les torts, s'il y en a, ne sont pas de son fait mais de celui du roi !

Malheureusement il ne part pas seul. D'autres capitaines le suivent, soit pour raisons financières, soit par déception intime ou soit encore pour avoir eu maille à partir avec le ministre.

À la cour de l'empereur Joseph Ier, Bonneval est reçu avec tous les honneurs qui lui sont dus. Le prince Eugène, autre transfuge qui sait de quoi ce diable d'homme est capable en temps de guerre, le prend en amitié et lui offre le grade de général.

Le nouveau promu se couvre de gloire en Italie, en Flandre, dans les Alpes et en Hongrie. En Bosnie, devant Petrovaradin, il reçoit au ventre une terrible blessure dont on pense un moment qu'il va mourir. Il s'en garde bien. D'ailleurs, bâti à chaux et à sable, Claude-Alexandre a l'âme chevillée au corps. Il trouve le moyen de guérir mais devra porter, sa vie durant, un bandage assujettissant sur ses entrailles une plaque d'argent.

Du coup, le voilà célèbre. On crie au miracle, même en France où, Louis XIV ayant rendu son âme à Dieu, le Régent pense qu'il vaudrait peut-être mieux récupérer un homme de cette trempe. Et par le truchement d'un autre Limousin, le cardinal Dubois, il lui fait savoir que sa condamnation pourrait être révisée s'il consentait à regagner la France.

Car, déserteur, il a bel et bien été condamné à mort par contumace. Et même exécuté en effigie en place de Grève, au grand désappointement des badauds peu friands de ces exécutions sans participation authentique.

Heureux malgré tout à l'idée de revoir son pays, Bonneval demande son congé à l'empereur – c'est à présent Charles VI – et s'en revient à Versailles voir ce que le Conseil de Régence pense de lui. Il est reçu à bras ouverts par la majorité de la cour. Seuls, quelques grincheux comme Saint-Simon lui font grise mine. Le mémorialiste a quelque peine à comprendre par quelle alchimie un déserteur doublé d'un traître peut se transformer aussi aisément en héros.

Car, bien entendu, on passe l'éponge. On rend l'enfant prodigue au château familial et à la famille qui pense avoir trouvé la panacée en proposant le mariage. L'idée peut séduire car Claude-Alexandre aime les femmes. Elles tiennent, dans sa vie, la troisième place après la table et le vin. Alors pourquoi pas un mariage ?

La fiancée choisie pour ce pandour de quarante-deux ans est de bonne noblesse, douée d'un charmant visage et d'un cœur plein de tendresse, riche de surcroît et d'une touchante jeunesse. Elle se nomme Judith de Biron. Elle est fille du lieutenant général, duc de Biron. On ne saurait donc trouver future épouse plus digne de continuer le vieux nom. En foi de quoi Claude-Alexandre consent, pour une fois, à écouter son frère aîné, le marquis de Bonneval : il accepte de se laisser marier.

C'est alors, au château, une belle fête où chacun peut voir briller de joie les yeux de la petie mariée tombée amoureuse au premier regard de son général « ventre d'argent ». La pauvre enfant croit, de bonne foi, que ce jour de joie entame une longue suite d'années heureuses, d'années d'angoisse aussi comme il convient à une femme de soldat mais adoucies et embellies par l'arrivée successive de nombreux enfants.

Hélas, dix jours exactement après la cérémonie, le nouveau marié constate que la vie conjugale ne l'intéresse pas plus que le service de la France et, sans crier gare, sans dire au revoir à personne, il boucle ses bagages, fait seller son cheval et reprend tranquillement le chemin de l'Autriche.

Dix jours de mariage quand on a espéré toute une vie ! Judith pleure toutes les larmes de son corps, refusant de croire à son malheur. Son époux est parti, bien sûr... mais il reviendra ; et puis peut-être porte-t-elle déjà en elle l'espoir d'une maternité qui le ramènera obligatoirement ? Et longtemps la jeune femme va garder l'espoir, refusant de croire que son héros ait pu, aussi brutalement, aussi vilainement il faut bien le dire, abandonner son foyer et déserter une seconde fois le pays natal qui lui avait pardonné.

Alors, elle se met à lui écrire et elle va écrire comme cela pendant des années. C'est le début d'une immense correspondance à une seule voix, d'une interminable lettre d'amour qui va durer autant que Judith. Et à laquelle, jamais, il ne répondra. Pourtant, que de gentillesse, que de tendresse pudique :

« Je suis aussi constante à me tourmenter que vous l'êtes à me négliger. Il faut se conformer à vos désirs qui sont peut-être d'aimer en gardant un parfait silence. Il fallait m'en avertir pour éviter la surprise d'un effet si singulier. »

Pauvre Judith, aveugle au point de prêter à l'absent des pensées, des délicatesses dont il est bien incapable. Et peu à peu, parce qu'elle veut y croire, elle prend l'habitude de recevoir de ses nouvelles par ceux qui en apprennent sur les champs de bataille.

Claude-Alexandre se couvre de gloire sous Belgrade et Judith exulte, heureuse d'être l'épouse d'un si grand héros. Et naturellement, elle le lui écrit, espérant une petite réponse qui ne vient pas. Alors elle écrit à nouveau :

« Je vous prie seulement de dire, une fois tous les huit jours à votre valet de chambre, que vous avez une femme qui vous aime et qui demande qu'on lui apprenne seulement que vous êtes en vie. »

Peut-on être plus touchante ? Bonneval se contente d'ordonner à son valet de donner les nouvelles que l'on réclame et, bientôt, Judith entame une sorte de dialogue à distance avec le serviteur de son mari, chacun d'eux parlant d'une troisième personne – le général – comme les fidèles parlent de Dieu.

Pour le moment, d'ailleurs, le dieu en question fait des siennes. Il y a trop longtemps sans doute qu'il est en bons termes avec le prince Eugène. Cela ne peut durer et Bonneval, bavard et sardonique, commet la faute grave de moquer les mœurs spéciales de son chef et de révéler, après boire, que jadis, à Paris, on appelait Eugène de Savoie-Carignan « Madame ». Et de souligner :

« C'était parce qu'il faisait souvent la dame pour les jeunes gens. »

On rit mais l'affaire fait scandale. Pour fuir la colère du prince et la police impériale, il ne reste à Bonneval qu'à plier bagage et à chercher refuge à Bruxelles.

Il n'y restera guère car il se met bientôt sur les bras une nouvelle affaire : cette fois elle concerne la reine d'Espagne Louise-Élisabeth d'Orléans qui aurait été surprise par son royal époux en compagnie du marquis d'Aiseau. Cette fois, le bavard n'est pas Bonneval. Au contraire, il s'indigne que l'on ose clabauder sur le compte d'une princesse de sang français, la fille de « son ami » le Régent. La coupable, c'est la marquise de Prie, épouse d'un favori du prince Eugène. Et Bonneval qui n'écrit jamais à sa femme saute sur sa plume et fulmine : « Les hommes qui font de pareils discours sont des coquins et des malheureux, les femmes sont des putains et des carognes qui mériteraient qu'on leur coupât la robe au c... puisqu'il ne convenait à personne d'attaquer la réputation d'une aussi grande princesse sortie de l'antique maison de France. »

Et, pour être bien certain que nul n'en ignore, Bonneval récite son libellé à qui veut bien l'entendre. Tout le monde n'apprécie pas. L'empereur en tout premier rang : il trouve pour le moins surprenant d'entendre un transfuge impénitent chanter ainsi la gloire de ceux qu'il a désavoués. Cela lui vaut, pour lui tout seul, un échantillon de la prose bonnevalienne daté du 30 août 1724. Notre héros y rappelle qu'il a l'honneur d'être allié au sang royal de France par les maisons de Foix et d'Albret et qu'en conséquence il entend continuer à se faire le champion de feu Monseigneur le Régent, qui fut son ami, et de sa famille.

L'empereur n'apprécie toujours pas et, poussé par le prince Eugène et par Mme de Prie, il fait arrêter l'insolent qu'il envoie réfléchir dans la forteresse d'Anvers. S'il croit le calmer, il se trompe : Bonneval écrit plus que jamais et couvre Sa Majesté de missives aux termes desquelles il laisse entendre, de façon fort transparente, que son auguste correspondant règne avec autant de bonheur sur l'Autriche que sur l'empire des imbéciles admirablement représenté par le marquis de Prie.

Excédé, Charles VI l'extrait d'Anvers pour l'envoyer en Moravie, à la forteresse de Spielberg mais, chose étrange, on le laisse y aller tout seul. Il en profite pour s'accorder quelques vacances, prend son temps pour rentrer en Autriche, va visiter certaine belle dame d'Amsterdam et, chemin faisant, s'offre la satisfaction d'une dernière lettre adressée au prince Eugène et qui assimile le grand chef à un criminel : ne laisse-t-il pas traiter indignement son meilleur général ? Et, en conclusion, il réclame réparation par les armes.

Résultat : en arrivant à Vienne il est arrêté et traduit devant un conseil de guerre qui le condamne à un an de réclusion au Spielberg.

Il purge sa peine avec d'autant plus de décontraction qu'il se fait un ami du gouverneur de la forteresse avec qui il joue aux échecs. Et qui lui raconte de belles histoires : celles de ses combats contre les Turcs pour lesquels cet homme a conservé la plus vive admiration. Aussi, une fois libéré, Bonneval pense-t-il que l'Orient pourrait lui offrir certaines joies.

Il tire sa révérence à l'Autriche, gagne Venise où il mène joyeuse vie mais en part plus vite qu'il ne le croyait pour éviter d'être repris par les Autrichiens ; le prince Eugène, qui trouve la punition trop douce, souhaite lui en faire infliger une plus grave. Et Bonneval s'en va tout droit à Constantinople offrir son épée au sultan.

Mahmoud l'accueille à bras ouverts, lui confie son artillerie, le rebaptise Ahmet pacha et l'incite vivement à se convertir à l'islam. Mais, en France, la nouvelle est accueillie avec horreur. Voltaire, pour sa part, ironise et, comme le bruit court de vagues démêlés entre le nouveau pacha et son nouveau maître, qui ont envoyé le premier réfléchir en Asie Mineure, il écrit :

« Ce qui m'étonne c'est qu'ayant été exilé en Asie Mineure il n'allât pas servir le sophi de Perse puis il aurait pu avoir le plaisir d'aller en Chine en se brouillant successivement avec tous ses ministres. »

Et Judith dans tout cela ? Eh bien ! la nouvelle de l'apostasie de son époux est pour la comtesse un coup terrible. Elle comprend que Claude-Alexandre est définitivement perdu et elle cesse d'écrire enfin. Quatre ans plus tard, dans l'hiver 1741, elle meurt. Avec elle s'éteint cette branche de la famille Bonneval.

Chose étrange, la fin de l'interminable correspondance a frappé Ahmet pacha. Et plus encore la mort de Judith. Ce soir-là au souper, il se met à pleurer en écoutant une mélodie limousine. Alors, il prend une fois de plus la plume mais c'est pour écrire à son frère aîné. Le mal du pays le tient et le tient bien.

« Essayez de trouver une frégate napolitaine, répond le marquis, et venez à Rome. Vous y ferez votre paix avec Dieu et trouverez le repos. Ensuite, nous verrons. »

Mais il est tard. Bonneval-Pacha a soixante-douze ans, sa passion des vins – il a fait visiter à Casanova sa « bibliothèque » composée de grands crus – lui a valu toutes sortes d'incommodités. En juillet 1747, il meurt sur les rives du Bosphore où il dort de son dernier sommeil sans avoir jamais revu son pays ni la fidèle Judith. Il importe pourtant de dire qu'il fit toujours jouer son influence auprès du sultan en faveur de la France et que, de cette façon, il a peut-être mieux servi son pays qu'en y restant.

Le château de Bonneval est demeuré propriété de sa famille dont la dernière illustration est le général de Bonneval qui, jusqu'à la mort du général de Gaulle, fut son aide de camp totalement dévoué. La silhouette de cet officier qui suivait le Général comme son ombre, le protégeant de son mieux, a été longtemps familière aux Français.

Horaires d'ouverture

Juin et septembre	14 h 30-18 h
Juillet et août	14 h 30-19 h

Un célèbre « son et lumière » est donné le premier week-end d'août.

http://www.bonneval.com.br/index.html

LE BOUILH

La marquise-fermière

Je voulais savoir tout ce qui était utile pour toutes les circonstances de la vie.

Marquise de LA TOUR DU PIN-GOUVERNET

Commencer la construction d'un château en 1787, à deux ans de la Révolution et alors que certains signes avant-coureurs se manifestaient déjà, c'était faire preuve d'un bien grand courage et d'une véritable foi en l'avenir. C'est pourtant ce que décide Jean-Frédéric, marquis de La Tour du Pin-Gouvernet, quand, cette année-là, il commande Le Bouilh à l'architecte Victor Louis. Un immense château qui ne sera construit qu'à moitié car lorsque, en 1789, Louis XVI confie au marquis le ministère de la Guerre, celui-ci fait arrêter aussitôt les travaux : il ne veut pas que l'on puisse supposer que les fonds du ministère aient été utilisés pour lui-même. Ce qui lui vaudra la sincère admiration de sa belle-fille.

Mais parlons de celle-ci, parce qu'elle en vaut la peine et parce qu'elle aimera Le Bouilh, même s'il ne comporte qu'un seul corps de logis et une aile basse !

Henriette-Lucy Dillon, appartenant à une très ancienne famille d'origine irlandaise, n'a pas eu une jeunesse heureuse. Sa mère meurt quand elle est tout juste âgée de douze ans, en 1782. Son père qui commande le régiment de Dillon est alors en Amérique où il combat avec l'amiral d'Estaing pour l'Indépendance. Elle vit chez sa grand-mère au château de Hautefontaine, près de Soissons, et le moins que l'on puisse dire est que ce n'est pas pour son bonheur, si l'on en croit le portrait qu'elle en trace : « Ma grand-mère, du caractère le plus altier, de la méchanceté la plus audacieuse, allant parfois jusqu'à la fureur… » En fait, Mme de Rothe est une femme rapace, acariâtre, méfiante et jalouse, qui ne fera jamais rien pour le bonheur de sa petite-fille, au contraire. Il y a aussi le grand-oncle, l'archevêque de Narbonne, Richard-Arthur Dillon, président des états du Languedoc, un prélat de cour, magnifique et fastueux, généreux et aimable, mais qui s'intéressera davantage à la chasse, aux femmes et aux chevaux qu'à la religion ; ce qui lui vaudra de mourir ruiné[1]. Il est le seul à montrer quelque gentillesse à la jeune Lucy qui est battue plus souvent qu'à son tour.

L'adolescente aimerait quitter cet enfer mais la seule issue est le mariage. Encore faudrait-il que la grand-mère soit d'accord… En effet, à l'un de ses retours des îles d'Amérique, où il s'est installé, son père a mentionné un jeune homme appartenant à la famille de La Tour du Pin-Gouvernet qu'il a rencontré là-bas, et qui ferait un mari possible. Mais, tout de suite, Mme de Rothe s'est mise en colère. Quelle folie est-ce là ? Elle connaît ce garçon qui « est chétif et disgracié et qui doit à Dieu et au diable ! ». Pas question de lui donner Lucy !

Tous les ans, Mme de Rothe et sa petite-fille accompagnent Mgr Dillon qui s'en va présider les états du Languedoc et toucher ses revenus. Le voyage se fait en grand apparat, sans lequel l'archevêque ne saurait se déplacer. Lucy aime assez ces voyages qui apportent à sa vie un peu d'évasion. L'un d'eux va changer sa destinée.

En 1785, on revient de Narbonne par Bordeaux. Or, un matin, le coiffeur de Lucy, tout en arrangeant ses cheveux, lui demande une permission : celle d'aller passer la soirée dans les environs, au château du Bouilh – celui qui existait avant les bâtiments commandés par M. de la Tour du Pin – où il a servi jadis et où il conserve quelques bons amis. Il rejoindra le cortège le lendemain, devant Cubzac, au passage de la Dordogne.

1. Voir Bagatelle.

Lucy accepte mais interroge l'homme sur le maître de ce château et acquiert l'assurance qu'il s'agit du père de ce jeune homme dont elle a entendu parler une fois, une seule fois, et son imagination, très vite, va l'occuper toute la soirée. Elle aimerait apercevoir ce château mais, de la route, c'est impossible. Ce qu'elle pourra voir, c'est le pays, un très beau pays et, au passage de la rivière, Lucy regrettera que sa grand-mère se soit opposée à un mariage qui lui aurait permis de vivre dans cette belle région.

Elle le regrette encore plus quand, de retour à Paris, on lui propose un brillant parti : le duc de Biron... qui a quatre-vingt-cinq ans ! Lucy, faisant preuve pour la première fois du caractère plein d'énergie qui toujours sera le sien, refuse, et on n'osera pas la forcer. Elle refusera de même plusieurs autres partis. Le seul qui lui plairait, c'est ce jeune homme qu'elle n'a seulement jamais vu mais dont quelque chose lui dit qu'il saurait la rendre heureuse... Et, soudain, le miracle s'accomplit : en novembre 1786, Mme de Rothe apprend à sa petite-fille que M. de la Tour du Pin a renouvelé sa demande pour son fils. Il est à présent maréchal de France et la reine désire ce mariage.

— Pensez-y, lui dit-elle, et décidez-vous !

— Mais, madame, répond Lucy, je suis toute décidée. Je ne demande pas mieux !

Réponse qui ne plaît pas du tout à la grand-mère qui, du coup, réitère ses objections méchantes. Lucy tient bon. Elle veut épouser « Monsieur de Gouvernet » et aucun autre.

Il lui faudra néanmoins attendre encore quelques mois avant de voir enfin cet homme dont elle rêve. Encore devra-t-elle se cacher derrière un rideau pour l'apercevoir quand il descendra de voiture « en deux sauts » le jour où il vient faire sa demande officielle et apporter l'autorisation de son père. Autorisation qu'il est allé chercher au Bouilh dont il aura fait l'aller et retour à cheval en huit jours.

« Je ne le trouvais pas laid comme on me l'avait annoncé. Sa tournure assurée, son air décidé me plurent au premier coup d'œil ! »

Le 21 mai 1787, on les marie au château de Montfermeil, près de Paris, et ce mariage décidé par des familles, cette union de deux inconnus sera la mieux assortie, la plus tendre, la plus solide qu'il y eut jamais.

Le jeune couple vit d'abord à Versailles où Lucy, logée avec son mari dans l'hôtel du ministère de la Guerre, tient la maison de son beau-père à qui elle voue une véritable affection. Mais les jours sombres sont déjà là. Lucy voit le peuple envahir Versailles en octobre 1789, manque de se faire tuer et assiste au départ de la famille royale. C'est à son époux que Louis XVI, au moment de partir, confie la fastueuse demeure qu'il ne reverra plus.

— Tâchez, lui dit-il, de me sauver mon pauvre Versailles !

Une mission impossible que M. de La Tour du Pin s'efforcera néanmoins de mener à bien. Cependant, la situation est devenue intenable au ministère de la Guerre. Le beau-père de Lucy a démissionné, cependant que la jeune femme donne le jour à un fils... Bientôt, il faudra se cacher...

Après la mort du roi, le marquis supplie ses enfants d'aller se réfugier au Bouilh et, le 1er avril 1793, ils se mettent en route. Dans le château neuf, ils vont vivre quelques mois de tranquillité et même de bonheur. Lucy à nouveau enceinte coud et tricote, s'occupe de sa maison. Dès l'enfance, elle a tenu à apprendre tout ce que devrait savoir une bonne maîtresse de maison. Son mari dévore les livres de la bibliothèque réunie par son père. C'est presque un tête-à-tête car les serviteurs sont rares, mais on est bien... Pas pour longtemps. La Révolution s'installe à Bordeaux en la personne de Tallien. Il n'y a plus de sécurité pour quiconque. Mais auprès de Tallien, il y a sa maîtresse, l'ex-marquise de Fontenay, la belle Thérésa qui sera un jour sa femme. Grâce à elle, les La Tour du Pin vont pouvoir s'embarquer pour l'Amérique avec leurs deux enfants et un ami, M. de Chambeau.

Le 9 mars 1794, ils prennent place à bord de la *Diane* qui les conduit à Boston. C'est là qu'ils apprennent la mort sur l'échafaud de leur père. M. de La Tour du Pin, qui a comparu comme témoin au procès de la reine et l'a défendue avec une grande fermeté, a été guillotiné le 28 avril. Ce sera un grand chagrin.

Cependant, le jeune couple achète une petite ferme près d'Albany et se met en devoir de la faire prospérer. Lucy, tout de suite, a aimé l'Amérique, et c'est avec courage qu'elle se met à l'ouvrage, s'occupe de sa maison avec l'aide d'une esclave noire, soigne les bêtes, file la laine ou le chanvre et donne tous ses soins à la confection du beurre – elle a huit vaches – qu'elle va vendre au marché. Elle a adopté le costume des paysannes : « la jupe de laine bleue et noire rayée, la petite camisole en toile de coton rembrunie, le mouchoir de couleur, les cheveux séparés et relevés par un peigne... ». On est bien loin du grand habit de satin blanc brodé d'argent et des huit rangs de diamants sous lesquels, lors de sa présentation, Lucy avait fait ses révérences au roi et à la reine !...

Cette vie lui plaît. On reçoit quelques visites venues de France qui apportent des nouvelles : M. de Talleyrand, entre autres.

Mais la France ne manque guère à Lucy, devenue la meilleure des fermières. Et quand une lettre, arrivée au début de 1796, invite les La Tour du Pin à revenir pour récupérer leurs biens car ils n'ont pas été inscrits sur la liste des émigrés, Lucy ne se résigne au départ qu'avec une grande tristesse. D'autant plus grande qu'elle laisse dans la terre américaine sa petite Stéphanie, emportée par une maladie brutale. On repart tout de même, le 6 mai... et Lucy ne cessera plus de regretter sa ferme.

À l'automne, on retrouve Le Bouilh. Mais dans quel état ! Tout a été volé, pillé, saccagé : « Cette maison, je l'avais laissée bien meublée et si on n'y trouvait rien d'élégant, tout y était commode et en abondance. Je la retrouvais absolument vide : pas une chaise pour s'asseoir, pas une table, pas un lit... » Rien ! Il faut repartir de zéro avec une fortune bien diminuée mais, une fois de plus, la fermière d'Albany se remet à l'ouvrage.

Le château va renaître, toutefois, parce que Lucy est incapable de vivre et de faire vivre les siens dans un taudis ou un désert. Sa maison redeviendra agréable à habiter. Elle en sortira quelques années plus tard pour répondre à un ordre de Napoléon Ier qui, lors du passage de la reine d'Espagne à Bordeaux, lui demandera de remplir auprès de celle-ci les fonctions de dame d'honneur. Cependant que son époux deviendra préfet de Bruxelles. Mais le cœur des La Tour du Pin est légitimiste et c'est avec joie qu'ils saluent le retour des Bourbons.

Lors du fameux Congrès de Vienne, le marquis accompagne Talleyrand au palais Kaunitz et y trouve l'occasion de mettre largement en valeur ses qualités de diplomate. Il sera, par la suite, ministre plénipotentiaire à La Haye puis ambassadeur à Turin.

Hélas, l'arrivée au pouvoir de Louis-Philippe va, une fois encore, détruire leur vie. En effet, leur dernier fils, Aymar – l'aîné Humbert a été tué en duel en 1816 – s'est attaché aux pas de la duchesse de Berry ; elle passera d'ailleurs une nuit au Bouilh. On sait la fin de l'aventure. Condamné à mort par contumace, Aymar aura juste le temps de s'enfuir vers Jersey et passera de là en Angleterre. Mais son père a pris sa défense et se voit emprisonné pour trois mois en compagnie de Lucy qui refuse de se séparer de lui.

Exilés, les La Tour du Pin quittent la France pour rejoindre leur fils. Ils s'installent à Nice, puis à Turin, puis à Lausanne. En 1835, ils vendent Le Bouilh à M. Hubert de l'Isle. C'est à Lausanne que meurt l'époux de Lucy, en 1837. Celle-ci s'attachera ensuite aux pas de son fils et tous deux vivront surtout en Italie. Et c'est à Pise qu'enfin elle meurt, le 2 août 1853. Mais revenons au Bouilh et à son nouveau propriétaire…

La belle-fille de M. Hubert de l'Isle était d'une extrême beauté que Lamartine chanta quand la jeune femme suivit à l'île Bourbon son époux qui venait d'en être nommé gouverneur. Il lui adressa alors, avec un court poème, ces quelques lignes :

« Madame, je me plains souvent d'être poète quand on m'objecte l'imagination et le cœur comme obstacles aux choses sérieuses d'ici-bas. Mais je me félicite quand je vous vois car il n'y a qu'une imagination et un cœur poétiques capables d'admirer autant qu'elles le méritent les perfections de toute nature dont le ciel a doué en vous sa plus ravissante création... »

C'est de cette jeune femme qui fut dame d'honneur de l'impératrice Eugénie que descendent les actuels propriétaires du château du Bouilh.

HORAIRES D'OUVERTURE

Du 1er juillet au 30 septembre, visites guidées les jeudis, samedis et dimanches, de 14 h 30 à 18 h 30.

http:/chateaudubouilh.jimdo.com

BOURSAULT

La Grande Dame du champagne

Ce vin doit porter un jour
Des bons mots à la jeunesse,
Des erreurs à la sagesse,
Des feux même à la vieillesse
Et des désirs à l'amour.

BERTIN

Lorsqu'en 1818 elle achète le grand château de Boursault, distant d'Épernay d'environ neuf kilomètres, Mme Nicole Clicquot-Ponsardin songe seulement à faire plaisir à sa fille Clémentine, mais aussi, mais surtout à son gendre, le comte Louis de Chevigné qui rêve d'être châtelain et considère, non sans raison peut-être, qu'un grand nom sans une grande demeure est comme un printemps sans primevères. L'occasion est bien choisie pour faire ce cadeau royal puisque, le 15 du mois de juin, la jeune comtesse de Chevigné vient de mettre au monde un enfant.

C'est une fille, sans doute, mais dans la famille on a appris à juger les femmes à leur juste valeur et si la petite Marie-Clémentine ressemble, même un tout petit peu, à sa grand-mère, elle sera de toute évidence une personnalité hors du commun : face au monde entier, Mme Veuve Clicquot née Nicole Ponsardin porte le titre prestigieux de « Grande Dame du champagne ».

Le château ravit tout le monde, bien qu'il soit alors d'aspect plutôt sévère : une grande bâtisse médiévale dont la façade portée par une galerie à arcades est entourée de grosses tours rondes. Jusqu'à la Révolution, il a appartenu à la famille d'Anglure, puissante et vaste maison de Champagne dont les ancêtres remontent aux croisades. Elle a pour auteur Ogier d'Anglure qui suivit Philippe Auguste en Terre sainte, fut fait prisonnier et obtint du sultan Saladin la permission de revenir en France pour réunir sa rançon. En dépit des efforts des siens, il n'y parvint pas et, quand arriva le temps où la rançon aurait dû être portée, Ogier, fidèle à sa parole, retourna se constituer prisonnier sans espoir, cette fois, de revoir jamais sa famille. Mais le grand Saladin s'y connaissait en chevalerie. Il admira la loyauté de ce chevalier franc et lui rendit la liberté, en demandant seulement que son nom fût désormais accolé au patronyme des d'Anglure. À la suite de cette belle histoire tous les descendants d'Ogier se sont appelés Saladin d'Anglure. Leurs armes portent « d'or semé de grelots d'argent soutenus chacun par croissant de gueules » et leur cri de guerre est « Saladin et Damas ! ».

Voilà donc dans quel nid la Grande Dame du champagne installe sa couvée mais il est temps, à présent, de revenir en arrière et de regarder vivre celle qui fut d'abord la petite Nicole Ponsardin, de bonne famille bourgeoise ayant même droit à des armoiries : une sardine nageant sous un pont.

Elle n'a jamais eu ni frère ni sœur. Son père, le banquier Ponsardin, habitait à Reims une belle maison dans la rue Cérès et c'est là que Nicole Barbe vient au monde. Elle a douze ans quand éclate la Révolution et elle doit alors quitter l'abbaye royale de Saint-Pierre-les-Dames où elle est élevée dans les bonnes manières. La ville royale est aux mains des sans-culottes qui s'en prennent à la cathédrale, pillent le trésor et décapitent les statues.

Pour mettre son héritière à l'abri, M. Ponsardin la confie à une brave femme toute dévouée à la famille et qui est couturière. Nicole, habillée en petite fille pauvre, vivra chez elle tant que durera le cauchemar dont les siens, connus comme des gens de bien, se tireront sans mal... Et elle a depuis plusieurs années – ayant alors vingt-deux ans – regagné l'hôtel de la rue Cérès quand on décide de la marier. On décide mais elle est d'accord, car elle aime depuis longtemps François Clicquot qui possède des vignes et constitue l'un des plus beaux partis de la ville. C'est donc un vrai mariage d'amour, car Nicole est charmante, mais aussi un mariage curieux. Seule l'union civile est en usage et Nicole, à la mairie, se conforme à la coutume locale qui veut qu'une femme ajoute son nom de jeune fille à celui de son mari. Mais dès l'instant où l'on prétend faire bénir une union, surtout par un prêtre « non jureur », mieux vaut se cacher.

C'est ainsi que le mariage de Nicole et de François va se dérouler... dans une cave. Et là se produit le miracle : après la bénédiction nuptiale, le vieux prêtre qui officie remet à François un rouleau de papier jauni que lui et sa jeune femme vont dérouler avec émotion. Il a pour titre « Mémoire sur la manière de choisir des plants de vigne convenables au sol, sur la façon de les provigner, de les tailler, de mélanger les raisins, d'en faire la cueillette et de gouverner les vins. » En fait, ce n'est rien d'autre que l'un des très rares exemplaires de la manière de fabriquer le champagne selon la méthode de Dom Pérignon, le moine génial de l'abbaye d'Hautvillers.

Les jeunes époux se mettent tout de suite à la tâche et s'installent à Bouzy pour surveiller vignes et récoltes. En même temps, François, qui s'est mis à voyager pour trouver des clients, rencontre à Bâle un « petit homme tout rond, jovial et affable », M. Bohne, sans doute le meilleur voyageur de commerce d'Europe, qui met son talent au service de la maison : il vend à tout le monde, Allemands, Russes, Anglais... Mais, en 1805, c'est la double catastrophe : François, le cher François meurt d'une fièvre maligne, laissant Nicole veuve avec une petite fille. En outre, la guerre reprend avec l'Angleterre, fermant ainsi l'un des grands débouchés du champagne.

Le père Clicquot se laisse aller au désespoir et prétend, puisqu'il n'a plus d'héritier, vendre les vignes et les caves. C'est alors que Nicole montre sa vraie nature. Elle s'oppose formellement à la vente, déclare qu'elle entend honorer la mémoire de son époux en poursuivant sa tâche et, quatre mois après la mort de François, celle qu'on appellera désormais la Veuve crée sa propre maison en compagnie d'un associé. C'est la Maison Veuve Clicquot-Ponsardin, Fourneaux et Cie. Et rien ne l'abattra.

Napoléon porte la guerre à travers toute l'Europe ? Parfait ! Il sera sans le savoir et par le truchement de son armée le premier commis voyageur de la maison, sous les ordres de M. Bohne. Le Blocus continental empêche les bateaux français d'exporter le fameux champagne ? Ça s'arrangera ! Nicole, en effet, passe contrat avec des corsaires américains et son champagne va courir les mers sous la protection de la bannière étoilée. Les problèmes, bien sûr, ne manquent pas. Les commandes sont nombreuses, pressées, et peuvent nuire à la qualité du vin. En effet, il se forme dans les bouteilles un dépôt qu'il faut un certain temps pour expulser. Comment faire pour l'enlever rapidement ? Installée dans sa maison d'Ogeron, Nicole passe des nuits sans sommeil à conférer avec son maître de chais Jacob. Et, une nuit, elle trouve la solution, descend quatre à quatre à la cave : ce qu'il faut c'est percer des trous dans de longues et larges planches et y installer les bouteilles la tête en bas. Ainsi pourra-t-on faire partir le dépôt sans perdre trop du précieux vin...

Et le temps passe, l'Empire passe. Nicole a fait élever sa petite Clémentine à Paris, au couvent des Anglaises, d'où elle la tire en 1817, au grand déplaisir de la jeune fille qui s'ennuie à périr en province. « Pleure pas, Mantine, lui dit sa mère pour la consoler, je t'achèterai de l'esprit quand je te marierai... » Et elle tient parole car il se trouve justement parmi les soupirants de Clémentine un beau garçon sans aucune fortune mais plein d'esprit : le comte Louis de Chevigné, dont le père a été tué aux côtés de M. de Charette dans les guerres vendéennes.

Louis séduit la jeune fille mais, comme il a commencé par plaire à sa future belle-mère, le mariage a lieu dans la joie et les fêtes. On sait à présent comment la Veuve célébra la naissance de sa petite-fille en achetant le château de Boursault.

Louis aime beaucoup « Mère chérie » qui vit pratiquement au château mais il est un peu brouillon et, abusant de son influence, manque d'entraîner la maison dans des affaires désastreuses. Heureusement, Nicole a désormais auprès d'elle un assistant de grande valeur qui veille au grain. M. Édouard Werlé évitera de justesse quelques catastrophes dues au génie inventif de Louis et, avec l'aide de sa patronne, finira par l'aiguiller sur un chemin sans danger : la politique. Édouard Werlé deviendra l'associé de la Veuve.

En 1848, nouveau mariage à Boursault : celui de la seconde Marie-Clémentine, fille de la première, avec le comte de Mortemart. Et, pour la circonstance, la Veuve fait des folies : à côté du vieux château médiéval, s'élève maintenant un superbe château Renaissance. Le mariage sera un triomphe où se presseront les plus grands noms de France.

La vie à Boursault est fastueuse. On y donne des fêtes, des chasses, et seul le champagne maison y a droit de cité : « Madame Clicquot, par un despotisme concevable, n'admettait que ses champagnes à sa table. Paraphrasant Louis XIV, elle aimait à répéter : le Vin c'est moi... Effectivement, il n'y avait pas une goutte de vin rouge sur la nappe », écrit Charles Monselet qui fut reçu au château.

Une des nièces de la Grande Dame a laissé un récit imagé de la vie à Boursault, vue du côté des petites filles : « Vers douze ans, à l'âge où il est encore permis de regarder sans rien dire, je me retrouve en robe de mousseline rose dans le coin de l'immense salon. Tout y était froid comme dans les appartements de Versailles. On avait l'impression d'y être perdue : dans la salle à manger de proportions gigantesques également, la cheminée, aussi haute que celle du salon servait de piédestal à une statue de Diane grandeur nature. Ma cousine Anne de Mortemart et moi – Judith d'Anglemont de Tassigny – accompagnées de notre bonne Victoire, nous nous échappions dans le parc dès le matin... »

Comme on peut le voir, les grands noms de la noblesse étaient entrés dans la famille de Nicole. Elle devait être l'aïeule d'une série de grandes dames dont la moindre ne fut pas la duchesse d'Uzès. Le sang bleu et les joyeuses bulles du champagne se mélangèrent superbement.

BRISSAC

Grands seigneurs, grandes amours... et une dame blanche

Le chemin de l'amour est pavé de chair et de sang.
Vous qui passez par là, relevez le pan de vos robes !

HAFIZ

« C'est un château neuf à demi construit dans un château vieux à demi détruit », a dit un jour le duc de Brissac en évoquant son grand château des bords de Loire. En fait, s'il ne manque ni d'allure ni de majesté, Brissac n'en offre pas moins une image inhabituelle : celle d'une sorte de donjon que l'on aurait construit dans le plus pur style Louis XIII coincé entre des tours essentiellement médiévales. Cela donne cinq étages de hautes fenêtres, de chaînages de pierre, de frontons et de pilastres appartenant à des ordres divers. Mais ce sont cinq étages de grandeur sur lesquels a coulé l'histoire de France car cette demeure fut, de tout temps, celle de grands serviteurs du royaume, de ces serviteurs que l'on ne saurait contester.

Comme beaucoup de châteaux en pays angevin, Brissac fut à l'origine l'un de ces énormes quadrilatères de pierre comme aimait à en construire le Faucon noir, le redoutable comte d'Anjou. Évidemment, il ne reste rien en surface de cette première forteresse sinon peut-être quelques pierres qui eurent l'honneur de voir passer le roi Philippe Auguste au jour de l'Ascension de l'an 1200.

Il faut attendre le XVe siècle pour voir monter dans le ciel angevin les grosses tours de Brissac. À cette époque

– en 1434 – le roi Charles VII, enfin maître chez lui et pratiquement débarrassé des Anglais, s'est donné pour ministre un homme qui représente à lui seul la chevalerie dans ce qu'elle eut de plus achevé, Pierre de Brézé.

Pour l'avoir rencontré plus d'une fois au détour de l'Histoire, j'avoue un faible pour cet homme exceptionnel, pour cette absolue réussite de la création. Rarement, en effet, on a vu autant de hautes qualités réunies en un seul homme. Pierre de Brézé fut un guerrier redoutable, un véritable preux, un ministre intelligent et avisé, un grand seigneur achevé. En outre, il portait le cœur le plus noble sous l'apparence la plus séduisante, la plus prestigieuse qui soit. C'était une assez bonne incarnation de Lancelot du Lac. Et pour que la ressemblance soit plus complète, ajoutons que Pierre de Brézé ne vécut que pour l'amour d'une femme mais que cette femme était reine d'Angleterre.

Elle est bien jeune la petite Marguerite d'Anjou, nièce de Charles VII, quand le 23 mai 1445 – il y a alors onze ans que Brézé a acheté la terre de Brissac – les cloches de Saint-Martin de Tours sonnent ses fiançailles avec le jeune roi d'Angleterre Henri VI ; mais sa beauté est déjà célèbre. Les mots sont impuissants d'ailleurs à traduire l'éblouissement de ceux qui eurent le privilège de contempler cette enfant de quinze ans qui joignait la grâce et l'élégance à un éclat exceptionnel.

Durant l'hiver qu'elle passe à la cour de son oncle de France en attendant que sonne l'heure du départ pour l'Angleterre, Marguerite moissonne les cœurs. À commencer par celui de Brézé. Celui-ci se fait son chevalier et porte ses couleurs dans les tournois. Au Conseil, il ne cesse de défendre ses intérêts de future souveraine.

De son côté, Marguerite s'est sentie émue par cette grande conquête mais, à cette époque, l'échange de sentiments ne dépassera pas le plan de l'amitié. Brézé possède un sens de l'honneur trop élevé pour donner libre cours à son amour. Or, Marguerite est fiancée ; autant dire mariée. Elle est reine, en outre, et toutes ces choses la lui rendent sacrée. Quand viendra l'heure du départ, Brézé gardera le silence mais ce silence cache une profonde douleur. On ne sait alors ce que pense la jeune reine qui, déjà, regarde un peu trop tendrement vers l'ambassadeur anglais Suffolk.

Pierre et Marguerite se reverront quinze ans plus tard quand, fugitive après la bataille de Towton qui fut la plus cruelle de la guerre des Deux-Roses – cette lutte fratricide qui portait un si doux nom ! – Marguerite vient demander aide et asile à la France.

Le royaume est celui de Louis XI mais Pierre de Brézé, qui a cinquante-quatre ans à présent, en est encore le ministre. Marguerite pour sa part a changé : elle a trente-deux ans et une bonne moitié de l'Angleterre la hait. Ce sont de ces choses qui marquent une femme. Pourtant, elle est toujours aussi belle et aussitôt Brézé retombe sous le charme. Cette fois, il voit son amour récompensé et reçoit même le précieux privilège d'accompagner sa reine en Angleterre quand, avec l'aide de Louis XI, elle reprend pied dans son royaume révolté.

Mais sa cause est maudite. En dépit de sa vaillance, Brézé réussit tout juste à sauver la reine et son fils tandis que le malheureux Henri VI, tombé dans la folie, reste aux mains de la faction d'York, les gens de la rose blanche. Puis il les ramène en France. Hélas, la reine déchue ne gardera plus longtemps auprès d'elle cet amour si fidèle. Quelques mois plus tard, en 1465, Pierre de Brézé est tué à la bataille de Montlhéry en défendant son roi. Brissac change de maître.

Le fils que Pierre de Brézé a eu de son mariage avec Jeanne du Bec-Crespin devient, au château, le héros d'une sombre histoire : marié à Charlotte de France, l'une des filles légitimées que Charles VII a eue d'Agnès Sorel, il la surprend un soir en trop tendre compagnie alors qu'il rentre inopinément au château. La réaction est immédiate : il la tue ainsi que son amant. Cette tragédie qui pèsera sur toute la jeunesse de leur fils, futur grand sénéchal de Normandie et époux de Diane de Poitiers, garde à Brissac des prolongements : on dit que certaines nuits l'ombre blanche de Charlotte erre sur les tours et au long des salles obscures.

Louis de Brézé rencontra-t-il le fantôme de sa mère ? Il est certain qu'il attendra de longues années avant de prendre femme et que la superbe Diane n'enfreindra jamais les lois du mariage tant qu'il sera en vie.

Diane ne viendra jamais à Brissac. Le château a changé de propriétaire en 1502. Les Cossé, dont les descendants en sont toujours maîtres, règnent alors sur le château.

Chambellan du roi Charles VIII, René de Cossé, qui devient Cossé-Brissac, est un homme sage et prudent. Après la Guerre folle, il obtient de son roi qu'il épargne le chef de cette révolte insensée des grands. C'est le duc Louis d'Orléans qui, devenu par la suite le roi Louis XII, saura se montrer reconnaissant.

D'ailleurs, le dévouement à la cause royale fait partie intégrante des vertus de la famille. On le verra bien après le désastre de Pavie. Quand Charles Quint aura consenti à rendre sa liberté à François Ier qu'il tenait prisonnier à Madrid en exigeant que ses fils viennent le remplacer dans sa prison, René et Charlotte de Cossé-Brissac obtiendront de partir avec les jeunes princes afin de veiller sur eux, ce qu'Henri II n'oubliera pas.

Intermède poétique : la fille de la belle Anne de Cossé-Brissac et du sire de Surgères sera cette Hélène pour qui Ronsard vieillissant soupirait :

Quand vous serez bien vieille, au soir à la chandelle,
Assise auprès du feu, dévidant et filant,
Direz, chantant mes vers, en vous émerveillant,
Ronsard me célébrait du temps que j'étais belle.

Évidemment, la poésie n'est pas monnaie courante dans une famille où l'on compte plus de grands soldats – deux maréchaux de France ! – que d'écrivains, exception faite pour le duc actuel.

Une génération plus tard, nous trouvons Charles II, futur maréchal, gouverneur de Paris pour la Ligue. Cette fois il s'agit de battre un roi en qui, bien que choisi par son prédécesseur Henri III, Cossé-Brissac refuse de voir son nouveau souverain parce qu'il est protestant. Mais lui aussi est un homme sage et il aura l'intelligence, après s'être convaincu lui-même, de convaincre ses compagnons d'ouvrir la capitale au nouveau converti, mettant ainsi fin à l'une des périodes les plus meurtrières de l'histoire de France. Après quoi, chargé d'honneurs, il se retire tranquillement sur ses terres où il a fort à faire pour remettre au goût du jour son vieux Brissac.

Il en charge l'architecte Jacques Corbineau qui se met à l'œuvre et édifie le grand corps de logis. Mais, en 1621, meurt le maréchal-duc et les travaux en resteront là. Brissac demeura tel qu'il était. Tel il est toujours.

Au XVIIIe siècle, le septième duc devient lui aussi maréchal de France à la suite de nombreux exploits mais c'est à son fils Louis-Hercule que va échoir une belle et tragique histoire d'amour, d'amour quasi royal... avec Mme du Barry.

Alors que la belle comtesse n'était encore que favorite de fraîche date, son appartement du troisième étage, au palais de Versailles, voisinait avec celui du colonel des Cent-Suisses qui n'était autre que Louis-Hercule. Du voisinage naquit une amitié. Il est étonnant de voir comment les maîtres de ce château s'entendent à susciter l'amitié avant de faire naître l'amour.

L'amitié a duré. Elle a même résisté à la disgrâce de la comtesse. En effet, celle-ci, à la mort de Louis XV, a été contrainte de se retirer d'abord à l'abbaye de Pont-aux-Dames, puis, quand elle eut donné suffisamment de gages de sagesse et de fidélité à la royauté, au petit château de Saint-Vrain où il lui fut loisible de recevoir quelques amis.

Ils étaient bien rares, alors, ceux qui se risquaient à visiter la disgraciée. Louis-Hercule fut de ceux-là. Il vint et revint à Saint-Vrain puis, quand Mme du Barry eut retrouvé son cher château de Louveciennes, il en fut un habitué assidu.

En 1780, la mort de son père en fit le huitième duc et le roi le nomma gouverneur de Paris. C'est alors qu'éclata entre les deux anciens amis une passion sans doute tardive – le duc avait vingt ans de plus que Mme du Barry – mais qui allait les accompagner jusqu'au bout de leur chemin sur la terre.

Malgré la peine extrême qu'ils se donnèrent d'abord pour cacher leur amour, ce fut bientôt un secret de Polichinelle et, peu à peu, les deux amants se cachèrent moins. La comtesse en vint même à ne plus descendre que chez son ami, rue de Grenelle, lorsqu'elle venait à Paris. Leur passion grandissait sans cesse comme si tous deux devinaient que le temps leur était compté.

Vint la tourmente révolutionnaire. En 1792, à Versailles, le duc de Brissac est assassiné par des émeutiers. On lui tranche la tête et, cette tête si fraîchement coupée, on la porte à Louveciennes, on la jette aux pieds de Mme du Barry. On sait qu'elle-même ne lui survivra que de quelques mois et finira, comme tant d'autres, sur l'échafaud.

Le château de Brissac eut fort à souffrir de la Révolution et il lui fallut attendre dans la désolation, durant de longues années, que viennent des temps meilleurs. Ils arrivèrent au milieu du XIXe siècle quand la richissime Jeanne Say, appartenant à une grande famille d'industriels du sucre, devint marquise de Brissac. Elle entreprit de restaurer le vieux château avec autant de soin que de générosité. Ses descendants ont continué l'œuvre entreprise pour que, sous le doux ciel angevin, Brissac demeure fidèle à lui-même, à son grand passé et à l'image qu'en ont gardée tous ceux qui l'ont aimé…

HORAIRES D'OUVERTURE

Avril, mai, juin, septembre et octobre	10 h-12 h 15 et 14 h-18 h (fermé le mardi)
Juillet et août	10 h-18 h

C'est le château le plus haut de France.

http://www.chateau-brissac.fr

BUSSY-RABUTIN

Les jolis portraits du comte Roger

– Savez-vous ce que c'est que rabutiner ?
– C'est, pour un Rabutin, avoir de l'esprit comme d'autres ont des bosses.

Mme de SÉVIGNÉ et Jean ORIEUX

Même si les premières pierres ont été assemblées au XVᵉ siècle, même si des noms aussi nobles que Châtillon et Rochefort se retrouvent sur son chartrier, même s'il n'est pas le seul constructeur de ce joyau niché au creux d'un vallon de Bourgogne, Bussy-Rabutin, c'est lui et lui seul ! Entendez par là Roger de Rabutin, comte de Bussy, l'un des hommes les plus braves, les plus séduisants, les plus lettrés, les plus spirituels du Grand Siècle. L'homme qui collectionnait les superlatifs fut malheureusement aussi le plus méconnu.

Ce Bussy-là ressemble étonnamment à cet autre Bussy dont Alexandre Dumas chanta la gloire dans *La Dame de Monsoreau*. Bussy d'Amboise, Bussy-Rabutin, on leur trouve bien des points communs comme si le premier était l'aïeul du second, à cette différence près que le second maniait l'esprit mieux encore que l'épée.

À ce jeu subtil, il n'est pas le seul, dans la famille, à être habile. Une jeune et blonde cousine qui lui est proche et chère y est au moins autant que lui. Une cousine qu'il aimera d'amour et qui le lui rendra fort mal, peut-être parce qu'elle a peu de tempérament alors que lui en déborde. Une cousine qui, dans l'empire des lettres, va prendre tout le soleil en ne lui laissant, à lui, que l'ombre grise de l'exil : Marie de Rabutin-Chantal, marquise de Sévigné.

Cruellement, la postérité s'est rendue complice de la sentence de Louis XIV condamnant Bussy-Rabutin, après un séjour à la Bastille, à seize années d'ensevelissement dans son vallon bourguignon pour intempérance de plume et conduite libertine. Le château, tel qu'il existe toujours, est sorti de cet exil si l'on en croit les lignes tracées à son sujet par son jeune propriétaire :

« Dans le comté de Charolais, il se trouve un grand bois appelé forêt de Rabutin au milieu de laquelle il y a une espèce de marais où l'on voit les restes d'un vieux château. »

N'eussent été les démêlés de l'enfant terrible avec le pouvoir, le château fût peut-être resté ce qu'il était : des restes, au lieu de se changer en un chef-d'œuvre de grâce et de mesure. En revanche, Paris compterait peut-être un hôtel jumeau de Carnavalet. Mais il eût fallu pour cela que Roger ne sût pas si bien « rabutiner ».

« Savez-vous ce que c'est que rabutiner ? » écrit la jolie cousine Sévigné. « Rabutiner, lui répond l'historien Jean Orieux, c'est, pour un Rabutin, avoir de l'esprit comme d'autres ont des bosses. »

Mais il est plus que temps de faire enfin connaissance avec cette tête chaude, ce mauvais sujet, ce libertin qui, parmi toute une série de gens de son nom, fut plus sensible aux belles-lettres que d'autres et qui, mieux que ces autres, sut les servir.

Il est né un vendredi 13, celui d'avril 1618. « C'était un mauvais sujet, nul n'en saurait douter », écrit Jean Orieux qui ajoute : « Sur son berceau, sa tante Chantal – sainte Jeanne de Chantal – crut devoir prophétiser : il serait le saint de sa race. Les saints voient des saints partout. C'est peut-être la seule bévue de cette respectable créature mais elle est monumentale. Bussy ne sera ni un saint ni un démon mais un homme de la plus ardente et de la plus riche humanité. »

Il a seize ans quand son père, qui est lieutenant du roi en Nivernais, le tire du collège pour l'envoyer au combat.

Il s'y conduit à merveille car chez les Rabutin on manie l'épée aussi bien que la plume. Familier du Grand Condé, il prend part au siège de Mardyck avant de suivre le prince en Catalogne et en Picardie. Mais, durant la Fronde, il n'en reste pas moins fidèle à la cause royale et se met sous les ordres de Turenne avec lequel il se brouillera plus tard.

Voilà pour la carrière militaire. Mais, entre-temps, la vie de Bussy prend d'étranges tournants. Il collectionne les duels et les maîtresses et, s'il épouse, le 2 avril 1643, sa cousine Gabrielle de Toulongeon, juste un an avant que Marie n'épouse le marquis de Sévigné, c'est dans l'unique intention de lui faire des enfants. Il n'aura pas le temps de lui en faire beaucoup : quatre ans plus tard, Gabrielle meurt ne lui laissant que trois filles.

L'année suivante, Bussy est le héros, assez involontaire, d'un scandale. Désireux de se remarier et de se remarier richement, il écoute d'une oreille un peu trop attentive les conseils d'un certain père Clément, confesseur de Mme de Miramion, une jeune et riche veuve qui est assez belle mais surtout fort pieuse et fort prude. Ne demandant qu'à se laisser convaincre, Bussy, poussé par le père Clément – qui s'est fait remettre deux mille livres pour « aplanir les difficultés éventuelles » – enlève purement et simplement Mme de Miramion à la sortie d'une église, la jette dans le carrosse d'un ami et fouette cocher ! Il l'emmène en dépit de ses cris au château de Launay. La victime crie, pleure, proteste mais Bussy croit, de bonne foi, qu'il s'agit là d'une comédie destinée à la famille de la dame résolument hostile à ce mariage. Le père Clément le lui a certifié.

Hélas, au fil des heures, il faut bien se rendre à l'évidence : les pleurs sont sincères, les protestations sont réelles. Mme de Miramion n'a aucune envie d'épouser Bussy-Rabutin. Alors, galamment, celui-ci rend la liberté à sa prisonnière. Cela ne suffit pas pour faire taire la famille outragée et éviter la Bastille : une somme de six mille livres sera nécessaire. Une opération désastreuse pour un homme quelque peu désargenté. Il se consolera, un an plus tard, en pleine Fronde, en épousant Louise de Rouville.

Mais voici plus grave. Dix ans après l'aventure, alors que Mme de Miramion a fondé un ordre monastique et s'est changée en mère de l'Église, Bussy est gravement compromis dans ce que l'on a appelé la débauche de Roissy : durant la semaine sainte, Bussy, en compagnie du duc de Vivonne, du duc de Nevers et de quelques autres sacripants, a organisé une orgie mémorable au cours de laquelle on a chanté des cantiques obscènes, baptisé un cochon et englouti une incroyable quantité de vin. Résultat : Bussy est sommé d'aller se mettre au vert dans son château bourguignon.

En vérité, bien qu'il mette fin à une vie mondaine fort agréable, l'exil ne pèse pas trop à Bussy. Il surveille ses travaux et commence à écrire l'*Histoire amoureuse des Gaules* qui relate les aventures galantes de nombreux personnages de la cour. Le tout dédié à Mme de Montglas qui est, pour l'heure, sa maîtresse très aimée.

Le manuscrit n'est pas destiné à la parution et circule discrètement sous le manteau. Hélas, une « amie » de Bussy en prend copie au passage et le fait imprimer. C'est la catastrophe car le prince de Condé, furieux de s'y retrouver en posture peu avantageuse, se hâte de faire écrire par un plumitif anonyme une *France galante* où sont racontées les amours du roi et de Mlle de La Vallière.

Cette fois, Louis XIV, que l'*Histoire amoureuse des Gaules* avait amusé et qui ne voyait même aucun inconvénient à l'entrée de l'auteur à l'Académie, se fâche sérieusement et envoie le pauvre Bussy à la Bastille bien que celui-ci soit fort innocent de l'aventure. Entré le 16 avril 1655, il n'y restera que treize mois mais n'en sortira que pour prendre la route de l'exil, cet exil de seize ans que nous avons déjà évoqué.

Alors, à Bussy-Rabutin où il vit en famille, notre héros se crée un univers à son idée et, comme nous ne pourrions avoir meilleur guide, écoutons-le :

« Il y a des choses fort amusantes qu'on ne trouve point ailleurs ; par exemple, j'ai une galerie où sont les portraits de tous les rois de France de la première race depuis Hugues Capet jusqu'au roi et, sous chacun d'eux, un écriteau qui apprend tout ce qu'il faut savoir de leurs actions.

D'un autre côté, ce sont les hommes d'État et de lettres. Pour égayer tout cela, on trouve en un autre endroit les maîtresses et les amies de nos rois depuis la belle Agnès, maîtresse de Charles VII. Une antichambre précède cette galerie où sont les hommes illustres de la guerre depuis le comte de Dunois. Une grande chambre est ensuite où est seulement ma famille et cet appartement est terminé par un grand salon où sont les plus belles femmes de la cour qui m'ont donné leur portrait. » Inutile d'ajouter que les belles dames en question avaient toutes une excellente raison, en forme de tendre souvenir, d'offrir leur image.

En dépit de ses aventures, la plume de Bussy ne reste pas inactive. Le comte écrit ses *Mémoires*, une *Histoire abrégée de Louis le Grand*, un *Discours à mes enfants*, enfin et surtout une énorme correspondance dont la principale bénéficiaire est Mme de Sévigné avec laquelle, cependant, il reste brouillé plusieurs années pour une histoire d'argent dans laquelle la marquise n'a pas le beau rôle.

Il ne vit guère avec sa femme qui préfère Paris. Sa compagne favorite, c'est sa fille Louise, marquise de Coligny, jeune veuve pour laquelle il éprouve une profonde tendresse. Une tendresse qui lui vaut de jouer un rôle secourable dans la triste aventure conjugale de Louise avec un certain La Rivière. Celui-ci n'est en fait qu'un escroc de haut vol mais il a fait un enfant à la jeune femme et, de ce fait, elle a le plus grand mal à s'en débarrasser après un procès que malheureusement elle perdra, ayant eu « l'imprudence de contracter, malgré la volonté de son père, un mariage secret ».

Bussy, bien sûr, défend sa fille bec et ongles et le scandale de cette affaire ne l'atteindra pas. Le roi lui permettra même de revenir à la cour, en 1682. Mais le comte a soixante-quatre ans et il lui paraît bien tard, à présent, pour participer à cette vie de cour dont il a appris à connaître le côté factice. À soixante-treize ans, il fera néanmoins un dernier voyage pour admirer les splendeurs de Versailles. Trois ans plus tard, il meurt d'apoplexie à Autun.

Après sa mort, le château passe à ses deux fils, à tour de rôle, puis à l'une de ses filles, Mme de Montataire, qui le vendra à un conseiller au Parlement, Étienne Dagonneau. Après diverses fortunes, c'est finalement l'État qui, en 1929, se fait le gardien dévoué des belles images de Bussy-Rabutin.

HORAIRES D'OUVERTURE

Du 15 mai au 14 septembre	9 h 15 à 13 h et 14 h à 18 h
Du 15 septembre au 14 mai	9 h 15 à 12 h et 14 h à 17 h

Fermé le 1er janvier, le 1er mai, les 1er et 11 novembre et le 25 décembre.

http://bussy-rabutin.monuments-nationaux.fr

CANDÉ

Épilogue du roman d'un roi

Vous devez me croire lorsque je vous dis que j'ai jugé impossible de continuer à assumer ma lourde responsabilité et d'accomplir comme je le voulais mon devoir de roi sans l'aide et le soutien de la femme que j'aime.

Duc de WINDSOR

« Au début de mars 1937 à 6 heures du matin, Katherine, Herman et moi partions pour Candé. L'inspecteur Evans étant depuis longtemps retourné en Grande-Bretagne, le gouvernement français avait délégué, pour assurer ma protection, deux inspecteurs de la Sûreté qui nous suivaient dans une voiture où avaient également pris place la femme de chambre de Katherine et la mienne. Nous partîmes sous une pluie battante qui ne cessa de tomber pendant tout le voyage.

« Après avoir passé la nuit à Roanne, nous arrivâmes au château le lendemain à la tombée du jour. Pour éviter les reporters qui – ainsi qu'on nous l'avait laissé prévoir – étaient déjà postés à la grille du château, nous pénétrâmes dans le domaine par le fond du parc et j'eus la première et plaisante vision de Candé, de ses épais murs gris, de ses tours élancées battues par la pluie. Mme Bedeaux nous accueillit sur le perron. Elle me frappa par sa beauté, par sa grâce et par son aisance. »

La femme qui, bien des années plus tard, écrit ces lignes ne s'appelle déjà plus Mrs. Simpson mais ne s'appelle pas encore la duchesse de Windsor. Pour quelques semaines elle a repris son nom de jeune fille : Wallis Warfield, de Baltimore, États-Unis. Mais pour le monde entier qui l'épie et la pourchasse depuis des semaines, elle demeure Mrs. Simpson, celle pour qui un roi d'Angleterre vient d'abdiquer après onze mois de règne.

Si elle vient à Candé, c'est pour s'y marier. Elle le peut à présent que son divorce – le second, hélas ! – d'avec Ernest Simpson vient d'être prononcé. Le château de Candé, appartenant à Charles Bedeaux, un industriel français, a été choisi pour toutes sortes de raisons : « Pas trop grand, suffisamment à l'écart pour décourager les curieux, situé au cœur d'un parc boisé, dans un paysage de rêve. » Mais, quand elle arrive chez eux, Mrs. Warfield n'a jamais vu les Bedeaux. Ce sont ses amis Rodgers, Herman et Katherine – qui l'accompagnent après lui avoir offert l'hospitalité de leur maison cannoise au plus fort de la tempête –, qui ont choisi Candé avec l'assentiment lointain du nouveau roi d'Angleterre.

La tempête en question a été terrible. Elle a secoué le Royaume-Uni et même l'Europe entière. Mais revenons quelques mois en arrière.

Au soir du 11 décembre 1936, le monde entier est à l'écoute de la BBC autour du peuple britannique qui vit là une crise sans précédent dans son histoire. Quelques heures plus tôt, le roi Édouard VIII, qui a accédé au trône le 26 janvier précédent, a signé le document suivant :

« Je, Édouard VIII de Grande-Bretagne, d'Irlande et des Dominions britanniques d'au-delà les mers, empereur des Indes, déclare par la présente ma décision irrévocable de renoncer au trône pour moi et mes descendants. Et je désire qu'effet soit immédiatement donné à cet instrument d'abdication. »

Il reste à celui qui s'en va à faire ses adieux à cette Angleterre qu'il aimait et qui l'aimait et où, en principe, il ne devra plus jamais revenir. Et c'est cela que le monde attend, en écoutant la radio anglaise.

À l'heure prévue, le téléphone est suspendu partout et, venue du château de Windsor, une voix émue se fait entendre :

« Me voici, après un long silence, capable de dire moi-même quelques mots. »

Le silence, en effet, a été imposé au roi durant la longue, l'épuisante bataille qu'il a soutenue, non contre un peuple qui lui était attaché et qui, peut-être, l'eût compris, mais contre son Premier ministre, Stanley Baldwin, et contre l'archevêque de Canterbury, sans compter – et ce fut le plus déchirant – contre sa mère et ses frères. On ne lui a pas permis de s'adresser à la nation mais à présent qu'il renonce à tout, qu'il n'est plus que Son Altesse royale le duc de Windsor (à noter que la duchesse n'aura jamais droit au titre d'Altesse royale), nul ne peut plus lui contester ce droit.

Ses premières paroles sont pour reconnaître la souveraineté de son frère, le duc d'York, qui vient de lui succéder sous le nom de George VI :

« Ceci, je le dis de tout mon cœur. Tout le monde sait pourquoi je m'en vais mais tout le monde doit savoir qu'en prenant ma résolution, je n'ai pas oublié le pays que je me suis efforcé de servir pendant vingt-cinq ans comme prince et comme roi. Mais vous devez me croire lorsque je vous dis que j'ai jugé impossible de continuer à assumer ma lourde responsabilité et d'accomplir comme je le voulais mon devoir de roi sans l'aide et le soutien de la femme que j'aime. »

Ces mots tout simples ont fait sortir nombre de mouchoirs parce qu'on les sentait venus du cœur. Mais, l'émotion est combattue par la déception, la colère aussi. On n'a guère de sympathie pour Mrs. Simpson et l'on pense qu'à son âge – il a quarante-deux ans –, Édouard VIII aurait pu avoir plus de raison. Il était le prince charmant de l'Europe et on ne comptait plus les princesses, jeunes et belles, ou les jeunes Anglaises de grandes familles qui eussent fait d'excellentes reines. Or Wallis Simpson n'est pas jeune – deux ans de moins que le roi – et pas belle non plus. Mais son charme et son élégance sont extrêmes et elle restera longtemps l'une des dix femmes les plus élégantes du monde. Néanmoins, à cet âge, on pourrait douter qu'elle réussît à donner un héritier à l'Angleterre, en admettant qu'il n'y eût pas d'autres empêchements car elle n'a pas eu d'enfants de ses précédents maris.

Le prince de Galles l'a rencontrée deux ans plus tôt et très vite s'est attaché à elle. Wallis et son mari anglais – le premier était américain et se nommait Earl Spencer – firent très vite partie de la petite bande qui fréquentait chaque week-end Fort-Belvédère, le château du prince où il s'adonnait avec passion aux joies simples du jardinage.

On parlait beaucoup de cette liaison mais le scandale n'a véritablement éclaté que durant l'été 1936 à propos d'une croisière en Méditerranée à laquelle participaient le nouveau roi et Mrs. Simpson, plus quelques amis mais moins Ernest Simpson. Au retour d'ailleurs partait la demande en divorce.

Tout de suite ce fut la bataille. Bataille contre la Society, contre l'Église, contre le Parlement, contre la presse, contre la famille royale, contre Wallis elle-même épouvantée par l'ouragan qui se levait. Le tout avec pour unique soutien l'amitié vigoureuse et la combativité féroce de Winston Churchill.

Mais la lutte était trop inégale, en dépit des manifestations d'affection du peuple anglais et singulièrement des suffragettes qui promenaient par les rues d'immenses pancartes aux termes desquelles ces dames intimaient à Stanley Baldwin l'ordre d'« ôter ses mains de sur le roi ». Néanmoins peut-être fût-on arrivé à un accord si le roi s'était contenté d'un mariage morganatique mais il n'en voulait pas : Wallis serait reine ou lui ne serait plus roi.

À présent, c'est chose faite. Celui qui s'en va achève son allocution :

« Et maintenant, nous avons tous un nouveau roi. Je lui souhaite de tout mon cœur, ainsi qu'à vous qui êtes son peuple, bonheur et prospérité. Dieu vous bénisse tous ! Dieu sauve le roi... »

Quelques minutes plus tard, le duc de Windsor monte en voiture et gagne Portsmouth par un temps détestable. Il est seul, sans escorte. Dans le port, un navire de guerre, le *Fury*, attend. Il appareille en direction de la France. Mais l'ex-roi ne fait que la traverser : le divorce de Wallis n'est pas encore effectif et il n'a pas le droit de rejoindre celle qu'il aime au point de lui sacrifier la plus grande couronne du monde. C'est en Autriche, au château d'Enzesfeld, près de Vienne, appartenant au baron Eugène de Rothschild, qu'il va attendre l'appel de Wallis.

Quand sonne l'heure de Candé tous deux savent que le revoir est pour bientôt. Le 4 mai, c'est chose faite : le duc arrive à Candé.

Le mariage a lieu le 3 juin suivant par un temps superbe. La mariée porte une robe de satin bleu pâle – le fameux bleu Wallis – qu'a signée le couturier Mainbocher et un chapeau assorti, œuvre de la grande modiste Caroline Reboux. Quelques amis seulement assistent à ce mariage, bien moins nombreux que la marée de journalistes qui assiège les grilles de Candé : Randolph Churchill, lord et lady Metcalfe, lady Selby, le baron et la baronne de Rothschild, George Allen et enfin Hugh Luyd Thomas. Sans compter bien sûr les Rodgers. Un prêtre anglican, le révérend R. Anderson Jardine, a bravé les foudres de son évêque pour marier son ancien roi. Quelques heures plus tard, le duc et la duchesse de Windsor partent pour l'Autriche et pour une union exemplaire qui durera trente-cinq ans, jusqu'à la mort du duc. Candé retombait au silence.

Trois mots, tout de même, du château. Il avait été construit en 1508, sur des fondations féodales, par le cardinal Guillaume Briçonnet qui, entré dans les ordres à la suite de son veuvage, atteignit les plus hautes fonctions : conseiller du roi Charles VIII, puis surintendant des Finances, il devint archevêque de Reims mais perdit son chapeau de cardinal pour avoir soutenu le roi Louis XII contre le pape Jules II. Le château appartint par la suite à la famille Brodeau puis à la famille de Fleury, aux Drake del Castillo jusqu'à ce qu'en 1927 Charles Bedeaux s'en rendît acquéreur.

Aujourd'hui, le château est la propriété du Conseil général d'Indre-et-Loire.

Horaires d'ouverture du château

D'avril à juin	10 h 30-12 h 30 et 13 h 30-18 h (fermé les lundis et mardis)
De juillet à août	10 h 30-19 h
Septembre	10 h 30-12 h 30 et 13 h 30-18 h (fermé les lundis et mardis)
D'octobre à novembre	13 h-17 h (fermé les lundis et mardis)

http://www.domainecande.fr

CARROUGES

Le sang de la fée

Tous les parfums de l'Arabie ne purifieraient pas cette petite main-là.

SHAKESPEARE, *Macbeth*

Y avait-il déjà un château, ou tout au moins une maison forte à cette croisée de chemins forestiers, sur cette haute crête d'où l'on domine la Normandie profonde, aux temps mérovingiens où régnaient les sanglants Clotaires ? Toujours est-il qu'une légende est née qui a traversé les siècles depuis la nuit des temps.

À cette époque donc, le maître de Carrouges – le nom, en patois, signifie carrefour –, c'est le comte Ralph, époux d'une noble et charmante femme dont le nom semble choisi pour un conte : Évelyne du Champ de la Pierre. Le couple serait pleinement heureux si un enfant lui venait mais, au bout de sept années de mariage, le berceau ancestral demeure désespérément vide.

Un jour enfin, à force de prières et d'aumônes, la comtesse annonce que le ciel s'est laissé toucher et qu'elle a des espérances.

Une pareille nouvelle, cela se célèbre. On n'y manque pas. Une fête est donnée pour tous ceux d'alentour, amis et vassaux, pour tous ceux qui veulent venir et ils sont nombreux. Or, au cours de cette fête qui comporte une chasse comme il se doit en pays forestier, le comte Ralph disparaît. Les heures passent sans le ramener et, la nuit venue, on l'attend toujours.

En fait, il ne lui est rien arrivé de grave. Acharné à la poursuite du gibier il a fini par se perdre dans la forêt où la nuit l'a surpris. Après avoir erré longuement, il arriva dans un vallon. La lune s'était levée et faisait briller l'eau d'une fontaine auprès de laquelle se tenait une jeune femme vêtue de blanc, la plus belle dame sans doute que Ralph eût jamais vue. C'était une fée rayonnante de jeunesse et de beauté aux pieds de laquelle le comte, oubliant sa femme et l'enfant à venir, mit aussitôt son cœur et ses désirs. La fée lui sourit et l'entraîna dans une danse folle autour de la fontaine où ils finirent par tomber tous les deux mais pour d'autres ébats.

Au matin, le comte rentra chez lui où l'on était en peine. Il expliqua, ce qui était presque vrai, qu'il s'était perdu mais qu'il avait eu la chance de trouver une cabane de bûcheron. L'incident fut vite oublié mais, le soir venu, prétextant les grandes précautions que devait prendre sa dame, il la laissa dormir seule et repartit dans la nuit.

Cela dura plusieurs mois, jusqu'à ce qu'enfin la comtesse Évelyne s'aperçût que son époux n'allait pas se coucher quand il lui disait bonsoir mais enfourchait son cheval et filait dans la forêt. Un soir elle le suivit et comprit son malheur : Ralph dansait dans le clair de lune avec une créature de rêve et s'abîmait finalement avec elle dans l'eau étincelante.

Le lendemain, elle fut au rendez-vous avant lui. La fée, assise sur la fontaine, peignait ses longs cheveux blonds. Évelyne tira alors le poignard d'or qu'elle portait à sa ceinture et frappa. Avec un grand cri sa rivale disparut dans la fontaine qui se teignit de sang tandis que la meurtrière revenait au château en toute hâte.

Au matin, on trouva près du château le cadavre du comte. Le même poignard qui avait tué la fée lui traversait la gorge. On courut, bien sûr, annoncer la terrible nouvelle à la comtesse qui dormait encore. Mais quand le jour éclaira son visage, on se rendit compte avec horreur que son front portait une large tache de sang. Une tache qui, à l'instar de celle qui souillait lady Macbeth, ne s'effacerait jamais. Plus grave encore : lorsque l'enfant qu'elle attendait vint au monde, la même tache sanglante marquait son petit front. On l'appela Karl. Il fut, pour tous, Karl le Rouge...

Si l'on quitte la légende pour l'Histoire, on trouve le premier seigneur de Carrouges connu en 1150. Il se nommait Roger et afficha pour la première fois les armes des seigneurs : de gueules aux fleurs de lys d'argent. Auparavant, le fief appartenait aux ducs de Normandie et on ne sait trop qui le tenait pour eux. Mais un drame réel marque le château au XIVe siècle. Jean de Carrouges, parti avec l'amiral Jean de Vienne en direction des côtes anglaises, a laissé au logis sa belle épouse Marguerite sous bonne garde. Garde insuffisante peut-être car, à son retour, Jean trouve Marguerite en larmes. Elle a, dit-elle, été violée par un certain Le Gris, chambellan du duc d'Alençon. On devine la fureur du mari. Enquête, contre-enquête, plainte au Parlement normand. Le Gris fournit un alibi pour la nuit incriminée mais Carrouges n'y croit pas. Il demande, il exige le duel judiciaire. Le duel a lieu. Et Le Gris est tué.

Que croyez-vous qu'il arriva ? La dame de Carrouges désespérée, ravagée de remords alla s'enfermer, sa vie durant, dans la cellule d'un couvent.

Pendant la guerre de Cent Ans, Robert de Carrouges prend parti pour les Anglais, change d'avis, ce qui lui vaut la confiscation de ses terres par le roi anglais Henri VI – Jeanne d'Arc est déjà passée d'ailleurs et la Normandie n'en a plus pour longtemps à être britannique. Quoi qu'il en soit notre Carrouges participe à la défense du Mont-Saint-Michel et se fait tuer à la bataille de Verneuil.

Après lui, le fief tombe aux mains de femmes puis passe à la famille de Blosset et, enfin, à Philippe Le Veneur, seigneur de Tillières. Les Le Veneur conserveront Carrouges jusqu'en 1936.

Il faut bien dire que c'est une famille étonnante. Au point d'avoir été surnommés les Montmorency de la Normandie, bien qu'en fait ils eussent été originaires de Bretagne. Leur nom vient de ce que la charge de veneur royal était, chez eux, héréditaire. Les grandes forêts normandes devaient être pour eux terre d'élection. Et ils vont monter très haut.

Abbé du Bec puis du Mont-Saint-Michel, évêque de Lisieux puis Grand Aumônier de France, Jean Le Veneur couronnera Éléonore d'Autriche au moment de son mariage avec François Ier en 1526. Il est l'ami de Rabelais. Mieux encore : c'est lui qui, en 1532, présente Jacques Cartier, le Malouin, au roi. Et quand son protégé prend la mer pour la grande aventure du Canada, c'est en partie grâce à la générosité du cardinal Le Veneur.

À son petit-neveu, Gabriel, Machiavel dédie l'un de ses ouvrages. Il est ami de la reine Catherine de Médicis mais c'est le frère de ce Le Veneur-là qui hérite de Carrouges où il recevra la cour en 1570. C'est un homme de bien, un modéré et, durant les guerres de Religion, s'il combat comme l'exige son devoir, dès l'instant qu'il y a guerre, du moins, refuse-t-il de punir, comme on le prie de le faire, Avranches qu'il gouverne :

« Je les ai combattus assez vaillamment sur les champs de bataille pour avoir le droit de ne pas être désigné pour leur bourreau ! »

Ce héros avait épousé en 1550 Magdelaine de Pompadour dont il eut deux enfants : Jacques et Marie qui, en épousant Paul de Salm, devint l'aïeule d'un duc d'Orléans et de ce François de Lorraine qui prit le titre d'empereur d'Autriche en épousant Marie-Thérèse.

Jacques Le Veneur entreprit, au château, des travaux considérables, reprenant l'œuvre du grand cardinal Le Veneur qui, lui, fit construire le pavillon d'entrée. Le château, après lui, atteignit à peu près l'aspect qu'il a aujourd'hui et que décrit La Varende :

« Carrouges se déploie et monte de ses fossés asséchés qu'entourent des balustrades. Maison énorme et compliquée où tous les siècles ont contribué – depuis le XIIIe – en brique et pierre. Le site est austère. Il devait être tout différent au temps où, vers le sud, s'étendait un vaste étang. »

La famille se déployait en même, temps que le château et l'on ne peut compter ici les alliances illustres, les grands noms qui, au cours des années, s'allièrent à la maison Le Veneur. On trouve Rohan-Chabot, Bassompierre – elle se nommait Catherine et était sœur du fameux maréchal compagnon d'Henri IV – d'Harcourt, du Gué de Bagnols, Louvois, d'Esparbès de Lussan et d'autres encore. Jamais les Le Veneur ne se mésallièrent et de décade en décade on en vient enfin à celui qui fut peut-être le plus curieux personnage de la famille : Alexis-Paul, dont la vie, étalée de 1746 à 1833, couvre près d'un siècle.

Entré jeune dans la carrière des armes, il se distingue au siège de Gibraltar puis se voit nommer député de la noblesse aux États généraux. Mais, comme beaucoup de jeunes officiers, Alexis est tourné vers les idées libérales nées de la guerre de l'Indépendance américaine. Il propose même l'abandon des privilèges dès le 20 mars 1789 et, à Carrouges, donne l'exemple en payant les études des plus méritants de ses vassaux ou en offrant des dots. C'est ainsi qu'on le voit payer la pension d'une religieuse, Marie-Françoise Goupil, dans un couvent de Paris. Marie-Françoise, qui épousera un jour Hébert, le farouche Père Duchesne, et finira comme lui sur l'échafaud.

Même après la mort du roi, Le Veneur reste fidèle à la République. Il a pour aide de camp le fils d'un de ses gardes-chasse sur son domaine de Tillières : Lazare Hoche. Et c'est Hoche qui en 1793, quand Le Veneur sera tout de même arrêté, comme Custine, comme Beauharnais, réussira à le sauver.

Sous l'Empire il est député, et Napoléon lui donne le titre de vicomte Le Veneur. Son nom est gravé sous la voûte de l'Arc de Triomphe de Paris. Mais c'est à Carrouges qu'il meurt le 26 mai 1833. Il avait épousé Charlotte-Henriette de Verdelin qui, durant la Terreur, se montra l'épouse la plus dévouée et la plus aimante qui soit. Elle osa paraître à la barre de la Convention et ne recula pas devant d'humiliantes visites à Robespierre.

Tous deux laissaient de nombreux enfants qui ont gardé Carrouges jusqu'à la seconde moitié du XXe siècle. Mais le château était trop lourd financièrement. Il fallut bien finir par accepter de le vendre à l'État.

HORAIRES D'OUVERTURE

Du 1er avril au 15 juin et du 1er au 30 septembre	10 h-12 h et 14 h-18 h
Du 16 juin au 31 août	9 h 30-12 h et 14 h-18 h 30
Du 1er octobre au 31 mars	10 h-12 h et 14 h-17 h

Fermé le 1er janvier, le 1er mai, les 1er et 11 novembre et le 25 décembre.

http://carrouges.monuments-nationaux.fr

CASTRIES

La vraie « duchesse de Langeais »

> *... une jeune femme fut passagèrement le type le plus complet de la nature à la fois supérieure et faible, grande et petite de sa caste...*
>
> H. de BALZAC

Érigé sur une butte où se presse le village, entouré de jardins qui pourraient être italiens mais où, cependant, Le Nôtre mit la main, cerné d'eaux vives qui doivent tout au gigantesque aqueduc de sept kilomètres que Riquet construisit voici trois siècles, Castries attire et renvoie le soleil sur un paysage qui aurait pu tenter Hubert Robert... La gloire l'auréole, ce château où se succédèrent des hommes de valeur, dont certains furent grands et comptent parmi les plus authentiques serviteurs de la France.

La généalogie de la famille de La Croix de Castries – prononcez castre[1] – s'établit sur pièces depuis le XVe siècle et jamais aucun de ses fils ne manqua à l'honneur ni à la noble maison qui les symbolise, et pourtant...

Et pourtant, c'est une femme que nous allons évoquer d'abord et, qui plus est, une femme qui faillit au mariage, tant est puissante l'attraction qu'exerce l'amour sur la plume de l'écrivain. À plus forte raison quand cet amour

1. On dit Castries pour le village et Castres pour la famille. Il y a, en effet un autre Castres dans le Tarn. Voir Hauterive (tome 2).

a fait vibrer le cœur d'un géant des lettres. L'inspiration romanesque et la morale ne font pas toujours bon ménage mais qu'importe, après tout, s'il en sort un chef-d'œuvre ?

En 1816, Eugène-Hercule de Castries, qui sera aide de camp de Davout et général, qui est marquis mais sera duc, épouse avec le faste qui convient Henriette de Maillé, fille du duc de Maillé, dotée d'une grande beauté et surtout d'une grâce souveraine. Philarète Chasle a tracé d'elle un portrait curieux : « La figure longue et chevaleresque, le profil plus romain que grec, les cheveux rouges sur un front très élevé et très blanc, elle effaçait littéralement l'éclat des bougies... » Quoi qu'il en soit, la marquise de Castries est l'une des reines de Paris et se plaît à la société des écrivains et des artistes. Ce qui n'est aucunement le cas de son époux.

En 1819, le couple va se séparer sans jamais, pourtant, sacrifier les apparences. Mme de Castries vit une passion qui sera celle de sa vie avec le prince Victor de Metternich, fils du chancelier d'Autriche, passion partagée qui coûtera à la jeune femme sa réputation, ce qu'elle ignore superbement, et s'achève en 1829 par la mort du prince. Dès lors la marquise mène sa vie comme elle l'entend dans son magnifique hôtel de la rue de Grenelle, où elle reçoit les esprits les plus brillants de la capitale.

Cependant, l'un d'eux manque à sa collection. C'est ainsi qu'en juillet 1831 Honoré de Balzac, qui séjourne alors au petit château de Saché, en Touraine, reçoit d'elle une lettre signée d'un pseudonyme anglais. Sa correspondante inconnue lui dit apprécier fort son œuvre, tout en formulant quelques réserves sur la moralité de certains personnages. Piqué au jeu, Balzac répond et reçoit en retour une invitation, signée cette fois du nom véritable de la dame. Et le voilà rue de Grenelle, véritablement ébloui « par les frontons altiers de cette demeure patricienne ». Plus ébloui encore par la maîtresse de maison qui, à l'instar de Mme Récamier, aime à recevoir étendue sur une chaise longue. Disons-le tout de suite, ce n'est pas chez elle une attitude : Mme de Castries a été victime d'une chute de cheval qui lui a endommagé la colonne vertébrale sans pourtant rien lui ôter de sa grâce.

Autour de la jeune femme, Balzac rencontre la fine fleur du monde légitimiste : le duc de Maillé, père d'Henriette, le duc de Fitz-James son oncle, et se retrouve en train de professer, sans même s'en rendre compte, les opinions de ceux qu'il fréquente. Car, venu un soir, il va revenir tous les soirs. Sans d'ailleurs obtenir autre chose, pour apaiser sa flamme, qu'une blanche main à baiser...

Car il est véritablement subjugué et, dans l'été 1832, lorsque Mme de Castries part pour Aix-les-Bains, il n'a de cesse d'aller la rejoindre. « La transformation du romancier était grande, écrit Émile Henriot. Il était devenu fort dandy, préoccupé de sa personne et délicat sur les habits. Il avait acquis un cabriolet, s'était luxueusement installé rue Cassini, un appartement orné avec goût de meubles, de tapis chinois, d'étoffes rares, d'objets d'art et de bibelots. »

Le séjour à Aix est un moment d'enchantement. Balzac est follement amoureux, ce qui ne l'empêche pas de travailler comme un forcené de cinq heures du matin à cinq heures du soir, nourri d'un œuf et de café noir. Mais les soirées sont toutes pour l'enchanteresse avec laquelle il fait, sur le lac, de délicieuses promenades. Il semblerait même qu'au cours de l'une de ces promenades Mme de Castries se soit laissé prendre un baiser.

Elle a tort car Balzac va vouloir davantage et, à son amie Zulma Carraud, il écrit : « Je suis venu chercher peu et beaucoup. Beaucoup parce que je vois une personne gracieuse, aimable ; peu parce que je n'en serai jamais aimé. C'est le type le plus fin de la femme... mais toutes ces jolies manières ne sont-elles pas prises aux dépens de l'âme ? »

Sur ces entrefaites, Mme de Castries décide de partir pour l'Italie en compagnie du duc de Fitz-James, son oncle. Elle invite Balzac à la suivre, et le romancier, toujours à court d'argent, écrit *Le Médecin de campagne* en trois jours et trois nuits pour s'en procurer. Et les voilà partis !

Hélas, pour Balzac, le voyage s'achève à Genève. Que s'est-il passé ? En vérité, on n'en sait rien mais, plus tard, le romancier dira à Mme Hanska, avec laquelle il correspond déjà, qu'il a quitté Genève « désolé, maudissant tout, abhorrant la femme ».

Réduit aux conjectures et au roman qui va naître de cette déconvenue, on peut supposer qu'après avoir beaucoup promis, la belle marquise s'est reprise et définitivement refusée. Une page inédite et superbe retrouvée par Émile Henriot apporte de l'eau à ce moulin :

« Là est toute mon histoire horrible ! C'est celle d'un homme qui a joui pendant quelques mois de la nature entière, de tous les effets du soleil dans un riche pays et qui perd la vue... Quelques mois de délices et puis rien ! Pourquoi m'avoir donné tant de fêtes ? Pourquoi m'a-t-elle nommé pendant quelques jours son bien-aimé si elle devait me ravir ce titre, le seul dont le cœur se soucie... Elle a tout confirmé par un baiser, cette suave et sainte promesse. Un baiser ne s'essuie jamais. Quand a-t-elle menti ? Comment s'est passée cette affreuse catastrophe ? De la manière la plus simple. La veille j'étais tout pour elle, le lendemain je n'étais plus rien... »

Deux ans plus tard, Balzac exhalait son besoin de vengeance en faisant paraître *La Duchesse de Langeais* qui est, comme l'on sait, l'histoire d'une coquette qui se refuse à un homme après l'avoir enflammé... Naturellement, tout Paris reconnut sous les traits de l'héroïne celle qui était devenue duchesse de Castries. Mais celle-ci avait l'âme plus haute que son amoureux déconfit car elle ne cessa jamais de lui écrire et d'entretenir avec lui des relations amicales. Alfred de Musset et Sainte-Beuve se virent aussi sacrifiés sur l'invisible autel que Mme de Castries avait élevé dans son cœur au prince Victor de Metternich, son seul et véritable amour...

Mais laissons fuir l'ombre légère de la duchesse pour retrouver nos grands messieurs de Castries. Le fief fut acquis en 1495 par Guillaume de La Croix qui, en cette occasion, prit le titre de baron de Castries. Il était alors gouverneur de Montpellier. Son fils Jacques fit élever le château sur les ruines du vieux bâtiment médiéval mais, dès le siècle suivant, celui-ci subissait de sérieux dommages par la faute du duc de Rohan, chef des réformés. Dégâts vite réparés : René Gaspard, qui s'est distingué durant la guerre de Trente Ans, obtient l'érection de sa baronnie en marquisat. Il remet alors en état son château, fait construire le grand escalier, dessiner le parc par Le Nôtre et demande à Riquet, à qui il a fait obtenir la commande du canal du Midi, d'élever l'aqueduc dont dépend la verdure de ses jardins.

Son fils, Joseph-François, épouse la nièce de Mme de Montespan, étonnante jeune femme dont Saint-Simon a tracé le portrait vivant :

« Madame de Castries était un quart de femme, une espèce de biscuit manqué, extrêmement petite mais bien prise, et aurait passé dans un médiocre anneau : ni derrière, ni gorge, ni menton ; fort laide, l'air toujours en peine et étonné ; avec cela une physionomie qui éclatait d'esprit et qui tenait encore plus parole. Elle savait tout : histoire, philosophie, mathématiques, langues savantes et jamais il ne paraissait qu'elle sût mieux que parler français ; mais son parler avait une justesse, une énergie, une éloquence, une grâce jusque dans les choses les plus communes avec ce tour unique qui n'est propre qu'aux Mortemart. Aimable, amusante, gaie, sérieuse, toute à tous, charmante quand elle voulait plaire, plaisante naturellement avec la dernière finesse sans le vouloir être et assenant aussi les ridicules à ne jamais les oublier... Avec sa gloire, elle se croyait bien mariée par l'amitié qu'elle eut pour son mari ; elle l'étendit à tout ce qui lui appartenait et elle était aussi glorieuse pour lui que pour elle. Elle en recevait la réciproque et toutes sortes d'égards et de respects. » Quel portrait, quand on connaît la plume acerbe du mémorialiste !

Hélas, elle meurt jeune et l'époux qu'elle aimait tant se remarie avec la fille du duc de Lévis. Ils vont être les parents d'un grand soldat, l'un des plus grands serviteurs du royaume : Charles-Eugène-Gabriel de Castries qui, marié à seize ans à la petite-nièce du cardinal de Fleury, va trouver le moyen d'être le plus jeune maréchal de camp, le plus jeune lieutenant général, le plus jeune chevalier du Saint-Esprit et l'un des plus jeunes stratèges de France. Il n'a que trente-trois ans quand il remporte la victoire de Clostercamp où meurt le chevalier d'Assas, son jeune voisin dont le château s'aperçoit de la terrasse de Castries. Ministre de la Marine de Louis XVI de 1780 à 1787, il est le maître d'œuvre de la grande expédition navale commandée par l'amiral de Grasse, qui aboutira à la bataille de Yorktown et à la victoire des États-Unis sur l'Angleterre. Il donne, en outre, leurs commandements au bailli de Suffren, à La Motte-Picquet et, soutenu par le roi, il offre à la France la marine la plus forte de l'époque. Malheureusement, la Révolution détruira son œuvre en grande partie. Mais de cette œuvre restent deux éclatants témoignages : le port de Cherbourg et le Code maritime...

Après la prise de la Bastille, le maréchal choisit d'émigrer, puisque apparemment on n'avait plus besoin de lui, mais il voulut servir encore en tentant d'empêcher la publication du Manifeste de Brunswick dont on connaît les désastreux effets. Premier ministre du roi en exil, c'est en exil, au château de Wolfenbüttel, que meurt ce grand homme dont la mémoire devrait être vénérée par d'autres que les siens.

Son fils fut digne de la tradition militaire de la famille.

Le château, lui, avait beaucoup souffert de la Révolution, saccagé, vendu et partagé entre quatorze propriétaires. Ce fut l'époux de notre « duchesse de Langeais » qui réussit à rassembler le domaine et à le restaurer tout en menant à bien une belle carrière militaire. Mais il n'avait pas d'enfants et dut léguer le château et le titre à son neveu Edmond. Soulignons que la sœur de cet Edmond épousa le maréchal de Mac-Mahon... et devint de ce fait « présidente » de la République !

Autres grands soldats ? Henri, qui fut le compagnon de Charles de Foucauld, fondateur du Service historique du Maroc et le conseiller du maréchal Lyautey. Enfin, le général de Castries, grand cavalier devant l'éternel, qui assumera aux yeux du monde l'héroïque défense de Diên Biên Phu... C'est à la paix du château qu'il viendra demander de lui rendre la santé et la sérénité de l'âme.

Heureusement pour lui, le château, qui en avait encore grand besoin, avait été entièrement remis en état à partir de 1936 par un jeune ménage qui y sacrifia vingt ans de son existence : le duc et la duchesse de Castries. Lui s'attaqua aux jardins, elle à l'intérieur, et tout renaquit aussi beau que par le passé, mais plus confortable. Pendant dix ans, la jeune duchesse ne mit pas les pieds à Paris.

Mais peut-être le soin du château n'était-il pas son seul souci. S'y joignait le désir bien naturel de suivre les importants travaux historiques de son époux, une œuvre magistrale qui devait conduire le duc de Castries à l'Académie française. Lui ne vécut pas par l'épée et cependant son talent devait lui en apporter une, prestigieuse !

À sa mort en 1986, le dernier duc de Castries lègue le château à l'Académie française.

Le château est actuellement fermé pour travaux de restauration.

http://www.institut-de-france.fr/fr/patrimoine-musees/ch%C3%A2teau-de-castries

CHAMARANDE

Folle et cruelle Églé

> *Perversité de femme !... Quel plaisir, quel instinct la porte à nous tromper ?*
>
> STENDHAL, *Le Rouge et le Noir*

Bâti par François Mansart sur des jardins de Le Nôtre pour le plus discret et le plus efficace des secrétaires de Louis XIV, Pierre Mérault, le château de Chamarande – briques roses et chaînages de pierres blanches – a vécu dans le calme et la dignité jusqu'à ce qu'une très jolie femme en devînt châtelaine et transformât cette aimable demeure en antichambre de l'enfer à l'usage de son mari. Ce mari, Victor Fialin de Persigny, n'était pourtant ni un niais ni un innocent puisqu'il fut le maître d'œuvre du second Empire et l'ami le plus dévoué de l'empereur Napoléon III.

Louis Napoléon n'est encore que prince-président quand, dans la chapelle de l'Élysée, il préside au mariage de son fidèle Persigny avec l'une des plus ravissantes filles de la noblesse d'Empire : Églé Ney de La Moskowa, petite-fille du fameux maréchal Ney et du banquier Jacques Laffitte. C'est-à-dire un charmant condensé de la gloire et de la fortune des temps napoléoniens. Mais un condensé qui ne se montre guère, et c'est le moins que l'on puisse dire, à la hauteur d'une naissance qui aurait dû lui inspirer le sens de la grandeur ou tout au moins celui des convenances. Or nous sommes loin du compte.

À dix-huit ans – on est en 1852 – Églé est exquise : blonde, lumineuse avec des yeux d'un azur infini, un teint d'une incomparable fraîcheur, une silhouette adorable... et un léger zézaiement qui à son âge paraît irrésistible. En face de cette beauté, les quarante-quatre ans de Persigny ont flambé comme une allumette, d'autant que la fiancée s'est déclarée fort éprise de sa séduisante maturité.

C'est donc – chose rare dans un tel endroit – un mariage d'amour auquel l'Élysée sert de cadre. Mais, après les violons de la fête, il y a la vie quotidienne et le pauvre Persigny va s'apercevoir bientôt que, dans le genre enfant gâtée, il n'existe pas de créature plus insupportable que son Églé. Ses malheurs commencent, en effet, dès que le nouveau marié a été nommé ambassadeur de France à Londres, en 1855.

Églé qui, après un essai malheureux, vient de donner le jour à une petite fille, se comporte outre-Manche comme en pays conquis. Ne pouvant supporter de demeurer seule, elle mobilise pour son service tous les secrétaires de son époux puis se déchaîne en scènes affreuses dès que l'on fait seulement mine de lui refuser quelque chose. En outre, elle dépense sans compter, mettant parfois les finances de l'ambassade dans l'embarras. Mais surtout, et c'est le plus grave, elle compromet souvent par son attitude l'œuvre diplomatique de son mari. Quand leur présence est requise à Windsor, Persigny recommande son âme et son ambassade à Dieu.

Bien sûr, on ne s'amuse guère chez la reine Victoria. Mais on peut imaginer sans peine l'effet produit quand, arrivant en retard à un dîner présidé par la reine, Mme de Persigny déclare en manière d'excuse qu'elle s'est attardée au zoo pour assister au repas du boa. Ou bien, cet autre malheureux soir où, découvrant sur une autre femme une toilette identique à la sienne, elle se jette sur la malheureuse et la gifle à toute volée avant de sortir à grand fracas en jurant comme un charretier. Heureusement pour Persigny, son travail et sa personne sont vivement appréciés en haut lieu, tant anglais que français.

Le comté a d'abord traité sa femme-enfant avec indulgence mais peu à peu, à mesure que passaient les années, l'inquiétude puis l'angoisse remplacèrent le sourire car, en dépit de la naissance de cinq enfants – dont elle ne s'occupe guère –, Églé ne change pas. Elle ne s'intéresse qu'à elle-même, à ses toilettes, à ses bijoux et à l'effet qu'elle produit sur les autres hommes. D'ailleurs des bruits d'adultère de plus en plus fréquents se sont élevés autour d'elle au point que Persigny a songé au divorce. Puis il y a renoncé. Pour ses enfants d'abord puis parce qu'il ne peut guérir de son amour.

Le scandale véritable éclate dans l'été 1862, au château de Chamarande qui est la résidence estivale du couple. Une grande fête, honorée de la présence de l'empereur et de l'impératrice, vient d'avoir lieu. Les chambres du château sont pleines. Il y a là lord Malmesbury, la comtesse Walewska, le ministre Pietri et beaucoup d'autres. Mais on a pu remarquer la mine maussade affichée par la comtesse Églé tout au long de la réception. Et chacun d'ailleurs en découvre sans peine la raison : le duc de Gramont-Caderousse, dont on chuchote qu'il est l'amant en titre de la dame, ne s'est pas montré. Le couple impérial est à peine parti qu'Églé monte s'enfermer dans ses appartements.

Pas pour longtemps : une heure plus tard, elle quitte le château dans sa voiture sans prévenir personne. Intrigué, Persigny interroge d'abord son secrétaire, Henri de Laire, puis la femme de chambre de la comtesse. Celle-ci finit par avouer que sa maîtresse, ayant appris dans la journée que Gramont-Caderousse la trompait avec la Mogador, une danseuse de bal public, vient de partir pour ledit bal : le Château des Fleurs, situé rue des Vignes, aux Champs-Élysées.

Pensant que dans un tel endroit un scandale peut éclater, Persigny à son tour fait atteler et, en compagnie de Laire, se rend lui aussi au Château des Fleurs. Trop tard ! Au beau milieu de la salle, Églé est en train de se disputer avec la Mogador comme le feraient deux harangères. Gramont-Caderousse s'efforce de les séparer avant le pugilat. C'est Henri de Laire qui, pour épargner l'honneur et la sensibilité de Persigny, plongera dans la fournaise pour en sortir Églé, sans trop de douceur.

Hélas, quand elle retrouve son mari c'est pour l'accabler de sa cruauté : elle a vingt-cinq ans de moins que lui et le considère comme un vieillard, malade de surcroît, et qui ne présente plus pour elle le moindre intérêt.

Le lendemain, le drame éclate, énorme en dépit des précautions prises. L'empereur s'en mêle, car il aime bien son vieux compagnon. Sur son ordre, Gramont-Caderousse devra refuser de se battre avec Persigny mais celui-ci doit rendre son portefeuille de ministre de l'Intérieur. Pour le consoler, Napoléon III le fait duc en espérant que, devenue duchesse, l'insupportable Églé se tiendra enfin tranquille.

Certes, le titre l'enchante un court instant mais, son mari n'étant plus ministre, on ne quitte guère Chamarande où elle s'ennuie ferme. Tout à coup, elle décide de faire un séjour en Angleterre. Elle a fini en effet par s'enticher de ce pays qu'elle déclare le plus agréable du monde. Elle en copie les modes, les habitudes et truffe son langage de tant de locutions anglaises, inventant ainsi le franglais sans s'en douter, que les Britanniques amusés l'ont surnommée lady Persington.

Deux mois après l'aventure du Château des Fleurs, Églé s'embarque pour Douvres, sans même laisser d'adresse, pensant qu'elle donnera de ses nouvelles quand il lui plaira.

Habitué, Persigny se résigne mais il n'en va pas de même de sa belle-mère. La princesse de La Moskowa, mère d'Églé, passait pour avoir l'esprit légèrement dérangé ; en fait elle était beaucoup moins folle que sa fille. De son père, le banquier Laffitte, elle tenait du bon sens. Elle le prouva en débarquant un beau matin à Chamarande où elle trouva son gendre entouré à la fois de ses enfants et de lettres anonymes qu'elle lut après avoir pris soin de mettre ses gants.

Le conseil qu'elle donne est énergique : il faut que Persigny fasse rentrer Églé au plus tôt en la menaçant du divorce. Ce qui fut fait : huit jours plus tard, la nouvelle duchesse réintégrait Chamarande mais pour s'y montrer plus odieuse que jamais, s'il était possible.

En 1869, Églé réussit à se faire inclure dans la suite de l'impératrice qui s'en allait en Égypte inaugurer le canal de Suez mais, si Eugénie partit avec elle, ce fut sans elle qu'elle en revint : Mme de Persigny s'était trouvé un nouvel amant...

Cela lui évita les horreurs de la guerre de 1870, et Persigny, lui, suivit en Angleterre l'empereur et l'impératrice déchus. Ses enfants l'accompagnaient. Hélas ! le climat anglais lui fut meurtrier. Quand il revint à Chamarande, en août 1871, il se savait perdu. La mort approchait et il voulut revoir celle qu'il avait tant aimée. Il lui écrivit mais elle ne répondit même pas.

Le mal cependant allait s'aggravant. À la suite d'une première attaque d'apoplexie, le chirurgien Ricord, qui soignait Persigny, lui conseilla le Midi. Le duc alors gagna Nice toujours escorté de ses enfants et du fidèle Henri de Laire qui ne l'avait jamais quitté. Malheureusement le climat chaud n'arrangea rien.

Alors Persigny attendit, attendit longtemps celle qui semblait avoir tout oublié. Ce fut un télégramme comminatoire d'Henri de Laire qui la persuada enfin de bouger. Non par tendresse mais par intérêt : ne fallait-il pas qu'elle veille à ses biens puisque son époux était mourant ? Elle traversa donc la Méditerranée mais arriva trop tard :

« Il est écrit, ma mère, que vous arriverez toujours trop tard », lui dit amèrement sa fille Marguerite.

Vexée et peu désireuse de contempler longtemps des visages en larmes, Mme de Persigny prit le premier bateau pour Alexandrie.

HORAIRES D'OUVERTURE DU PARC

En janvier, novembre et décembre	9 h-17 h
En février, mars et octobre	9 h-18 h
En avril et mai	9 h-19 h
De juin à septembre	9 h-20 h

Ouverture du château et des fabriques uniquement pendant les périodes d'exposition.

Le parc est labellisé « Jardin remarquable ».

http://www.essonne.fr/culture-sports-loisirs/lieux-culturels/domaine-departemental-de-chamarande/

CHAMBORD

L'étrange mort d'un soldat

La gloire se donne seulement à ceux qui l'ont toujours rêvée.

Charles DE GAULLE

À château fantastique, histoire fantastique. À ce rêve de pierre blanche ne pouvait correspondre que la démesure. Son bâtisseur ? Un jeune roi haut de deux mètres. Son but ? Le sourire d'une femme. François Ier, roi chasseur, roi galant et fastueux mécène, qui d'un diamant désabusé gravera un jour sur l'une de ses vitres : « Souvent femme varie, bien fol est qui s'y fie », l'a construit pour plaire à Mme de Châteaubriant, sans doute, mais aussi pour que les siècles à venir eussent quelque idée de la splendeur de sa cour et des extrêmes beautés auxquelles il était destiné à servir de cadre. Les femmes aimèrent toujours Chambord qui convenait si bien à leur éclat mais qui, pourtant, jamais n'appartint à une femme...

À l'aurore de leur commune passion, Louis XIV y mène la superbe Montespan et, pour elle, le 14 octobre 1670, Molière donne la première du *Bourgeois gentilhomme*. Tant que le fabuleux Versailles n'éclatera pas sous le ciel d'Île-de-France, le grand roi, à huit reprises, y donnera chasses et festins. Après quoi le château s'endort.

Il ouvre un œil quand le roi Louis XV y installe ses beaux-parents, le roi de Pologne Stanislas Leczinski et sa femme la reine Catherine. Mais l'humidité forestière ne vaut rien à leurs rhumatismes et moins encore les émanations des étangs voisins. Aussi la petite cour de l'ex-souverain se hâte-t-elle d'aller se mettre au sec. Chambord ne la regrettera pas : elle était trop modeste pour lui.

Il va trouver beaucoup mieux. En effet, vers la fin du mois de mai 1745, toutes les cloches de France sonnent pour la victoire de Fontenoy – « Messieurs les Anglais, tirez les premiers ! » – et Chambord devient la récompense du vainqueur. Le roi accorde à son « cousin » le maréchal de Saxe, avec le droit d'entrer en carrosse dans ses palais royaux et celui de s'asseoir en sa présence, un privilège quasi royal : celui de tenir sa garnison à Chambord et d'y garder son propre régiment tout comme un prince régnant. Ce qu'il devrait être d'ailleurs, sans sa naissance irrégulière, ce prodigieux bâtard né des amours du roi Auguste de Saxe avec la très belle Aurore de Königsmark.

Voilà un personnage à la dimension du château ! Au physique, c'est un géant qui plie un fer à cheval entre ses deux mains. Blond, l'œil bleu, le sourire arrogant, Maurice de Saxe emporte la vertu des femmes plus facilement encore que les places fortes. Princesses ou comédiennes – la grande Adrienne Lecouvreur est morte de l'avoir trop aimé – elles raffolent de ce guerrier en qui se retrouve le charme célèbre des Königsmark. Seule la charmante Mme Favart saura résister à la poursuite, assez effrayante d'ailleurs, du héros et cela pour une bien simple raison, extrêmement rare il est vrai dans ce siècle libertin : elle aime sincèrement son mari.

Donc, voilà le maréchal qui s'installe à Chambord. Et quelle arrivée spectaculaire car il mène avec lui Saxe-Volontaires, son fameux régiment de cavalerie : cinq cents uhlans polonais, allemands, valaques et même tartares, cinq cents cavaliers d'élite précédés de leur brigade colonelle, composée uniquement de Noirs gigantesques ! Tout cela monté sur des chevaux blancs, tout cela vêtu d'éclatants uniformes verts, rouges et blancs et casqué de cuivre doré à crinières blanches. Au bout des lances, les flammes blanches voltigent au vent léger et au pas cadencé des chevaux. Une inoubliable vision que les paysans de Chambord ne sont pas près d'oublier et leurs filles moins encore. Quelques mois plus tard, en effet, le curé du village commence à baptiser d'étranges bébés dont la couleur s'éloigne curieusement de la blancheur tourangelle.

Durant deux années, Chambord vit une existence digne du Roi-Soleil. Bals, fêtes, chasses et banquets se succèdent. Le maréchal est un hôte prestigieux qui aime à s'entourer de jolies femmes sans doute, mais aussi d'artistes, de philosophes et d'écrivains. Il réserve aux intellectuels de l'époque un accueil si chaud que l'on croit bon de lui offrir un fauteuil à l'Académie. L'idée le fait beaucoup rire ainsi que l'on peut s'en convaincre dans ce court billet où il donne la pleine mesure de son orthographe :

« Il veule me fera de la Cadémie ; sela m'iret comme une bage à un chas ! »

Donc pas de fauteuil ! En revanche, il y en aura mille huit cents dans le théâtre qu'il fait construire pour ses invités. Pourtant, s'il a de nombreux amis, il ne manque pas d'ennemis ainsi qu'en fait foi l'étrange épisode qui marque la fin de sa vie.

Le 26 novembre 1750, alors que le maréchal garde la chambre sur l'ordre formel de son médecin Sénac – il a un beau début de grippe – son vieux valet de chambre Mouret lui apporte une lettre qu'un courrier vient de déposer. Le malade ouvre la lettre, la lit, la relit puis, rejetant ses couvertures, il ordonne à son valet de l'habiller puis d'aller chercher son aide de camp.

Le jour se lève à peine – un jour gris et pluvieux d'automne grincheux – quand les deux hommes descendent dans le parc et se dirigent vers le mur d'enceinte. Sous les arbres, il y a deux hommes enveloppés de manteaux sombres qui attendent auprès d'une chaise de poste.

Le maréchal et son aide de camp rejoignent ces deux hommes tandis que Mouret, qui a discrètement suivi son maître, observe la scène de loin. Il voit l'un des deux hommes rejeter son manteau, se défaire de son habit tandis que le maréchal fait de même. Puis les épées sont tirées et le fer engagé.

La rencontre est brève. Quelques passes et Maurice de Saxe qui se bat assez mollement, gêné sans doute par sa fièvre et le désavantage de l'âge – il y a longtemps qu'il ne s'est battu en duel – chancelle et s'écroule dans l'herbe, atteint à la poitrine. Mouret alors accourt et, avec lui, un vieux fermier, le père Desfri, qui a vu le duel lui aussi. En arrivant, le valet entend alors son maître ordonner d'une voix faible :

« Partez, monsieur ! Partez vite ! Vous voilà satisfait et le secret vous sera gardé. »

Soutenu par Mouret et par son aide de camp puis par son neveu, le comte de Friesen qui vient à la rescousse, le maréchal regagne sa chambre en grelottant. Sénac, qui arrive en coup de vent, n'a pas le temps de s'indigner : on exige de lui le secret absolu comme on l'a exigé de tous les spectateurs de la rencontre. Et, quatre jours plus tard, le maréchal de Saxe meurt d'une très officielle fluxion de poitrine. Avant de s'éteindre, il a murmuré, pour les seules oreilles de son médecin : « Mon ami, voici la fin d'un beau rêve. »

Le secret si fermement exigé serait tout de même parvenu aux oreilles du roi Louis XV par le truchement du comte de Grimm, l'auteur des *Contes*, ami intime du maréchal, qui se trouvait alors à Chambord. Usant de son privilège royal, le roi aurait relevé Grimm du serment que l'on avait extorqué de lui et aurait exigé la vérité mais pour se ranger ensuite à la volonté du défunt. D'autant plus que l'adversaire heureux était prince du sang : Louis-François, prince de Conti qui aurait jugé bon de venger, avec quelque retard sans doute, l'honneur de son père.

Quelques années auparavant, en effet, Maurice de Saxe était l'amant de la ravissante princesse de Conti, Louise-Élisabeth de Condé, qui le recevait secrètement durant les absences de son mari. Un mari qu'elle n'aimait pas. Une nuit, surpris pas l'arrivée inattendue du prince, de Saxe ne réussit à lui échapper qu'en sautant par la fenêtre d'une hauteur de deux étages tandis qu'une explication violente éclatait entre les deux époux.

L'affaire n'eut pas de suites, en dehors d'une sévère foulure pour l'amoureux. Conti mourut assez peu de temps après, à l'âge de trente-six ans, laissant un fils, Louis-François, que la politique allait opposer presque continuellement au maréchal de Saxe et cela pour deux raisons, l'accession au trône de Pologne qu'ils briguaient l'un et l'autre, et une raison beaucoup plus obscure : Conti et Saxe appartenaient tous deux à ce service secret dont Louis XV était le seul chef et que l'on appelait le Secret du roi.

Or, en cette année 1750, ayant retrouvé une cassette de lettres donnant la preuve des relations adultères ayant existé entre sa mère et le trop séduisant maréchal, Louis-François de Conti aurait décidé d'en finir avec son ennemi et de venir à Chambord lui demander raison.

Mais les lettres ne furent peut-être qu'un prétexte. Les avis néanmoins se partagèrent. Certains s'en tinrent à la version officielle, comme la marquise de Pompadour qui soupira, assez cruellement : « Ce pauvre Saxe est mort dans son lit comme une vieille femme. » D'autres, quoique discrètement, demeurèrent partisans de ce qui fut, sans doute, la vérité.

Quelques jours plus tard, le maréchal de Saxe, que l'on avait embaumé sur une table à gibier, quittait Chambord pour Strasbourg. Il y entra cloches sonnant, canons tonnant comme il convenait au grand soldat pour y dormir son dernier sommeil au temple Saint-Thomas, aujourd'hui église Saint-Thomas, sous le superbe mausolée que sculpta pour lui Pigalle.

Peu d'années après, Chambord reçoit un hôte encore plus inhabituel : Louis XV loge au château le mystérieux comte de Saint-Germain qui lui a demandé une vaste demeure pour y installer un laboratoire. Il y poursuit des recherches sur les teintures végétales et plus encore sur les pierres précieuses et l'or.

La chose peut paraître étrange. Quoi ? Une telle demeure pour un aventurier ? Un charlatan succédant à un héros de légende ? Encore faudrait-il savoir qui était l'aventurier, le charlatan…

Le roi Louis XV était un homme fort peu crédule mais, en revanche, fort attaché aux quartiers de noblesse. Sorti de rien et n'ayant à sa disposition que quelques tours de magie et une folle imagination, Saint-Germain n'eût pas obtenu de lui un seul instant d'audience. Mais, à une profonde connaissance de l'Histoire, le comte joignait un grand talent de chimiste et professait des théories diététiques fort inhabituelles pour l'époque. En outre, il aurait confié au roi le secret de sa naissance illustre : il aurait été le fils de la reine d'Espagne Marie de Neubourg – la reine de *Ruy Blas* – et du grand amiral de Castille. En ce cas, le roi de France donnait simplement l'hospitalité à un sien cousin.

Avec ce travailleur, plus de fêtes à Chambord mais un studieux silence, que le départ de Saint-Germain ne trouble guère d'ailleurs quand, en 1760, il quitte le château pour accomplir en Hollande la mission secrète dont l'a chargé le roi. Il n'aura pas la possibilité de revenir. Et le silence se fait plus profond parce que c'est celui de l'abandon.

Plus tard, Napoléon Ier donne Chambord au maréchal Berthier qui n'y viendra que deux jours : tout juste le temps de faire graver son chiffre auprès de celui de François Ier, ce que personne jusqu'alors n'avait osé. Plus tard encore, le fils de la duchesse de Berry, titré d'abord duc de Bordeaux puis comte de Chambord, en prend possession et y séjournera parfois. Ses héritiers garderont le château jusqu'en 1930, date à laquelle l'État enfin le rachètera.

HORAIRES D'OUVERTURE

Du 2 janvier au 31 mars	10 h-17 h
Du 1er avril au 30 septembre	9 h-18 h
Du 1er octobre au 30 décembre	10 h-17 h

Fermé le 1er janvier,
les 25 et 31 décembre.

À la nuit tombée, en juillet et août, spectacle « Chambord, rêve de lumière ».

http://www.chambord.org/

LE CHAMP DE BATAILLE

Au commencement étaient les d'Harcourt

Là tout n'est qu'ordre et beauté
Luxe, calme et volupté...

Charles BAUDELAIRE

Son nom sonne comme son quarteron de trompettes, claque comme les drapeaux au vent des canons... pourtant lorsque l'on contemple sa superbe ordonnance et la splendeur de ses jardins on se demande ce qui a bien pu lui valoir un nom pareil.

C'est qu'avant de rencontrer l'enchanteur Merlin en 1992 son histoire se résume en un seul nom : Harcourt ! Mais plongeons dans la nuit des temps !

L'auteur de cette noble maison était Bernard, dit le Danois, descendu un beau matin de son drakkar en compagnie de son parent Rollon. Un gros malappris qui devenant à Saint-Clair-sur-Epte le premier duc de Normandie et tenu de s'agenouiller, pour en recevoir l'investiture devant le roi Charles III le Simple et de baiser son pied, a jugé plus amusant de lever ledit pied jusqu'à ses lèvres, le faisant dégringoler de son trône. Et de rire ! Mais passons ! Autrement dit, la maison d'Harcourt est tellement normande, ses rudes ancêtres étant à la fois marins et soldats, qu'elle a commencé par être viking. On ne s'étonnera donc pas d'y trouver, au fil des âges, quatre maréchaux de France et trois amiraux plus un nombre impressionnant d'illustrations...

Mais voici donc venu le moment d'évoquer le combat si fameux que l'on n'a pas jugé bon d'octroyer un autre nom à ce bout de terre comme il est habituel de le faire. C'est qu'il fut d'une importance capitale. Pour la Normandie d'abord, pour l'Angleterre donc, pour la France ensuite. C'est là qu'en 935, notre Bernard le Danois, féal du duc Guillaume Longue épée comme il l'a été de son père implanté à quatre kilomètres dans un lieu-dit Harcourt, va barrer le chemin aux ambitions de Riouf, comte du Cotentin et fermement décidé à s'emparer du duché tout entier. Eût-il réussi qu'aucun de ses descendants n'aurait peut-être eu l'idée géniale d'aller s'installer de l'autre côté de la Manche... Quant aux quelques arpents où se déroula cet exploit – car Riouf l'ambitieux n'était pas un petit sire ! – ils sont restés Le Champ de Bataille, un point c'est tout !

Naturellement, lorsqu'en 1066 Guillaume le Bâtard – il est le fils du duc Robert et de la belle Arlette, la fille du pelletier de Falaise ! – s'en va conquérir l'Angleterre... et changer son sobriquet de bâtard en celui de Conquérant ! – il y a déjà plusieurs membres de la famille Harcourt autour de lui. Certains, après la bataille d'Hastings, se laisseront séduire par le climat anglais et donneront naissance à des lords Harcourt dont plusieurs reviendront en France avec le titre et l'apparat d'ambassadeurs. Chose étrange, des liens continueront d'exister entre la branche française et les cousins britanniques. Tendus parfois, brisés jamais !....

Au Champ de Bataille, toujours rien ou si peu. C'est à Harcourt que s'élève la puissante forteresse dont il reste de nos jours quelques tours et un mur d'enceinte...

Quant au Champ de Bataille, le domaine se transmet par mariages aux Warwick, aux Meullant, aux Harcourt, aux La Ferté-Fresnel et aux Vieuxpont pour en arriver aux Créqui en 1651. C'est là qu'apparaît l'élément fondateur en la personne de Jean-Baptiste de Créqui, lequel a épousé en 1624 Renée de Vieuxpont.

Frondeur, ami du prince de Condé et ennemi juré de Mazarin qui gouverne durant la minorité de Louis XIV, Jean-Baptiste se voit exilé sur les terres de sa femme par ledit Mazarin avec défense d'en sortir. Que faire alors pour occuper le temps, sinon construire ? Le modeste manoir existant ne lui convenant pas, il décide d'édifier un vaste château capable de faire enrager son ennemi au cas où il s'aventurerait en Normandie. Mais Mazarin qui meurt en 1661 ne viendra jamais jusque-là et, en outre, Créqui n'ira guère plus loin que son intention. C'est son fils, le comte Alexandre de Créqui, cousin du maréchal, qui réalise le rêve paternel et fait bâtir le château actuel de 1686 à 1701 sur les plans d'un architecte demeuré inconnu. Malheureusement il n'en jouira pas longtemps car il meurt un an après... sans héritier. Il lègue donc le château à son neveu, le marquis de Mailloc, qui avait épousé Lydie d'Harcourt, sœur du deuxième duc, à la fois maréchal de France et gouverneur de Normandie. Celle-ci entretiendra de son mieux la merveille qui, à sa mort en 1750, va rejoindre les biens Harcourt. Elle non plus n'a pas eu d'enfant.

Le légataire est son neveu par alliance, Anne-François d'Harcourt, duc de Beuvron et frère du troisième duc d'Harcourt. Celui-là, lieutenant général des armées du roi, y mena un train dispendieux et, fort amateur de spectacles, fit construire le petit théâtre et habiller certaines pièces d'admirables boiseries Louis XIV.

Il eut la gloire d'y recevoir le roi Louis XVI en route pour Cherbourg où celui-ci voulait examiner les importants travaux du port. On y construisait alors une digue gigantesque dont les fondations se composaient d'énormes cônes de bois et de fer que l'on immergeait en les remplissant de pierres. Toutes choses qui passionnaient un souverain très attaché à la marine et lui permirent peut-être d'oublier un instant qu'au même moment le parlement de Paris jugeait les protagonistes de la malheureuse « affaire du collier de la reine » qui allait ébranler son trône...

Pendant la Révolution, le duc de Beuvron et sa famille durent quitter la Normandie en raison des troubles. En 1795, une bande de vandales fit irruption dans le château où elle commit les pires dégâts en pillant et saccageant les meubles, les objets d'art, les tentures, sans oublier la cave !

Mais les Harcourt-Harcourt ? me direz-vous. Où étaient-ils implantés puisque l'on ne voit ici que la branche cadette ? Assez loin ! En plein Calvados et à peu près à mi-chemin entre Caen et Condé-sur-Noireau, les ducs avaient construit un château à Thury-Harcourt d'une dimension respectable qu'un incendie détruisit complètement en 1944. N'en subsiste que le charmant « Pavillon de Fantaisie » reconstruit par le dernier duc...

Le Champ de Bataille, lui, était toujours debout. Après son dépouillement, les enfants du duc de Beuvron le vendirent au comte de Vieuxpont auquel succédèrent en 1850 M. et Mme Prieur, puis un Anglais, M. W. Consette. En 1903, le comte d'Harcourt, descendant du duc de Beuvron, acquit ce qui restait du domaine puis le vendit à la ville de Neubourg voisine qui le transforma en hospice avant de servir de prison à la Libération puis d'être simplement abandonné.

Le duc d'Harcourt – le dixième ! – put alors le racheter grâce aux dommages de guerre versés par le ministère de la Reconstruction et celui des Beaux-Arts. Il put ainsi le remettre en état. N'était-il pas enfin devenu la demeure du chef de nom et d'armes des Harcourt ?

C'est là que le 2 juillet 1966 le duc put célébrer le « premier millénaire » devant 120 Harcourt, français et anglais, qui avaient répondu à son invitation. Ils seront accueillis, rapporte le cher Arnaud Chaffanjon, par la « jeune duchesse souriante et brune dans sa robe rose et avec tout son charme ; fille d'une Harcourt et descendante de Madame de Sévigné, elle avait tous les atouts en mains pour faire revivre les heures du Grand Siècle ».

La mort de son époux s'y opposa. Pendant vingt ans le château fut entretenu par un particulier qui créa l'actuel golf dans les bois tandis que s'y déroulaient des spectacles « Sons et Lumières » ainsi que de nombreux concours d'attelages... Jusqu'à ce qu'en 1992 le célèbre décorateur Jacques Garcia l'achète « par amour » et lui consacre sans compter son temps, son talent et sa fortune. Le résultat est fabuleux : les immenses jardins à la Le Nôtre n'ont jamais été aussi magnifiques et le château remeublé en authentique renferme à nouveau des collections d'œuvres d'art tout comme autrefois.

Un certain exotisme y parle de terres lointaines qui ne devraient pas déplaire aux ombres de ces Harcourt qui portèrent le titre prestigieux d'Amiral de France, ni à celle de Louis XVI qui y dormit une nuit et qui, au pied même de l'échafaud et les mains liées dans le dos, demandait :

— A-t-on des nouvelles de Monsieur de La Pérouse ?

HORAIRES D'OUVERTURE DES GRANDS APPARTEMENTS

De Pâques à la Toussaint	les week-ends et jours fériés de 15 h 30 à 17 h 30
Juillet et août	tous les jours de 15 h 30 à 17 h 30

HORAIRES D'OUVERTURE DES JARDINS

De Pâques à la Toussaint	les week-ends et jours fériés de 14 h à 18 h
Mai, juin et septembre	tous les jours de 14 h à 18 h
Juillet et août	tous les jours de 10 h à 18 h

À ne pas manquer : les nouveaux jardins réalisés par Patrick Pottier.

http://www.duchampdebataille.com/

CHÂTEAUBRIANT

La belle que voilà !

L'âme est en haut ; du beau corps c'en est fait
Icy dessous
Ah ! Triste pierre auras-tu cette audace
De m'empêcher cette tant belle face
En me rendant malheureux et défait
Car tant digne œuvre en rien n'avait méfait
Qu'on l'enferma avec sa bonne grâce
Icy dessous

La musique des vers qui traverse l'esprit du roi a peu à peu chassé la prière dans laquelle il s'est abîmé durant de longues minutes, les yeux brouillés par le brasillement des cierges. Dieu, soudain, s'éloigne, repoussé par les souvenirs de l'ancien amour. De si beaux, si tendres et si ardents souvenirs ! Les irremplaçables, inoubliables souvenirs des folles amours de la jeunesse...

François Ier se relève et époussette machinalement ses genoux glacés par la pierre froide de la chapelle. Ce printemps breton est pénible. Ou bien, le roi est-il si vieux qu'il ne sait plus, l'âge venant, supporter les petites misères d'un climat différent ? Pourtant il ne parvient pas à s'écarter de ce tombeau pour retrouver les bruits de la vie et sa chaleur. Il y a ces mots fraîchement gravés sur la pierre, ces mots qui le retiennent encore : « Icy repose, dans la paix du Seigneur, Très Haute et Très Noble Dame Françoise de Foix. »

Françoise ! Dieu, ce grand artiste, a-t-il jamais créé femme plus belle, plus gracieuse, plus passionnée aussi ?

Après un quart de siècle écoulé, François Ier retrouve intactes les premières impressions de ce temps béni où tout, autour de lui, n'était que jeunesse : le règne, la cour, les hommes, les femmes... la France qui s'était donnée d'un si bel élan mais surtout lui-même. Et comme ils s'étaient aimés, tous les deux !

Tout avait commencé bien peu de temps après le double coup de tonnerre de 1515 : l'avènement et, six mois plus tard, le soleil de Marignan qui a porté au pinacle un jeune géant fougueux, un roi de vingt et un ans. François aimait – avec quelle violence ! – la chasse, la guerre, les arts, l'amour. L'amour plus que tout le reste peut-être. Et il a voulu que sa cour fût un parterre de jeunes et jolies femmes :

« Une cour sans femmes est une année sans printemps ou un printemps sans roses ! » aimait-il à répéter.

Il en vint beaucoup. Pourtant, de l'avis de son ami Odet de Foix, vicomte de Lautrec, il manquait la plus belle : sa propre sœur Françoise de Foix, comtesse de Châteaubriant par mariage avec le seigneur du lieu, Jean de Laval, de haute et fière noblesse bretonne. Un mariage qui avait été mariage d'amour – Françoise pourtant n'avait alors que douze ans – et durait sans accroc depuis dix ans. Mais le roi a voulu « voir toutes ses dames » et surtout la sœur de son ami, cette belle et fière Françoise dont on lui disait qu'aucune, française ou italienne, n'approchait la beauté brune. Il l'invita avec son époux. Méfiant, celui-ci vint seul, mais bientôt se trouva acculé par une de ces conspirations de cour où se perdent honneur et réputation. Françoise arriva. Le roi la vit et se prit pour elle d'une passion qui devait être la plus ardente de toute sa vie. Semblable à celle qu'il sut éveiller chez une femme qui se croyait jusqu'alors amoureuse de son époux. Pourtant, la résistance fut longue : trois ans. Trois ans à lutter contre lui, contre elle-même. Il fallut l'échec de François à l'élection impériale pour que Françoise se rendît d'elle-même, royale consolation. Et durant sept années, elle va régner sur son roi. Amour de chair mais aussi amour d'esprit car tous deux adoraient la poésie et jamais on ne fit à la cour si folle consommation de vers. Amour de pierre enfin : c'est pour sa belle amie, pour lui donner le cadre digne de sa beauté que le roi tira d'un marais une merveille et fit surgir Chambord au cœur d'une forêt. Autre cadre prestigieux : le camp du Drap d'or dont elle sera le plus bel ornement.

Pendant ce temps, le mari guerroie, mais comme il n'est d'expédition guerrière qui ne prenne fin, le roi, pour l'empêcher de venir à la traverse de ses amours, l'a nommé gouverneur de Bretagne, ce qui l'oblige à résider sur place. Jean de Laval ronge son frein car il n'a jamais cessé d'aimer sa femme et la jalousie le ronge. Mais que faire contre un roi ? Attendre ? Il attend...

Un jour, Mme de Châteaubriant rentre au bercail. Les heures noires sont venues avec le désastre de Pavie en 1525 : François Ier est prisonnier à Madrid et la régence est aux mains de sa mère, Louise de Savoie, qui exècre la favorite. Celle-ci n'a plus qu'à rentrer chez elle pour attendre elle aussi.

Quand le roi recouvre la liberté, quand la cour se rend à Bayonne pour l'accueillir, Françoise n'est pas là. Louise de Savoie non seulement ne l'a point fait prévenir mais encore présente à son fils une jeune fille toute rose, toute blonde, toute fraîche, tout exquise : Anne de Pisseleu, qui va l'asservir d'un regard et dont il fera bientôt une duchesse d'Étampes. Quand Mme de Châteaubriant apprend enfin son malheur, quand elle accourt, il est trop tard.

Bien sûr, durant quelque temps, le roi maintient la balance égale entre les deux rivales mais peu à peu le fléau penche vers la plus jeune. Et Françoise de se plaindre, toujours en vers :

Mais qui eût su penser pouvoir trouver au miel
Tant de mortel venin, d'amertume et de fiel ?

Elle est vaincue et elle le sait. Même Chambord est abandonné pour reconstruire un Fontainebleau éclatant. Elle part, elle rentre en Bretagne où l'accueillent son époux et un vaste chantier : auprès des ruines de la vieille forteresse féodale qui avait abrité tous les seigneurs de

Châteaubriant passés – celui qui combattit à Mansourah, celui qui combattit à Saint-Aubin-du-Cormier, celui qui défendit sa fille veuve d'un Plantagenêt, tous ceux enfin qui firent que les lys de France s'inscrivaient sur leur bannière –, auprès de cette bastille grandiose qui va peu à peu devenir une superbe ruine, Jean de Laval construit, de 1532 à 1537, le palais Renaissance que l'on peut encore admirer et trace des jardins. Françoise, dont la douleur a vaincu son ressentiment, pourra y rêver aux jours si doux d'autrefois. Pour sa part, Jean espère que le temps leur permettra d'oublier tout cela.

Encore faudrait-il qu'on les laissât en paix. Mais une épreuve cruelle attend Françoise : l'insatiable – et détestable ! – duchesse d'Étampes a entendu parler des joyaux jadis offerts par le roi à Mme de Châteaubriant et, surtout, des devises d'amour qui y sont gravées et qui, selon elle, offensent sa dignité. Alors elle contraint le roi – en se voulant semblables aux hommes, les femmes ne savent pas à quelles armes elles renoncent ! – à réclamer ces joyaux. Et François consent en dépit de sa chevalerie. Un messager part pour Châteaubriant.

Raidie dans une froide colère qui la sauve momentanément du désespoir, la descendante des comtes de Foix a écouté le messager puis elle a demandé vingt-quatre heures pour s'exécuter : le temps pour le chevaucheur de se reposer.

Le lendemain, toujours aussi froide, elle a remis au messager un pesant paquet : des lingots d'or et des pierres démontées :

« Allez porter cela au roi, dit-elle, et dites-lui que puisqu'il lui a plu me révoquer ce qu'il m'avait donné si libéralement, je le lui rends et renvoie. Pour les devises, je les ai si bien empreintes et colloquées en ma pensée et les y tiens si chères que je n'ai pu permettre que personne en disposât, en jouît et en eût plaisir... que moi-même ! »

François Ier accepte la leçon et, repentant, renvoie l'or et les pierreries tout en confiant à son ami Bonnivet :

« Elle a montré en cela plus de courage et de générosité que je n'eusse pensé pouvoir provenir d'une femme. »

Un jour, las peut-être des coquetteries acides de sa favorite, l'envie lui vient de revoir ses belles amours d'antan et, avec une suite de trois mille personnes, il se rend en Bretagne, est accueilli par le couple au seuil du château neuf.

Durant quelques jours, qui vont coûter une fortune à Jean de Laval, les tendres liens de jadis vont se renouer, des liens qui avaient la saveur d'un renouveau tardif mais dont Mme d'Étampes pensa mourir de fureur, craignant par-dessus tout que la belle Françoise ne fût du voyage de retour.

Mais le roi n'emmènera plus jamais Mme de Châteaubriant. En remerciement de l'accueil, il lui offre la terre et le château de Suscinio puis repart. Ils ne se reverront plus.

Les retrouvailles tardives ont-elles réveillé la jalousie du mari ou n'est-ce qu'une légende ? On dit que, dès lors, Françoise dut vivre enfermée dans ses appartements tendus de drap noir et qu'une nuit Jean de Laval fit entrer un barbier qui ouvrit les veines de l'infidèle. Toujours est-il que Françoise de Foix, comtesse de Châteaubriant, mourut dans la nuit du 16 octobre 1537 et que la tradition prétend que chaque année, dans la nuit anniversaire, le fantôme de la plus belle dame du royaume apparaît et erre tristement, ombre blanche et désolée, dans les salles où elle attendit en vain un appel qui ne devait jamais venir...

N'ayant pas eu d'enfant, Jean de Laval légua Châteaubriant au connétable de Montmorency puis, par mariage, le château passa aux Condé. Henri II et Charles IX s'y arrêtèrent. La guerre ne l'épargna pas, mais le département de Loire-Atlantique a fait panser ses blessures avec une sollicitude digne d'éloges.

HORAIRES D'OUVERTURE DE LA COUR INTÉRIEURE

Du 1er mai au 30 septembre	8 h-20 h
Du 1er octobre au 30 avril	7 h 30-18 h

L'accès à la cour intérieure du château est libre et gratuit toute l'année.

HORAIRES D'OUVERTURE DU CHÂTEAU

Du 1er mai au 30 septembre	11 h-18 h 30 fermé le mardi
Du 1er octobre au 30 avril	14 h-17 h 30 fermé le mardi

Fermé les 24, 25 et 31 décembre et le 1er janvier.

http://www.loire-atlantique.fr/jcms/cg_7521/chateau-de-chateaubriant

CHÂTEAU-GAILLARD

La reine assassinée

Amour nous a conduits tous deux à la même mort.

DANTE ALIGHIERI

Un an ! Il n'a fallu qu'un an, douze petits mois à Richard Cœur de Lion, roi d'Angleterre, pour faire sortir du sol l'énorme forteresse dont les ruines gardent encore assez de puissance et de grandeur pour rester impressionnantes.

Commencé en 1195, le sourcilleux château qui barre la route de Normandie, planté comme une sentinelle sur la vallée de la Seine, s'achève au début de 1197 à la grande satisfaction de son bâtisseur qui déclare, ravi et toutes espérances dépassées : « Qu'elle est belle, ma fille de un an ! »

En fait, elle lui paraît encore plus belle quand il songe à l'effet qu'elle doit produire sur son ennemi le plus acharné – un ancien ami, comme cela se produit fréquemment ! –, le roi de France Philippe Auguste.

Et c'est vrai que le Capétien supporte mal, et même ne supporte pas du tout cette forteresse assise à sa porte et qui semble le narguer, lui, Philippe, le plus grand roi de son temps, l'homme qui veut la France au-dessus de tous autres pays. Il ne lui faudra guère de patience : deux ans plus tard, Richard n'est plus. Le roi anglais, à présent, c'est son frère, le tristement fameux prince Jean, et Philippe, qui connaît bien le personnage, ne doute pas d'en venir à bout sans trop de peine. Mais il n'est pas de ceux qui s'embarquent dans une aventure sans la préparer longuement. Après quelques travaux d'approche qui lui donneront Conches et Bernay, il met, en octobre 1203, le siège devant Château-Gaillard. Un siège qui va durer plus de quatre mois.

Quand vient l'hiver, c'est l'horreur qui commence. Le réseau est serré autour de Château-Gaillard dans l'espoir d'affamer les défenseurs (ils sont plusieurs milliers). On n'y réussit que trop bien car le roi a fait creuser autour du château un fossé et quatorze tours de siège. Toute sortie est impossible... hormis celle que décide Robert de Lascy qui commande la garnison : celle des « bouches inutiles », c'est-à-dire tous ceux qui, parce qu'ils sont trop jeunes, trop vieux ou trop faibles, sont incapables de porter les armes, de collaborer à la défense du château.

Alors une poterne s'ouvre et on chasse dans les fossés les vieillards, les femmes, les enfants, tout ce qui n'est pas combattant. Et il y en a, car les gens des villages d'alentour sont venus chercher refuge au château. Qu'importe ! On les chasse sans pitié, dans la neige et le froid. Et les assiégeants non plus n'ont pas pitié. Et ces malheureux vont mourir là, dans la boue des fossés, de froid et de misère. Certains s'entre-dévoreront.

Quand vient le mois de mars, on en est toujours au même point mais il y a, chez les Français, des gens qui s'entendent à tourner les difficultés. C'est le cas de Pierre Bogis, un sergent d'armes. Il a étudié toutes les possibilités de forcer l'entrée de Château-Gaillard et il a fini par conclure qu'il y en a une et une seule, la moins engageante : celle qui passe par les latrines. Avec une poignée de hardis compagnons il va s'introduire dans ces latrines dont l'ouverture bée sous la chapelle.

Le nauséabond stratagème réussit et, bientôt, c'est par le pont-levis que Bogis et les siens ont réussi à abaisser que les troupes françaises vont entrer dans le château et le réduire enfin à merci. Château-Gaillard n'est plus anglais. Il ne le redeviendra qu'un court moment, après Azincourt, quand le roi Henri V, cher à Shakespeare, s'en emparera.

C'est par ce même pont-levis que, certain soir pluvieux de mai 1314, un lugubre cortège pénètre dans la forteresse : deux chariots tendus de noir, environnés d'une nuée d'archers et de soldats en armes. Chacun de ces chariots contient une femme à la tête rasée, vêtue d'une robe de bure grossière. Deux femmes jeunes, belles, puissantes hier encore car l'une, au moins, était reine et l'autre devrait l'être un jour : Marguerite de Bourgogne, reine de Navarre, et sa cousine Blanche de Bourgogne, comtesse de la Marche, toutes deux belles-filles du roi de France, Philippe le Bel. Et si l'une s'efforce à une fière contenance, l'autre ne sait que pleurer et se désoler quand on la traîne jusqu'à un cachot où l'hiver s'attarde.

C'est qu'un drame effrayant vient de passer, comme une tempête, sur le trône de France, un drame qui l'eût ébranlé si celui que l'on surnommait le roi de fer ne l'avait maintenu si fermement, si impitoyablement.

Dans cette tragique histoire, il y a également une troisième princesse abattue : c'est Jeanne de Bourgogne, la sœur de Blanche, Jeanne, comtesse de Poitiers et elle aussi belle-fille de Philippe. Mais si le crime d'adultère a été nettement prouvé pour les prisonnières de Château-Gaillard, il ne l'a pas été pour Jeanne à qui l'on ne peut reprocher que des complaisances, un ouvrage délicat d'entremetteuse. Elle l'a d'ailleurs fait entendre au roi :

« Je dis que je suis prude femme ! » a-t-elle proclamé et Philippe l'a entendue. Sa punition en sera moins rude : rasée bien sûr, elle aussi, on la conduit au même instant au château de Dourdan où sa réclusion doit être moins sévère.

Tandis qu'on l'enferme, Marguerite, la plus brave, songe que la vie a d'étranges recours. Il y a dix ans, dix ans seulement, elle épousait l'héritier de France à Vernon, petite ville peu éloignée de Château-Gaillard et qui était de l'apanage de son père. Son regard avait effleuré la forteresse sans imaginer un instant qu'un jour elle se refermerait sur elle. La vie était belle, autant qu'elle-même, en dépit du fait que son époux Louis, surnommé le Hutin, n'était guère séduisant. De son père, il n'avait ni la beauté, ni le haut caractère : un brouillon, un agité, velléitaire et sans courage que Marguerite a vite dédaigné discrètement en pensant qu'un jour elle serait reine de France.

Pendant dix ans, elle et ses belles-sœurs ont véritablement régné sur la cour, sur le palais de la Cité et les divers châteaux du roi. Elles étaient jolies, élégantes, coquettes, raffinées, elles lançaient des modes que les femmes suivaient avec joie et qui affolaient les hommes. Un jour, ce qui devait arriver arriva : Marguerite s'éprit d'un des jeunes seigneurs de la suite du comte de Poitiers, Philippe d'Aulnay, depuis longtemps amoureux d'elle, et devint sa maîtresse. Les amants se retrouvaient dans la chambre haute d'une des tours de l'hôtel de Nesle, résidence parisienne du roi et de la reine de Navarre, et Marguerite donna le jour à une petite fille que l'on attribua au Hutin – mais on devait par la suite faire de grandes réserves sur sa paternité.

Encouragée par l'exemple, la jeune Blanche devint la maîtresse de Gautier d'Aulnay, frère aîné de Philippe, et les deux couples partagèrent fraternellement, sous la protection de Jeanne, les délices de la tour de Nesle. Cela aurait pu durer longtemps si une folie n'avait perdu tous ces jeunes fous : Marguerite et Blanche s'étaient laissées aller à donner à leurs doux amis certaines aumônières richement brodées que leur avait offertes leur belle-sœur Isabelle, reine d'Angleterre et fille de Philippe le Bel.

Mal mariée à Édouard II qui lui préférait les jeunes maçons et quelques beaux garçons, Isabelle, apprenant que les frères d'Aulnay arboraient ses aumônières, signant ainsi leurs relations adultères, entreprit – par jalousie féminine sans doute plus que par souci de l'honneur de la France – de se changer en Némésis.

Dénoncés à Philippe le Bel, les deux frères furent arrêtés, conduits dans les caves du château de Pontoise et torturés jusqu'à l'aveu final. Immédiatement après, les trois princesses étaient arrêtées et traduites devant un tribunal.

On sait, à présent, ce que fut la sentence pour Marguerite, Blanche et Jeanne. Elle fut pire pour les deux garçons qui furent écorchés vifs, châtrés puis décapités et pendus à un gibet par les aisselles. Pire aussi pour les serviteurs de la tour de Nesle que le Hutin fit tourmenter et exécuter avant de les jeter à la Seine, ce qui alimenta la légende tragique de la tour. Il semble, en fait, que Marguerite et Blanche, coupables d'avoir aimé, ne furent jamais les Messalines décrites par ladite légende. En attendant, elles croupissaient au fond de Château-Gaillard, réduites à un total dénuement, à une nourriture à peine mangeable, au froid, à la misère...

Quand, avant la fin de l'année 1314, Marguerite apprend la mort subite de Philippe le Bel, elle reprend espoir car, à présent, la reine de France, c'est elle ! Et elle espère bien qu'on va la tirer de sa prison. Mais, c'est compter sans la haine de son époux qui, d'ailleurs, souhaite se remarier au plus vite. Alors, une nuit, la porte du cachot s'ouvre. Un homme masqué paraît... Nul n'entendra rien : les murs sont énormes. Mais, au matin, on trouvera la reine de France étranglée.

Blanche lui survécut. Elle avait accepté la séparation d'avec son époux, et l'un des geôliers, épris d'elle, adoucissait son sort. On la tira un jour de Château-Gaillard pour la conduire à l'abbaye de Maubuisson où elle vécut et mourut sous la robe de nonne.

Quant à la « fille » de Richard Cœur de Lion, elle fut démantelée par ordre d'Henri IV mais c'est Richelieu qui fit abattre le donjon où Marguerite de Bourgogne avait rencontré la mort.

HORAIRES D'OUVERTURE

Du 15 mars au 15 novembre	10 h-13 h et 14 h-18 h

Fermé les mardis et le 1er mai.

http://lesandelys.com/chateau-gaillard/gaillard.htm

CHÂTEAUGAY

L'homme qui vendit sa main au diable

Toi l'Effroyable, l'Invisible, le Tout-Puissant, le Dieu des Dieux, le Corrupteur et le Dévastateur. Toi qui es surnommé celui qui brise tout et n'est jamais vaincu.

Rituel magique égyptien. Invocation à Seth

Quiconque se rend de Moulins à Clermont-Ferrand l'aperçoit sur sa droite aux approches de la grande ville. Châteaugay le mal nommé domine de son puissant donjon carré construit au XIVe siècle le coteau planté de vignes où il s'ancre et la grande plaine de Limagne. Par les jours ensoleillés il prend la teinte adoucie d'un géant débonnaire mais les jours gris de l'hiver et les noirs nuages de l'orage lui restituent la couleur qui lui convient, celle qu'il devait avoir certaine nuit des débuts du XVe siècle – 1423 ou 1424 –, la date est mal définie car lorsque l'on invite le diable sous son toit on ne s'en vante guère.

La scène, on peut l'imaginer par ce qu'en ont laissé les anciennes chroniques et surtout le récit du jugement de février 1427.

C'est un peu avant minuit, dans la plus haute salle du donjon. Il y a là deux hommes : l'un est un vieil astrologue en robe noire, l'autre le tout-puissant maître et seigneur du château jadis construit par son grand-père, Pierre de Giac, qui fut en 1383 chancelier du roi Charles VI. Lui aussi s'appelle Pierre mais il est d'une autre trempe. À quarante ans passés, il représente le type accompli du forban féodal sans cœur et sans scrupules. Néanmoins, il est beau, d'une beauté sombre d'ange déchu qui rencontre peu de cruelles. Avec cela souple et fourbe comme un serpent, d'une cruauté raffinée mais d'une folle bravoure. Enfin, rapace autant que fastueux, Pierre de Giac est passé maître dans l'art difficile de nager en « eaux troubles », autrement dit parmi l'entourage étrange et corrompu qui gravite autour du jeune roi Charles VII et sur lequel n'est pas encore passé l'éclair de flamme qui s'appelle Jeanne d'Arc.

Dans le royaume déchiré, à demi occupé par l'Anglais, Giac a tracé son chemin tortueux de la cour de Bourgogne où il fut un conseiller écouté jusqu'au lit d'Isabeau de Bavière dont il fut, un temps, l'amant tandis que sa femme devenait la maîtresse du duc de Bourgogne Jean sans Peur. À eux deux, ils ont conduit le duc à l'attentat de Montereau où il devait tomber sous la hache des assassins.

Pour ce mauvais service, Charles VII ne cesse de payer. Giac est son favori, son conseiller, mais le sombre Pierre veut davantage encore : d'abord gouverner en maître le royaume, ensuite devenir l'époux de la plus jolie femme de la cour, Catherine de l'Isle-Bouchard, veuve d'Hugues de Châlon et comtesse de Tonnerre. C'est ce double désir qui l'a mené, comme par la main, dans la chambre haute de son donjon pour y rencontrer Satan, puisque apparemment Dieu reste sourd à ses prières d'orgueil.

Quand il en redescend, au chant du coq, il titube comme un homme ivre et, surtout, il frotte continuellement sa main droite comme s'il cherchait à en effacer une souillure tenace. Cette main droite qu'il vient de vouer au diable – sur la demande de celui-ci, paraît-il – en échange de la protection demandée...

Et, tout de suite, cette main va entrer en action. Entre la belle comtesse de Tonnerre et Giac, un empêchement majeur : sa femme qui non seulement n'est pas d'un âge canonique mais est enceinte de plusieurs mois. Pour s'en débarrasser il dresse un plan criminel et se hâte de le mettre en pratique : sur un dressoir où sont placées des coupes, il en emplit deux de vin, un vin curieusement épais et noir. Après le souper, il en tend une à Jeanne en l'invitant à boire au succès de ses projets. Quels projets ? Eh bien, disons que ce sera... une surprise pour elle.

Pour l'encourager il porte sa propre coupe à ses lèvres mais se garde bien de boire. Jeanne de Giac boit, elle, mais elle est trop fine pour ne pas s'apercevoir que Pierre n'a pas touché à son vin. Et elle n'achève pas sa coupe, bien qu'il l'en prie, bien que, se faisant peu à peu menaçant, il l'exige. Et comme elle demande pourquoi, comprenant qu'il veut sa mort, il lui répond cyniquement qu'elle le gêne, qu'il en aime une autre. Une autre qui est jeune, belle et riche...

Après une pareille déclaration, on comprend que Jeanne refuse de boire le reste et même le renverse. Alors, décidé à tout pour obtenir cette mort, Pierre maîtrise sa femme, l'entrave avec une corde préparée à cet effet puis, la jetant sur son dos, en dépit du poids qu'elle représente, il se rend à l'écurie, selle son cheval, couche la malheureuse dessus et monte à son tour. Puis il pique des deux et, par une poterne qu'il a laissée ouverte, il s'élance dans la campagne. Jeanne, en qui le poison commence à faire son effet, hurle, torturée par le dur galop. Elle supplie son bourreau de la détacher, de penser à l'enfant qu'elle porte. Mais il ne fait que rire : des enfants il en a déjà et, s'il en veut encore, la belle Catherine saura bien les lui donner. D'ailleurs celui-là ne peut être qu'un bâtard ramassé Dieu sait où...

Et le galop infernal se poursuit à travers vignes, forêts et champs, frappant de terreur le paysan au fond de sa chaumière. Ceux qui voient passer ce cavalier noir qui, sur un cheval fou, emporte une blanche forme hurlante croient apercevoir le chasseur maudit menant jusqu'au fond de la nuit sa chasse éternelle et courent se cacher les yeux, se boucher les oreilles par crainte de la malédiction.

Pierre de Giac emporte ainsi sa victime jusqu'à ce que, sentant trembler son cheval épuisé entre ses jambes, il s'arrête. Jeanne d'ailleurs est morte. Sur la croupe de l'animal il n'y a plus qu'un cadavre souillé de sang dont le visage convulsé reflète une affreuse agonie. Il ne lui reste qu'à l'enterrer sur place grâce à la bêche qu'il a pris la précaution d'emporter et qu'il jettera ensuite à la rivière. Puis, près de cette tombe fraîche sur laquelle il a même replanté un arbuste, il se couche et s'endort. Au matin, il rentre à Châteaugay avec une histoire toute prête : sa femme, dans un de ces caprices de femmes enceintes, a voulu se rendre dans la nuit même à un couvent de Clermont pour y attendre sa délivrance. Plus tard, on dira qu'elle est morte en couches et, comme Pierre de Giac s'entend à se faire craindre, nul n'aura l'idée de chercher à connaître la vérité.

Quelques jours encore et il repart, heureux, délivré, pour la cour de Charles VII où l'attend la dame de ses pensées. Où l'attend non seulement l'amour mais la réalisation de tous ces vœux qu'il a fait entendre dans la nuit de Châteaugay.

Deux mois plus tard, Pierre de Giac épouse Catherine de L'Isle-Bouchard. Le roi en personne assiste à la cérémonie, signe le contrat et embrasse la mariée. Dans les mois qui suivent, Pierre connaît vraiment le bonheur dans le crime et en jouit sans scrupules. De jour en jour, l'influence désastreuse qu'il a prise sur le faible souverain grandit. Favori incontesté, il règne en despote sur la petite cour de Bourges, muette de terreur. Le 3 août 1426, il est Premier chambellan et il domine en maître absolu, courbant toutes les têtes sous sa morgue insolente. Hormis une : celle de son ennemi juré, Georges de La Trémoille, qui ne vaut d'ailleurs pas plus cher que lui et qui, lui aussi, aime la belle Catherine.

La Trémoille cherche aide et protection. Il en trouve sans peine car, auprès du roi, une haute et grande dame est là, qui veille de son mieux sur le malheureux royaume et lutte de toutes ses forces contre la série des favoris. Yolande d'Aragon, duchesse d'Anjou, comtesse de Provence et reine des Quatre Royaumes, est aussi la belle-mère de Charles VII. C'est elle qui l'a recueilli, élevé quand sa mère, l'odieuse Isabeau, le proclamait bâtard...

Yolande veut la perte de Giac et le retour du connétable de Richemont, la meilleure épée de France qu'un caprice du roi a écarté. À eux trois, ils vont comploter. La reine obtient, au début de février 1427, que la cour se rende à

Issoudun, tout près des terres du connétable. Dans la nuit du 7, Richemont, grâce à des intelligences intérieures, parvient à entrer dans le donjon et va, à deux pas de la chambre du roi, sortir Giac de son lit et l'enlever des bras de sa femme. Puis, comme il a fait naguère de Jeanne, on le jette ligoté sur un cheval pour le conduire à Dun-sur-Auron, chez le connétable. Là, des juges et des bourreaux l'attendent. Sous la torture, le misérable avoue tous ses crimes, sauf un : la mort de Jeanne. Mais quand la sentence de mort tombe sur lui, Giac s'effondre et supplie qu'avant de le tuer on lui accorde la grâce de lui trancher le poing droit, celui qui appartient au diable dont, à présent, il a une peur bleue.

Et cette fois, il dit tout. Un moment plus tard, le bourreau lui tranche la main puis, cousu dans un sac de cuir, Pierre de Giac est jeté à l'Auron. Sur le sac, un écriteau : « Laissez passer la justice du roi. » Charles VII, en effet, ne tentera rien pour venger la mort d'un favori dont il était peut-être las.

Après sa mort, Louis de Giac, l'un des fils de Jeanne de Naillac, reprit Châteaugay. Il n'eut pas d'enfants et ce fut sa sœur Louise qui fit entrer le château dans la famille de La Queilhe, titrée par la suite du marquisat de Châteaugay et qui devait s'illustrer jusqu'à la Révolution. Le château subit, naturellement, quelques transformations mais, presque en ruine à présent, il appartient à plusieurs propriétaires qui exploitent les vignes d'alentour.

La découverte du site est libre à l'extérieur et dans la cour.

http://www.chateaugay.fr/index.php?page=contenu&id=60

CHINON

Des rois, un ange et quelques démons

De la part de Dieu, je te dis que tu es vrai héritier de France et fils de roi.

Jeanne d'Arc à Charles VII

Les eaux changeantes de la Vienne reflètent Chinon, ses blancheurs doucement patinées, ses maisons coiffées d'ardoises bleues, Chinon qui porte, avec une fierté de reine en exil, la couronne prestigieuse de sa forteresse à demi ruinée. Mais ruinée avec tant de majesté romantique, tant de splendeur, que l'on regrette à peine que le château ne soit plus ce qu'il était en face de ces nobles victimes du poids des siècles. Reste le poids de la gloire d'un étrange destin.

Clovis, déjà, édifia sur le coteau une première place forte, peut-être la plus puissante du royaume en gestation. Y furent ensuite les comtes de Blois, mais ce sont les comtes d'Anjou qui, en 1044, commencent à édifier les premiers murs de pierre. Ce sont des bâtisseurs, ces comtes d'Anjou. Sous leur règne, Touraine et Anjou se hérissent de donjons mais, à partir de 1154, quand Henri Plantagenêt, le dernier, passe la Manche, c'est l'Angleterre qu'ils vont aller bâtir.

Devenu le roi Henri II, le Plantagenêt construit la plus grande partie de Chinon qui sera pour lui résidence de prédilection mais le sera sans doute moins pour Aliénor d'Aquitaine, son épouse révoltée.

« Dis-moi, Aigle à deux têtes, dis-moi, où étais-tu quand tes aiglons, volant de leur nid osèrent lever leurs griffes contre le roi de l'Aquilon ? C'est toi, nous l'avons appris, qui les as poussés contre leur père. C'est pourquoi tu as été arrachée à ta propre terre et conduite en terre étrangère », adjure le poète.

Depuis 1173, les fils d'Henri II, soutenus par leur mère, de son duché d'Aquitaine, sont en guerre ouverte contre leur père. Le plus acharné est Richard, au cœur de lion, qui reproche au roi d'avoir séduit et souillé sa fiancée, Alix de France. La victoire peut paraître proche mais, un soir de l'hiver, au nord de Poitiers, une troupe aux ordres d'Henri rencontre quelques chevaliers poitevins qu'à tout hasard elle fait prisonniers. Parmi ces chevaliers, habillée en homme, il y a la reine rebelle. Il y a Aliénor. Et c'est à Chinon qu'on la ramène captive et où elle demeurera six mois sous étroite surveillance en attendant qu'on l'embarque pour l'Angleterre et la tour de Salisbury. Elle y restera prisonnière seize interminables années. La longue détention s'achèvera seulement à la mort du roi. Henri, le 6 juillet 1189, meurt en effet, à Chinon, seul, abandonné des siens et désespéré d'avoir vu son fils Richard allié à Philippe Auguste, le roi de France.

Une légende prétend que Richard lui-même, blessé mortellement sous les murs du château de Châlus, le 6 avril 1199, exigea de revenir mourir à Chinon. Quoi qu'il en soit, c'est à l'abbaye voisine de Fontevrault qu'il repose, comme Henri II, comme Aliénor. Peu d'années après, en 1205, Chinon, comme la Touraine, fait retour à la couronne de France.

Cent ans plus tard, un drame s'y déroule, en 1308 : le procès des Templiers. Les murs du donjon du Coudray portent encore d'étranges inscriptions qui seraient dues aux Templiers incarcérés et, singulièrement, au dernier grand maître, Jacques de Molay.

L'an 1428, Charles VII dont le royaume, envahi par l'Anglais, se rétrécit de jour en jour comme une peau de chagrin, réunit à Chinon les États généraux. Cela ne l'empêche pas de mener joyeuse vie. Les énormes murailles du Plantagenêt retentissent des bruits du bal, des pavanes, des caroles et des sarabandes. Ce qui attire au jeune roi la remarque acerbe de La Hire, l'un de ses meilleurs capitaines :

« Pardieu, Sire, je n'ai jamais ouï qu'un roi eût perdu si gaiement son royaume. »

Mais qu'importe à Charles, après tout ? Il n'est même pas sûr d'être véritablement le fils de son père, le pauvre Charles VI le Fou, à cause des incessants débordements d'Isabeau de Bavière, sa déplorable mère.

Bientôt, pourtant, il en sera certain.

Le 8 mars 1429, une jeune fille vêtue d'un costume de garçon « noir et rude » monte au château et pénètre dans la grande salle où un homme, vêtu d'habits somptueux, la regarde entrer, assis sur le trône qu'abrite un dais fleurdelisé. C'est une belle fille solide mais le clair visage doit le plus pur de sa lumière à un regard plus bleu qu'un ciel d'été. Elle marche vers le trône, en regarde l'occupant puis, soudain, se détourne. Ce n'est pas là le roi, elle en est sûre. Et, de fait, elle n'a aucune peine à trouver, perdu dans la foule des courtisans, celui qu'elle est venue voir, des marches de Lorraine, poussée par une force qui n'est pas de ce monde.

Alors, devant cet être chétif et inquiet, elle plie le genou.

« Gentil Dauphin[1], j'ai nom Jeanne la Pucelle. Et vous mande le Roi des Cieux par moi que vous serez sacré et couronné dans la ville de Reims, et serez le lieutenant du Roi des Cieux qui est le roi de la France ! »

Puis, elle l'entraîne à part et lui parle bas, un moment. On n'entendra que la dernière phrase :

« De la part de Dieu je te dis que tu es vrai héritier de France et fils de roi ! »

Elle a gagné. La prodigieuse aventure peut commencer. Bientôt, Jeanne entrera dans Orléans qui, à bout de souffle, est bien près de livrer le Val de Loire à John Talbot. Bientôt la France renaîtra.

Hélas, un an plus tard, Jeanne va vers son martyre. C'est qu'auprès du roi Charles VII il est des gens qu'elle indispose, et même qui la détestent : l'archevêque de

1. Elle ne le nommera roi qu'après le sacre.

Reims, Regnault de Chartres, et surtout le mauvais conseiller du roi, Georges de La Trémoille, l'ancien ennemi de Pierre de Giac qui vendrait le royaume pour une poignée d'or. Et Jeanne mourra sur le bûcher de Rouen.

Mais c'est à Chinon encore que, dans la nuit du 3 juin 1433, sur l'ordre du connétable de Richemont, une troupe de gentilshommes décidés à tout pour abattre La Trémoille envahit sa chambre, le larde de coups de dague sans parvenir à le tuer : l'homme est trop gras ! Alors on l'emporte vers une prison puis un exil où il ne guérira jamais tout à fait de ses blessures.

Sous Louis XI, Chinon reçoit un gouverneur qui est sans doute le plus grand chroniqueur de son temps : Philippe de Commynes, l'un des hommes que le roi apprécie le plus. Mais les visites royales se feront plus rares à mesure que l'aurore de la Renaissance se lève à l'horizon.

Pourtant, le roi Louis XII vient y faire un assez long séjour tandis que l'on élève, à Blois, ce qui est aujourd'hui l'aile Louis XII du château. C'est là qu'il va recevoir, du pape Alexandre VI, une ambassade dont il attend merveilles, menée par un homme dont il se méfie : le propre fils de Sa Sainteté.

Le 18 décembre 1498, donc, le roi Louis XII, appuyé à une fenêtre du château, regarde monter vers lui un fabuleux cortège : des mules, des pages, des valets vêtus comme des princes de drap d'or et de velours cramoisi précédant trente gentilshommes habillés de drap d'or ou de drap d'argent et portant au cou de lourdes chaînes d'or. Puis une troupe de ménestrels, tambourinaires, joueurs de rebec ou de trompettes habillés comme les autres d'or et de cramoisi mais faisant rage d'instruments faits d'argent pur. Enfin, le plus beau :

« Quant audit duc (le roi l'avait fait duc de Valentinois), il était monté sur un beau et noble coursier, très richement caparaçonné, vêtu d'un pourpoint mi-partie de satin noir et de drap d'or embelli de pierres précieuses et de grosses perles. Sur son chapeau qui était à la mode française figuraient deux rangées de cinq à six rubis de la dimension d'un gros haricot. Il y avait aussi quantité de pierres précieuses sur la bordure de son chapeau entre autres une perle aussi grosse qu'une noisette tandis que même sur ses bottes, on voyait abondance de cordelières d'or bordées de perles. »

De sa fenêtre le roi, dont la cour est assez modeste, apprécie peu cette entrée de cirque mais se contente de bougonner que c'est « un peu trop pour un petit duc de Valentinois ». Quant aux gens de Chinon, ils n'apprécient pas davantage : dans les pays de Loire, cela est bien connu, on est plus sensible à la mesure de l'élégance qu'au faste écrasant d'un Espagnol parvenu.

Mais Louis XII n'a pas le choix : il lui faut faire bonne figure à ce mirliflore s'il veut obtenir la bulle d'annulation de son premier mariage avec la pauvre Jeanne de France, fille de Louis XI, sainte mais disgraciée physiquement, afin de pouvoir épouser Anne de Bretagne, veuve de son prédécesseur Charles VIII.

Il aura sa bulle mais non sans marchandage. César, autoritaire et arrogant, finira par obtenir ce qu'il est venu chercher : la main d'une princesse royale. Ce sera Charlotte d'Albret, sœur du roi de Navarre. Une idéale créature dont on dit qu'elle est « la plus belle fille de France ». Le mariage sera la première cérémonie qui essuiera les plâtres de Blois.

César, après une nuit de noces à laquelle il donnera la plus large publicité, passera un été avec sa belle épouse, lui fera une fille… et disparaîtra dans un nuage de poussière pour ne plus jamais revenir.

Pour Chinon, c'est la fin des grandes heures. Les rois n'y viendront plus qu'en passant. Louis XIII en fera don au cardinal de Richelieu dont les héritiers le conservèrent, sans l'entretenir, hélas ! jusqu'en 1789.

Le château commençait à tomber en ruine. La Révolution et l'Empire dont les déprédations ont été plus graves qu'on ne l'imagine généralement allaient hâter sa fin. Un écrivain, Prosper Mérimée, obtiendra, en 1855, les travaux de consolidation qui se sont poursuivis depuis. C'est l'honneur de la ville et de l'Association des amis du vieux Chinon, attachés passionnément à la résurrection de leur prestigieux passé.

HORAIRES D'OUVERTURE

Janvier, février, novembre et décembre	9 h 30-17 h
Mars, avril, septembre et octobre	9 h 30-18 h
Du 1er mai au 31 août	9 h 30-19 h

Fermé le 25 décembre et le 1er janvier.

La forteresse est un joyau de l'architecture militaire médiévale.

http://www.forteressechinon.fr/

CLISSON

La lionne blessée

On reconnaît le lion à sa griffe.

Lettre de Libanius

Un matin de juillet 1343, une brillante assemblée de chevaliers richement vêtus et superbement armés franchit le pont-levis de Clisson, environnée de l'éclat des trompettes et des joyeux propos de ceux qui la composent. Le seigneur du lieu, Olivier III, petit-fils de cet Olivier Ier qui a construit le château au confluent de la Moine et de la Sèvre Nantaise, se rend à Paris aux grandes fêtes que le roi Philippe VI donne en l'honneur du mariage de son second fils Philippe d'Orléans, fêtes auxquelles il a convié toute la noblesse du royaume et aussi celle de Bretagne avec laquelle la veille encore il rompait des lances qui n'avaient rien de courtois. Mais on est en trêve et le roi se pique de chevalerie.

C'est alors le temps de cette interminable guerre de Succession de Bretagne qui met aux prises Jean de Montfort, fils du frère du duc défunt et Charles de Blois, gendre du même duc. Pour l'heure présente, il semblerait que le parti français ait le dessus car le fils aîné de Philippe VI, Jean de Normandie – le futur Jean le Bon – tient Montfort prisonnier à Nantes.

Du haut d'un chemin de ronde, une femme de vingt-cinq ans, brune et très belle, regarde s'éloigner le cortège sans pouvoir se défendre d'un serrement de cœur. Auprès d'elle deux petits garçons, ses fils, Olivier, sept ans, et

Jean qui n'en a que trois. C'est la dame de Clisson, Jeanne de Belleville et, en dépit des prières qu'elle ne cesse d'adresser au ciel, la peur ne la quitte pas.

Peur justifiée. À peine arrivés à Paris, les chevaliers bretons sont arrêtés, jetés au Châtelet sous le prétexte d'un rapport parvenu au roi qui aurait fait état de connivence avec le roi d'Angleterre. Le 2 août 1343, Olivier de Clisson est décapité aux Halles de Paris. Son corps est pendu au gibet de Montfaucon mais sa tête est envoyée à Nantes pour y être plantée sur la porte Sauve-Tout.

C'est là que Jeanne va revoir ce qui reste d'un époux bien-aimé : une tête aux yeux clos, exsangue, déjà défaite par la mort, sur laquelle tombe un crachin breton qui ne cesse de noyer la ville. Debout au pied du rempart, la dame de Clisson contemple longuement cette tête avec un désespoir que la haine envahit peu à peu. Comme au jour du départ, elle tient ses deux fils auprès d'elle, sous l'abri de son grand manteau. Et, à ces deux innocents, elle désigne l'affreuse relique.

« Regardez et n'oubliez pas ! Voilà ce à quoi le roi de France, par laide traîtrise, a réduit votre père. »

Et elle leur fait jurer la vengeance. Une vengeance dont elle s'occupe immédiatement. Autour d'elle, on s'assemble. Les vieilles chroniques parlent de quatre cents gentilshommes joints à ceux des vassaux qui veulent reprendre le combat. Avec eux, Jeanne marche sur Brest où le capitaine Le Gallois de la Heuze commande pour Charles de Blois. Ouvert par trahison, le château est pris d'assaut, tous ceux qui y vivent sont passés au fil de l'épée. On ne fait pas de quartier. Puis, quand plus rien ne respire dans le château ravagé, Jeanne repart avec le butin qu'elle vient de conquérir et, pendant quelques semaines, elle va poursuivre de sa fureur tous ceux qui tiennent en Bretagne le parti du roi de France.

Bientôt, cela ne lui suffit plus. D'ailleurs, le roi envoie une armée. Alors, engageant ses terres, vendant ses bijoux et tout ce qu'elle a rapporté de ses expéditions, elle achète trois vaisseaux afin de porter désormais la guerre sur la mer et, ainsi, de s'attaquer directement à Philippe VI en donnant la chasse à ses navires. En décembre 1343, le parlement de Paris lui a fait intimer l'ordre d'avoir à se présenter devant lui sous peine d'être poursuivie et amenée de force devant ses juges.

De la décision, elle ne fait que rire. Ses vaisseaux sont prêts. La réponse va être en proportion de l'offense, double à présent, qu'elle a reçue. De la côte d'Espagne à la mer du Nord, les trois navires de la Lionne de Clisson sèment la mort et la terreur tout au long des côtes de France. Sur les lourds navires marchands roulant au creux de la lame comme sur les nefs royales, sur les villages isolés de la côte comme sur les châteaux, elle fond soudain, sortant de la brume ou de la nuit comme un grand rapace, toujours vêtue de noir, toujours gantée de sang. Jamais elle ne fait merci, jamais elle n'accorde grâce. Toujours, la première, elle frappe, maniant le glaive aussi sûrement qu'un chevalier. Tuer est devenu sa seule raison de vivre.

Auprès d'elle, les deux enfants qu'elle n'a pas quittés apprennent la guerre, la mort, et ce qu'est une vengeance bien conduite. Pour les hommes qu'elle mène d'une poigne impitoyable, elle est une énigme. Jamais elle ne sourit. Jamais son regard ne s'éclaire et elle ne sait plus ce que c'est que prier.

Le ciel, lui, va se souvenir d'elle. Pendant plus d'un an, Jeanne de Clisson court les mers. Ses victimes, ses razzias ne se comptent plus. Mais les navires s'usent, les hommes aussi, et Philippe VI a passé commande de nouveaux navires au Clos des Galées en la ville de Rouen. Bientôt il dispose d'assez d'unités pour inquiéter puis pour traquer la terrible veuve. Elle perd un bateau, puis un autre. Au large de Guernesey un dernier combat désespéré vient à bout du troisième. Il faut fuir, il faut abandonner la nef qui prend l'eau de toutes parts...

À la faveur de la nuit une barque est mise à l'eau. Jeanne y embarque avec quelques hommes et ses deux fils à la grâce de Dieu. Une grâce qui va se faire attendre singulièrement. Durant six jours, six terribles et mortels jours, la barque erre sur les eaux grises de la Manche. Le temps est mauvais, et contre elle, enfermé dans le cercle de ses bras, Jeanne sent grelotter le petit Jean qui perd ses forces lentement sans que sa mère puisse rien pour lui. Au troisième jour, l'enfant meurt et, pour la première fois depuis si longtemps, les yeux de Jeanne retrouvent les larmes.

C'est une femme désespérée qui, à l'aube du septième jour, touche terre quelque part sur la côte anglaise des Cornouailles. Des pêcheurs voient apparaître une femme très belle et très pâle dont les yeux n'ont plus de reflets. Un enfant exténué et quatre hommes à bout de forces la suivent. Est-ce la fin pour elle ?

Non. Si elle est honnie en France, Jeanne est une héroïne en Angleterre. On lui fait accueil et la cour du roi Édouard III s'ouvre pour elle.

Peu à peu, les souvenirs terribles s'estompèrent et vint le temps où elle put se souvenir qu'elle était encore jeune, toujours belle. Elle aima et épousa Gauthier de Bentley.

Restait l'enfant sorti vivant de la terrible aventure. Élevé en Angleterre, Olivier de Clisson n'en retourne pas moins en Bretagne quand il se voit en âge de tirer l'épée. Là, il se brouille avec les Montfort et se trouve un hardi compagnon qui lui démontre que le roi de France n'est plus Philippe. Ce compagnon, c'est Bertrand Du Guesclin. Avec lui, Clisson apprend à devenir français.

Un jour, après lui, il recevra l'épée de connétable et régnera de nouveau sur des terres bretonnes de son château de Josselin où nous le rencontrerons.

Clisson échut à sa fille Marguerite de Penthièvre qui, malheureusement, allait tout perdre. Ayant attiré par traîtrise le duc Jean V dans un guet-apens, elle vit se dresser contre elle toute la noblesse de Bretagne. Les possessions de Clisson firent retour à la Couronne ducale.

Le duc François II en fait son séjour de prédilection. C'est lui qui édifie, dans le style élégant de l'époque, toute la partie occidentale. Il y amène sa maîtresse, la belle Antoinette de Maignelais, cousine d'Agnès Sorel dont elle était quelque peu jalouse et qui avait tenté de la supplanter dans le cœur de Charles VII. Chose impossible tant qu'a vécu la Dame de Beauté mais réalisée dès que la mort l'eut fait disparaître.

L'avènement de Louis XI a incité la dame à gagner ses terres angevines car elle était mal vue du nouveau roi. Le duc de Bretagne se trouva là juste à point pour la consoler. Solide et vigoureuse gaillarde, elle donna à son amant cinq enfants dont l'aîné fut titré sir d'Avaugour. Le tout au grand chagrin de la duchesse, Marguerite de Foix, dont le mariage avec le volage François II avait eu lieu à Clisson le 27 juin 1471. Au grand déplaisir aussi de sa tante, la bienheureuse Françoise d'Amboise. Elle n'eut de répit que lorsque la dame de Maignelais eut trouvé une remplaçante. Ce qui ne changea rien à l'existence élégante, toute de fêtes, de joutes et de plaisir, que l'on menait à Clisson.

Avec des fortunes diverses, le château traversa les siècles jusqu'à la fin du XVIIIe siècle. L'année 1793 sonna le glas de l'antique et noble demeure. Après la bataille de Torfou, les armées de Kléber y mirent le feu et le réduisirent à l'état d'une ruine imposante et romantique, mais une ruine tout de même sur laquelle se pencha, au XIXe siècle, le sculpteur lyonnais Lemot. Avec l'aide du sénateur Cacault, il sauva de la disparition les superbes vestiges sur lesquels veille, désormais, le département de la Loire-Atlantique.

HORAIRES D'OUVERTURE

De 9 h à 12 h et de 14 h à 18 h (fermé le mardi)

http://www.mairie-clisson.com/module-Contenus-viewpub-tid-2-pid-185.html

LE CLOS-LUCÉ

Léonard de Vinci et la Joconde...

Pourquoi me faire ce sourire
Qui tournerait la tête au roi ?

Victor HUGO

« Voilà le roi !... »

Le gamin essoufflé a tout juste le temps de soulever la tenture qui ferme et réchauffe l'atelier du peintre. L'instant suivant, les deux mètres de François Ier s'encadrent, tel un portrait en pied, dans le chambranle de la porte.

Le grand vieillard en robe noire, debout devant le haut chevalet en bois poli, a tout juste le temps, lui aussi, de poser ses pinceaux mais il n'a pas celui de s'incliner. Déjà le jeune roi est auprès de lui qui le serre dans ses grands bras et l'embrasse avec cette chaleur qu'il porte en lui et qu'il sait si bien communiquer à ceux qu'il aime ou qu'il admire. Et François est immensément fier d'avoir réussi à convaincre l'un des plus grands peintres de tous les temps de quitter l'Italie pour venir habiter son cher Val de Loire.

En cet automne de l'an 1516, Léonard de Vinci vient tout juste d'arriver à Amboise avec son élève favori Francesco Melzi et son serviteur Zoroastro. Lui et le roi se sont rencontrés un peu plus d'un an auparavant, juste après la victoire de Marignan qui a porté si haut le renom des armes françaises et, tout de suite, le peintre a aimé le roi. Peut-être d'abord parce que François est beau et que Léonard est sensible à toute forme de beauté, mais aussi parce qu'il a senti chez ce jeune géant couronné une volonté de grandeur et d'éclat, une générosité profonde, un charme, enfin, si puissant que les hommes y succombent presque autant que les femmes ; ce qui n'est pas peu dire. Alors, après la mort de Julien de Médicis, son dernier protecteur, le vieux peintre a pris le chemin de la France où il sait qu'on l'attend, qu'on l'espère.

À Amboise, où François Ier habite de préférence car c'est le château de sa jeunesse, le roi a donné à Léonard le petit manoir du Cloux – nous disons à présent Clos-Lucé – construit une quarantaine d'années plus tôt par un maître d'hôtel du roi Louis XI, un certain Étienne le Loup qui, à ses qualités d'homme d'intérieur joignait, dit-on, des talents plus secrets qui en faisaient un espion assez habile. Le feu roi appréciait ses services et la maison, qu'Étienne le Loup construisit grâce à lui, de brique rose et de pierre blanche, est charmante sous son haut toit d'ardoise fine.

Cette maison, François la connaît bien. Il y a joué étant enfant. Et puis, un souterrain la relie au grand château. Un souterrain qui était sans doute commode au temps d'Étienne le Loup mais dont François ne fera guère usage. Il n'a pas besoin de se cacher pour venir voir son peintre.

La visite impromptue de ce jour est la première qu'il lui rend. Le roi vient voir, en toute simplicité, comment le maître est installé. Ce n'est peut-être qu'un prétexte qui cache une curiosité plus intime : celle que lui inspirent les toiles venues d'Italie. Et tout de suite, d'ailleurs, il va les regarder, car Léonard ne les cache pas. Il y en a deux, plus belles l'une que l'autre : une Sainte-Anne avec la Vierge et l'Enfant et un Saint-Jean le Baptiste. Et le roi admire sans réserve, un peu timide même en face de tant de beauté. Peut-il exister au monde œuvres plus admirables que ces deux peintures ?

Eh bien, justement, il paraît qu'il en existe une. Et le roi, incapable de retenir sa curiosité, avoue le but profond de sa visite. Le bruit court – de qui vient-il et quels chemins a-t-il pris ? François ne le dira pas – le bruit court donc que Léonard n'a pas apporté avec lui que ces deux toiles ; mais aussi une autre, plus petite, plus secrète... un portrait de femme qu'il se refuse à montrer.

Visiblement, la question du roi ne fait pas plaisir à Léonard de Vinci. Il a un peu pâli et ses yeux se sont assombris. Pourtant, à ce roi qui l'interroge en ami, plus qu'en souverain, il va dire la vérité. Le bruit dit vrai : il possède bien par-devers lui un portrait, une œuvre déjà ancienne mais à laquelle il tient plus qu'à sa propre vie. Et comme il sait qu'on ne résiste pas à un désir de roi, il va chercher le tableau, laisse glisser la pièce de velours qui le masque et découvre l'image d'une femme brune, vêtue de noir, dont les longs cheveux sont à demi recouverts d'un voile léger et dont les belles mains reposent devant elle, posées l'une sur l'autre. Un paysage d'eau et de rochers l'enchâsse de ses lointains brumeux. En vérité, la beauté de la femme est saisissante mais plus encore le sourire à peine indiqué, mystérieux et indéchiffrable, qui adoucit ses lèvres.

Le souffle coupé, le roi s'est levé. Un long moment, il contemple la prodigieuse image dont il ne parvient pas à détacher son regard. Quand il s'y résout, c'est pour offrir au peintre d'acheter ce portrait, de le couvrir d'or s'il le faut. Il donnera trois mille... non, quatre mille écus. Mais Léonard refuse : vendre ce portrait, ce serait pour lui vendre son âme. Il n'a aimé personne autant que le modèle... Et parce que, tout de même, il sait bien que François peut comprendre, il raconte :

La dame au sourire s'appelait Lisa Gherardini. Elle était napolitaine mais mariée à un riche Florentin, Francesco del Giocondo, qui avait fait fortune dans le commerce des cuirs et peaux. Mal mariée, bien sûr : le mari avait cinquante ans, la femme en avait vingt. C'était un rustre vaniteux alors que Lisa était de famille noble mais pauvre. Ses parents, ruinés par l'invasion française menée par le roi Charles VIII, avaient été trop heureux de donner leur fille, belle mais sans dot, à ce marchand florentin déjà deux fois veuf.

Un jour Giocondo commande à Léonard de Vinci le portrait de sa femme. Non pour l'amour de l'art mais parce qu'il était de bon ton chez les gens fortunés de Florence de se faire peindre afin de laisser leur effigie à la postérité.

Le peintre faillit refuser, imaginant que la femme du bonhomme était sotte et laide comme lui. Il se décida tout de même, lorsque son élève Giovanni Beltraffio lui confia que la dame était jeune et admirablement belle.

Mona – abréviation de madonna qui signifie madame – Lisa vint poser et Léonard ne vit plus qu'elle. Tant et si bien qu'au bout de trois ans, le portrait n'était pas achevé.

À dire vrai, Francesco del Giocondo n'était pas tellement pressé de le voir arriver chez lui : son entrée signifierait la sortie d'une belle somme d'argent. Il lui suffisait que l'on sût dans Florence que le grand Vinci faisait le portrait de « la Gioconda ». Pourtant, il finit par trouver que le peintre en prenait à son aise et, un soir, vint annoncer à Léonard qu'il emmenait sa femme à Naples pour affaires de famille.

Le cœur navré, Léonard laissa partir Lisa, se consolant en compagnie de son cher portrait. Il attendit longtemps son retour. Jusqu'au jour où le hasard le remit en face de Giocondo dans une rue de Florence. L'homme lui apprit que Lisa était morte quelques mois plus tôt à Lagonero d'une fièvre putride. Il lui apprit aussi qu'il avait, pour sa part, l'intention de se remarier et qu'en conséquence il ne tenait pas du tout à ce que le portrait lui fût livré pour ne pas indisposer sa fiancée. Du même coup, cela le dispensait de payer… Mais ni pour or ni pour argent Léonard n'eût consenti à lui abandonner un portrait devenu plus cher que jamais à son cœur.

Telle est l'histoire que, ce soir-là, le peintre raconte à François Ier. Est-elle vraie ou cache-t-elle une autre histoire ? Le secret du sourire de la Joconde n'a jamais été réellement percé mais, après tout, pourquoi Léonard de Vinci n'aurait-il pas dit la vérité ?

Ce qui est sûr, c'est que le roi eut plus que jamais envie de s'assurer la possession du tableau. Il avait offert quatre mille écus, il entendait les payer… mais pour ne pas briser le cœur du vieux peintre, il spécifia que la Joconde n'entrerait dans les collections royales qu'à la mort de son auteur. Cette mort survint le 2 mai 1519, au Clos-Lucé. Le récit qu'en a donné Vasari d'après ce que lui avait rapporté Francesco Melzi, l'élève préféré, passe aussi pour une légende, comme si tout ce qui touchait à la vie du peintre génial, de l'ingénieur fabuleux, de l'inventeur des machines les plus extraordinaires ne pouvait inspirer que le doute.

« Le Roi qui le visitait souvent avec amitié survint. Léonard plein de respect pour le prince se souleva de son lit et, lui racontant les accidents de sa maladie, demanda pardon à Dieu et aux hommes de ne point avoir fait pour son art tout ce qu'il aurait pu. Le Roi lui tint la tête mais comme si ce divin artiste eût senti qu'il ne pouvait espérer plus grand honneur sur cette terre, il expira entre les bras du Roi... »

Vérité ? Légende ? Quoi qu'il en soit, l'image est bien belle.

Aujourd'hui le Clos-Lucé appartient au comte Saint-Bris qui l'entretient avec un soin jaloux.

HORAIRES D'OUVERTURE

Du 1er janvier au 31 janvier	10 h-18 h
Du 1er février au 30 juin	9 h-19 h
Du 1er juillet au 31 août	9 h-20 h
Du 1er septembre au 31 octobre	9 h-19 h
Du 1er novembre au 31 décembre	9 h-18 h

Fermé le 1er janvier et le 25 décembre.

http://www.vinci-closluce.com/

COMPIÈGNE

Le chapeau de Marie-Louise et la chemise de nuit de la Castiglione

Épousez une Allemande, mon cher ! Elles sont douces, bonnes et fraîches comme des roses.

NAPOLÉON Ier

« Je suis logé à Versailles en roi, à Fontainebleau en gentilhomme, à Compiègne en paysan », dit un jour Louis XIV peu satisfait de ses logis dans un château qui n'est rien de plus qu'un pavillon de chasse et qui d'ailleurs ne représente pour lui que de mauvais souvenirs : durant les jours noirs de la Fronde, il y a séjourné quelque temps en compagnie de Mazarin.

Néanmoins, la splendeur des forêts environnantes et sa passion toute bourbonienne pour la chasse vont inciter le grand roi à effectuer quelque soixante-quinze séjours dans la vieille bâtisse datant de Charles V qui s'élève alors à la place du château actuel.

Ce château, c'est Louis XV qui en décide la reconstruction. Lui aussi aime la chasse. En revanche, il déteste les courants d'air, le style Haute Époque et tout ce qui ressemble de près ou de loin à un mâchicoulis. En foi de quoi il fait raser le château et, en 1738, charge l'architecte Gabriel, bientôt remplacé par son fils Jacques-Ange Gabriel, de lui construire une demeure qui soit à la fois digne d'un roi et de son goût à lui qui est très sûr.

Commence alors une assez étrange entreprise de reconstruction. Le roi, en effet, n'entend pas se priver de chasser pour une chose aussi insignifiante qu'un vaste chantier. On procède donc de la façon suivante : on démolit un morceau, on le reconstruit aussitôt avant de démolir un autre morceau à seule fin que le roi et une cour réduite trouvent à se loger. Ce qui n'est guère commode et fait traîner les travaux. Moyennant quoi, le château commencé en 1738 ne sera vraiment achevé qu'en 1786... et encore ! Il y manque la chapelle, l'avant-cour et les hôtels destinés aux ministres, mais Louis XVI et Marie-Antoinette peuvent y effectuer quelques agréables séjours.

À peine terminé, Compiègne tombe sous la patte des révolutionnaires qui en font un prytanée militaire. Les gamins, destinés à l'armée ou à n'importe quelle profession, n'ont jamais représenté une catégorie d'habitants bien respectueux et quand Napoléon prend possession du château, en 1806, après avoir expédié ledit prytanée à Châlons-sur-Marne, il y a un sérieux ravalement à faire. C'est l'architecte Berthault qui s'en charge et, deux ans après, Compiègne a retrouvé suffisamment d'éclat pour recevoir dignement un hôte forcé de l'Empereur : le roi d'Espagne Charles IV, son épouse et son ministre Godoy qui cumule cette fonction officielle avec celle, presque aussi officielle, d'amant de la reine. Ils n'y resteront que quelques mois.

En mars 1810, le château est en proie à l'affolement : on repeint, on redécore, on retapisse, on arrange et on se fait du souci : Napoléon attend sa fiancée autrichienne et il a été décidé que Compiègne abriterait la première nuit de Marie-Louise après sa rencontre avec son futur époux.

L'arrivée est prévue pour le 28 mars mais, dès le 27, l'Empereur, qui ne tient plus en place, décide de se rendre en personne au-devant de la voyageuse en la seule compagnie de Murat. Au château, on ne se tourmente pas outre mesure : l'archiduchesse doit passer la nuit à Soissons ; le couple ne sera là que le lendemain.

Or, à dix heures du soir, c'est le branle-bas de combat à l'arrivée soudaine d'un page essoufflé, couvert de boue, qui est pratiquement tombé de cheval dans la cour : ils arrivent ! Et il faut se hâter de préparer l'appartement de la future impératrice. Alors tout s'anime comme d'un coup de baguette magique : des laquais en livrée verte portant des torches s'alignent sur le perron tandis que les fenêtres et les toits se peuplent comme par enchantement. Un orchestre s'installe sur la galerie extérieure, le perron se garnit de dames en robes à traîne, dont les diadèmes lancent mille feux, et d'uniformes chamarrés. Enfin, la berline impériale attelée de huit chevaux fait son entrée et s'arrête devant le tapis déroulé. Les valets de pied se précipitent, les tambours battent tandis que les révérences courbent les satins et les velours des toilettes de cour.

On peut voir Napoléon sauter à terre puis se tourner, rayonnant, vers celle qui est encore dans la voiture avec tous les soins et toutes les tendres précautions d'un amant attentif. Et chacun de constater, non sans stupeur, que l'archiduchesse est rouge comme une pivoine épanouie, que sa toilette est visiblement dérangée et que l'absurde chapeau à plumes de perroquet multicolores qu'elle porte donne dangereusement de la bande. En outre, son attitude bizarrement gênée prête à penser. Et plus d'une mauvaise langue de conclure que la berline vient de servir d'antichambre à la chambre à coucher.

Dans le château, Napoléon entraîne Marie-Louise au pas de charge vers son appartement où l'attend la duchesse de Montebello, sa dame d'honneur. Il y a là une table toute servie et le nouveau couple va y souper en la seule compagnie de la sœur de Napoléon, Caroline, reine de Naples. Après quoi on peut supposer que l'Empereur ira coucher à la chancellerie. Il n'en est rien. Napoléon – après avoir consulté pour la forme le cardinal Fesch, son oncle – pense que le mariage par procuration célébré à Vienne est tout à fait valable et lui donne tous les droits :

« Quand vous serez seule, je viendrai vous retrouver », dit-il à Marie-Louise. Et, de fait, une heure après, il s'inonde d'eau de Cologne puis, nu sous sa robe de chambre, il revient. À Sainte-Hélène, bien plus tard, il confiera à Gourgaud :

« Je vins et elle fit tout cela en riant. »

Le malheur veut que ce mariage si bien commencé ait si mal fini. Tout à l'opposé d'un autre mariage, célébré, cette fois, le 7 août 1832.

Ce jour-là, sous une pluie battante, le roi Louis-Philippe Ier marie sa fille Louise au roi des Belges Léopold Ier. Et le moins que l'on puisse dire est que ce n'est pas un mariage gai.

Léopold de Saxe-Cobourg n'est roi que depuis l'année précédente. Quand les Belges ont voulu se trouver un fondateur de dynastie, ils ont choisi celui qui leur semblait apporter les meilleures garanties de sagesse, de grandeur et de fermeté. En cela – et en certains autres détails, d'ailleurs – le choix se révèle excellent mais, d'un autre côté, Léopold est tout ce que l'on veut sauf amusant. D'abord c'est un veuf inconsolable depuis la mort en couches, après quelques mois de mariage, de sa jeune femme Charlotte, princesse héritière d'Angleterre. Quinze années écoulées n'ont pas réussi à apaiser ce chagrin.

Cela, la blonde et charmante princesse Louise le sait parfaitement. En outre, elle n'a guère envie, à dix-huit ans, d'épouser un homme qui en a vingt-trois de plus qu'elle. Mais quand la politique l'exige, que peuvent les cœurs de jeunes filles ? Louise devra se soumettre et avec elle toute sa famille qui n'a pas plus envie qu'elle de la voir partir pour Bruxelles. C'est que l'on est très unis dans cette famille d'Orléans et l'on y pratique l'affection avec autant de constance que chez de simples bourgeois.

Résultat, au jour du mariage tout le monde pleure : le roi Louis-Philippe, la reine Marie-Amélie, leurs enfants, la mariée et, si le marié ne pleure pas tout à fait, sa mine lugubre laisse supposer que les larmes ne sont pas loin. Quand vient l'heure du départ c'est encore pire si l'on en croit la reine :

« Louise pleurait et nous pleurions tous en l'embrassant. Le roi et Chartres sanglotaient à faire pitié. Il n'y avait pas jusqu'au petit Montpensier qui pleurait à chaudes larmes. »

Or, ce mariage-là va être aussi heureux qu'il a commencé tristement. Dès le 17 août, le roi Léopold écrit :

« Je suis très content de ma bonne petite reine. C'est la femme la plus douce que l'on puisse voir et de beaucoup d'esprit. »

Et Louise, dix jours plus tard, de proclamer :

« Le roi Léopold me rend fort heureuse. »

Les Belges aussi. Toute la dynastie actuelle est sortie de ce mariage trempé.

Avec Napoléon III, la gaieté va reprendre possession de Compiègne et lui donner sa période la plus brillante. Chaque année, à l'ouverture de la saison de chasse, l'empereur et l'impératrice Eugénie reçoivent, à tour de rôle, cinq « séries » d'invités appartenant à la cour, au monde de la diplomatie ou à celui des célébrités en tout genre. Les invités sont groupés en tenant compte de leurs affinités, ce qui représente une sorte de tour de force.

Un train spécial était réquisitionné pour les amener :

« Arrivée à Compiègne, écrit la princesse Pauline de Metternich, ambassadrice d'Autriche et amie personnelle de l'impératrice, la "série" dégringolait des wagons et se précipitait dans les chars à bancs attelés de cette belle poste impériale et, bride abattue, on partait vers le palais. Au perron, on était reçu par le comte Bacciochi et chacun était mené dans ses appartements après avoir reçu l'ordre d'être au salon à sept heures un quart. »

Mais, en dehors des séries de l'automne, il arrivait à Napoléon III de recevoir parfois à Compiègne sans sa femme. Ainsi certain mois de juin qui vit tomber dans ses bras la fameuse comtesse de Castiglione, d'une éblouissante beauté et qui avait été envoyée à l'empereur pour plaider auprès de lui la cause de l'Italie occupée.

Beaucoup plus tard, quand Mme de Castiglione mourut, on trouva dans ses dernières volontés cette simple phrase : « Je veux que l'on m'enterre dans la chemise de nuit de Compiègne. »

Preuve flagrante qu'il peut arriver à un agent secret de se trouver pris à son propre piège...

HORAIRES D'OUVERTURE DU CHÂTEAU

De 10 h à 18 h

Fermé le mardi, le 1er janvier, le 1er mai et le 25 décembre.

HORAIRES D'OUVERTURE DES APPARTEMENTS DE L'EMPEREUR ET DE L'IMPÉRATRICE

De 10 h à 12 h 30 et de 13 h 30 à 18 h

Fermés le mardi.

http://www.musee-chateau-compiegne.fr/

LA TOUR DE CONSTANCE

Les Camisardes

Qui jamais ne connut ce que c'est que l'amour
N'a jamais pu savoir ce que c'est que la peine...

THOMAS *(Tristan et Yseult)*

La chaleur ne cédait pas. On était aux derniers jours du mois d'août 1704 et aucun rafraîchissement de la température ne s'annonçait. La sécheresse durait depuis des mois. Même les nuits restaient lourdes et étouffantes. Et chaque soleil qui revenait ajoutait aux souffrances de la terre craquelée, des arbres gris de poussière et des hommes dont les rations d'eau avaient été impitoyablement réduites. À Aigues-Mortes, enfermée dans ses remparts et ses étangs amers, la soif faisait son apparition. Et les prisons étaient pleines...

Dans la tour de Constance, le gros donjon avancé comme une sentinelle au-devant des murailles, les captifs d'une guerre fratricide s'entassaient par étages : les hommes au premier, les femmes au second et les irréductibles tout en haut, là où la chaleur se faisait sentir le plus durement. Chacun de ces étages présentait une grande salle ronde et voûtée où les prisonniers étaient parqués comme des bêtes, les malades avec les bien-portants, attendant un hypothétique jugement que leur nombre rendait improbable ou dérisoire. Pour les hommes, les portes de la prison ne s'ouvriraient guère que sur les galères ; pour les femmes, elles ne s'ouvriraient peut-être plus jamais. Et cela parce que geôliers et captifs priaient le même Dieu d'une manière différente ! Il y avait bientôt dix ans que les guerres de Religion s'étaient rallumées en France.

Tout a commencé en 1685 quand le roi Louis XIV, mal conseillé par la dévote marquise de Maintenon, son épouse secrète, et par la toute-puissante Compagnie du Saint-Sacrement, a cru assurer son salut en révoquant l'édit de Nantes. On a réussi à persuader le roi que l'ancienne franchise jadis accordée aux protestants par son aïeul Henri IV n'avait plus de raison d'être et, de bonne foi, il a cru réunifier définitivement ses sujets dans la seule et unique religion catholique.

Beaucoup de huguenots, alors, se sont volontairement exilés, quittant la France pour Genève, pour les principautés allemandes, pour les Pays-Bas, pour l'Angleterre, voire pour l'Amérique, privant le pays d'un artisanat sans prix, d'une bourgeoisie et d'une noblesse efficaces et sages et d'une main-d'œuvre précieuse. Une saignée dont la France portera les traces durant des siècles.

Certains, pris de peur, choisirent de se soumettre, du moins en apparence, mais le feu couvait sous la cendre. Des prédicants, peu à peu, se mirent à parcourir les campagnes en secret, reprochant aux nouveaux convertis ce qu'ils appelaient leur lâcheté, tentant de les ramener à la foi de Luther et de Calvin et y réussissant le plus souvent. Mais nulle part le succès de ces hommes ne fut plus grand que dans la partie la plus sauvage du Languedoc : les Cévennes austères, touffues, difficilement pénétrables, peuplées de bergers et de petits artisans. Depuis des siècles, la vieille terre où avaient fleuri tour à tour l'arianisme et le catharisme était demeurée frémissante, prête à s'ouvrir à tous les courants de pensée capables de lui apporter au moins l'illusion de la liberté. Le grain de la Réforme y avait poussé comme du chiendent.

À l'annonce de la Révocation, le pays qui avait d'abord plié sous la tempête se réveilla : le 23 juillet 1702, au Pont-de-Monvert, l'inspecteur des paroisses, l'abbé de Langlade du Chayla, était assassiné par une bande de fanatiques semblables à beaucoup d'autres qui, aux ordres de quelques chefs hardis, avaient pris le maquis. On attaqua sans relâche les prêtres et les églises, on brûla et on pilla les villages suspects de catholicisme. Des accrochages sanglants eurent lieu, cruels de part et d'autre. Mais il faut bien dire qu'exaspérée par une telle résistance, la répression fut féroce.

Les rebelles portaient le nom de Camisards parce que, sur leurs vêtements, ils endossaient une chemise blanche qui leur servait de signe distinctif. C'est ainsi qu'ils affrontèrent les troupes commandées d'abord par le comte de Broglie, puis par le maréchal de Montrevel, enfin par le maréchal de Villars que Versailles envoya contre eux. Tout ne fut plus que haine et sauvagerie.

Plusieurs chefs menaient des Camisards mais deux surtout faisaient figure de généraux : Jean Cavalier et Pierre Laporte dit le chevalier Rolland. Le premier était un ancien garçon boulanger du Mas Roux, le second un ancien tondeur de moutons du Mas Soubeyran, mais tous deux portaient des âmes de paladins. Jeunes et ardents, ils brûlaient de foi et de courage. Malheureusement, tant de vaillance allait déboucher sur un drame et sur les prisons surpeuplées d'Aigues-Mortes où, parmi d'autres, deux très jeunes femmes allaient vivre un calvaire doublé d'un affreux désespoir. Elles s'appelaient Catherine et Marthe Bringuier de Cornély. L'aînée était la femme de Rolland car, pour leur malheur à tous deux, la passion religieuse du jeune chef s'était doublée d'un grand amour...

Vers la fin du mois d'août 1703, la nouvelle courut les Cévennes qu'une grande réunion de prières se tiendrait dans la combe de Bisoux, au-dessus d'Anduze. Rolland y conviait tous les fidèles des environs. À Lassalle vivaient alors François Bringuier de Cornély, sa femme et ses dix enfants, tous huguenots ayant abjuré du bout des lèvres. À la grande fureur des deux filles aînées, Belotte et Louison, dont la foi ardente refusait de transiger et qui, peu à peu, ramenaient les leurs à la foi de jadis. Elles accueillirent avec joie la nouvelle de la réunion et décidèrent de s'y rendre, spécifiant qu'il était bien inutile d'essayer de les en empêcher.

Le père s'inclina mais refusa de laisser deux autres de ses filles, Catherine et Marthe, suivre l'exemple de leurs aînées. Elles étaient trop jeunes – l'une avait cependant vingt ans et l'autre dix-sept ! – et puis l'on signalait dans la région des troupes de miquelets[1]. Ce n'était pas prudent...

Mais il y avait des jours déjà que Catherine et Marthe rêvaient de ce chevalier Rolland que l'on disait si beau et si brave. L'idée qu'il allait venir si près d'elles les enfiévrait et quand elles eurent vu leurs sœurs quitter la maison pour se rendre à la réunion elles n'y tinrent plus : entraînant avec elles Marie, une vieille servante qui ne savait rien leur refuser, elles quittèrent la maison de nuit pour se rendre à la combe de Bisoux.

Elles approchaient du but quand elles tombèrent sur une petite troupe de miquelets qui s'emparèrent d'elles. Mais leurs cris et surtout ceux de la vieille Marie donnèrent l'alarme, et bientôt les soldats se retrouvèrent face à deux hommes qui tombèrent sur eux l'épée à la main. Le combat fut bref. Les nouveaux venus étaient jeunes, forts, bien entraînés. Les miquelets n'étaient que six. Les sœurs de Cornély furent vite délivrées.

Elles virent alors que le plus grand de leurs sauveurs était très brun, avec un visage régulier un peu déparé par la petite vérole. Il portait un habit rouge galonné d'or sur une veste et des culottes noires. Son compagnon, brun lui aussi et simplement vêtu de laine brune, était peut-être plus beau que lui mais il avait moins d'allure. Le premier était Rolland, le second était Maillet, son lieutenant. Et, comme dans les romans, quatre coups de foudre éclatèrent au même instant. Catherine et Rolland ne virent plus qu'eux-mêmes et il en fut de même pour Marthe et Maillet.

Rolland avait établi son camp dans la montagne aux environs de Lassalle et dès lors, bien souvent, à la nuit close, lui et Maillet descendirent jusqu'au village et jusqu'au jardin de leurs amies pour voler à cette guerre sans merci quelques instants de bonheur. D'autres fois, le

---

1. Troupes régulières mais qui tiraient leur nom d'anciens brigands de Catalogne.

rendez-vous avait lieu sur les pentes rocheuses qui dominent la Salindrenque et, après chacun d'eux, il était plus difficile de se quitter. Mais, malgré l'auréole de gloire qui entourait les rebelles, Rolland et Maillet n'osaient se présenter chez les Cornély. En dépit de leur foi, les châtelains de Lassalle n'approuveraient peut-être pas l'amour de leurs filles pour d'anciens bergers. Avant de se déclarer, il fallait d'abord gagner, mériter tant de lauriers que le refus ne puisse plus être possible. Malheureusement, pour les Camisards, les choses commençaient à tourner mal.

Exaspéré par une résistance toujours plus tenace, et par quelques revers, Montrevel passa l'hiver à faire ce qu'il appelait le « Grand Œuvre » ; plusieurs dizaines de villages des hautes Cévennes furent, par son ordre, détruits et rasés, leurs habitants déportés. D'autres virent démolir leurs fours, leurs moulins. C'était condamner les populations à la famine. La peur aussitôt s'installa.

Au début de l'année 1704, Jean Cavalier essuya une sanglante défaite aux grottes d'Euzet. Mais le roi, mécontent, rappela Montrevel et le remplaça par le maréchal de Villars qu'il chargea de pacifier le Languedoc. Celui-ci pensa que la première chose à faire était d'essayer de s'entendre avec Jean Cavalier. Il y parvint par l'intermédiaire d'un gentilhomme de la région. M. d'Aygaliers, offrit un régiment, le grade de colonel et obtint ainsi, sans trop de difficultés, que Cavalier abandonnât les combats. Mais Rolland, lui, refusa de pactiser. Plusieurs entrevues orageuses eurent lieu entre les deux hommes sans résultat : Rolland voulait regagner sa montagne et continuer la lutte et, naturellement, Maillet le suivit.

C'est alors que Catherine et Marthe décidèrent de joindre leur sort à celui des hommes qu'elles aimaient. Les jours leur semblaient trop chichement comptés à présent, elles ne voulaient plus de séparation et les deux garçons n'eurent pas le courage de refuser ce bonheur qui s'offrait si spontanément, si naturellement. Ils se retiraient alors sur le château de Castelnau, déserté par ses propriétaires et dont ils voulaient faire leur nouveau quartier général. Catherine et Marthe n'auraient qu'à les rejoindre.

Mais elles avaient l'âme trop haute pour partir sur la pointe des pieds. Catherine et Marthe déclarèrent à leurs parents qu'elles voulaient rejoindre les derniers chefs rebelles pour partager leur sort. Et François de Cornély les laissa partir : une seule condition, que le double mariage soit aussitôt célébré par un pasteur... Ce qui fut promis. Le 14 août 1704, les sœurs Cornély rejoignaient le camp des Camisards. Le soir même, dans une grotte de la montagne, à la lueur des torches, Catherine épousait Rolland, Marthe épousait Maillet.

Ce fut une cérémonie simple et touchante, en présence des derniers fidèles. La nuit était chaude et claire. Elle embaumait tous les parfums de la terre et des plantes sauvages. Restait le danger mais le bonheur était dans les cœurs... Sauf dans un seul !

Celui d'un certain Malarte en qui tous avaient confiance parce que, depuis des mois, il servait d'agent de liaison. Mais tous ignoraient aussi combien Malarte aimait l'or. Et, tandis que les deux jeunes couples regagnaient le château de Castelnau pour y vivre leur nuit de noces, Malarte, après s'être retiré discrètement des rangs des assistants et caché derrière un rocher, laissa s'écouler la foule puis prit sa course en direction d'Uzès.

Vers quatre heures du matin, tout dormait au château. Sûr de son entourage comme du pays où il se trouvait, Rolland, tout à son amour, avait négligé de poster des sentinelles, et même permis aux quatre hommes qui restaient à l'intérieur de la maison d'aller dormir pour prendre des forces en vue d'une expédition qui devait commencer le lendemain.

Personne donc ne vit les dragons du capitaine de La Coste de l'Abadie se glisser autour du château, le cerner, tandis qu'un détachement s'en allait attaquer la porte sous la protection des mousquets.

Rolland s'éveilla en sursaut au premier coup de bélier, sauta à bas du lit et, par la fenêtre, aperçut dans l'aube naissante les uniformes rouges. Il fallait tenter de fuir et surtout protéger Catherine et Marthe car, s'ils les prenaient, Dieu seul savait ce qu'en feraient les dragons !

Il alla chercher Maillet et Marthe. Grâce au ciel, il y avait, derrière le château, une petite ouverture donnant sur un ravin boisé. La lumière était encore incertaine et il devait être possible de s'enfuir par là.

Un instant plus tard, la petite troupe augmentée de la vieille Marie et de quatre autres Camisards s'élançait dans les bois. Mais il fut bientôt évident que déjà l'on était sur leur trace et Rolland prit une décision aussi sage que crucifiante : lui et les hommes attireraient les soldats sur eux. Ils savaient se battre et on ne les aurait pas facilement. Pendant ce temps, les trois femmes prendraient une direction différente et gagneraient Toiras où l'on se retrouverait plus tard.

Il y eut un instant affreux, mais déjà on apercevait à travers les arbres les uniformes rouges. Catherine s'arracha des bras de Rolland et entraîna sa sœur et Marie. Elles se coulèrent dans un fossé, dévalèrent une pente. Derrière elles, des coups de feu se faisaient entendre mais elles avaient foi dans le courage de leurs hommes. Ils sauraient sortir vainqueurs et, bientôt, ils les rejoindraient... Pourtant, en son for intérieur, une voix secrète et désespérée chuchotait à Catherine qu'elle se mentait à elle-même et que jamais elle ne reverrait vivant celui qu'elle aimait tant.

La voix avait raison. Les coups de feu, c'était Rolland qui les avait reçus. Il était mort. Peu après, Maillet et ses quatre compagnons étaient faits prisonniers malgré une défense acharnée. À leur tour les trois femmes furent prises, le 15, dans les bois de Toiras. Elles étaient à bout de forces. On les ramena à Nîmes où Catherine apprit la mort de son époux et la captivité des autres. Ils étaient déjà jugés et devaient être exécutés le lendemain.

La journée du 16 fut une horreur sans nom pour les malheureuses femmes. Encadrées de soldats, elles durent voir leurs époux et leurs compagnons traînés sur la claie dans la poussière et les ordures. Rolland était bien mort mais on l'avait sommairement embaumé pour qu'en dépit de la chaleur il fût encore reconnaissable. Mais Maillet, lui, était bien vivant et montrait un courage stupéfiant.

Il était condamné à mourir sur la roue. Il y monta en chantant et en exhortant ses compagnons condamnés au même supplice à l'imiter. Quand le bourreau leva sa barre de fer pour rompre les membres du jeune homme, Marthe poussa un grand cri et s'évanouit miséricordieusement... Mais l'épreuve subie dans la chaleur cuisante qui écrasait la ville avait été trop forte pour elle. La fièvre suivit et ce fut une malade, inconsciente, que l'on transféra avec sa sœur et Marie dans la tour de Constance où, selon toute vraisemblance, on les laisserait pourrir jusqu'à ce que la mort les prenne en pitié.

Dans la chaleur de l'été, la pauvre Marthe faillit mourir cent fois. Sa sœur et Marie ne la maintenaient en vie que par des miracles de dévouement. Elles se privaient pour elle, s'efforçaient de lui assurer les places les plus fraîches sur les dalles de pierre. Elles étaient d'ailleurs considérées comme des héroïnes par leurs compagnes de captivité. On se répétait leur histoire qui allait devenir légende. L'ombre rouge et or de Rolland était sur elles. Et puis vint enfin la pluie, et la vie à la tour de Constance fut un peu moins cruelle. On put boire tout son saoul, se laver un peu, tenter de revivre...

Mais le maréchal de Villars savait le prix des symboles dans un pays en guerre. Au mois de novembre il ordonna que les sœurs de Cornély fussent tirées de leur prison, à la seule condition qu'elles passeraient en Suisse où les leurs les précédaient.

Par un matin brumeux qui faisait lever d'étranges formes sur les étangs verdis, Catherine, Marthe encore faible et Marie quittèrent Aigues-Mortes sous la garde de l'escorte armée qui devait les conduire à la frontière. Elles s'enfoncèrent dans le brouillard et dans l'anonymat. L'Histoire refermait ses portes derrière elles, car on ne sait ce qu'elles devinrent par la suite.

Mais la vieille tour, jadis construite par Saint Louis quand il avait créé le port d'Aigues-Mortes et qui devait assez vite passer de sa fonction de gardienne d'une ville à celle d'une prison d'État, allait garder captive une véritable héroïne, vénérée dans toute la région comme l'un des flambeaux du courage protestant : Marie Durand, qui, enfermée dans la tour avec sa famille alors qu'elle n'était qu'une fillette, allait y demeurer trente-sept longues années. Des années qui ne parvinrent pas à réduire sa foi, son espérance ni sa charité car, durant tout ce temps, elle ne cessa de se dépenser pour ses compagnes qu'elle exhortait et dont elle ranimait les courages lorsqu'ils faiblissaient. Sur la margelle qui borde l'orifice central de la salle, on peut lire encore, encadrés pieusement d'une ferronnerie, les quelques mots qu'elle y a gravés : « Au ciel. Résistez ! »

C'est le prince de Beauvau, lorsqu'il devint gouverneur du Languedoc en 1767, qui libéra Marie Durand et les treize compagnes qui lui restaient encore...

HORAIRES D'OUVERTURE

Du 1er mai au 31 août	10 h-19 h
Du 1er septembre au 30 avril	10 h-13 h et 14 h-16 h 30

CROPIÈRES

La maison d'Angélique

Laquelle était la plus légère ?
Est-ce la reine Montespan ?
Est-ce Hortense avec un roman
Maintenon avec son bréviaire
Ou Fontanges avec son ruban ?

Alfred de MUSSET

C'est à peine un château. Une grosse maison montagnarde plutôt, moitié ferme et moitié manoir. Mais un admirable escalier à balustre l'honore et la magnifie. Un escalier qui sent Versailles, qui s'en souvient et que signe le goût ébloui d'une jolie femme. Autour, c'est la grâce d'un petit vallon creusé dans le plateau cantalien, la chanson d'une rivière, une solitude qui, l'hiver, doit être rude mais qui, le printemps revenu, laisse épanouir en liberté les fleurs sauvages. Elle a dû leur ressembler...

Car elle est bien belle, en ses dix-sept ans, la jeune Angélique de Scoraille de Roussilles quand, à l'automne de l'an 1678, une tante chanoinesse vient la chercher dans la maison paternelle. Petit visage rond plein de fraîcheur, éclairé par de grands yeux gris, dents laiteuses, bouche ronde et rose sous une masse de cheveux insolemment dorés. Grande et souple avec cela et d'un charme naturel dont la jeune fille n'a pas conscience mais que la famille, elle, remarque et évalue.

C'est la raison pour laquelle la visite de la pieuse dame est accueillie avec des transports de joie car la nouvelle qu'elle apporte est d'une grande importance :

Angélique est en passe d'entrer comme fille d'honneur chez Madame, duchesse d'Orléans et belle-sœur du roi Louis XIV.

Cette faveur si enviée, la tante chanoinesse l'a obtenue pour sa sauvageonne de nièce grâce à l'appui tout-puissant de l'abbesse de Fontevrault – Marie-Madeleine de Mortemart, sœur de la marquise de Montespan – qui ne déteste pas se faire des créatures dans les divers milieux de la cour. On imagine la joie de la famille, vite teintée d'ailleurs par de sordides considérations financières. Pour paraître à la cour, même chez les Orléans, il faut des robes, un trousseau et, chez les Scoraille, on est loin d'être riches. Néanmoins tout le monde va se cotiser pour habiller l'enfant car, cette place qu'on lui trouve, c'est la chance des siens. Sa beauté est un capital qu'il convient de faire fructifier.

Grâce à tous ces efforts réunis, Angélique, correctement chaperonnée par la tante, franchit un beau matin le seuil du Palais-Royal à Paris et s'en vient faire la révérence à Madame.

Cette Madame-là n'est plus la fragile et parfois cruelle Henriette d'Angleterre. C'est la seconde épouse de Monsieur : la princesse Palatine, solide Allemande qui jure comme un charretier et occupe ses loisirs à se bourrer de bière et de choucroute quand la nostalgie la prend de son Allemagne natale. Mais qui est pleine de bon sens, de bonté et d'une certaine joie de vivre.

Telle qu'elle est, Madame accueille la jeune provinciale avec bienveillance mais non sans se poser à elle-même des questions. Comment se fait-il que cette jeune beauté soit parrainée par la sœur de la favorite en titre, cette Montespan qu'elle déteste et qui, atteinte par la quarantaine et par un embonpoint croissant, aurait plutôt tendance à éloigner du Soleil tout ce qui pourrait lui porter ombrage ?

À la première occasion, Madame s'en ouvre à l'abbesse de Fontevrault qui lui répond sans le moindre embarras : la petite est ravissante sans doute mais elle est sotte comme un panier. Or, il n'est rien de plus utile qu'une sotte lorsque l'on sait s'en servir. C'est du moins ce que pense Mme de Montespan.

Cette fois la Palatine a compris : la Montespan préfère fournir elle-même une distraction à son royal amant que laisser ce soin dangereux à un maladroit hasard. Quelque temps plus tard, en effet, la fille d'honneur auvergnate est pratiquement enlevée à Madame : Angélique est invitée à se présenter au cercle intime de la favorite au château de Clagny, une fastueuse demeure aujourd'hui détruite qui se situait au nord de Versailles.

L'examen se révèle tout à fait favorable : la jeune fille a suffisamment d'éclat pour retenir l'attention du roi mais, en vérité, elle est presque stupide. Entre des mains aussi habiles que les siennes, songe Mme de Montespan, elle sera aussi malléable que de la pâte à pain. Et pas dangereuse le moins du monde. Ce en quoi la trop astucieuse marquise se trompe.

Angélique n'est pas sotte. Elle est éblouie, terrifiée. On l'a tirée de son manoir auvergnat pour la projeter sans autre préparation dans le plus beau palais du monde, au milieu d'une foule à la fois brillante et dangereuse. Les femmes y sont aussi hardies que les hommes et on ne ménage guère les cruautés à la « paysanne ». Il faut la poigne de fer de Mme de Montespan pour faire taire les bavards et garder un semblant de calme autour de sa protégée.

Car le plan qu'elle a conçu semble en bonne voie de réalisation. Dès la première visite à Clagny, Mlle de Scoraille a été mise en présence du roi. Elle en a reçu un tel choc qu'il lui a fallu un certain temps pour songer à faire la révérence. Un instant, elle est restée debout face à Louis XIV : cela a permis au roi de bien la voir. La faute d'étiquette l'a même fait sourire alors qu'elle eût valu à d'autres une sanction ou, à tout le moins, une parole sèche. Mais quel homme saurait se fâcher en lisant l'admiration dans les yeux d'une ravissante fille ?

L'admiration... et sans doute autre chose car, lorsqu'elle s'est relevée, écarlate, de sa révérence, Angélique a eu bien du mal à contenir les battements de son cœur. Un seul échange de regards et, comme jadis La Vallière, elle s'est retrouvée prisonnière de son propre cœur, éprise à tout jamais de son roi.

Aussi est-ce avec une joie profonde mais cachée qu'elle a quitté le Palais-Royal et ses odeurs de choucroute pour le palais de Versailles et le service de Mme de Montespan. Là, elle est sûre de voir le roi presque tous les jours.

Elle le verra bientôt de beaucoup plus près qu'elle n'aurait osé l'imaginer. Une fête de nuit à Clagny où paraît le roi, une promenade dans les jardins pour fuir les salons trop chauds sans s'apercevoir que deux hommes marchent derrière elle et bientôt Mlle de Scoraille se retrouve en face d'un petit pavillon éclairé doucement, un pavillon où le roi – c'est lui qui la suivait avec le duc de La Rochefoucauld – l'invite à entrer. Il y a là une table toute servie, une douce atmosphère. Et puis la porte qui se referme sur un couple tandis que, stoïque, La Rochefoucauld s'apprête à faire le pied de grue dehors pour écarter les importuns toute la nuit s'il le faut. Il n'est rien qu'un courtisan sachant son métier ne soit prêt à subir pour le plaisir de son roi. Et, en effet, le lendemain, il a un gros rhume et une terre de plus.

La nouvelle de la passion du roi pour Angélique de Scoraille éclata sur Versailles comme une bombe. On avait cru à un caprice, on découvrait un véritable amour. Jamais le roi n'avait fait autant de folies pour une femme. En un rien de temps, Angélique eut appartement, voiture, domestiques, toilettes, bijoux, plus la terre de Fontanges. On chuchotait même que le roi songeait à la faire duchesse. Le tout à la grande fureur de Mme de Montespan, stupéfaite de l'étrange tournure prise par son petit plan qu'elle avait cru si sage. En un rien de temps sa protection se métamorphosa en haine.

C'était au plus fort de cette terrible période où les poisons se glissaient dans toutes les grandes familles, où les devineresses, faiseuses d'anges et autres sorcières tenaient presque le haut du pavé et faisaient à Paris la pluie et le beau temps. Mme de Montespan alla-t-elle demander à la Voisin, puis, après l'arrestation de celle-ci, à la Filastre un philtre mortel pour se débarrasser de sa rivale ? L'affaire ne sera vraisemblablement jamais éclaircie.

Pourtant, à mesure que le temps passait, la faveur de Mlle de Fontanges grandissait. Se retrouvant enceinte, on la fit duchesse et l'altière Montespan dut voir sa rivale s'asseoir en sa présence sur ce fameux tabouret qu'elle n'avait jamais réussi à obtenir.

Néanmoins, la santé de la nouvelle duchesse déclinait. Elle supportait mal sa future maternité, maigrissait, perdait son éclat et, un mois environ après la mort de la Voisin sur le bûcher, elle mettait au monde un enfant mort-né.

Fut-ce du chagrin d'avoir perdu cet enfant ou d'autres souffrances, mais la duchesse de Fontanges ne se remit pas bien. Elle avait définitivement perdu son éclat, traînait un corps dont la vie semblait se retirer peu à peu. Le bruit de poison courait. Il était effarant de voir ce qu'était devenue en quelques mois la femme la plus éclatante du royaume. Mais Louis XIV n'aimait pas les malades. Il se détourna bientôt de celle qu'il disait adorer pour aller vers l'ancienne gouvernante de ses bâtards, Mme de Maintenon. Qui, pourtant, essayait de consoler l'abandonnée.

« Vous me parlez de quitter une passion comme on quitte un habit », protestait celle-ci en larmes.

Ce fut la vie qui la quitta. Après un séjour à l'abbaye de Chelles dont elle avait fait sa sœur abbesse, Mme de Fontanges se retira à Port-Royal où elle mourut le 26 juin 1681… à vingt ans.

Pour son cher Cropières qu'elle n'avait jamais oublié, elle avait envoyé de l'or, beaucoup d'or, et ordonné la construction de la terrasse, de l'escalier, d'une salle de théâtre. La famille avait reçu le royal intérêt de ses investissements. Elle-même, la fragile duchesse, avait payé cette fortune de son sang et de sa vie…

Actuellement, le château est la propriété de la famille de Chefdebien et ne se visite pas.

DAMPIERRE

Amours et conspirations

Je crois que je suis destinée à être l'objet de la folie des extravagants.

Duchesse de CHEVREUSE

Tel qu'il est actuellement – murs de briques roses, pierres blanches et ardoises bleues – le château de Dampierre n'est plus vraiment la demeure de celle qui, duchesse de Chevreuse, fut l'une des reines de la Fronde, l'amie d'élection d'Anne d'Autriche et l'un des personnages préférés d'Alexandre Dumas. Pourtant, dans ce château où s'étale avec grâce et rigueur l'art de Mansart, elle est partout présente. En portrait d'abord mais aussi sous forme d'ombre légère tant le souvenir de cette femme exceptionnelle par la beauté, l'éclat et le goût de l'intrigue demeure vivace. Mme de Chevreuse a aimé Dampierre où elle vécut vingt-deux ans après avoir quitté cette scène politique où elle s'était tant agitée. Dampierre le lui a rendu...

Née en décembre 1600, Marie-Aimée – il est de ces prénoms prédestinés – n'a pas connu sa mère, Marie de Lenoncourt, morte deux ans après sa naissance. Une enfance, où elle est pratiquement abandonnée à son seul caprice, n'a pas été de nature à l'incliner vers la vertu car elle est d'un naturel volage et d'un tempérament qui va, dans la suite des temps, atteindre un développement des plus chaleureux.

Son père, Hercule de Rohan, duc de Montbazon, grand veneur et pair de France, gouverneur de Paris, a dû sa situation, l'une des plus en vue de la cour, à son indéfectible fidélité à Henri IV – il est encore auprès de lui quand Ravaillac frappe – et au jeune roi Louis XIII. De haute stature, d'aspect imposant, fort comme plusieurs Turcs, le duc Hercule porte bien son nom. En outre, il adore les femmes et, flatté de la beauté blonde de sa fille, il la gâte outrageusement tout en lui laissant faire strictement ce qu'elle veut. Or, ce qu'elle veut, c'est plaire et être aimée. Elle le sera et au-delà même de ses espérances car, partout où elle passe, Marie de Rohan provoque des passions sans nombre :

« Je crois que je suis destinée à être l'objet de la folie des extravagants », écrit-elle au temps de son éclatante jeunesse. En fait de folies, elle va, elle aussi, en faire beaucoup car elle est habitée d'un curieux démon de l'intrigue qui lui vaudra quelques joies mais aussi beaucoup de déboires.

Le mercredi 13 septembre 1617, dans la chapelle de la reine, au Louvre, Marie épouse Honoré d'Albert de Luynes qui sera bientôt duc de Luynes. Promotion bien venue car la noblesse de l'époux est assez mince en regard de celle de l'épouse qui est des plus hautes. C'est la faveur de Louis XIII dont il est l'ami intime parce qu'il l'a aidé à se débarrasser de Concini qui fait d'Honoré un parti des plus enviables. Les Rohan-Montbazon ne s'y sont pas trompés.

En même temps qu'elle se change en Mme de Luynes, Marie devient l'amie d'Anne d'Autriche. Toutes deux ont le même âge, dix-sept ans. Mais autant l'une est paisible, passive même, autant l'autre est vive, impétueuse et d'un entrain endiablé : une « jolie friponne », selon le mot de Tallemant des Réaux.

Telle qu'elle est, Mme de Luynes s'attache à la reine faute d'avoir réussi à s'attacher le roi. Rude déception de ce côté-là. Timide et renfermé, Louis XIII lui est apparu d'abord comme fait d'une pâte facile à pétrir. Or, non seulement elle ne l'a pas séduit, mais très vite elle lui a inspiré quelque chose qui ressemble à de la méfiance. Une méfiance qui est devenue de l'aversion quand la folle Marie, entraînant la jeune reine dans une partie de glissades dans la grande galerie du Louvre, se retrouve responsable d'une dramatique fausse couche. Or, il avait fallu quatre ans pour décider le roi à faire cet enfant et il en faudra dix-neuf pour qu'il renouvelle l'expérience.

Donc Louis XIII déteste Marie qui le lui rend bien. Il n'y a guère que le cardinal de Richelieu pour occuper une place plus éminente encore dans l'échelle de ses inimitiés.

Le temps qui passe ne change rien à ces sentiments mutuels, au contraire. Veuve en 1621, Marie n'attend que quatre mois pour se remarier. Contre la volonté du roi qui pleure son ami Luynes, elle épouse le duc de Chevreuse, de la puissante maison de Guise et propriétaire de ce château de Dampierre dont la nouvelle duchesse va s'éprendre si fort. Louis XIII, qui l'a exilée après la fameuse fausse couche, est obligé, eu égard à son époux, de la rappeler. Il s'en repentira toute sa vie.

Décidée à tirer vengeance d'un souverain qu'elle considère comme un ennemi, Mme de Chevreuse pense qu'il serait amusant d'offrir à la reine un amant… et au roi une magistrale paire de cornes.

Elle est alors la maîtresse de l'ambassadeur anglais, lord Holland, qui est l'intime ami du duc de Buckingham. Or, nul n'ignore alors – et n'ignorera dans la suite des siècles grâce à Alexandre Dumas – que Buckingham brûle pour la reine de France d'une inextinguible passion.

Chez Mme de Chevreuse qu'il a connue en Angleterre lors d'une brève ambassade de son époux, Holland, « l'un des plus beaux hommes du monde quoique efféminé », est chez lui. Il loge d'ailleurs dans l'hôtel de la rue Saint-Thomas-du-Louvre. Dans ces conditions c'est un simple jeu, pour lui et pour Marie, d'organiser des rencontres, des entrevues secrètes. C'est encore eux qui, dans un jardin d'Amiens, vont livrer Anne d'Autriche aux privautés de Buckingham.

Privautés vite interrompues par le sursaut de pudeur de la reine mais, le trop ardent amoureux reparti pour Londres, la correspondance continue par leur truchement et l'on sait comment John Felton, en assassinant Buckingham, va sauver La Rochelle et même la France d'un débarquement anglais, le duc n'ayant pu concevoir d'autre moyen d'approcher l'objet de sa passion.

Durant des années, Mme de Chevreuse poursuit sa vie d'intrigues à la fois politiques et amoureuses. Elle conspire inlassablement contre Richelieu puis, durant la Fronde dont elle sera l'une des égéries, contre Mazarin qui a pris la suite dans ses inimitiés. Outre lord Holland – le plus aimé sans doute – la duchesse aura des aventures avec le comte de Moret, bâtard royal, avec le comte de Châteauneuf et le comte de Chalais que ses intrigues mèneront à l'échafaud de Nantes, avec le duc Charles IV de Lorraine et avec le marquis de Laigues qui vengera plus ou moins tous les autres car il viendra sur le tard.

La vieillesse atteinte, Mme de Chevreuse, comme beaucoup d'anciennes coquettes, tourne à la religion. C'est dans un ancien prieuré bénédictin, à Gagny, qu'à soixante-quatorze ans elle achève sa vie tumultueuse, loin des fastes de Dampierre qui est à présent la demeure de son fils. Un fils qui n'est cependant pas celui du duc de Chevreuse.

En effet, n'ayant eu que des filles de sa seconde union, la belle duchesse a réussi ce tour de force : faire attribuer le titre de duc de Chevreuse et Dampierre au fils qu'elle a eu de Luynes. Depuis, le double titre ducal est demeuré dans la famille.

Tandis que l'intrépide duchesse s'éteint à Gagny, le 12 août 1679, on célèbre à Dampierre le mariage de sa petite-fille, Jeanne d'Albert de Luynes, qui épouse le comte de Verrue. Un vilain nom fort noble dont elle ne fera pas le meilleur usage. Mais le moins que l'on puisse dire est que Jeanne a de qui tenir. À treize ans – son âge au jour du mariage – elle est assez jolie pour laisser deviner qu'elle sera ravissante et assez enjôleuse pour que l'on comprenne qu'elle sera aussi galante que sa défunte grand-mère.

À vrai dire, dans les débuts tout au moins, ce ne sera pas tout à fait sa faute. Mariée par politique autant que par amour au jeune comte de Verrue, d'ancienne famille poitevine émigrée en Savoie et devenue l'une des premières maisons à la cour de Turin, Jeanne voit son bonheur perturbé par sa belle-famille dont le principal élément est sa belle-mère : une douairière confite dans la bigoterie qui se fournit en eaux de toilette et produits de beauté aux sacristies des églises. Ce choix lui fait répandre autour d'elle une odeur qui est peut-être celle de la sainteté mais qui, pour les narines d'autrui, n'en demeure pas moins regrettablement terrestre. Au degré inférieur, le beau-frère de la dame, l'abbé de Verrue, personnage fort mûr mais qu'un extérieur peu engageant ne met pourtant pas à l'abri des désirs impurs.

Heureusement, la cour de Turin n'est pas taillée tout entière sur le même patron. Ainsi, son prince régnant, Victor-Amédée II, n'a que dix-huit ans, est beau, aimable quoique emporté et aime à s'entourer de jolies femmes autant que de beaux esprits. La jeune comtesse de Verrue est accueillie par lui avec une faveur marquée. Victor-Amédée prend tout juste le temps d'épouser la nièce de Louis XIV et de lui consacrer quelques semaines avant de tenter de joindre la charmante Jeanne à ses nombreuses maîtresses. Celle-ci n'y consent pas, peut-être à cause du nombre.

Après mainte et mainte dérobade, elle décide même de quitter Turin « pour raisons de santé ». Avec l'accord de la belle-famille elle s'en va prendre les eaux de Bourbon-l'Archambault. Mais il lui a fallu accepter l'abbé de Verrue comme chaperon. Curieux chaperon qui s'en vient la nuit gratter à sa porte en la suppliant de lui ouvrir.

Le remède étant pire que le mal, Jeanne tente d'apitoyer sur son sort sa propre famille. Elle souhaite sincèrement retrouver son cher Dampierre mais les Luynes font la sourde oreille : Jeanne ne leur appartient plus. Alors il faut bien en appeler au prince pour être débarrassée de l'encombrant abbé. Victor-Amédée naturellement ne se fait pas prier mais fait payer son intervention et, durant plusieurs années, Mme de Verrue va tenir le rang d'une favorite royale, couverte d'or et de présents mais qui, durant les dix années de guerre entre la Savoie et la France, se trouve fort malheureuse. Elle finit par s'enfuir avec l'aide de son frère le chevalier de Luynes et, cette fois, revoit Dampierre... où l'accueil n'est pas plus chaud qu'autrefois. Alors, elle se retire dans un couvent où elle reçoit l'annonce de la mort de son époux tué à Hondschoote. Cela la décidera à quitter le couvent.

Installée rue du Regard, elle y ouvre un salon brillant et permet qu'à plusieurs reprises l'amour vienne l'y visiter en attendant que la mort l'y prenne. Elle avait, à l'avance, rédigé elle-même son épitaphe :

Ci-gît dans une paix profonde
Cette dame de Volupté
Qui, pour plus grande sûreté,
Fit son paradis dans ce monde.

Hanté par ces ombres légères et par celle de cette très belle et rousse duchesse de Chevreuse, née Hermessinde de Narbonne-Pelet, amie de Talleyrand, et qui, dame du palais forcée de l'impératrice Joséphine, menait contre l'Empereur une opposition si féroce qu'en privé elle l'appelait tout uniment le « petit misérable » – opposition qui la fit exiler à Lyon où elle mourut –, Dampierre est toujours la propriété de la famille de Luynes qui s'efforce de lui conserver sa grâce et son éclat.

HORAIRES D'OUVERTURE

Du 1er avril au 30 septembre	11 h-18 h 30
Dimanche et jours fériés	11 h-12 h et 14 h-18 h 30

Le parc a été dessiné par Le Nôtre.

http://www.chateau-de-dampierre.fr

ENTRECASTEAUX

Le président assassin

Le crime fait la honte et non pas l'échafaud.

Thomas CORNEILLE

Austère et arrogant mais blond comme blés mûrs, dominant de sa masse altière un étonnant jardin de buis dont on dit qu'il fut jadis dessiné par Le Nôtre pour le marquis de Grignan, gendre de Mme de Sévigné qui vécut là une période fastueuse, Entrecasteaux porte sans faiblesse une auréole de gloire et une sombre tache de sang, bien que ce sang n'ait pas coulé entre ses murs.

La gloire lui vient d'un des plus grands marins qui aient jamais servi sous le pavillon de France : Antoine-Raymond-Joseph de Bruny d'Entrecasteaux, qui naquit au château, servit sous son cousin le bailli de Suffren, s'illustra dans nombre de combats, gouverna les Mascareignes puis, devenu vice-amiral, fut envoyé par Louis XVI, le roi-géographe, à la recherche de La Pérouse dont il ne réussit pas à retrouver la trace perdue dans l'île de Vanikoro. Entrecasteaux ne revint pas vivant de cette longue expédition. Il trouva la mort, par le scorbut, au large de l'île de Java, mais son nom demeure attaché au canal qui sépare la Tasmanie de l'île Bruni et ne saurait s'effacer de la mémoire des marins.

La tache de sang incombe à son neveu Jean-Baptiste, président à mortier au parlement de Provence, à cause de qui le château vit son nom banni de France.

Tout commence à Aix-en-Provence, sur le Grand-Cours, au matin du 1er juin 1784. Il est encore tôt quand un cri terrible se fait entendre dans la maison aux fenêtres ouvertes où habitent le jeune président d'Entrecasteaux, sa femme, née Angélique de Castellane, et leurs deux filles. Et tout de suite le cri attire du monde, mais pas autant qu'il en attirerait d'habitude : la moitié de la ville, en effet, est aux casernes dans la cour desquelles un jeune officier, digne émule des frères Montgolfier, s'évertue à faire léviter un aérostat.

Dans la maison, la confusion est à son comble. On vient de relever, évanouie parmi les débris d'un plateau de petit déjeuner, la caméristе de la marquise, Marie Bal. C'est elle qui a crié, et pour cause : dans son lit aux draps trempés de sang, Mme d'Entrecasteaux gît, la gorge tailladée.

Naturellement, on prévient son époux qui est à sa toilette et celui-ci manque s'évanouir devant le spectacle. Il faut le ramener dans sa chambre tandis qu'un valet court chercher la police. L'un après l'autre, les volets de la maison se ferment pour chasser le gai soleil hors de cette maison où la mort vient de frapper de si horrible façon.

Le lieutenant criminel de la province, c'est un cousin du marquis, M. Lange de Suffren (dans la noblesse de Provence tout le monde est plus ou moins cousin). C'est sans doute aussi l'homme le plus secret de tout le pays. Froid, taciturne, l'air perpétuellement absent, il cache une finesse et une perspicacité rares sous un aspect un peu endormi qui trompe son monde. Il a examiné la chambre, le lit, le cadavre avec un soin extrême. On l'a vu se baisser, flairer presque le sol, examiner les fenêtres, les rideaux et hausser les épaules quand un valet vient suggérer d'un ton timide que Madame la marquise s'est peut-être bien suicidée. On se suicide rarement en se tranchant la gorge par trois fois !...

L'interrogatoire du mari ne lui apprend pas grand-chose. Celui-ci n'a pas vu sa femme depuis la veille. Elle a passé la soirée chez une cousine qui donnait la comédie ; lui-même soupait, avec le lieutenant criminel, chez le premier président. Au retour, on a échangé quelques mots dans le salon qui sépare les deux chambres, puis chacun est rentré chez soi. Et quand Lange de Suffren qui estime la mort aux environs de trois heures du matin, demande si le marquis n'a rien entendu, celui-ci répond qu'il a dormi comme un enfant. Il y avait pourtant de quoi entendre : la chambre a été bouleversée de fond en comble. Tous les tiroirs sont retournés, toutes les armoires vidées. Pourtant il ne manque ni un bijou ni un louis d'or. Le crime d'un domestique ? Entrecasteaux dit qu'il répond de tous mais il se trouble un peu quand Lange de Suffren lui demande s'il s'entendait parfaitement avec sa femme... en dépit des bruits qui courent sur la cour un peu trop évidente qu'il fait à la belle Sylvie de Saint-Simon.

— Ne peut-on admirer une dame sans être accusé de lui faire la cour ? Les mauvaises langues ne cesseront donc jamais de tourner ? répond le marquis avec aigreur.

Lange de Suffren n'ajoute rien. Il pourrait objecter que l'« admiration » en question défraie la chronique des salons et va peut-être plus loin qu'on ne veut bien l'admettre, et qu'il fallait à Mme d'Entrecasteaux un véritable aveuglement pour ne pas s'en apercevoir, mais il préfère ne pas insister. De même, il n'intervient pas quand le veuf lui avoue qu'il ne peut plus supporter l'atmosphère de sa maison et qu'il va se rendre chez sa tante Mme de Blondel en attendant la suite de l'enquête. Il se contente de dire qu'il ira le voir chez cette dame.

Or, Mme de Blondel n'est pas à Aix. Elle s'est rendue, comme cela lui arrive fréquemment, au château familial dont elle aime à s'occuper en l'absence du grand marin de la famille. Le futur amiral est alors gouverneur des Mascareignes. Rejoindre Mme de Blondel représente une promenade de vingt bonnes lieues mais l'époux d'Angélique pense que la campagne lui fera du bien et, après avoir envoyé prévenir chez lui qu'il rejoignait sa tante, il se hâte de prendre le chemin d'Entrecasteaux.

L'annonce du départ du « président » ne cause aucun plaisir à Lange de Suffren mais il ne souffle toujours mot. Il est occupé à interroger les domestiques. Ils sont cinq. Il y a là Marie Bal, la caméristе, une forte femme dans la cinquantaine, Auguste Raynaud, le valet de chambre du marquis, un laquais nommé Benouin, le cuisinier Viguier et Bocquillon le portier. Mais il est difficile d'en tirer quelque chose. Personne n'a rien vu, rien entendu. Il y avait cette nuit-là une petite fête aux cuisines et, avec d'autres laquais des maisons voisines, on a bu et joué aux cartes jusqu'à une heure avancée. Personne n'a rien à dire... sauf peut-être Auguste Raynaud qui, après avoir hésité, s'attarde après les autres : il y a quelque chose qui le tourmente. Ce n'est pas beaucoup sans doute mais il aimerait mieux s'en délivrer car le lieutenant criminel a une manière de poser des questions qui donne la chair de poule. Surtout quand il ajoute que si on lui cache la moindre chose on risque de se retrouver le crâne rasé en train de ramer sur une bonne galère.

Encouragé, Raynaud s'explique. Ce matin, en mettant de l'ordre dans le cabinet de toilette du marquis, il n'a pu retrouver ni l'un de ses deux rasoirs ni la chemise qu'il portait la veille. Et cela le tourmente car il est un garçon ordonné et il ne voudrait pas qu'on l'accuse d'avoir pris quoi que ce soit...

Lange de Suffren le rassure puis le renvoie. C'est alors qu'Auguste tombe sur Marie Bal qui le guettait. Pourquoi est-il resté après les autres ? Qu'avait-il à dire ?

À l'office on craint un peu Marie qui sert la marquise depuis l'enfance. Elle aussi c'est une force de la nature et, entre ses mains, le naïf, le craintif Raynaud ne pèse pas lourd : il répète ce qu'il vient de dire, en ajoutant bien que cela n'a certainement pas d'importance, qu'il doit y avoir là une coïncidence... Mais Marie Bal ne croit pas aux coïncidences. Le lendemain, quand M. Lange de Suffren revient, elle demande à être entendue. Ce que Raynaud lui a appris l'a décidée et elle a, elle, beaucoup à raconter.

Rapidement, elle retrace ce qu'ont été les premières années de mariage des Entrecasteaux : un ciel sans nuages. Le marquis était si épris de sa femme qu'il lui avait confié entièrement le soin des finances communes. Elle avait, en effet, cette énergie et cette tête claire qui faisaient un peu défaut au trop jeune et trop joli président.

Et puis, les choses se sont gâtées avec l'entrée en scène de Mme de Saint-Simon, une jeune veuve joyeuse aux dents longues. Le ménage, peu à peu, est devenu un enfer, surtout quand le marquis a voulu reprendre à sa femme la procuration qu'il lui avait donnée. Angélique estimait qu'elle avait suffisamment pleuré pour ne pas laisser, en outre, son époux les réduire à la misère, ses filles et elle, pour les beaux yeux d'une coquette avide. Les scènes succèdent aux scènes... et aussi les accidents bizarres.

Ainsi, lors de sa dernière grossesse, Mme d'Entrecasteaux a-t-elle failli se tuer en glissant, dans l'escalier, sur des noyaux de cerises qu'on y avait jetés. Ainsi, un soir, a-t-elle rejeté avec dégoût certaine limonade préparée par son époux en disant qu'elle était trop amère. Mais elle refusait toujours, courageusement, de rendre la procuration qu'on ne cessait de lui réclamer.

— L'a-t-on retrouvée ? demande Lange de Suffren.

— Bien sûr. Elle était dans un coffret que la pauvre âme cachait à la tête de son lit. Mais une fois morte, elle ne servait plus à rien.

— Seriez-vous prête à jurer que vous ne m'avez dit que la vérité ? À jurer sur les Évangiles ?

— Que je brûle toute l'éternité en enfer si j'ai dit un seul mot qui ne soit vrai...

Le silence qui s'établit alors entre le lieutenant criminel et la vieille servante pèse le poids exact de la hache du bourreau.

Cependant, Auguste Raynaud n'a pas retrouvé sa tranquillité d'esprit. Il se demande toujours s'il a bien fait de parler. Et, dans l'espoir d'être éclairci sur ce point, il décide d'aller tout raconter à son maître. Il va chez Mme de Blondel d'abord puis, apprenant qu'elle est à Entrecasteaux, il se résout à faire le voyage. Il arrive le lendemain au moment où l'on va se mettre à table. Il y a là aussi un M. de Châteauneuf qui est un ami de Mme de Blondel.

Quand Raynaud lui fait part de ses soucis, le marquis devient pourpre :

— L'imbécile ! s'écrie-t-il, et il lève la main pour frapper le valet mais Mme de Blondel s'interpose.

Il faut savoir si cet homme a encore quelque chose à dire. Et, en effet, ce n'est pas fini : Raynaud raconte que Marie Bal est restée longtemps enfermée avec M. Lange de Suffren. Et puis il y a encore un détail : une voisine qui s'était mise à sa fenêtre, au matin du crime, pour voir s'envoler le ballon, a été surprise de voir les fenêtres de Monsieur le marquis rougies par le feu intense que l'on faisait dans la cheminée. Celle-ci fumait, ce qui était un peu étrange au mois de juin.

La colère folle qui secoue son neveu et la terreur qui se lit sur son visage sont révélatrices pour Mme de Blondel. Elle comprend qu'elle a en face d'elle un coupable, mais elle veut encore espérer :

— Rentrez à Aix, lui dit-elle, et allez vous disculper auprès du lieutenant criminel. Ou bien prenez cet or et fuyez afin d'épargner à votre famille la honte de vous voir monter à l'échafaud...

Elle est vite renseignée. Entrecasteaux n'a qu'une brève hésitation. Il prend l'or, demande une voiture. Quelques instants plus tard, il quitte le château pour n'y plus revenir, tandis que Mme de Blondel s'évanouit... Il était temps : la maréchaussée arrivera une heure après. Elle se lancera à la poursuite mais cette heure d'avance suffira : l'assassin franchira à temps le pont du Var qui marque la frontière du royaume. Talonné par la peur, il courra ainsi jusqu'à Naples.

Cependant, l'horreur de son crime a secoué la France entière et déchaîné la colère du paisible Louis XVI qui demande son extradition. Prévenu à temps, le marquis s'embarquera nuitamment pour le Portugal mais il sait que, partout où il ira désormais, la justice pourra le débusquer. Il se réfugie alors dans un couvent où il ne trouvera pas la paix. Accablé de remords, il se laissera mourir et s'éteindra le 16 juin 1785, presque un an jour pour jour après l'assassinat de sa femme.

Par la suite, l'une de ses filles, Pulchérie, mariée à Gérard de Lubac, viendra vivre à Entrecasteaux qui demeurera dans la famille jusqu'à la moitié de ce siècle. Cédé ensuite à la commune qui le laissera se délabrer, il fut sauvé par un peintre écossais, Ian Mac Garvie Munn, qui lui a restitué éclat et splendeur jusqu'à son décès.

L'actuel propriétaire Alain Gayral a enrichi les collections du château tout en effectuant des restaurations minutieuses.

Horaires d'ouverture

Tous les jours de Pâques à octobre, sauf le samedi.

Visite guidée à 16 h.

Au mois d'août, une visite supplémentaire à 11 h 30.

Pour les groupes, le château est ouvert toute l'année.

http://www.chateau-entrecasteaux.com/fr/

EU

De la veuve du Balafré à la Grande Mademoiselle

Tout entretenait la passion de Mademoiselle. Mille détails la ravissaient.

SAINT-SIMON

Aux confins de la Normandie et de la Picardie, le château d'Eu offre la silhouette noble et mélancolique de ces demeures princières faites pour accueillir la vie de cour et qui ne sont plus, derrière les vertes frondaisons de leurs parcs souvent rétrécis par les besoins urbains ou les caprices municipaux, que les fantômes du passé.

Depuis la nuit des temps, il y a eu un château à Eu. Le premier fortin qui s'y éleva eut pour constructeur ce Viking aux jambes trop longues qui s'appelait Rollon et fut le premier duc de Normandie. On l'avait surnommé Marche-à-pied parce que, étant à cheval, selon la légende, ses pieds touchaient encore la terre.

Le site lui plut comme il devait plaire successivement à tous ses descendants. Ce fut là, entre autres, que Guillaume le Conquérant, qui ne l'était pas encore, épousa Mathilde de Flandre. Celle-ci avait d'abord dédaigné d'épouser un bâtard mais changea d'avis miraculeusement, au point de devenir une tendre épouse, après avoir reçu de Guillaume la plus fabuleuse raclée jamais administrée de main d'homme. Les fêtes du mariage furent, dit-on, joyeuses et imposantes.

Ensuite, le fief passe tour à tour aux Lusignan, aux Brienne et à la famille d'Artois avant d'être dévolu en 1471 à Jean de Bourgogne, duc de Nevers, qui n'en profita guère grâce à Louis XI. À couteaux tirés alors avec le Téméraire et craignant que l'Angleterre ne vînt lui prêter main-forte, le roi jugea plus prudent de raser jusqu'aux fondations le château d'Eu.

Résultat : quand Eu tombe dans la corbeille de la ravissante Catherine de Clèves, lors de son mariage avec le prince de Porcien, le domaine n'a pas la moindre habitation à lui offrir. La jeune femme ne s'y intéressera guère jusqu'au jour où, devenue veuve, elle épouse le jeune duc de Guise, Henri le Balafré, amant passionnément aimé de la reine Margot, enfant chéri des Parisiens, fondateur de la Sainte Ligue, instigateur de la Saint-Barthélemy et trublion en tout genre.

Non seulement Guise ne dédaigne pas Eu mais il décide d'y faire construire un château à la mode du temps. Ce sera le château actuel – en partie tout au moins car on ne bâtit qu'une aile – sur les plans que lui donnent les frères Leroy, de Beauvais.

Le Balafré ne profite guère de son château neuf. Il a tout juste le temps d'essuyer les plâtres quand, le 23 décembre 1588, le roi Henri III, pour sauver son royaume menacé d'une invasion espagnole attirée par Guise, le fait exécuter au château de Blois par ses Quarante-Cinq. Sachant bien, d'ailleurs, que, ce faisant, il signe son propre arrêt de mort et que les frères du défunt feront tout pour le faire assassiner. Programme auquel ils ne manqueront pas.

Cette mort mit au désespoir la veuve du duc. Catherine de Clèves adorait un mari qui, pourtant, la trompait abondamment. Il avait, en effet, passé sa dernière nuit avec la belle marquise de Noirmoutiers, Charlotte de Sauves, et il semblerait qu'une nuit d'amour n'ait guère arrangé ses réflexes. Catherine connut-elle cette circonstance ? Peut-être pas. Et c'est au fond regrettable car elle aurait sans doute moins pleuré et moins soupiré. Elle s'installa à Eu et n'en bougea plus durant les quarante-cinq années qui lui restaient encore à vivre. Quarante-cinq années consacrées entièrement au souvenir du défunt et aux nombreuses œuvres qui sollicitaient sa charité. Entre autres, un collège, par lui fondé jadis et où il reposait pour l'éternité. Catherine fit construire, pour lui et pour elle-même, un superbe tombeau où, en 1633, elle eut enfin la satisfaction d'aller le retrouver.

En 1660, le château est en vente. C'est Mademoiselle qui l'achète. Ou, plus exactement, la Grande Mademoiselle, depuis que, durant la Fronde, elle a osé faire tirer les canons de la Bastille sur les troupes de son cousin, le jeune roi Louis XIV. Grave erreur qu'elle déplorera longtemps et qui, surtout, l'empêchera de devenir reine de France, Louis XIV ne lui ayant jamais pardonné sa canonnade.

En cette année 1660, Mademoiselle – Anne-Marie d'Orléans, duchesse de Montpensier et princesse de Dombes, s'ennuie et se sent mélancolique. Louis XIV vient d'épouser l'infante Marie-Thérèse et comme sa cousine ne sait trop que faire de son temps, ni de son argent car elle en a beaucoup, elle achète Eu, va l'inspecter à fond dans l'été 1661 et décide de grands travaux tant à l'intérieur que dans les jardins qu'elle redessine. L'ensemble est fastueux et tout à fait digne de ce Roi-Soleil à la gloire duquel sa repentante cousine dédie toute la décoration intérieure. Car si Mademoiselle, qui a alors trente-six ans, n'est ni belle, ni bien faite, c'est une femme de goût.

Elle le prouve quelques années plus tard en s'éprenant follement de l'homme le plus séduisant de la cour : l'aimable, spirituel, insolent et insupportable Antonin Nompart de Caumont, marquis de Puyguilhem et comte de Lauzun.

L'événement a lieu le 29 juillet 1669 quand, avec toute la cour, Mademoiselle assiste à la remise du bâton de commandement de la 1re compagnie des gardes du corps à ce petit homme sémillant et hardi dont toutes les femmes raffolent. Depuis ce jour, Mademoiselle sent une fièvre dont elle ne guérira plus.

Lauzun, bien sûr, est trop malin pour ne pas deviner les sentiments qu'il inspire et son plan est vite tracé : s'il parvient à se faire épouser par la cousine germaine du roi, qui est aussi la femme la plus riche de France, il atteindra des sommets vertigineux pour un homme pétri d'orgueil. Et il s'en faut de bien peu qu'il ne réussisse : Louis XIV, après de longues palabres, finit par céder aux instances de sa cousine. Lauzun est sur le point de devenir duc de Montpensier quand, poussé par Mme de Montespan et par Louvois, le roi retire son autorisation. Lauzun n'est que Lauzun et restera Lauzun.

Naturellement, l'ambitieux étouffe de fureur et, n'osant s'en prendre au roi, il s'en prend à la favorite. Le jour où Louis XIV apprend que Lauzun se répand à travers la cour et la ville en traitant sa maîtresse de « bougresse de fille publique » il se fâche, fait arrêter l'insolent et l'envoie rejoindre à la forteresse de Pignerol en Piémont le surintendant Fouquet qui s'y morfond déjà depuis plusieurs années. Lauzun va y rester dix ans. Dix ans d'angoisse et de désespoir pour la pauvre Mademoiselle qui arrose souvent de ses larmes ses jolis parterres d'Eu où elle souhaitait tant passer sa lune de miel.

Peut-être Lauzun fût-il resté éternellement à Pignerol si Mme de Montespan n'avait eu une idée : celle de faire adopter par Mademoiselle le jeune duc du Maine, l'aîné des enfants qu'elle a donnés au roi. La marquise pense ainsi faire coup double : non seulement elle assurera une fortune quasi royale à son enfant mais encore elle causera un sensible plaisir au roi qui se détache d'elle au profit de Mme de Maintenon, laquelle adore positivement le petit duc du Maine.

Mademoiselle lutte longtemps contre ceux qui veulent la dépouiller mais le chantage est bien monté. La pauvre femme a tellement envie de retrouver son bien-aimé qu'elle fait donation d'une partie de ses biens à l'enfant mais s'en réserve tout de même la jouissance jusqu'à sa mort. Et Lauzun, libéré, revient...

Hélas ! Du sémillant seigneur de jadis il reste un homme déjà âgé, aigri par la captivité et dont l'humour, souvent cruel, s'est changé en franche méchanceté. Il est, en outre, plus coureur que jamais, ayant dix années de pénitence à rattraper. Mais, toujours amoureuse, Mademoiselle ne voit ni ses cheveux gris ni ses dents absentes.

Elle l'épouse dès son retour dans le plus grand secret et l'emmène, enfin, à Eu.

Elle ne tardera pas à regretter cette folie car elle découvre, un peu tard, hélas ! qu'elle a lié son sort au plus affreux mufle que la terre ait jamais porté. À Eu, Lauzun ne cesse de récriminer, critiquant tout : l'ameublement, les jardins pourtant aussi beaux que ceux de Versailles, le service et, naturellement, son épouse plus sévèrement encore que tout le reste. Après quoi, au bout de trois semaines, il court à Paris pour y retrouver les maîtresses qui lui manquent. Mademoiselle reste seule.

À regret elle se résigne à le suivre. Elle trouve alors Lauzun installé dans son palais du Luxembourg et se comportant de façon à révolter la femme la plus aveugle et la plus sotte. Ce qu'elle n'était pas.

Finalement, lasse d'avanies répétées, elle décida de repartir pour Eu, laissant Lauzun à Paris. Le ménage était irrémédiablement brisé et, d'ailleurs, Mademoiselle finit par chasser carrément son époux, lors d'une de leurs rares rencontres où il avait osé la traiter comme une servante :

« Ne reparaissez jamais devant moi, lui dit-elle. Vous n'êtes qu'un coquin. »

Eu ne porta guère chance aux descendants de la Montespan. Son petit-fils, le comte d'Eu, y fut exilé après la conspiration de Cellamare. Le duc de Penthièvre, héritier de ce cousin, n'y vint guère qu'une fois l'an. Puis ce fut le silence désolé que la Révolution imposa à tant de nobles demeures. Sous l'Empire, la sénatorerie de Rouen jugeant le château trop onéreux à entretenir le fit en partie démolir. Il fallut attendre la Restauration pour que la duchesse douairière d'Orléans, fille de Penthièvre, pût le récupérer.

Ce fut le futur roi Louis-Philippe qui le ressuscita. Comme tous les Orléans d'alors et ceux à venir il aimait beaucoup Eu et en fit sa maison de vacances préférée. Trois ans avant de quitter le trône, il y reçut la reine Victoria qui devait garder de son séjour un charmant souvenir :

« Je vous écris de cette chère demeure, confie-t-elle au roi des Belges, Léopold Ier, son oncle, gendre de Louis-Philippe, où nous vivons au milieu d'une admirable et vraiment aimable famille, où nous nous sentons tout à fait chez nous et comme parmi les nôtres. L'accueil du cher roi et de la reine a été plein de bonté et celui de la foule vraiment flatteur. »

HORAIRES D'OUVERTURE DU MUSÉE LOUIS-PHILIPPE

Du 15 mars au 6 novembre	10 h-12 h et 14 h-18 h

Fermé le mardi et le vendredi matin.

http://www.ville-eu.fr/chateau-musee.php

FALAISE

Le roman d'Arlette et de Robert le Diable

La blanchisseuse, gaie et tendre
Sourit, et dans le hameau noir,
Sa mère, au loin cesse d'entendre
Le bruit vertueux du battoir.

Victor HUGO

Du château primitif où le futur conquérant d'Angleterre poussa ses premiers cris, il ne reste que des murailles qui dominent toujours le charmant val d'Ante. Miraculeusement, alors que l'aviation alliée détruisait Falaise aux trois quarts, en août 1944, la vieille forteresse ne souffre que très peu. Le charme du site demeure entier comme demeure intact le parfum de la belle histoire d'amour d'où naquit Guillaume.

De son père le duc de Normandie Richard II, comme de sa mère la fière Judith de Bretagne, Robert, comte d'Hiesmois et frère du duc Richard III, tient un orgueil intraitable, une vaillance de paladin et un cœur farouche à souhait mais il ne doit qu'à lui-même son caractère emporté jusqu'à la brutalité et ce goût du sang qui l'amène parfois aux plus barbares cruautés ; d'où ce surnom de Robert le Diable.

En dehors de la chasse à laquelle il s'adonne avec énergie, deux passions l'habitent : les chevaux et les femmes. Il maîtrise les premiers et dompte les secondes avec la même aisance, la même autorité qui sait se faire tendresse pour les beaux étalons et les douces pouliches, mais désinvolture un peu méprisante pour les jolies filles qui l'admirent. Jamais il n'est question d'amour dans ses entreprises de séduction – rendues bien trop faciles par un physique exceptionnel. Et l'amour dédaigné lui a rendu son mépris en le laissant bien tranquille, attendant l'heure où il pourra lui faire payer ses rodomontades et ses mauvaises plaisanteries. Elle vint, cette heure, par un jour de printemps particulièrement doux et lumineux du mois d'avril 1027.

Ce soir-là, Robert, avec ses hommes et ses chiens, revient de la chasse et suit la rivière d'Ante pour rentrer au château. Un château assez différent de ce que l'on pourrait imaginer : de grosses pierres grises mal équarries sous des hourds de bois peints à ces couleurs violentes qu'affectionnaient les Vikings ; ces Vikings dont Robert porte le sang et qui ne sont pas si loin !

Soudain, comme il arrive en vue d'un lavoir, le jeune comte s'arrête. Il y a là trois jeunes filles occupées à laver du linge, ce qui ne leur enlève rien de leur gaieté naturelle. Agenouillée dans un baquet de bois, la première trempe un drap qu'elle retient à pleines mains sous l'eau verte de la rivière. La seconde étale sur l'herbe des pièces de lingerie blanches. Mais c'est la troisième que Robert regarde...

Debout sur une pierre plate, elle foule le linge de ses pieds nus. Le bliaud de laine et la chemise de toile retroussés, elle danse joyeusement sur le linge savonneux qui l'éclabousse de mouchetures blanches. Et, naturellement, elle est ravissante. Blonde comme le sont les Normandes de belle race, rose comme une églantine des haies avec dans les yeux tout le bleu d'un ciel d'été. Avec cela, solide et drue. Une belle plante, en vérité, faite pour porter un jour de beaux fruits. Et Robert, en remontant vers son château, gardera longtemps sa tête tournée vers le lavoir...

Il sait son nom, qu'il lui a demandé. Elle s'appelle Arlette et elle est la fille de Fulbert, le maître tanneur de Falaise. Ce n'est ni une serve, ni une fille de peu. Son père est l'un des notables de la ville et il ne peut être question de la faire enlever nuitamment pour la violer dans quelque salle basse du château. Et puis, curieusement, Robert répugne à employer de tels moyens avec cette jolie fille qui lui a souri si doucement.

Pendant plusieurs jours, accoudé à une étroite fenêtre d'où l'on peut apercevoir la vallée, il a guetté les lavandières. Pas en vain, d'ailleurs. Tous les jours Arlette est revenue laver à la grande surprise de Dode, sa mère, étonnée de cette grande frénésie de nettoyage. Car, si Robert pense à elle, la jeune fille a été bouleversée par leur brève rencontre qui, pour elle, n'était pas la première.

Quand vint le mois de juin, Robert sut qu'il ne pouvait plus vivre sans Arlette et il envoya à Fulbert un émissaire chargé de demander qu'on lui envoyât la jeune fille. Il ne pouvait être question de mariage, et le procédé pourrait surprendre si l'on ignorait que Robert, en cela, faisait jouer l'ancien usage danois, le *more danico*, la vieille loi païenne dont avaient fait usage si longtemps les rois de la mer. Elle les autorisait à faire leur concubine d'une fille du peuple et, si la fille donnait le jour à un garçon, celui-ci pouvait devenir l'héritier de son père. En fait, hormis Robert lui-même et ses frères, tous leurs ancêtres étaient venus au monde par ce chemin pittoresque car, chez les Vikings, la bâtardise n'existait pas. Seul comptait le sang du père.

Néanmoins, la vieille coutume a perdu quelque peu de sa force et Fulbert se trouve fort empêtré de sa réponse. Il s'en va voir un sien frère qui s'est retiré en ermitage à Guibray afin d'avoir son conseil.

Le conseil de l'ermite est sage. Mieux vaut accorder au comte ce qu'il demande au grand jour que risquer, non seulement de le voir s'emparer d'Arlette par la force, mais encore de vouer toute la famille à son ressentiment. Robert peut être cruel et cela se sait. Et puis, pourquoi ne pas demander à la principale intéressée ce qu'elle en pense ?

Convoquée par son père, Arlette, après avoir protesté de son obéissance, finit par avouer qu'elle aime le comte et souhaite lui être donnée. Mais pas n'importe comment !

Pas par une nuit sans lune et enveloppée d'un manteau couleur de muraille. Elle entend que tout un chacun sache bien ceci : elle a été demandée et elle se rend, de bon vouloir. Elle exige, en outre, que l'on amène pour elle un cheval et, quand elle monte au château, elle refuse le chemin étroit de la poterne : on doit lui ouvrir la grande porte.

Amusé, impressionné aussi par cette solennité que la petite entend apporter à sa reddition, Robert souscrit à tous ses désirs. Une seule chose compte : qu'elle vienne à lui et soit heureuse de venir.

Et elle le rejoint, en effet, dans la belle robe bleue qu'elle a taillée et cousue pour ce grand événement de sa vie et, pour la première fois, Robert apprend ce qu'est l'amour quand il n'est pas simple recherche d'un plaisir brutal.

Au matin, Arlette s'éveille dans un cri de joie : elle a rêvé que, de son corps, jaillissait un arbre immense dont l'épais feuillage s'étendait au loin, sur terre et sur mer. Robert en conclut aussitôt qu'elle va lui donner un fils et refuse de la laisser repartir. De cet instant, elle s'installe au château.

Bientôt, les signes avant-coureurs d'une grossesse se manifestent. Du coup, les instincts sauvages de Robert se réveillent. Dès le début de l'été, il entre en révolte ouverte contre son frère, le duc Richard, entasse des troupes et des provisions dans Falaise, enfin déclare la guerre.

Le duc vient mettre le siège devant la ville. Pendant des jours et des jours, il la harcèle, aidé par un allié puissant dont la chaleur décuple le pouvoir : la soif. Falaise doit se rendre. Seul, le château tient encore. Mais pour combien de temps ? Robert alors fait sa soumission et se fait inviter au palais de Rouen. Non sans avoir prédit à Arlette qu'il serait sous peu duc de Normandie.

Quand il revient vers elle, il l'est en effet. Le duc a succombé aux suites d'un trop bon repas. Robert le Diable a simplement empoisonné son frère et fait enfermer son fils dans un monastère. Mais Arlette n'est plus heureuse autant qu'elle l'était.

Au début de l'année 1028, l'enfant que l'on baptise Guillaume vient au monde au château de Falaise. Et les années passent, guerrières pour Robert qui ne tient jamais en place et qui doit sans cesse ramener ses sujets à l'obéissance. Mais, peu à peu, le remords du crime de Rouen l'envahit, lui rend la vie intolérable. Au printemps 1033, après avoir désigné l'enfant Guillaume pour son successeur, le duc Robert s'en va en Terre sainte afin d'y obtenir de Dieu son pardon. Curieux pèlerin d'ailleurs, voyageant avec un train royal qui, à Byzance, étonne le basileus lui-même : les fers des chevaux normands sont d'or et si mal fixés que les beaux percherons les perdent sans arracher un battement de cils à leurs cavaliers. À Jérusalem on jette l'or par poignées pour payer le droit d'entrer d'une foule de pèlerins pauvres. Mais Robert mourra sur le chemin du retour.

Avant de quitter Falaise où il résidait plus volontiers qu'à Rouen, il a confié les siens à Herluin de Conteville dont il savait la fidélité : « Si je ne reviens pas, tu épouseras Arlette. »

Herluin obéit. Cependant, le jeune Guillaume, renié par une partie du duché – on l'appelle Guillaume le Bâtard mais le titre lui plaît tant qu'il finit par n'en plus vouloir d'autre jusqu'à ce qu'il devienne le Conquérant – entreprend de regagner la totalité de son héritage en attendant de s'en aller conquérir l'Angleterre.

Ses successeurs eux aussi affectionnent Falaise. C'est son petit-fils, Henri Beauclerc, qui rebâtit le château tel qu'il est toujours. Henri II, Aliénor d'Aquitaine et Thomas Becket y ont séjourné. Richard Cœur de Lion en fera don à son épouse Bérengère de Navarre. Mais son frère, le prince Jean, devenu roi, y enfermera son neveu Arthur de Bretagne et l'y fera assassiner.

Pendant la guerre de Cent Ans, Falaise et son château se défendent vaillamment contre les Anglais qui finissent par en venir à bout en 1418.

Mais, à forteresse guerrière, seule convient la guerre. Pris et repris durant les guerres de Religion, le château est finalement démantelé quand tout s'apaise. Il manque même de disparaître car les gens de la ville y voient une carrière toute trouvée. Il lui faudra attendre la fin de la Seconde Guerre mondiale pour qu'enfin les Beaux-Arts décident de s'en occuper.

HORAIRES D'OUVERTURE

Du 2 janvier au 30 juin	10 h-18 h
Du 1er juillet au 31 août	10 h-19 h
Du 1er septembre au 31 décembre	10 h-18 h

Fermé le 1er janvier et le 25 décembre.

http://www.chateau-guillaume-leconquerant.fr/

FERNEY

Monsieur de Voltaire et sa nièce

Le paradis terrestre est où je suis...

VOLTAIRE

Lorsque Voltaire, en 1758, achète le domaine de Ferney, dans ce qui est actuellement le département de l'Ain, il a soixante-deux ans et il est brouillé avec la moitié de l'Europe : avec le roi de France, Louis XV, d'abord, qui le considère comme un agitateur dangereux et une sorte de suppôt de Satan, avec le roi de Prusse ensuite. Le Grand Frédéric, avec lequel il a cohabité plus de deux ans et qui lui montrait une sorte de dévotion, ne lui pardonne pas d'avoir plus de talent littéraire que lui et de le lui avoir fait sentir sans prendre de gants. Enfin, il est brouillé avec ces « messieurs de Genève » près desquels il s'est installé dans une charmante propriété fort justement nommée « les Délices » et qui n'ont pas compris tout l'honneur qu'il y avait, pour des calvinistes bon teint, à se faire maltraiter aussi vigoureusement que de vulgaires catholiques par un écrivain de génie pour qui toute forme de fanatisme représente l'horreur suprême.

Las de tant de disputes et aspirant à vivre enfin en paix, Voltaire achète donc Ferney, qui est un endroit charmant, et se hâte d'en écrire à son « ancien ami » Thériot : « La terre de Ferney est aussi bonne qu'elle a été négligée ; j'y bâtis un assez beau château (entendez par là qu'il l'agrandit !) ; j'ai chez moi la terre et le bois, le marbre me vient par le lac de Genève. Je me suis fait dans le plus joli pays de la terre trois domaines qui se touchent. J'ai arrondi tout d'un coup la terre de Ferney par des acquisitions utiles. Le tout monte à la valeur de dix mille livres de rente et m'en épargne plus de vingt puisque ces trois terres défrayent presque une maison où j'ai plus de trente personnes et douze chevaux à nourrir... Je vivrais très bien, comme vous, mon ancien ami, avec cent écus par mois, mais Mme Denis, l'héroïne de l'amitié, mérite des palais, des cuisiniers, des équipages, grande chère et beau feu... »

Mme Denis ! Voilà le grand mot lâché car c'est Mme Denis qui, durant des années, va régner sur le joli paradis qu'aura su créer son oncle. Elle est en effet sa nièce mais une nièce que l'on pourrait qualifier d'« à tout faire » puisqu'elle est en même temps sa ménagère et sa maîtresse. Et le moins que l'on puisse dire est qu'elle ne lui fait pas honneur, tant s'en faut.

Quand meurt, en 1749, la marquise du Châtelet, le grand amour, l'irremplaçable égérie de Voltaire[1], Marie-Louise Denis, qui est la fille de Catherine, la sœur du grand homme, a trente-sept ans. C'est une appétissante personne, trop dodue sans doute mais tellement fraîche et tellement avenante qu'il ne viendrait à l'idée de personne de lui reprocher quelques kilos superflus. Le malheur est que cette apparence cache une âme de mégère et le cœur le plus sec et le plus intéressé qui soit. Elle est veuve depuis cinq ans et seule la présence de Mme du Châtelet, qu'elle déteste d'ailleurs, l'a empêchée de se consacrer à un oncle pour lequel, en dépit de quelques amants, elle nourrit un penchant déjà ancien. Un oncle trop brillant pour ne pas attirer les cœurs féminins.

C'est dans le confortable giron de sa nièce que Voltaire va pleurer la « docte Émilie ». Il est alors très malheureux et la rusée commère s'entend comme personne à bercer un cœur meurtri, à prodiguer ces mille petits soins qui attachent un homme. Et quand il part pour Potsdam, Vol-

1. Voir Cirey (tome 2).

taire a déjà beaucoup de peine à quitter sa chère nièce : « J'ai très mal fait de vous quitter. Mon cœur me le dit tous les jours plus que vous ne pensez... »

Elle lui manque même tellement qu'il la supplie de venir le rejoindre en Allemagne : « Voilà le fait, ma chère enfant : le roi de Prusse me fait son chambellan, me donne un de ses ordres, vingt mille francs de pension et à vous quatre mille assurés pour toute notre vie si vous voulez tenir ma maison à Berlin comme vous la tenez à Paris. »

Mme Denis ne va hésiter que très peu. Bien sûr, il y a l'argent, mais à Paris elle ne manque de rien et peut même s'offrir quelques aventures galantes : l'une avec un musicien allemand, une autre avec un marquis génois et la troisième avec un Espagnol, le marquis de Ximenès, « grand et maigre échassier d'humeur chagrine ». Elle refuse donc et c'est seulement quand les bonnes relations entre Voltaire et Frédéric II vont tourner à l'aigre qu'elle se décidera à partir pour l'Allemagne. Encore est-ce parce que le cher oncle l'a priée de venir à sa rencontre à Francfort, à l'hôtel du Lion d'or.

Quand elle y arrive, elle retrouve Voltaire pratiquement gardé à vue par les sbires du roi de Prusse qui prétend se faire restituer certain ouvrage de « poehsie » dont il est l'auteur. Cela va donner une situation burlesque et fatigante qui durera quelques semaines mais mettra les relations de l'oncle et de la nièce sur un plan tout à fait nouveau : tous deux s'ennuient tellement qu'ils se retrouvent dans le même lit. À leur commune satisfaction, il faut bien le dire et, quand on rentre enfin en France, Mme Denis est devenue la maîtresse de Voltaire... et le restera.

Le retour au pays se borne à un retour à Colmar où Voltaire va rester une année en attendant de se trouver un port d'attache car plus personne, parmi les monarques européens, ne veut de lui. Ce sera finalement la Suisse, puis Ferney où l'imposante Mme Denis va jouer les châtelaines, recevant à ses côtés les plus hautes personnalités européennes, car si les souverains ne veulent plus recevoir le pauvre grand homme, nombre de leurs sujets font de lui le plus grand cas.

À Ferney, Voltaire fondera d'abord un haras, puis une fabrique de montres, qui connaîtra le plus grand succès : on en vend partout, même à Tunis, même à Alger. Mais aussi, l'écrivain travaillera à son œuvre. C'est de Ferney qu'en partira le plus généreux, notamment la défense du malheureux Jean Calas, injustement condamné à mort à Toulouse.

C'est à Ferney encore qu'il accueillera une jeune fille de Versonnes, un village voisin, Mlle Rouff de Varicourt, si charmante qu'après l'avoir rebaptisée « Belle et Bonne » il en fera sa fille adoptive, à la grande fureur de Mme Denis avec laquelle interviendra une brouille de deux ans. Mais la grosse dame réussit à se faire pardonner, tant elle tient à garder l'œil sur un héritage qui est devenu des plus intéressants.

Pour le malheur de « Belle et Bonne » et pour le sien propre, Voltaire la marie à un certain marquis de Villette, propriétaire d'un grand domaine près de Beauvais. Un homme sans plus de cœur et de vraie générosité que Mme Denis avec laquelle il finit par s'acoquiner. Ce qui permettra à la tendre nièce, devenue « grosse comme un muid », de se faire désigner comme héritière, après promesse de reverser plus tard ledit héritage au ménage Villette.

Dès lors Voltaire devient un gêneur... d'autant plus gênant qu'en dépit d'une santé toujours plus délabrée il s'obstine à vivre, atteignant le bel âge de quatre-vingt-trois ans.

Avec beaucoup d'adresse, on finit par le convaincre de rentrer à Paris où d'ailleurs tout un peuple le réclame et où il a reçu l'assurance qu'il pourra vivre désormais sans être inquiété. Le 4 février 1778, il quitte Ferney qu'il ne reverra pas et s'installe chez Villette, à l'angle du quai Malaquais et de la rue de Beaune. Il va y rencontrer un triomphe sans précédent : tout Paris, la ville et la cour s'écrasent devant sa porte ; on couronne son buste à la Comédie-Française et Benjamin Franklin lui amène son petit-fils à bénir.

Les imprésarios de cette pièce à grand spectacle, Mme Denis et Villette, en jouissent intensément. On oblige ce vieillard exténué à travailler, à faire des mots, à écrire et, pour qu'il suffise à la besogne, on lui fait absorber chaque jour jusqu'à dix-huit tasses de café. On lui fait aussi ingurgiter des drogues miracles, malgré les fureurs de Tronchin, son médecin, drogues qui l'amènent bientôt aux portes du tombeau.

Alors, quand on ne peut plus le produire à cette foule qui s'écrase toujours et que ses bourreaux reçoivent avec une mine radieuse, on l'enferme dans une petite chambre, presque sans soins. On n'a pas le temps ! Et c'est seul, abandonné même des serviteurs, qu'il mourra, le 30 mai...

La grosse Denis, aux appétits toujours insatisfaits, se remaria à soixante-huit ans avec un jouvenceau de soixante ans et ce ne fut, dans Paris, qu'un éclat de rire. Tous ceux qui n'avaient continué à la voir qu'en souvenir de Voltaire lui tournèrent le dos. Elle fut couverte de ridicule, bafouée, huée quand elle sortait, goûtant ainsi l'amer revers de la brillante médaille qu'elle avait cru se modeler.

Et ce fut seule et abandonnée, elle aussi, qu'elle mourut enfin, exactement comme elle avait laissé mourir l'homme à qui elle devait tout.

Quant au château, l'indigne Mme Denis s'était hâtée de le vendre à Villette qui, de son côté, le revendit à la famille de Budé, laquelle le conserva jusqu'en 1843. Mais Ferney avait beaucoup souffert de la Révolution et du manque d'entretien. À cette date, M. Claude-Marius David le racheta aux Budé puis petit à petit leur racheta aussi le mobilier, les tableaux et les objets qui avaient composé l'univers de Voltaire. Depuis 1999, Ferney est la propriété de l'État.

Horaires d'ouverture

Du 1er avril au 31 octobre	10 h-13 h et 14 h-18 h (fermé le lundi)
Du 1er juillet au 31 août	10 h-18 h

Pour la visite du château, le nombre de visiteurs est limité. La réservation est très fortement conseillée (04 50 40 53 21).

http://voltaire.monuments-nationaux.fr/

FERVAQUES

Le grand amour de la Reine des Roses...

Lorsque la passion est réellement forte
Il n'est digue ni mur que son courant n'emporte...

Émile AUGIER

Quand, en l'année 1788, la jeune Delphine de Sabran fait son apparition à Versailles, elle a tout juste quinze ans. Cependant elle remporte un succès immédiat et flatteur : d'une seule voix, la cour la plus difficile du monde la surnomme la « Reine des Roses » tant elle est belle et fraîche. On dit qu'elle a « une tête de Greuze avec la pureté d'un profil grec »...

À cela s'ajoutent un regard un peu brumeux de myope, une bouche exquise, un teint incomparable et une blondeur qui n'est ni pâle ni fade mais chaude et vivante. Aussi les prétendants mènent-ils autour de la jeune fille une ronde si serrée que la mère, inquiète de découvrir chez son enfant de trop grandes dispositions à la coquetterie, décide que la seule manière de maintenir Delphine dans le droit chemin est de la marier, et elle se hâte de se trouver un gendre.

Ce sera Armand de Custine. Il a dix-neuf ans et, dans son genre, il est aussi beau que sa fiancée. En outre galant, spirituel, brave, noble et riche. Une sorte d'oiseau rare et d'ailleurs tout de suite Delphine l'adore.

L'évêque de Laon les marie au château d'Anisy, au cours d'une fête champêtre où tous les invités sont costumés en bergers et bergères et, pour la lune de miel, on a préparé au jeune couple une ravissante chaumière. C'est le temps des délices : deux enfants viennent au monde, Gaston et Astolphe, mais déjà la grande passion des jeunes époux s'étiole. Ils ont l'un et l'autre trop de succès. Delphine s'amuse au jeu cruel de la coquetterie et se plaît à choisir tel ou tel adorateur dont elle se lasse vite, se débarrasse avec une pirouette et un éclat de rire mais, tout de même, sans jamais manquer à l'honneur.

La liste est longue et, quand la Révolution arrive, Delphine s'en aperçoit à peine : elle change d'amour plus souvent que de toilette. « Fais-moi une petite chanson sur mon amour-papillon, écrit-elle à son frère Elzéar de Sabran qui est poète... » Hélas, le chagrin va fixer pour un temps le ravissant papillon.

C'est d'abord le petit Gaston qui meurt d'une maladie infantile, puis le drame de l'arrestation du général de Custine, beau-père de Delphine, auquel la jeune femme est très attachée. Celui-ci, voyant sa patrie en danger, a oublié ses sentiments monarchiques et mis son épée au service de la République. Vainqueur à Mayence il pouvait tout espérer, mais un revers l'a fait passer instantanément dans le clan des « traîtres à la Patrie » : en remerciement de ses services, on l'a jugé et envoyé à l'échafaud, en dépit des efforts de la Reine des Roses qui, pour sauver son beau-père, a remué ciel et terre.

Au soir de l'exécution, Delphine a vu Armand revenir dans leur maison de la rue de Lille, pâle et défait. Il a tout vu ; il était au pied de l'échafaud. Pourtant, en dépit des supplications de sa femme, il refuse d'émigrer. Peut-être les larmes de la jeune femme l'emporteraient-elles si Armand, à son tour, n'était arrêté, conduit à la Force d'où sa femme tentera désespérément de le faire évader.

Peine perdue : Armand, qui a refusé de compromettre la fille du geôlier de la Force que Delphine avait gagnée, est mené lui aussi à la guillotine. Quant à Delphine, malgré une visite domiciliaire infructueuse, elle est arrêtée et menée à la prison des Carmes où elle rencontrera des dames du meilleur monde comme Mme de Beauharnais et la future Mme Tallien. Elle y rencontrera aussi le général Alexandre de Beauharnais, époux de la future Joséphine, dont elle fera son amant sans plus de façons.

Grâce à cet amour, Delphine finit par trouver la vie supportable mais Beauharnais, à son tour, est envoyé à l'échafaud, et le tour de Delphine pourrait bien ne plus être éloigné. En effet, la jeune femme a déjà subi des interrogatoires et même une perquisition menée chez elle où, pour passer le temps, elle n'a rien trouvé de mieux que de faire le portrait du sinistre Cromot, qui menait l'enquête, et de quelques-uns de ses sbires. Elle a un joli talent de portraitiste et même de caricaturiste. Talent et courage lui valent l'admiration de certains de ces hommes et surtout d'un jeune sectionnaire, un maçon nommé Gérôme.

Très vite, celui-ci tombe amoureux. Lui qui, jusqu'à présent, s'est montré un patriote convaincu, doublé d'un révolutionnaire sans pitié, il n'a plus qu'une idée : arracher à la mort la ci-devant marquise de Custine, cette femme ravissante et si jeune. Le brave garçon sent confusément que sa propre vie perdra de son sens et de son intérêt si Mme de Custine monte à l'échafaud, parce qu'il n'oubliera jamais qu'il aura contribué à faire tomber une aussi jolie tête.

Alors, pour la sauver, il use d'un stratagème comme seul l'amour peut en inspirer car, s'il est découvert, l'imprudent Gérôme précédera de peu sa bien-aimée sur les planches rouges de la guillotine.

Son titre de membre du comité de la section Vaugirard lui permet d'entrer librement dans tous les bureaux, même dans ceux de la tour de César, à la Conciergerie où Fouquier-Tinville, l'accusateur public, tient ses assises. Qui se méfierait de lui ? Or, Fouquier-Tinville entasse sur son bureau les dossiers de tous ceux qui sont promis à la mort à plus ou moins bref délai. Et l'accusateur public prend chaque jour, Gérôme ne l'ignore pas, un certain nombre de dossiers, ceux du dessus bien entendu, afin de fournir au bourreau son contingent de victimes. Alors Gérôme, chaque jour, va se rendre chez ce monstre, à l'heure où comme n'importe quel mortel il prend son repas, afin de veiller à ce que le dossier de Delphine n'occupe jamais les premières places. Pas question de le détruire, hélas, car les dossiers sont comptés journellement.

Cela dure trois mois, trois mois d'angoisses pour le pauvre Gérôme... trois mois de folies pour la Reine des Roses, incapable d'imaginer qu'un homme risque ainsi sa vie pour la sauver (de folies jusqu'à la mort de Beauharnais car ensuite la peur vient s'installer dans le cœur de la jeune femme). Heureusement, la Terreur s'achève. Le général de Beauharnais meurt le 5 thermidor ; quatre jours plus tard c'est la chute de Robespierre, la fin du cauchemar. Néanmoins, Mme de Custine restera encore deux mois aux Carmes et y fût peut-être restée plus longtemps si Nanette Mabriat, sa fidèle servante, ne s'en était mêlée. En effet, le général de Custine avait autrefois fondé, dans les Vosges, une fabrique de porcelaines dont les ouvriers n'avaient jamais eu qu'à se louer de lui et des siens. Nanette leur écrivit et, grâce à la pétition qu'ils signèrent, la jeune femme se retrouva libre de retourner rue de Lille pour y rejoindre Nanette et le petit Astolphe. Elle avait alors grand besoin de soins.

Des soins rendus possibles par les provisions et les petites sommes d'argent qu'un inconnu apportait chaque semaine. Un soir, Delphine guette son bienfaiteur et reconnaît Gérôme qui, d'ailleurs risque toujours sa vie car il est recherché et doit se cacher. On ne sait si Delphine paya, en femme sensible, cette dette de reconnaissance. On sait seulement que le jeune homme resta chez elle quelques semaines, jusqu'à ce qu'il pût s'embarquer pour l'Amérique où, en Louisiane, il réussit à amasser une assez jolie fortune. Une fortune qu'il revint mettre aux pieds de celle qu'il aimait. Hélas, elle était redevenue la marquise de Custine et, en 1803, s'était éprise follement du vicomte de Chateaubriand.

C'est à cette époque que Delphine achète, à la duchesse de Luynes, le château de Fervaques, près de Livarot, une longue demeure de briques roses et de pierres blanches flanquée de pavillons carrés qui possède déjà une histoire. Son constructeur, le maréchal de Fervaques, Guillaume de Hautemer, a, en son temps, beaucoup défrayé la chronique : c'était une sorte de reître ne craignant ni Dieu ni diable et qui, durant les guerres de Religion, s'en donna à cœur joie de piller, de brûler et de massacrer. Il s'empara de Lisieux dont il tua le gouverneur et pilla la cathédrale... On dit qu'il profana des reliques et s'empara du trésor de maintes églises... mais il était brave, eut le bon esprit de se rallier à Henri IV qui le fit gouverneur de ce même Lisieux qui, sous le joug d'un tel homme, aurait eu grand besoin de sainte Thérèse. Il fut aussi maréchal de France et l'époux d'une fort jolie femme en l'honneur de laquelle le Vert-Galant griffonna sur une cheminée du château deux vers affligeants :

La dame de Fervaques
Mérite de vives attaques...

L'intention était, apparemment, meilleure que le distique et l'on ne sait si le bouillant Henri entreprit lesdites attaques.

C'est donc cette belle demeure qui devient, en 1803, celle de la Reine des Roses. Elle n'y connut, avec le grand Chateaubriand dont les conquêtes jalonnent le début du XIXe siècle, qu'un bref bonheur. « Ce sera comme dans un conte de fées », lui écrit l'Enchanteur en 1804. Il voyagea loin, bien loin et il arriva à Fervaques. Là logeait une fée qui n'avait pas de sens commun. On la nommait princesse sans espoir parce qu'elle croyait toujours, après deux jours de silence, que ses amis étaient morts ou partis pour la Chine et qu'elle ne les reverrait jamais... »

Chateaubriand vint donc à Fervaques où il logea dans la chambre qui avait été celle d'Henri IV. Il l'avait d'ailleurs réclamée. C'était le mois d'août et une belle flambée de passion unit le roi des Lettres et la Reine des Roses... Une passion qui, comme presque toutes celles de Chateaubriand, ne vécut elle aussi que « ce que vivent les roses ». Quand, en octobre, il revient à Fervaques, le beau feu est déjà éteint. L'amant est devenu muet et n'ouvre pas la bouche, ce qui mène Delphine au désespoir : elle tente de se tuer. Heureusement elle se manque et peut ainsi continuer, durant de longues années, à souffrir sa douleur d'amour pour un homme qui avait cependant ce talent de convertir en amies fidèles ses maîtresses les plus passionnées. Fervaques le revit en 1816, en 1819 et enfin en 1823. Mais il ne s'agit plus, chez Chateaubriand, que d'amitié lointaine. Delphine, elle, continuera de brûler jusqu'à ce 13 juillet 1826 où elle s'éteindra enfin, à Bex...

Depuis 1982, le château est la propriété du KINNOR, Association musicale et d'intégration des handicapés et non-handicapés.

HORAIRES D'OUVERTURE

Visites guidées sur demande (02 31 32 33 96)

http://chateau.le.kinnor.monsite-orange.fr/

LA GENEVRAYE

Nez-de-Cuir !

Seigneur ! Tous nous portons un masque, par orgueil ou par crainte, par pudeur ou par lâcheté.

LA VARENDE

Qui ne connaît bien ce pays, à la limite du Perche et de l'Ouche, aura peine à trouver le château. Au bord d'une route de campagne, il y aura soudain « une belle grille fleuronnée, une avenue terrible qui semble mener aux Enfers et qui devait, quand Nez-de-Cuir rentrait à quatre chevaux, singulièrement lui crisper les bras. Malheureusement la demeure a été rebâtie à une mauvaise époque. Le reliquaire ne vaut pas les reliques... ». La maison, en effet, n'est pas très belle : une longue façade blanche, rectangulaire, avec un petit avant-corps sommé d'un fronton. Peu d'épaisseur... mais d'admirables écuries blanches et roses dont la sellerie s'orne d'un clocheton et qui dominent le paysage. C'est là surtout que l'on retrouve le cavalier légendaire... Car si l'homme n'est plus, s'il repose non loin, près de l'église qu'il fit construire, son ombre réveillée par l'éclatant succès du roman de Jean de La Varende demeure étrangement vivante.

« Défunt Nez-de-Cuir, écrit l'auteur à la première page, survit dans la mémoire des humbles comme un grand trouble historique. Il y a trente ans, nulle histoire paysanne de force, de guerre ou d'amour ne se passait de lui, de sa forme vigoureuse et mutilée... »

Car il a régné réellement sur ceux de son terroir, sur les hommes qui le respectaient, sur les femmes qui en rêvaient et, depuis, sur plus d'une génération de lecteurs, le cavalier au masque noir qui menait les belles et les chevaux avec une égale aisance.

Il s'appelait Achille Périer, comte de La Genevraye.

Il est né au château, le 7 août 1787, d'une famille d'ancienne noblesse, mais les bruits de la Révolution n'ont guère perturbé son enfance. On n'émigrait pas, sur cette terre normande, à moins d'appartenir à la très haute noblesse, celle qui attirait par trop les foudres du nouveau pouvoir. Cela valut à ceux qui osaient rester de conserver leurs fortunes et l'estime de leurs paysans.

Avec l'Empire, le seul danger est la conscription, mais Achille réussit à y échapper un certain temps. Et il en profite pour mener, avec passion, la vie qu'il aime, faite de grandes chevauchées, de chasses et d'aventures amoureuses. Car il est beau, ardent, follement séduisant : « … un corps épais et fin avec une musculature cachée, épanouie dans la santé générale. Un pur visage au menton fort et contondant, de belles lèvres ourlées et enfin ce profil rectiligne qu'un rien eût pu allonger en museau de renard… ». Et certes le jeune homme ne rencontre guère de cruelles…

Néanmoins, en 1809, il est obligé de faire partie de la garde d'honneur du département de l'Orne. Ce qui ne le contraint pas à partir et, en 1812, il est à vingt-cinq ans maire de La Genevraye.

C'est en 1813 que tout se gâte. La folle aventure russe a saigné à blanc la Grande Armée et, en avril, Napoléon décrète de nouvelles levées car, cette fois, la guerre va s'installer sur la terre de France. On rassemble à Versailles le 1er régiment des gardes d'honneur commandé par le comte Pully et il faut bien, s'il veut éviter des représailles à sa famille, que le comte de La Genevraye le rejoigne…

Ses qualités de meneur d'hommes et sa science équestre le font tout de suite remarquer par ses chefs et, trois semaines après son arrivée, il est maréchal des logis-chef. Il sera lieutenant six mois plus tard. Pendant la campagne de France, sa bravoure éclate à chaque combat et, après la terrible bataille de Montmirail, il est fait chevalier de la Légion d'honneur sur le champ de bataille. Mais l'heure du martyre approche pour lui.

Le 13 mars 1814, c'est l'effrayant combat pour Reims. Les Français réussissent à reprendre la ville mais paient un prix très lourd. Les gardes d'honneur chargent avec une furia quasi désespérée. On relève Achille Périer de La Genevraye à moitié mort, son visage n'est qu'une bouillie sanglante. Les médecins militaires, dans leur terrible précision, ont décrit le détail des sept blessures qui ont détruit le haut de son visage et vont le faire entrer dans la légende :

— Un coup de sabre qui a détaché la joue droite et l'a rabattue sur le menton.

— Un coup de sabre qui a totalement emporté le nez à partir de quelques lignes de sa racine.

— Un coup de sabre qui a enlevé une portion du sourcil droit.

— Un coup de lance sur le sourcil gauche.

— Deux coups de lance, l'un à la lèvre supérieure, l'autre dans le flanc gauche.

— Un coup de sabre qui a divisé en *y* le doigt médius de la main gauche dans le tiers inférieur de sa longueur.

— Un coup de pistolet reçu à bout portant et dont la balle pénétrant un peu au-dessus de l'angle supérieur de l'occipital a glissé entre les os et le cuir chevelu pour sortir vers la partie moyenne de la suture sagittale.

Cette effrayante énumération, retrouvée par M. Philippe Suet-Laroue, stupéfie et confond. Peut-on vivre encore lorsque l'on est dans un tel état ? La Genevraye, lui, vivra et même triomphera. De lui-même, des autres et des femmes.

Au mois d'août, on le ramène chez lui, mais il faudra de longues semaines de claustration pour que les blessures se referment, se cicatrisent et supportent le masque de cuir qu'un artisan habile va lui confectionner. De cette retraite forcée, de cette longue absence La Genevraye tirera comme un regain de vitalité. Il n'a que vingt-sept ans et il veut se prouver à lui-même qu'il est toujours vivant, bien vivant derrière le masque qui le défend et l'ennoblit encore. Il se jette à corps perdu dans de nombreuses aventures qui l'apparentent un peu à Don Juan mais un peu seulement car, chez lui, le besoin de transmettre la vie est intense. « Remercions les dieux, dira le marquis d'Avernes, que la mutilation ne soit pas héréditaire ; nous ne verrions plus que petits camards... » Mais l'amour, le grand amour le guette.

Elle s'appelle Clarisse de La Haye, née à Saint-Domingue où son père avait des intérêts. Sa mère est morte là-bas et son père est revenu en 1801, au moment de la grande révolte des Noirs, ramenant ses enfants, sa belle-sœur qu'il épousera d'ailleurs peu après et une servante noire nommée Vénus. La famille s'installe à Argentan, puis au Mans où mourra le marquis, enfin à Caen...

On ne sait où ni dans quelles circonstances Nez-de-Cuir – c'est le nom que toute la province lui a donné – rencontre Clarisse, mais on sait que tout de suite ils se sont aimés et qu'elle ne lui a pas résisté très longtemps.

Qu'il soit profondément amoureux, cela ne fait pas de doute. On possède certaines de ses lettres :

« Je pars pour le Chamblac afin de revenir plus tôt vers toi, ne me trouvant heureux qu'avec toi, sois-en bien persuadée ma chère Clarisse. Compte sur moi, aime-moi un peu, laisse-moi t'aimer à l'adoration et mon sort sera celui d'un homme heureux. À toi pour la vie, mon ange, toujours à toi, rien qu'à toi ; voilà ma devise... »

« Adieu tout ce que j'aime, ma vie, toutes mes affections comme toute ma consolation ! Partage un peu le bonheur que j'éprouve à t'assurer que la mort seule pourra me séparer de ma Clarisse. Compte sur ton Achille. Il t'aime et t'embrasse et est à toi pour la vie et veut vivre et mourir pour sa Clarisse... »

À tant s'aimer, il arrive ce qui doit arriver. Vers la fin de l'année 1818, Clarisse constate qu'elle attend un enfant. Naturellement, Mme de La Haye, qui est à la fois sa tante et sa belle-mère, fait savoir à La Genevraye qu'elle attend de lui une demande en mariage en bonne et due forme. Une demande que, d'ailleurs, elle va recevoir mais qui n'aboutira pas, en dépit de l'amour sincère et profond qu'Achille porte à Clarisse.

Plusieurs fois, déjà, il a connu ce genre de situation, mais jamais jusqu'à présent son cœur ne s'y trouvait intéressé. Il souhaite épouser celle qu'il aime et vivre auprès d'elle tout le reste de sa vie, et, cependant, il va se récuser ; et les questions viennent d'elles-mêmes...

Que craint-il au juste ? Les jours à venir, quand la flambée de passion s'éteindra pour laisser place à la tendresse quotidienne ? La peur d'une pitié dont il ne veut pas et qu'une cohabitation constante ne pourra que révéler ? Ou encore la peur de ne pas réussir à garder le vœu de fidélité ? Il aime les femmes comme il aime la chasse et les saines nourritures que son corps réclame. Et puis il y a ce masque, qui lui ajoute sans doute une auréole tant qu'il est jeune. Mais après ?

On dit que c'est du silence de la Trappe qu'il ira prendre conseil, mais il n'en reviendra que plus assuré dans son refus. Jamais il ne se mariera. Pourtant, cet enfant à naître, il le reconnaîtra hautement pour son fils et son héritier...

Le 2 juillet 1819 naît Louis-Victor-Achille Périer de La Genevraye. Clarisse viendra s'installer à Argentan, plus près de La Genevraye, mais la jeune femme est cruellement frappée par les étranges réactions de celui qu'elle aime. Et puis le goût de vivre ne l'habite plus. Le 17 janvier 1823, elle meurt, laissant l'enfant aux soins de son père.

Celui-ci tentera de reprendre la vie d'autrefois, mais sans y parvenir réellement. L'ombre de la morte est plus forte que la vivante. Pour se désennuyer il poursuit une carrière politique. Maire de La Genevraye, conseiller d'arrondissement, il sera, en 1827, conseiller général de l'Orne mais se retirera quand viendra la révolution de 1830. Ce monarchiste ne veut pas servir le fils de Philippe Égalité, le régicide.

Il se retire alors dans une solitude hautaine pour s'adonner à sa seule passion, les chevaux. Il collabore à l'installation du fameux haras du Pin et créera à Sées une grande école de dressage, tout en poursuivant, dans les écuries de La Genevraye, un élevage qui est l'un des meilleurs de cette terre vouée au cheval.

En 1852, il sera une fois encore élu conseiller général de l'Orne pour le canton du Merlerault. Mais la fin est proche et, le 30 juillet 1853, Nez-de-Cuir s'éteint, enfin apaisé, dans le château blanc qui regarde les écuries...

Trois ans plus tard, son fils, au château de Rabodanges, épouse Alice Debüs d'Holbecke dont il n'aura qu'une fille. Le château appartient à présent au comte de Gacé et n'est pas ouvert à la visite.

GROSBOIS

Un diamant nommé Sancy

Dans les grandes choses les hommes se montrent comme il convient de se montrer ; dans les petites ils se montrent comme ils sont.

CHAMFORT

S'il est des châteaux dont le destin est entièrement tissé par des femmes – Chenonceau ou Anet, par exemple – il en est d'autres sur lesquels les hommes seuls ont laissé leur empreinte, les femmes n'y jouant qu'un rôle décoratif et, au surplus, épisodique. Ainsi est Grosbois, bâti par des hommes pour des hommes et habité par des hommes dont aucun n'eut un destin indifférent car tous, sans exception, ont laissé une trace dans l'histoire de France.

Le domaine est d'abord domaine royal. Ce n'est qu'une vaste forêt où les rois viennent chasser. Un gros bois et rien de plus, à peine éclairci autour d'une très modeste halte où les chasseurs aiment à venir boire et se restaurer. Dans les temps anciens, Jean II le Bon est l'un des habitués de ce gros bois où il aime à forcer le cerf ou le sanglier.

Il faudra attendre la fin du XVIe siècle pour que le château commence à sortir de terre. Un château qui n'atteint pas, et de loin, la superficie qu'on lui voit aujourd'hui : seul le pavillon central est bâti mais, tel qu'il est, il plaît à Raoul Moreau qui, en 1580, peut planter le bouquet sur le toit.

Fidèle serviteur des rois Valois, Raoul Moreau ne profite guère de son château tout neuf. C'est son gendre qui l'habitera assidûment. Nicolas de Harlay, baron de Sancy, a, en effet, épousé la fille du bâtisseur et il est destiné à faire quelque bruit dans le monde. C'est un curieux homme, à la fois habile diplomate, financier retors, homme de guerre à ses heures, extrêmement cultivé et follement riche. Par-dessus le marché il est aussi peu scrupuleux que possible en matière de religion. C'est ainsi que, protestant d'origine, il se hâte d'abjurer pour échapper à la Saint-Barthélemy, l'agrément de prier Dieu en français lui paraissant d'un prix bien moins élevé que sa vie. Mais, le danger passé, il est revenu assez vite à ses convictions premières, circonstance dont le roi Henri III, qu'il sert avec un dévouement absolu, ne paraît pas lui tenir rigueur. De ce dévouement, il donne une preuve éclatante, au début de l'année 1589.

Le roi, depuis l'exécution du duc de Guise, lutte désespérément pour défendre le royaume attaqué de toutes parts aussi bien par les énergumènes de la Sainte Ligue que par les séides de la turbulente maison de Lorraine que mènent la sœur et le frère du Balafré. Pour balayer toute cette racaille séditieuse, Nicolas de Harlay propose d'acheter la meilleure force de frappe d'Europe : des Suisses. Quelques bons bataillons helvètes feront place nette et rendront à Henri III une France nettoyée. Malheureusement, les Suisses coûtent cher et le roi n'a plus d'argent.

Alors Harlay se dévoue : il possède un fabuleux diamant ayant appartenu jadis à Charles le Téméraire puis au roi de Portugal. Ce diamant qui porte désormais son nom, le Sancy, il va l'engager en Suisse afin d'obtenir l'arrivée de douze mille enfants des cantons.

La chose paraît simple à première vue. Elle est, en fait, très difficile car faire voyager le fabuleux diamant de Grosbois à Soleure représente une sorte d'exploit tant les routes sont peu sûres. La moindre escorte attirerait l'attention et le mieux est encore de confier la pierre à un homme seul et d'apparence modeste. Cet homme, Harlay le possède : c'est Hermann, son Suisse, un vieil homme natif justement de Soleure et qui aimerait bien y finir ses jours.

Hermann part donc, en petit équipage, celui d'un serviteur qui s'en va prendre sa retraite. Le diamant est cousu dans ses vêtements, Harlay de Sancy n'a aucune inquiétude : l'homme est fidèle, d'une honnêteté totale. Pourtant, au bout de quinze jours il ressent la première angoisse : aucune nouvelle n'est parvenue, non seulement de Suisse, mais même de Dijon et de Pontarlier où Hermann devait signaler son passage.

Du coup, le financier prend la route à son tour mais ne va pas plus loin que Dijon parce que Hermann n'est pas allé plus loin : il est mort après une très courte maladie. L'aubergiste remet d'ailleurs au maître les hardes du serviteur en lui disant qu'il l'attendait : en effet, Hermann en mourant l'a prié de le faire ensevelir sous une couche légère de terre afin que son maître puisse l'enlever pour le ramener chez lui, comme il le lui a toujours promis. C'est, pour le maître du diamant, un trait de lumière : Hermann, en effet, a avalé le Sancy afin de le protéger jusqu'au bout.

Nicolas de Harlay accomplira lui-même le reste du voyage et ramènera douze mille Suisses... mais trop tard. Le roi Henri III a été assassiné. Son successeur, c'est le roi de Navarre, son beau-frère, qui devient Henri IV mais, protestant, celui-ci a les mêmes problèmes que le défunt roi : la Sainte Ligue et les princes de Lorraine qui, du coup, transforment le combat en guerre de Religion. Il héritera des Suisses et du dévouement de Nicolas de Harlay dont il fera, une fois devenu roi de France, son surintendant des Finances. Une fois de plus, Harlay de Sancy abjure le protestantisme, tout comme Henri lui-même.

Chargé de diverses missions diplomatiques, le dévoué Nicolas, qui a fini par récupérer son fabuleux diamant, devra finalement le vendre au roi d'Angleterre Jacques Ier qui en fera don à son favori, le célèbre duc de Buckingham. Mazarin le rachètera et le fera entrer dans les joyaux de la Couronne.

C'est Charles de Valois, comte d'Auvergne puis duc d'Angoulême par voie d'héritage, qui, en 1619, achète Grosbois car Harlay de Sancy n'a pas de descendants. Fils bâtard du roi Charles IX et de Marie Touchet, né le

28 avril 1573 au château du Fayet en Dauphiné, Charles d'Angoulême a cinquante-six ans quand il acquiert le château qu'il va transformer de fond en comble. C'est lui qui fait construire les deux ailes encadrant le bâtiment d'origine. Il les fait construire d'une manière un peu spéciale car, manquant toujours d'argent, il ne trouve rien de mieux que d'envoyer ses domestiques détrousser les voyageurs qui s'aventurent aux alentours de son domaine. Cela lui permet de payer des gages toujours en retard et d'agrandir considérablement Grosbois.

Incontestablement, il n'est pas lui non plus un personnage ordinaire et une courte biographie s'impose. Destiné d'abord à l'Église, Charles est abbé de La Chaise-Dieu à douze ans, grand prieur de Malte à seize ans, mais pas pour longtemps. Peu tenté par la religion, il quitte l'ordre pour n'y plus revenir car il désire surtout faire son chemin à la cour où le roi Henri III son oncle lui réserve un excellent accueil et le couvre de bienfaits : déjà comte de Clermont et d'Auvergne, il devient baron de La Tour, comte de La Chaise-Dieu, de Lauraguais, de la Lande-Mage et de Carcassonne, le tout en une seule journée.

Comme Harlay de Sancy, il sert Henri IV fidèlement au début, devient gouverneur d'une foule de provinces puis comte d'Alès quand il épouse, à Pézenas, une fille de Montmorency qui a tout pour plaire. Mais ce n'est pas elle qu'il aime : c'est sa demi-sœur à lui, Henriette d'Entragues, qui devient la maîtresse d'Henri IV avec l'espoir de devenir un jour reine de France.

Henriette est une intrigante fieffée et Charles la soutient en tout : il ira jusqu'à conspirer quand le roi épousera Marie de Médicis. Condamné à mort, il est sauvé *in extremis* par sa tante Diane de France qui lui léguera le duché d'Angoulême. Mais il reste prisonnier à la Bastille durant quatorze années. C'est le roi Louis XIII qui l'en tire, en 1619, tout juste avant qu'il n'achète Grosbois afin de s'y remettre d'une captivité qui lui a donné le goût du grand air.

Comme on l'a vu, il se consacre avec ardeur à son domaine où le roi viendra le visiter et souvent chasser. Avec lui, Grosbois connaît enfin les délices de la vie mondaine. Le nouveau maître aime recevoir. Il apprécie les arts. Sa femme les aime aussi et ils forment un assez bon ménage, sauf quand vient la sœur bien-aimée, Henriette, devenue marquise de Verneuil et obèse. Quand elle meurt, Charles éprouve un vif chagrin, bien plus grand que celui causé par la mort de sa femme. D'autant qu'il a toujours une ou deux maîtresses en réserve, car, en dépit de l'âge, il demeure superbe et séduisant : très grand, très brun avec des yeux sombres dont le temps n'éteindra pas le feu ardent.

Il garde tant de succès auprès des belles que, le 24 février 1644, alors qu'il va sur ses soixante et onze ans, il se remarie avec une jouvencelle de vingt et un ans. Cinquante ans de différence et le plus amoureux des deux n'est pas celui qu'on pense car la jolie Françoise de Narbonne est follement éprise de son fiancé. Soyons juste, il le lui rend bien. Pour la première fois depuis longtemps, Charles est amoureux comme un gamin, avec des impatiences, des palpitations de cœur, des émerveillements et des craintes idiotes. Qu'on en juge plutôt : pour éterniser le souvenir de ses noces, le maître de Grosbois commande au peintre Abraham Bosse d'en fixer le reflet sur les murs de la grande salle qui est aujourd'hui la salle à manger. On peut y voir les deux époux dans toute leur gloire et dans tout l'éclat d'un bal de noces. Puis, ce seront six ans de bonheur jusqu'à ce 24 septembre 1650 où Charles d'Angoulême meurt dans son hôtel parisien.

Dès le début du XVIIIe siècle, Grosbois retrouve pour maître un Harlay mais d'une autre branche que l'homme au diamant. Néanmoins tout aussi original que son cousin. Achille de Harlay, comte de Beaumont et premier président au parlement de Paris, est « un petit homme vigoureux et maigre, un visage en losange, un nez grand et aquilin, des yeux beaux, parlants, perçants, qui ne regardent qu'à la dérobée ». Homme d'esprit avec cela. Il se taille une réputation en la matière lors d'une de ses premières séances au Parlement. En effet, tandis qu'il lit un rapport, il s'aperçoit qu'une partie de ses auditeurs dort d'un profond sommeil tandis que l'autre partie discute de choses et d'autres sans prendre la peine de baisser la voix.

Alors, il s'arrête net puis déclare au milieu du silence revenu :

« Si messieurs qui causent faisaient comme messieurs qui dorment, messieurs qui écoutent pourraient entendre. »

Ce n'est qu'un début. Devenu premier président en 1689, il voit venir à lui une délégation de procureurs pour lui offrir des félicitations et demander sa protection :

« Ma protection ? Les fripons ne l'auront pas. Quant aux honnêtes gens, ils n'en ont pas besoin. »

Ce n'en est pas moins un fieffé courtisan qui, pour plaire à Louis XIV, mène croisade afin que les bâtards du Grand Roi soient légitimés. Ce qu'il obtiendra sans peine avec la faveur du Soleil couronné.

Par raison plus que par inclination, il a épousé Mlle de Lamoignon dans l'unique dessein d'en obtenir au moins un fils. Mission que la digne dame remplit le plus consciencieusement possible avant de quitter ce monde. Elle ne sera pas là quand Harlay deviendra propriétaire de Grosbois. Seul, le fils tant désiré accompagne le président. Un fils désiré mais cordialement détesté. Achille l'ancien – le fils se prénomme de la même façon – traite Achille le jeune « comme un nègre ». Et durant des mois Monseigneur d'Angoulême, du haut de sa fresque, voit s'installer à chaque bout d'une longue table ces deux êtres qui ne s'adressent jamais la parole et qui, pour traiter de leurs affaires, s'envoient des billets que portent les serviteurs.

En 1731, nouveau propriétaire : le marquis de Chauvelin qui n'aime guère les femmes mais qui s'est épris follement du château.

Diplomate, puis secrétaire d'État aux Affaires étrangères, Chauvelin est un homme de cabinet mais aussi un homme de plaisir. La jalousie de son ministre, le cardinal de Fleury, le privera un temps de son beau domaine mais l'amitié du roi Louis XV dont il est le commensal habituel et le compagnon de plaisir l'y renverra pour une douzaine d'agréables années. Des années trop courtes : à Versailles, un soir de 1750 où le marquis joue aux cartes avec le roi, il lâche soudain son jeu et s'abat sur la table, mort, au grand déplaisir de Louis XV qui se montra très affecté de cette fin brutale.

Le fils de Chauvelin ayant disparu avant lui, ses filles vendirent Grosbois au fils du financier Peyrenc de Moras, un ancien perruquier devenu multimillionnaire grâce au système de Law mais qui n'en fut pas moins homme de goût – c'est à lui que nous devons le superbe hôtel Biron où s'abrite actuellement le musée Rodin.

Hélas, le jeune Peyrenc de Moras ne peut conserver Grosbois parce qu'un prince le convoite. Le comte de Provence, l'inquiétant frère de Louis XVI, désire le domaine. Il ne saurait être question de le lui refuser. Le marquis de Brunoy, dont il a convoité aussi le château aujourd'hui détruit, ne le pourra pas davantage car Monsieur sait employer bien des moyens. Il faudra une révolution et la fantastique épopée napoléonienne pour faire de ce prince antipathique et dangereux un roi Louis XVIII conscient de ses responsabilités.

La Révolution commence par chasser Monsieur de Grosbois qui est vendu comme bien national. Mais, la tourmente passée, un nouveau maître se présente : le directeur Barras, l'homme que l'on a surnommé le Roi des pourris.

Cet authentique gentilhomme – il est vicomte et neveu de l'amiral de Barras qui fut l'un des chefs de la guerre de l'Indépendance américaine – s'est jeté comme tant d'autres dans la Révolution afin d'y assouvir son ambition. Membre de la Convention côté Montagne, il a voté la mort du roi et participé à plus d'un acte terroriste alors que, jadis, il a, un temps, brigué la main d'une sœur de la fameuse comtesse de La Motte, auteur du vol du collier de la reine. Pourtant, ce sont ses efforts et ceux du conventionnel Tallien qui ont jeté bas Robespierre et mis fin à la Terreur.

Avec lui, Grosbois connaît des fêtes somptueuses. La maîtresse de Barras, l'éblouissante Mme Tallien, donne le ton mais on y remarque aussi une jolie créole, la citoyenne Beauharnais qui, un temps, a été la maîtresse du directeur et qu'il mariera, presque de force, à un jeune général corse, un certain Napoléon Bonaparte.

Le coup d'État du 18 brumaire marque la chute de Barras et, la mort dans l'âme, il lui faut vendre Grosbois, pour la moitié de sa valeur réelle au général Moreau, le rival de Bonaparte, l'un des généraux les plus en vue de l'heure, l'idole des armées d'outre-Rhin.

Moreau a, lui aussi, épousé une créole, la ravissante Eugénie Hulot, et, follement épris d'elle, il souhaite lui donner pour cadre ce château quasi royal. Tous deux vont y vivre quelques mois délicieux mais Grosbois n'a jamais supporté longtemps qu'une femme règne sur lui. Moreau, aveuglé par la haine qu'il porte à Bonaparte, se laisse entraîner insensiblement dans la conspiration royaliste du général Pichegru qui, souvent, sera l'hôte secret de Grosbois. Grâce à lui Moreau rencontre boulevard de la Madeleine, une nuit de janvier 1804, le fameux conspirateur breton Cadoudal. Les deux hommes pourraient s'entendre car ils ont en commun la bravoure et le sens de l'honneur. Mais Moreau ne peut comprendre son interlocuteur qui, d'ailleurs, a plus de pureté et de vraie noblesse que lui. Il veut bien travailler pour lui-même, pas pour les Bourbons. L'accord ne se fait pas mais Moreau est néanmoins dénoncé. Un mois plus tard il est arrêté, conduit au Temple.

En dépit du grave danger qu'il a couru, Bonaparte se montrera indulgent : Moreau sera seulement embarqué pour l'Amérique avec sa famille. Devenu empereur, Napoléon a racheté tous ses biens – dont Grosbois – à leur juste prix. Mais pas pour lui :

« Allez dire à Mme Bernadotte (Désirée Clary) que je lui donne l'hôtel de la rue d'Anjou et à Berthier que je lui donne Grosbois », déclare-t-il un jour à Fouché qui aimerait bien garder pour lui le château où il a séjourné un temps.

Quand il prend possession de Grosbois, le maréchal Berthier, bientôt prince de Wagram, n'amène pas d'épouse avec lui mais un couple, le marquis et la marquise Visconti, avec lesquels il compose un assez réjouissant ménage à trois. Les salons du château vont en entendre de belles car Angela Visconti, qui est belle mais qui a tout de même passé fleur, est douée d'un caractère impossible. Jalouse comme une tigresse et d'une folle vanité, elle enrage de n'avoir pas ses entrées aux Tuileries.

La cour, en effet, lui est fermée de par la volonté de l'Empereur. Dire que celui-ci déteste la marquise constitue un aimable euphémisme : il l'exècre positivement. Même Mme de Staël n'arrive qu'en seconde position dans l'échelle de ses phobies, et cela depuis l'entrée à Milan, en 1796, des armées du général Bonaparte.

À l'époque, la Visconti avait jeté son dévolu sur le vainqueur et le poursuivait de ses assiduités avec une telle ardeur et un tel entêtement qu'il avait fini par prier Berthier de l'en débarrasser. Le malheureux n'avait que trop bien réussi en tombant éperdument amoureux de la dame. Au grand mécontentement de Bonaparte qui n'en demandait pas tant.

Depuis, le mécontentement est devenu fureur car Berthier ne se déplace plus sans les Visconti qui se sont installés chez lui. Il faut un ordre impérial pour que le maréchal, devenu prince de Neuchâtel en attendant de devenir prince de Wagram, accepte de se donner une épouse digne de lui : la princesse Élisabeth de Bavière-Birkenfeld. Le mariage a lieu le 9 mars 1808.

On pourrait supposer que la Visconti accepte alors de s'effacer ? Même pas. Le ménage à trois restera ménage à trois, le marquis ayant fini par quitter ce monde. Les deux femmes s'entendent bien. La marquise avait d'ailleurs cessé d'être dangereuse car, devenue énorme, elle était à peu près impotente.

Grosbois abritera la dernière nuit française du petit roi de Rome en route pour Vienne avec sa mère. Berthier s'est rallié aux Bourbons mais, se sentant en fausse position, se suicida le 1er juin 1815.

En 1962, René Ballière, président de la Société d'encouragement à l'élevage du cheval français, acquiert le domaine pour y installer un centre d'entraînement pour chevaux de course.

HORAIRES D'OUVERTURE

Dimanches
et jours fériés 14 h-17 h

Fermeture annuelle du 1er décembre au 15 mars sauf pour les groupes.

Au premier étage du château a été créé un musée du Trot.

http://www.cg94.fr/boissy-saint-leger/1268-boissy-saint-leger-chateau-de-grosbois.html

HAUTEFORT

Un poète de la guerre,
une guerrière de l'amour

Trompes, tambours, bannières et pennons,
Enseignes et chevaux blancs et noirs
Verront bientôt qu'il fera bon vivre :
On prendra leur bien aux usuriers
Et par chemins n'iront plus convois
De jours tranquilles, ni bourgeois sans tracas
Ni marchands qui viendront de la France
Mais sera riche qui pillera de bon cœur.

Peut-on célébrer avec plus d'enthousiasme et plus de talent les malheurs de la guerre ? L'homme qui fulmine et clame cette poésie violente, cruelle et impitoyable dans le dernier quart du XIIe siècle compte pourtant au nombre de ces doux chanteurs que l'on appelait les troubadours. Et même y tint un rôle éminent. Mais il faut le regarder de plus près.

Il n'a rien du dameret soupirant aux accords d'un luth, assis sur un carreau aux pieds de quelque châtelaine. L'amour, en vérité, ce n'est pas du tout, mais pas du tout son affaire. On peut chercher : on ne lui connaît ni douce amie ni princesse lointaine. Il n'a que faire des douceurs fades, des regards noyés, des voix murmurantes. Lui, Bertran de Born, vicomte de Hautefort, ne sait que crier dans la mêlée et, de retour sous la tente, tout fumant du combat, écrire sa joie sauvage encore toute chaude puis appeler Papiol, son chanteur, pour mieux entendre l'effet produit :

> *« Je vous le dis : rien n'a pour moi saveur*
> *Ni manger, boire ou dormir*
> *Autant que d'entendre crier : « En avant ! »*
> ....
> *Et voir tomber dans les fossés*
> *Grands et petits dans la prairie*
> *Et voir les morts avec, dans le côté*
> *Tronçons de lance et leurs fanions.*

La vie de ce brûlot pensant, de ce boutefeu ambulant ressemble à ce qu'il écrit : guerre, guerre et encore guerre ! Il n'aime pas les dames, il n'aime que le roi d'Angleterre, son suzerain, hélas ! puisque alors les battements de cœur désordonnés d'Aliénor d'Aquitaine ont apporté l'énorme duché au Plantagenêt. Et son roi, à lui, c'est d'abord Henri II. Mais il l'aime déjà moins quand, en 1182, ledit Henri place son pays – le Périgord – sous le commandement de Richard au cœur de lion qui n'a encore aucun droit à la couronne. Car c'est à Bertran que Richard s'en prend en tout premier lieu.

Le prince a pour cela une excellente raison : Bertran a un frère Constantin qu'il déteste et auquel il conteste la possession du puissant château familial, et Constantin s'en est allé porter sa plainte à Richard. Richard, bien sûr, prend sous sa protection cet expulsé dont il espère faire un vassal reconnaissant. Apprenant cela, Bertran se hâte d'aller faire hommage à l'héritier d'Angleterre, Henri, frère aîné de Richard et son ennemi. Le choix serait bon si Henri Court-Mantel ne mourait subitement en 1183. Quelques semaines plus tard, Richard vient mettre le siège devant Hautefort, en chasse Bertran et réinstalle Constantin.

Furieux, le poète trousse quelques sirventès vengeurs et, profitant de l'inimitié qui règne entre le roi et Richard, souffle le feu et la fureur entre les deux hommes tant et si bien qu'on lui rend le château en 1185. Pas pour longtemps : l'année suivante, Constantin revient, expulse à nouveau son frère et, pour faire bonne mesure, ravage totalement Hautefort.

Malheureusement pour lui, il n'est pas poète. Devenu roi, Richard Cœur de Lion acceptera l'hommage de Bertran et appréciera sa muse ardente qui répond si bien à ses goûts personnels. D'autant que, cette fois, Bertran restera fidèle. À la mort du roi il pensera que nul n'est plus digne d'être chanté par lui... sinon peut-être Dieu. Il se retire alors à l'abbaye de Dalon où il mourra en 1215, âgé de soixante-quinze ans, laissant environ quarante-cinq poèmes épiques. Il avait tout de même trouvé le temps de se marier par devoir. Ce furent les descendants de sa fille Marguerite qui héritèrent de Hautefort puis, par mariage, la famille de Gontaut.

Il faut attendre le XVIIe siècle pour que le château, après avoir connu diverses constructions, trouve son aspect actuel, celui d'un superbe échantillon de son siècle dont l'harmonie corrige la sévérité. Le bâtisseur, c'est Jacques-François de Hautefort, et l'œuvre se poursuit entre 1640 et 1680.

La demeure toute neuve va abriter pendant quelque temps l'exil d'une des plus belles jeunes femmes de l'époque. Elle s'appelle Marie, elle est la sœur de Jacques-François. Elle est aussi dame d'atour de la reine Anne d'Autriche, femme de Louis XIII, à laquelle elle voue un attachement absolu. En cette beauté se retrouvent l'orgueil et l'ardeur guerrière du lointain ancêtre Bertran. Sa hauteur ne cède que devant la reine.

Devant la reine et pas devant le roi ? Eh bien non ! Et cela pour la meilleure des raisons : Louis XIII le chaste, le secret, l'homme qui préfère à sa blonde épouse ses amis et ses chevaux, est tombé amoureux d'elle, de la plus imprévisible façon. Peut-être à cause de cet éclat hautain et triomphant qu'elle avait et qui était fort loin des grâces plus mièvres des autres dames. Saint-Simon, dont le père était alors le confident du roi, a écrit assez longuement sur Mlle de Hautefort, rapportant même les paroles prononcées un jour par Louis XIII lorsque son confident le poussait à faire de la jeune fille sa maîtresse.

« Il est vrai que je suis amoureux d'elle, que je le sens, que je la cherche, que je parle d'elle volontiers et que j'y pense encore davantage ; il est vrai encore que tout cela se fait en moi malgré moi parce que je suis un homme et que j'ai cette faiblesse ; mais plus ma qualité de roi ne peut donner plus de facilité à me satisfaire qu'à un autre, plus je dois être en garde contre le péché et le scandale. Je pardonne pour cette fois à votre jeunesse ; mais qu'il ne vous arrive jamais de me tenir un pareil discours si vous voulez que je continue à vous aimer. »

Nobles et belles paroles sans doute, traduisant bien cette étrange résistance qui exaspérait tant la belle Hautefort. Pour parvenir à ses fins, elle ne cessait de provoquer le roi. Et un jour où, entrant chez la reine, il a vu celle-ci remettre un petit billet à sa fille d'honneur, il demande qu'on le lui donne. Mlle de Hautefort glisse alors le billet dans son décolleté, bien en vue entre ses seins et, en riant, met le roi au défi de venir l'y prendre. On dit que Louis XIII rougit très fort puis tourna les talons et s'enfuit comme s'il avait vu le diable. Peu de temps après d'ailleurs, un amour beaucoup plus pur pour Mlle de La Fayette le sauvait des pièges de la belle Marie. Celle-ci entreprit de conspirer contre Richelieu, ce qui lui valut un premier exil à Hautefort. Elle revint à la cour après la mort de Louis XIII et, fidèle à ses habitudes, manigança contre Mazarin. Elle ne savait pas que les choses avaient changé et qu'Anne d'Autriche aimait autant ce cardinal-là qu'elle avait détesté l'autre. Marie fut de nouveau exilée. Deux ans plus tard, elle épousait le maréchal de Schomberg, duc d'Halluin.

La Révolution passée, un autre guerrier, le baron de Damas, devint propriétaire de Hautefort par son mariage avec Charlotte du même nom. Il fut de ces soldats qui servirent la France avant de servir un régime et, après avoir combattu sous la Révolution et l'Empire, servit fidèlement la Restauration qu'il suivit même jusqu'en son exil en devenant gouverneur du duc de Bordeaux. Chateaubriand le détestait.

En 1929, le baron de Bastard faisait l'acquisition de Hautefort, alors bien abîmé, et entreprenait une restauration exemplaire. Une entreprise qui dura des années et dont il ne vit pas la fin. Il n'était plus, au jour où l'on célébra, avec éclat, la fin des travaux. Peu de temps après, un incendie réduisait à néant toutes ces années d'effort. Néanmoins, grâce à une souscription, la baronne de Bastard a réussi, avec une rare ténacité, à remettre encore une fois l'écrasant Hautefort en état.

HORAIRES D'OUVERTURE

Mars	14 h-18 h (week-ends et jours fériés)
Du 1er avril au 30 mai	10 h-12 h 30 et 14 h-18 h 30
Du 1er juin au 30 août	9 h 30-19 h
Septembre	10 h-18 h
Octobre	14 h-18 h
Du 1er au 11 novembre	14 h-18 h (week-ends et jours fériés)

Un spectacle nocturne a lieu tous les mercredis des mois de juillet et août à 21 h.

http://www.chateau-hautefort.com/

CHÂTEAU D'IF

L'enfant né de la mer...

Homme libre, toujours tu chériras la mer...

Charles BAUDELAIRE

Par un jour venteux du mois de décembre 1598, une jeune lavandière de Marseille s'installe dans le petit bateau qui va la mener au château d'If où elle doit livrer le linge de la garnison. Elle commet là une grosse imprudence car le ciel est gris, le temps menace. En outre elle est enceinte autant qu'on saurait l'être, et beaucoup trop près de son terme pour courir ainsi les aventures. Mais elle possède l'insouciant courage de la jeunesse et pense qu'en tout état de cause la mer et le ciel lui laisseront bien le temps de gagner la forteresse des vagues. D'ailleurs, le marin qui l'accompagne se fait fort de la mener à bon port : en bon Marseillais, il s'estime le roi des navigateurs. Ce en quoi il fait preuve d'un optimisme un peu outré. Il devrait savoir que la Méditerranée est, de toutes les mers, la plus imprévisible.

La première partie du voyage se passe bien. Mais, alors que l'on est tout juste à mi-chemin, voilà que la tempête se lève. Et quelle tempête ! rageuse, brutale, éprouvante !... Sous le petit bateau emporté par un vent violent, la houle se creuse, les vagues se forment, secouant d'importance nos deux imprudents.

Elle les secoue même tant et si bien que la pauvre lavandière accouche d'un gros garçon avant même que la barque ait atteint le château d'If.

C'est alors une forteresse chargée de défendre les abords de Marseille. Soixante-quatorze ans plus tôt, alors que la ville venait d'être assiégée par les troupes de Charles Quint commandées par le connétable de Bourbon, le roi François Ier se résolut à faire abattre un joli pavillon servant de rendez-vous de chasse qui ornait la plus petite des trois îles étalées devant le port : Pomègue, Ratonneau et If. À l'époque, en effet, ces îles couvertes de végétation étaient très giboyeuses. Mais le roi, pensant qu'un fort château serait de plus grande utilité qu'un pavillon de chasse, en posa la première pierre le 20 décembre 1524 et déposa sous cette pierre un flacon d'huile, une bouteille de vin et un coffret dans lequel se trouvaient une poignée de blé et une plaque de cuivre commémorant l'événement.

François Ier revint visiter son château aux trois tours blanches, le 8 octobre 1533, quand il descendit à Marseille pour y attendre la galère qui portait la nièce du pape, sa future belle-fille Catherine de Médicis. Mais revenons à notre lavandière et à l'enfant qu'elle venait de mettre au monde d'une façon si originale.

Le château est alors gouverné par Paul de Fortia de Pilles, issu d'une puissante famille de viguiers de Marseille qui en conserveront le gouvernement jusqu'en 1771 ; là se trouvait leur tombeau.

Naturellement, Paul de Fortia est le premier à qui l'on annonce la nouvelle et il se fait apporter l'enfant tandis que l'on prodigue à la mère les soins nécessaires. C'est un bel enfant et le gouverneur décide de lui donner son prénom comme nom de famille, d'être son parrain et de veiller sur son enfance. La légende chuchote que la jolie lavandière n'était pas tout à fait une inconnue pour le gouverneur.

Quoi qu'il en soit, voilà le petit Paul installé dans l'île-forteresse où il passera les douze premières années de son existence, non sans effectuer de fréquents voyages à Marseille. Et, un jour qu'il erre sur le Vieux-Port, il va tout droit se présenter au patron d'une petite tartane en lui proposant de l'embarquer. Voilà douze ans qu'il contemple la mer et, à présent, son envie de naviguer est devenue insupportable. Il veut être marin.

Le bonhomme refuse : il n'embarque pas n'importe qui. Paul n'insiste pas mais, la nuit venue, il monte à bord clandestinement et le lendemain, alors que Marseille est déjà loin, le patron s'aperçoit qu'il a un mousse sur lequel il ne comptait pas. Du coup, il le garde et il va même le garder quatre ans, jusqu'à ce qu'à La Ciotat sa tartane se retrouve bord à bord avec une galère de Malte. Les moines-marins ! Voilà des maîtres, et Paul n'hésite pas à leur offrir des services qui, cette fois, sont acceptés sans hésitation : quatre années de mer ont fait de lui en dépit de sa jeunesse un gaillard appréciable. Et une force de caractère ! Un vieux sergent avec lequel il se prend de querelle dans une rue de La Valette l'apprend à ses dépens : Paul le provoque en duel, et l'étend raide mort.

C'est une grave affaire, et voilà notre tête chaude en grand danger d'être pendue... si quelqu'un ne s'en mêlait. Paul de Fortia, son parrain, l'ancien gouverneur du château d'If, est à Malte ; il plaide sa cause et obtient que l'on se contente d'embarquer Paul sur un brigantin qui s'en va chasser le Barbaresque sur les côtes grecques. Il va y faire merveille : le capitaine de son navire étant tombé dans le combat, l'équipage le choisit pour lui succéder : il a tout juste vingt ans.

Dès lors, les îles grecques vont retentir de ses exploits : basé dans une tour de Mitylène qui porte toujours le nom de tour du Capitan Paulo, il mène la vie dure aux Barbaresques, réussissant même avec son seul bateau à leur capturer une galère et à en faire couler une seconde alors qu'elles étaient cinq en face de lui. Un tel exploit assure sa renommée et, alors que les Barbaresques mettent sa tête à prix, se promettant bien, s'il leur tombe sous la griffe, de le faire tirer à quatre galères, à Malte il est reçu en héros. En 1637, le petit bâtard du château d'If, l'enfant né de la mer, devient chevalier servant de l'ordre de Malte. Il est désormais le chevalier Paul, et le grand maître Jean de Lascaris-Castellar le recommande au cardinal de Richelieu qui se cherche des capitaines. C'est une fantastique carrière qui commence.

D'abord capitaine d'un vaisseau de seize canons, le *Neptune* dont le précédent commandant était Abraham Duquesne, le chevalier Paul va faire respecter son pavillon, sur toutes les mers où il aura à le promener. Il ira même jusqu'à couler, en pleine paix, un vaisseau anglais de trente-cinq canons qui lui a refusé le salut. Mais quel résultat ! En 1650, Paul, que le roi a anobli, est chef d'escadre. Mazarin fera du fils de la jolie lavandière le lieutenant général des armées navales du Levant. Il pourrait mener grand train. Pourtant, ce qu'il préfère, c'est partir seul sur la mer, comme autrefois, avec son navire et rien de plus car, au fond, c'est un loup solitaire. Et la mer lui apportera l'amour.

On sait peu de choses d'elle sinon qu'elle était espagnole, de noble famille, qu'elle avait vingt ans alors qu'il en avait près de soixante, qu'elle était à bord d'un galion capturé par Paul et qu'au lieu de la renvoyer à sa famille, il la garda pour lui. On sait encore qu'il la cacha dans la petite maison qu'il s'était fait construire dans une pinède près de Toulon et qu'à certains qui lui reprochaient ce que l'on croyait être une capture, il répondit : « C'est qu'elle ne veut pas partir. Demandez-le-lui... »

Elle partit pourtant, mais ce fut la mort qui l'emporta après quelques trop courtes années de bonheur. Le chevalier Paul s'en trouva meurtri pour toujours. Il reprendra la mer, se battra encore mais avec le désespoir au cœur, jusqu'à ce mois d'octobre 1667 où, épuisé par tant de combats, tant de blessures, il reviendra mourir à Toulon tout seul et sans bruit, demandant seulement qu'on lui accorde, à lui amiral du Levant, l'honneur d'être enterré dans une fosse commune... aux côtés de ses marins.

Après cette superbe et fulgurante histoire, il est difficile de revenir au château d'If où elle a commencé de façon si romanesque. Au château d'If qui était devenu prison d'État. Une prison où passèrent des personnages extraordinaires comme le mystérieux Masque de Fer, Mirabeau et Philippe Égalité, le prince régicide qui avait voté à la Convention la mort de son cousin Louis XVI. Gens qui furent de bien réels prisonniers, avec tout ce que cela implique de désespoir et de souffrance. Mais il appartenait à

Alexandre Dumas d'assurer pour jamais et devant le monde entier la renommée du château d'If.

Pour les innombrables lecteurs du *Comte de Monte-Cristo*, la vieille forteresse marseillaise est avant tout la prison d'Edmond Dantès. Au point que, cette prison, on la montre toujours, ainsi que celle de l'abbé Faria, comme s'ils avaient existé l'un et l'autre.

Vers la fin du siècle dernier, le gardien chargé de faire visiter le château d'If se nommait Grosson. C'était un guide comme on n'en trouve plus, plein de faconde et d'imagination méridionales. C'est ainsi qu'un jour, il eut à faire visiter le château à Alexandre Dumas lui-même qui avait eu envie de revoir le théâtre de ses exploits littéraires et qui, bien sûr, ne se fit pas connaître.

— Vous voyez ce trou, dit Grosson. C'est l'abbé Faria qui l'a creusé avec une arête de poisson. Monsieur Alexandre Dumas l'a raconté dans son célèbre roman *Monte-Cristo*.

— Ah, dit Dumas. Ce monsieur sait donc beaucoup de choses ? Vous le connaissez peut-être ?

— Je crois bien, fait l'autre avec assurance. C'est l'un de mes meilleurs amis...

— Il vous en sait gré...

Et, dans la main du gardien ébahi, le romancier glissa deux louis d'or...

HORAIRES D'OUVERTURE

Du 15 mai au 20 septembre	9 h 40-17 h 40
Du 21 septembre au 14 mai	9 h 30-17 h 30 (fermé le lundi)

Fermé le 1er janvier et le 25 décembre.

http://if.monuments-nationaux.fr/

JEAN D'HEURS

Le roman d'une maréchale d'Empire

Deux étions et n'avions qu'un cœur.

François VILLON

Quand, en 1809, le maréchal Oudinot reçoit de Napoléon Ier, après la bataille de Wagram où il s'est conduit en héros, le titre de duc de Reggio, il se prend à penser que sa maison de Bar-le-Duc est peut-être un peu trop modeste pour contenir un si haut personnage et qu'en tout état de cause il lui faut un château. Ne serait-ce que pour y installer, outre la duchesse sa femme et ses enfants, son écurie de dix-huit chevaux, l'étalon que lui a offert le tsar et enfin son souvenir préféré : le canon qu'en 1800 il a pris à l'ennemi, sur le Mincio, et auquel il a naturellement donné ce nom.

Son choix tombe sur une ancienne abbaye de prémontrés située à trois lieues de Bar, vieille de plusieurs siècles mais que divers incendies et autant de reconstructions ont fini par transformer en une superbe bâtisse du XVIIIe siècle implantée auprès d'un cloître et d'une église fort abîmés. Seul, il faut bien le dire, le palais abbatial est en bon état. Aussi est-ce d'un cœur tranquille que le maréchal fait abattre l'église et une partie du cloître pour installer ses écuries. L'histoire ne dit pas si, pour obtenir ce résultat, il se servit du canon.

Le décor étant ainsi planté, revenons une année en arrière, et arrêtons-nous dans le jardin du couvent Notre-Dame de Bar-le-Duc par un beau jour de l'été 1808 au moment où deux jeunes filles, deux pensionnaires du couvent arrivées en fin d'études et sur le point de rentrer dans leurs familles, sont en train de se faire leurs adieux. L'une s'appelle Eugénie de Coussy, l'autre Pauline de Montendre. Elles ont toutes deux le même âge – dix-sept ans – et toutes deux éprouvent cette tristesse que l'on ressent en se séparant d'une compagne que les années écoulées ont faite très proche.

Bien sûr, on se promet de s'écrire souvent, de ne pas se perdre de vue, de se tenir au courant des événements à venir mais cela ne les satisfait pas pleinement. En effet, si Eugénie reste à Bar où elle va s'installer chez sa sœur Mme de La Guérivière, Pauline rejoint sa mère à Paris. C'est donc une vraie séparation qui les désole. Alors Pauline de Montendre a une idée : quand l'une des deux se mariera, elle enverra à l'autre un petit anneau d'or. Un petit anneau tout simple : les détails viendront après.

Mais justement ces détails intéressent Eugénie qui renchérit sur l'idée de son amie : si le fiancé est chevalier de la Légion d'honneur (car bien sûr ces jeunes filles ne rêvent que des soldats de Napoléon), on mettra une étoile à l'anneau. On en mettra deux si l'élu est baron, trois s'il est comte. Et si c'est un duc ? dit Pauline. La suggestion soulève de grands éclats de rire. À idée folle, réponse folle :

« Eh bien, dit Eugénie, l'anneau portera de petits diamants mais je serais bien étonnée si l'une de nous deux avait à faire cette dépense. »

Or, au mois de janvier 1812, Pauline de Montendre reçoit un écrin de velours blanc renfermant un anneau serti de petits diamants. Et, en effet, quelques jours plus tôt, Eugénie a épousé le maréchal Oudinot, duc de Reggio, dans la cathédrale de Bar-le-Duc réchauffée par des centaines de cierges. Elle a tout juste vingt ans, il en a quarante-quatre, il est veuf avec six enfants mais ce n'en est pas moins un très authentique mariage d'amour. Que s'était-il donc passé ?

Rien que de fort simple au fond, encore que de très romantique. Mme de La Guérivière, sœur d'Eugénie de Coussy, était très liée avec la maréchale Oudinot et elle fut l'une des premières à visiter Jean d'Heurs en compagnie de sa jeune sœur. Avec d'ailleurs une idée derrière la tête : marier Eugénie avec le jeune Victor Oudinot qui était son aîné de un an et qui était un très charmant garçon, tout à fait capable de séduire une jeune fille.

La maréchale, née Françoise Derlin, était une aimable femme d'une quarantaine d'années, belle encore mais de santé précaire. Elle approuva tout de suite le projet de son amie : Eugénie, grande fille blonde aux magnifiques yeux noirs, pleine de grâce et de distinction, avait tout pour plaire. Le jeune Victor était, pour sa part, totalement d'accord. Rien n'aurait dû en conséquence s'opposer au mariage. Sauf Eugénie elle-même... Eugénie qui trouvait Victor bien gentil mais n'hésitait pas à le trouver fade en comparaison de son père.

Le premier contact a eu lieu par le truchement du portrait du maréchal qui trônait dans le grand salon. Non que le héros fût beau. Il était même plutôt laid mais Eugénie avait été séduite par le visage énergique, les yeux sombres et l'épaisse crinière de cheveux noirs. À la rigueur, on pouvait penser que le peintre avait flatté son modèle mais bientôt Eugénie se trouve confrontée à la réalité : Oudinot est venu se remettre chez lui d'une grave blessure reçue sous Dantzig. Et elle n'est pas déçue, loin de là : le Bayard de la Grande Armée lui paraît même encore mieux que son portrait.

Eugénie comprend très vite ce qui lui arrive et, comme elle est honnête, comme la maréchale l'a toujours reçue avec bonté, elle trouve le courage de cesser toute visite à Jean d'Heurs. À la stupeur de Mme de La Guérivière qui finit par conclure, faute d'information plus précise, que son aristocrate de sœur trouve les Oudinot de naissance trop modeste pour elle.

Or, à l'automne 1810, la maréchale Oudinot meurt à la suite d'une courte maladie, loin de son époux qui se trouve alors en Hollande. C'est seulement l'année suivante que celui-ci peut revenir s'agenouiller sur sa tombe... mais presque immédiatement après il se rend à Bar, chez Mme de La Guérivière. Car si Eugénie est amoureuse d'Oudinot, celui-ci rêve d'elle depuis pas mal de temps.

Quelques mois plus tard, l'accord se fait entre eux à la grande stupeur de la sœur aînée.

Le voyage de noces est bref. Le maréchal doit se rendre à Berlin pour y prendre le commandement du 2e corps de la Grande Armée. Eugénie l'accompagne, fière et heureuse. Avec orgueil elle voit son époux entrer dans Berlin à la tête de ses quarante mille hommes et défiler dans Unter den Linden. Mais ensuite il faut regagner la France et la regagner seule : l'Empereur prépare la campagne de Russie.

À Jean d'Heurs où elle est désormais maîtresse, Eugénie occupe ses loisirs à écrire de longues lettres pour l'absent et à monter sa maison sur un pied réellement ducal. Sa vie y est paisible entre sa mère, son oncle le baron de Coussy et ses beaux-enfants... jusqu'à ce qu'elle apprenne par *Le Moniteur* que son époux est grièvement blessé au fin fond de la Pologne. Alors, n'écoutant que son amour, Eugénie, accompagnée de son seul oncle, se lance sur les routes pour rejoindre le cher Nicolas, priant continuellement pour avoir la joie de l'embrasser une dernière fois.

C'est une folle, une incroyable équipée qui porte Eugénie à la hauteur des héroïnes de roman. Elle réussit non seulement à retrouver son Nicolas encore vivant mais à le ramener à travers les invraisemblables dangers et le drame que fut la retraite de la Grande Armée. Et c'est triomphalement qu'elle rentre avec lui dans leur château. Hélas, c'en est fini de l'héroïsme pour l'un comme pour l'autre. Poussé par sa femme, Oudinot se retourne contre Napoléon. Il fait partie de ceux qui l'obligent à signer son abdication et reste chez lui tandis que le canon tonne à Waterloo... Il en sera récompensé : jusqu'à sa mort, en 1847, il demeurera grand chancelier de la Légion d'honneur et gouverneur des Invalides. Jusqu'à sa mort aussi, il conservera l'amour d'une épouse qui lui a donné quatre enfants.

Pour sa part, Eugénie devient, par la grâce de Louis XVIII, dame d'honneur de la jeune duchesse de Berry. Une dame d'honneur singulièrement dévouée car, lorsque les mauvais jours seront venus pour la folle duchesse, Mme Oudinot demandera la faveur de la rejoindre dans sa prison de Blaye.

Mais c'est à elle que le château doit d'avoir connu nombre d'heures pompeuses car elle avait réussi à en faire un séjour à la fois somptueux et fort agréable. C'est ainsi que, durant la Restauration et la monarchie de Juillet, Mme la duchesse de Reggio allait y recevoir le duc de Berry en septembre 1814 – la fête donnée alors fut mémorable –, le comte d'Artois, futur Charles X la même année, son second fils le duc d'Angoulême en 1818, la duchesse de Berry naturellement en 1825, la duchesse d'Angoulême, fille de Louis XVI et de Marie-Antoinette, en 1828, puis en 1834 les ducs d'Orléans et de Nemours, fils de Louis-Philippe.

Après la mort d'Eugénie survenue en 1868, le château passe à M. Léon Ratier, cousin des frères Goncourt, qui va lui donner ses lettres de noblesse littéraires. C'est en effet à Jean d'Heurs qu'Edmond de Goncourt écrit son roman *Chéri* – ne pas confondre avec celui de Colette – et que les deux frères accumulent des notes pour leur fameux *Journal*.

HORAIRES D'OUVERTURE

Du 1er juillet au 20 août	visites guidées

JOSSELIN

Olivier de Clisson, connétable de France

Roi ne puis, prince ne daigne, Rohan suis.

Devise de la maison de Rohan

Plus beau, plus noble, plus imposant ne se saurait trouver sur cette terre bretonne, si riche cependant en monuments précieux et superbes demeures, que ce hautain château dans son armure de pierres. Il symbolise à lui seul tout un monde féodal et semble résonner encore du vacarme des bombardes et des cris de victoire. Il impose sa loi, il domine le paysage, si paisible cependant et qui peut-être a oublié ; mais lui se souvient. Elles ont vu tant de choses, les hautes tours qui se reflètent immuablement dans la petite rivière d'Oust. Un nom qui va mal à ce tranquille chemin d'eau car il ressemble à un cri de guerre...

Si le château se souvient si bien, c'est peut-être parce que, depuis des siècles, il appartient au même maître : le chef de nom de la puissante famille de Rohan, plus noble que certains rois et dont les branches s'étendent sur l'Europe.

Celui qui, le premier, fonde une place forte sur l'éperon de schiste où s'élevait jadis un poste de guet romain, se nomme Guethenoc, vicomte de Porhoët, mais il a un fils qui se nomme Josselin. Voilà le nom du repaire neuf tout trouvé. Un repaire devenu maison forte qui va connaître bien des vicissitudes jusqu'à l'an 1370 où il entre dans la possession d'Olivier de Clisson, connétable de France.

Au nombre de ces vicissitudes, Eudes II de Porhoët, qui ayant épousé Berthe de Bretagne, fille du duc Conan III, prétendit à la couronne ducale en dépit de tout droit. Cela donna une guerre au cours de laquelle le premier Josselin fut rasé, et quand le fils aîné d'Eudes, Josselin II, en hérita, il ne représentait plus guère qu'un imposant monceau de ruines. L'héritier s'en arrangea sans envier son frère Alain qui avait reçu, lui, la vicomté de Rohan : c'était tout simple, Josselin renaissait déjà de ses cendres.

Par alliances et héritages, il passa successivement aux seigneurs de Fougères, aux Lusignan, aux Valois de France et aux ducs d'Alençon. Mais, au cours de ces années, une page de gloire allait s'y inscrire quand Jean de Beaumanoir en devint capitaine pour Charles de Blois, duc de Bretagne.

Le 26 mars 1351, Jean de Beaumanoir quittait Josselin à la tête de trente chevaliers. Ils se sont confessés et ont ouï messe car, du combat vers lequel ils se dirigent, peu doivent revenir. On est alors en pleine guerre de Succession de Bretagne quand s'opposent Charles de Blois, époux de Jeanne de Penthièvre, sœur du défunt duc Jean III, et Jean de Montfort, demi-frère de ce même Jean III. Montfort a l'aide des Anglais, et c'est un Anglais, Richard Bemborough, que Beaumanoir va rencontrer dans la lande de Mi-Voie entre Josselin et Ploërmel, en un lieu dit la Croix-Helléan Bemborough, qui, de son côté, amène trente chevaliers anglais.

Le combat fut terrible. Au deuxième assaut, Bemborough fut tué mais les Anglais continuèrent la lutte. Il fallut l'exploit fabuleux de Guillaume de Montauban mettant à mal, à lui seul, sept chevaliers anglais pour décider du sort d'un combat demeuré fameux sous le nom de combat des Trente Beaumanoir. Lui était toujours vivant mais comme, blessé, il se plaignait d'une soif ardente, un chevalier français, Geoffroi du Bois, lui a lancé le fameux : « Bois ton sang, Beaumanoir ! »

La guerre terminée en 1364 par la mort de Charles de Blois, Jean de Beaumanoir ne lui survécut guère. Mais il avait pour ami un grand seigneur breton de la région de Nantes, Olivier de Clisson, dont le père a été jadis exécuté stupidement et même criminellement par le roi de France Philippe VI, et que l'on avait élevé en Angleterre[1]. Revenu en Bretagne, Clisson a rejoint le parti français. Compagnon d'armes de Bertrand Du Guesclin, il s'y couvre de gloire et une chaude amitié le lie à Beaumanoir. Après la mort de celui-ci, il épouse même sa veuve, Marguerite de Rohan. Cela ne lui suffit pas. Il veut aussi Josselin dont les ducs d'Alençon ne prennent aucun soin mais dont lui sait la valeur stratégique.

Pour l'obtenir, il offre une fortune : une forêt, une baronnie normande et une rente sur les riches foires de Champagne. Il l'obtient et, dès lors – nous sommes en 1370 –, il en décide la reconstruction totale. C'est une superbe forteresse qui va s'élever au bord de l'Oust : neuf tours – dont il ne reste que trois – vont la garder, la rendre inexpugnable. Plus un énorme donjon dont il ne subsiste rien.

Devenu connétable de France en 1380, Olivier de Clisson fait alors table rase des droits suzerains du duc de Bretagne. Il s'engage par écrit à ne jamais remettre le château qu'au seul roi de France car seul compte pour lui le serment qu'il fit au jour où lui fut remise la grande épée aux fleurs de lys d'or. Naturellement, le duc Jean IV n'apprécie pas et, en 1387, il joue à Clisson un bien mauvais tour.

La scène se passe à Vannes où Clisson possède une demeure seigneuriale. Un jour, le duc Jean invite Clisson et trois autres seigneurs qui lui sont proches à visiter le château de l'Hermine qu'il vient de faire élever dans sa bonne ville. Sans défiance, Clisson se rend à l'invitation mais, comme il monte l'escalier qui mène aux chemins de ronde, il est arrêté, enchaîné et jeté en prison en grand danger d'être enfermé dans un sac et noyé. En fait, Jean IV n'assouvit pas qu'une seule vengeance. Il est per-

1. Voir Clisson.

suadé que le connétable est l'amant de sa seconde femme, la belle Jeanne Holland.

Clisson se tire de justesse de ce mauvais pas grâce à l'amitié d'un serviteur du duc, le sire de Bazvalan, mais il doit payer une rançon de « cent mille florins d'or et de dix places fortes ». Que ne ferait-on pour recouvrer sa liberté ? Clisson signe le traité exorbitant puis, une fois libre, se hâte de reprendre une à une les places qu'il a dû abandonner. Mais, entre lui et le duc, la guerre n'est pas finie.

Jean IV va tenter de faire assassiner Clisson à Paris, près de son hôtel – aujourd'hui l'hôtel des Archives de France – par son homme de main Jean de Craon. Puis, en 1393, c'est devant Josselin qu'il vient mettre le siège avant de se réconcilier enfin avec son ennemi et même, une fois persuadé du fait qu'il est bien l'homme le plus noble qui soit, de lui confier en mourant la tutelle de ses trois fils.

À Josselin, alors, se situe une scène qui trace le portrait définitif du connétable. Au jour où un messager lui a fait connaître la mort du duc et ses dispositions testamentaires, Clisson est encore couché. C'est le petit matin. Pourtant l'une de ses filles, Marguerite de Penthièvre, vient prendre son lit d'assaut, ou presque. C'est une furie déchaînée qui revendique pour ses fils les anciens droits des Penthièvre. Et comme Clisson n'a pas l'air de comprendre, elle précise sa pensée : la seule chose à faire est de « faire périr les enfants de Bretagne et mettre les siens en leur place ».

Alors une colère folle s'empare de l'ancienne victime de Jean IV. Sautant à bas de son lit, il saisit un épieu avec l'intention d'en assener quelques coups sur la tête de sa fille qui s'enfuit. Il la poursuit jusque dans l'escalier. Elle tombe et s'y brise la jambe, ce qui lui vaudra, sa vie durant, le surnom de Margot la Boiteuse. On ne laissait jamais à cette époque perdre la moindre circonstance. Cependant, son père ira lui-même faire sacrer à Rennes un enfant de douze ans qui deviendra le duc Jean V.

Dès lors, Clisson va surtout habiter Josselin. Il y fera construire la charmante église Notre-Dame-du-Roncier. Il y perdra sa femme, ce qui lui sera cruel, et enfin, le 23 avril 1403, il y mourra. Le château va passer définitivement aux Rohan par Béatrice, seconde fille du connétable mariée à Alain VIII de Rohan.

En 1440, le duc Jean V, dont nous venons de voir le sacre, séjourne à Josselin quand y vient Gilles de Rais, l'homme qui servit de modèle à Barbe-Bleue. Gilles qui avait malmené un trésorier du duc venait se disculper. Il n'y parvint pas mais son procès qui s'ouvrit peu après et qui devait le mener au bûcher a mis en lumière la façon dont, à Josselin, il passa ses nuits :

L'acte d'accusation, en son article XIX, précise que « … les susdits Gilles de Rais et François Prelati, dans un certain pré près du château et de la ville de Josselin, du côté des faubourgs attenant audit château et à ladite ville, évoquèrent les malins esprits et firent là d'autres superstitions » et que « le même accusé fit tuer plusieurs enfants à lui procurés et qu'il connut et exerça avec eux le vice et le péché de sodomie… ».

La forteresse fut démantelée en 1488 sur l'ordre du duc François II pour punir Jean II de Rohan qui avait pris le parti d'Henri IV. Le Béarnais avait d'ailleurs le soutien total de ces hauts seigneurs devenus ducs et pairs, princes de Léon depuis 1572. Privé de ses défenses, Jean II se consola en faisant construire l'admirable logis qui élève sur la cour d'honneur ses hautes fenêtres fleuronnées.

Le donjon, lui, fut victime de Richelieu qui supportait mal les tours féodales. On dit que le Cardinal, rencontrant au Louvre le duc de Rohan, lui lança : « Je viens, monsieur, de jeter une bonne boule dans votre jeu de quilles. »

Le château souffrit les deux siècles suivants mais il est à porter au crédit de la charmante et folle duchesse de Berry d'avoir, en 1824, conseillé sa restauration. Ce que se sont appliqués à faire tous les ducs de Rohan jusqu'à nos jours.

HORAIRES D'OUVERTURE

Du 2 avril au 13 juillet	14 h-18 h
Du 14 juillet au 31 août	11 h-18 h
Du 1er septembre au 30 septembre	14 h-17 h 30
Du 1er octobre au 31 octobre	14 h-17 h 30 (les week-ends)

http://www.chateaujosselin.fr/

LIMOËLAN

L'homme à la machine infernale

Il est donc des remords ? Ô fureur ! Ô justice !

VOLTAIRE

C'est la veille de Noël de l'an 1800. Le souvenir des temps affreux de la Terreur commence à s'estomper. Bonaparte, Premier consul, a ramené l'ordre, et la religion reparaît timidement. Bien timidement en vérité, car les messes ne sont toujours pas autorisées. Quand on en célèbre une, c'est toujours chez des particuliers. Encore est-ce avec beaucoup de discrétion et de précautions. Mais, des précautions, Mlle Adélaïde de Cicé n'en a jamais beaucoup pris...

À cinquante et un ans, elle a traversé la Révolution sans paraître s'en apercevoir. Sainte fille, cœur pur s'il en est, elle a continué en pleine Terreur à visiter les malades, à secourir les pauvres, à recueillir même chez elle une communauté de religieuses pourchassées et à répandre sur tous une inépuisable charité. Elle n'a même pas consenti à supprimer la particule de son nom ou à dissimuler le fait qu'elle est la sœur de deux évêques. Et le plus fort c'est qu'on l'aime, qu'on la respecte dans toutes les classes d'une société bouleversée et que l'imprudent qui eût osé la dénoncer n'aurait sans doute pas vécu très vieux.

Rien d'étonnant en conséquence à ce qu'elle fasse célébrer, chaque année, à Noël une messe de minuit dans sa maison de la rue Cassette à Paris. D'autant que le célébrant, le père de Clorivière, est un vieil ami.

Mais ce soir, en dehors du prêtre, il n'y a que des femmes dans le salon où la cérémonie se prépare : Mlle de Cicé, bien sûr, les religieuses qu'elle a recueillies, les trois dames de Limoëlan qui sont ses parentes et une jeune fille, Anne-Marie de D..., dont le nom n'a jamais été révélé. Elle habite Versailles comme les dames de Limoëlan et est fiancée à leur fils et frère. Et Anne-Marie s'inquiète parce que ce fiancé, Joseph, se fait attendre...

C'est un grand garçon de trente-deux ans, assez beau en dépit d'une vue un peu basse qui l'oblige à porter des lunettes, et il ne manque pas de charme. Alors que les dames de Limoëlan n'ont jamais quitté la France, il est tout récemment rentré d'émigration et les femmes qui l'aiment s'inquiètent quand il est seulement un peu en retard. À plus forte raison quand il s'attarde ainsi au cœur de la nuit. Anne-Marie comme les autres, car elle est attachée à son fiancé et il ne s'agit pas entre eux d'une union de convenances. En vérité, c'est un amour tout neuf et la jeune fille ne connaît pas très bien celui à qui elle a promis sa main.

Elle sait cependant qu'il appartient à une ancienne famille bretonne et qu'il est le neveu du père de Clorivière. Son nom entier est Joseph-Pierre Picot de Limoëlan de Clorivière. Il est né à Nantes le 4 novembre 1768 mais il a passé toute sa jeunesse dans le beau château construit par son père en 1779 et qui, respecté ou à peu près par la tourmente révolutionnaire, s'élève non loin de Jugon et de Broons où naquit le grand connétable Du Guesclin. Un château où elle espère bien aller vivre un jour, elle aussi. On le lui a si souvent décrit !

C'est, au bout d'une allée de chêne, une belle demeure dressée au centre de vastes tapis verts. Elle a beaucoup d'allure, avec son avant-corps surmonté d'un toit en dôme et la noble terrasse par laquelle on descend aux jardins. Un endroit où il doit faire bon vivre en dépit du fait que, durant presque toute la Révolution, le château a été déserté. C'est que la mort y est déjà passée : compromis dans la conspiration du marquis de la Rouërie, le bâtisseur,

Alain-Michel de Limoëlan, a été guillotiné à Paris le 18 juin 1793[1].

Cette mort a rendu Joseph furieux. Il a servi dans l'armée de Condé mais, rentré en France, il s'est jeté dans la Chouannerie, a mené avec passion la guerre d'embuscades à travers les chemins creux et les forêts de la campagne bretonne. Durant des années, il a vécu une vie errante, jusqu'au jour où il lui est apparu qu'il était impossible de renverser cette république qu'il détestait. Alors il a abandonné les armes et, apparemment soumis, a rejoint à Versailles les femmes de sa famille...

Quand la messe prend fin, le chevalier de Limoëlan n'est toujours pas là. De chapelle, le salon redevient salon et Mlle de Cicé fait circuler quelques friandises quand, soudain, on entend un pas rapide. Sans se faire annoncer, Limoëlan fait irruption dans la pièce. Il est pâle, hagard même, et ses vêtements sont couverts de poussière mais il ne prend même pas le temps de saluer les dames : c'est le père de Clorivière qu'il vient chercher, c'est le prêtre. On a besoin de lui d'urgence. Clorivière suit son neveu sans poser de questions, sans autres commentaires, laissant les femmes dans la plus grande inquiétude. Et il y a quoi.

Il y a peu d'heures, Bonaparte, sa femme Joséphine et sa belle-fille Hortense qui devaient se rendre à l'Opéra de la rue de la Loi (rue de Richelieu) ont échappé de justesse à un attentat. Leur voiture venait tout juste de quitter les Tuileries quand, dans la rue Saint-Nicaise proche et qu'elle allait emprunter, un tonneau de poudre placé sur une charrette a explosé.

Heureusement pour le Premier consul et les siens, leur voiture était passée, mais il y a une douzaine de morts et la colère gronde dans les alentours du palais. En effet, la charrette avait été achetée pour la circonstance par les conjurés ainsi que le cheval qui la traînait et, attitude affreuse, l'un de ces hommes a prié une fillette de quatorze ans de tenir l'animal pendant quelques instants. Enfant, charrette et cheval, tout a été déchiqueté par

1. Voir La Rouërie (tome 2).

l'explosion en même temps qu'une dizaine de personnes qui fêtaient Noël dans un cabaret voisin. Des passants et un cavalier de l'escorte ont été blessés. À présent, la police de Fouché est sur les dents. Le ministre est en effet persuadé que le complot est l'œuvre des royalistes. Il ne se trompe pas...

Cependant, Anne-Marie est rentrée à Versailles, au matin, avec ses amies, mais elle n'a pas revu son fiancé. Et c'est avec stupeur, avec horreur aussi que, trois semaines plus tard, elle apprend les nouvelles : Mlle de Cicé et les dames de Limoëlan ont été arrêtées. On sait à présent, en effet, qui étaient les hommes de la machine infernale : Limoëlan d'abord, le chef, son domestique Carbon et un ancien officier de marine, Robinault de Saint-Régent, ses anciens compagnons de Chouannerie. C'est pour Carbon que le chevalier est venu chercher le père de Clorivière. L'homme a été gravement blessé. On l'a ramené ensuite chez Mlle de Cicé où la petite communauté l'a soigné. Mais il a commis l'imprudence de sortir. Il a été reconnu, arrêté le 18 janvier, et il a tout avoué...

Au prix d'un réel danger car il est recherché lui aussi, le père de Clorivière, devinant le désarroi d'Anne-Marie, réussit, un soir, à lui rendre visite. Et là il raconte tout, s'efforçant d'adoucir autant que faire se peut la terrible vérité : oui Limoëlan est bien l'âme du complot fomenté contre le Premier consul, oui il appartient toujours à la Chouannerie secrète, oui des innocents sont morts. Pourtant, au dernier moment, il ne se décidait pas à donner le signal de mettre le feu à la mèche. Ce retard a sauvé Bonaparte. Saint-Régent, qui était chargé d'allumer à l'aide de sa pipe, l'a fait un peu au jugé. Lui aussi a été arrêté. Quant au chevalier, il a disparu...

Seul le père de Clorivière sait où il est mais, même à cette fiancée douloureuse, il ne le dira pas. Fouché fouille partout, arrête tout ce qui bouge, tout ce qui paraît suspect. Il va même jusqu'à promettre la vie sauve à Limoëlan s'il se rend. Mais le chevalier ne tombera pas dans ce piège. Il connaît trop bien les ruses du policier. Quant à Anne-Marie, elle devra se contenter d'une affirmation : celui qu'elle aime est bien caché et il est indemne.

Le 1er avril suivant, Carbon et Saint-Régent sont condamnés à mort puis exécutés tandis que tous ceux que l'on a arrêtés sont relâchés. Fouché est certain à présent que les trois hommes ont agi seuls. Mlle de Cicé et les dames de Limoëlan peuvent rentrer chez elles.

Cependant, au fond des souterrains en ruine de l'église Saint-Laurent où son oncle l'a caché et dont il ne sort que la nuit, et rarement, le chevalier a entendu la rumeur de la double exécution. Il s'affole, veut partir, quitter ces souterrains sinistres où les remords l'assiègent. C'est encore le père de Clorivière qui se charge de lui faire quitter Paris. Déguisé en chiffonnier, dans une mauvaise charrette, le fugitif parvient à gagner la Bretagne et à rejoindre son château de Limoëlan où sa mère et ses sœurs sont revenues. L'une de celles-ci, Marie-Thérèse, vient d'épouser un gentilhomme, M. de Chappedelaine, qui a hérité une fortune d'un oncle en Amérique.

Au château, le chevalier va habiter une pièce du rez-de-chaussée pourvue d'une bibliothèque tournante derrière laquelle se trouve un grand placard. Il peut s'y retirer quand la police vient perquisitionner, ce qui est encore fréquent car Fouché ne renonce pas à mettre la main sur celui qui est maintenant condamné à mort.

Un matin, à l'aube, une nouvelle descente se produit. Policiers et soldats visitent le château, escortés par Mme de Chappedelaine qui cache de son mieux son angoisse. En effet, Limoëlan a refusé, cette fois, de gagner son refuge derrière la bibliothèque : « Aujourd'hui, a-t-il dit, le destin va s'accomplir. Je serai arrêté si telle est la volonté de Dieu... »

On arrive devant la porte de sa chambre. On va entrer mais, soudain, Mme de Chappedelaine ouvre une fenêtre et s'écrie : « Regardez donc, messieurs, le magnifique lever de soleil sur Broons !... » Ce n'est qu'une diversion mais elle suffit à détourner l'attention. La porte ne sera pas ouverte et les gens de police repartiront sans leur gibier...

Quelque temps après, les Chappedelaine font savoir leur désir de rejoindre l'Amérique où les attend leur héritage et la jeune femme supplie son frère de les suivre. Mais le chevalier refuse de partir sans la jeune fille qu'il aime et dont, depuis de longs mois, il est sans nouvelles. Rien ne le presse plus en effet car on vient d'apprendre que la police a découvert un cadavre correspondant à peu près à son signalement. Induit en erreur pour une fois, Fouché le croit mort. C'est une chance à saisir : il faut partir pour que le ministre en soit bien persuadé. Mais Limoëlan s'entête. Pas sans Anne-Marie !

Mme de Chappedelaine fait alors parvenir au père de Clorivière une lettre pour le frère de la jeune fille. Une lettre dans laquelle Limoëlan apprend à sa fiancée qu'il souhaite partir pour Baltimore et lui demande de venir le rejoindre afin de partir avec lui. Il l'attend. Mais, ce qui vient, c'est seulement une lettre qui dit : « Je vous ai aimé et n'ai jamais aimé personne d'autre que vous. Je vous aime toujours mais j'ai fait un vœu qui me sépare à jamais de vous. Vous vivez, vous êtes sain et sauf. Dieu m'a écoutée. Qu'Il en soit loué. Quant à moi, au fond du couvent où je suis entrée, je L'en remercierai toute ma vie… »

Le couvent ? Quel couvent ? Le plus dur de tous : le Carmel. Non seulement Anne-Marie entend rester fidèle au vœu qu'elle a fait d'entrer en religion si Limoëlan s'en tirait, mais encore elle pense que quelqu'un doit expier ce sang, tout ce sang innocent qui a été répandu par la faute de trois fanatiques. À plus forte raison de leur chef.

Écrasé de chagrin, Limoëlan partira pour l'Amérique avec les Chappedelaine, déguisé en domestique. À Baltimore, il essaiera de vivre comme tout un chacun mais il ne le pourra pas. Le souvenir d'Anne-Marie et les remords l'assaillent sans lui laisser de répit. Il ne peut plus oublier. Alors, un soir, il vient frapper à la porte des sulpiciens de Sainte-Marie où il se fait inscrire sous le nom de Clorivière.

Quand il mourra, à la Visitation de Georgetown, le 29 septembre 1826, il laissera la réputation d'un homme austère, d'une grande bonté et d'une profonde miséricorde. Mais la paix, nul ne sait s'il réussit à la retrouver avant sa dernière heure…

Passé par héritage aux Chappedelaine, le château de Limoëlan appartient actuellement à M. de Launay et ne se visite pas.

LOCHES

Les prisonniers du roi

De notre mal personne ne s'en rie
Mais priez Dieu que tous nous veuille absoudre.

François VILLON

Le terme de château, appliqué à Loches, constitue un euphémisme car il s'agit là d'une des plus formidables forteresses françaises : deux kilomètres de hautes murailles ponctuées de tours, enserrant un gigantesque donjon carré, protégeant un charmant logis royal aux élégantes fenêtres duquel se devine encore le visage de Jeanne, la vierge guerrière et le sourire d'Agnès, la favorite royale. Et puis une collégiale sous le vocable de saint Ours qui a détrôné Notre-Dame, Dieu sait pourquoi. Enfin un quartier de ville qui fut jadis celui des fonctionnaires de la Couronne et qui est aujourd'hui la ville haute. Mais c'est vers le donjon que le regard se tourne et s'accroche, vers ce géant de pierre qui domine de sa masse abrupte aussi bien la vallée que le reste du fort château. Auprès de lui, la grosse Tour Ronde et le Martelet disparaissent, insignifiants.

À château exceptionnel, constructeur exceptionnel. Le donjon est l'œuvre de Foulques Nerra, le Faucon noir d'Angers qui en son temps couvrit l'Anjou de bruit et de fureur, de forteresses imprenables, de l'écho de ses beuveries, de ses cruautés folles et de ses repentirs spectaculaires. Quand il ne parcourt pas des kilomètres, une selle sur le dos, pour expier ses innombrables forfaits, Foulques part en pèlerinage. Et pas à côté : à Jérusalem !

Et par trois fois ! Il est vrai qu'à chaque retour il faisait pire qu'avant ! Pourtant, ce formidable rapace n'en a pas moins gardé une place de choix dans la mémoire de ses lointains descendants : ceux de notre siècle. Une place faite d'horreur et d'admiration : les plus solides.

Au XIIe siècle, Richard Cœur de Lion, qui n'a jamais pu voir un château sans l'assiéger, en vient à bout, avec tout de même un peu d'aide intérieure, mais en 1205 son contemporain et ex-ami Philippe Auguste s'empare de Loches et le fait définitivement entrer dans le domaine royal. Ce qui va permettre à ses successeurs de s'en servir... comme prison d'État.

Le plus célèbre des prisonniers de Loches est, très certainement, le cardinal Balue. Depuis des décennies le sort affreux de ce noble vieillard contraint de vivre accroupi dans un monstrueux instrument de supplice a fait pleurer dans les chaumières et il est peut-être bon de remettre les choses en place. D'abord la cage.

C'en était bien une mais en bois avec des ferrures solides. Huit pieds de large (2,50 m), autant de long et autant de haut, ce n'était certes pas une cellule agréable mais en général on n'y séjournait pas très longtemps. Balue fut l'exception : onze ans de captivité. Mais si l'on y regarde d'un peu près, cette sévère punition était amplement méritée.

En effet, couvert d'honneurs, de biens terrestres et de dignités ecclésiastiques par la grâce de Louis XI, ce fils de meunier poitevin, qui devait une partie de son ascension à l'usage constant de la trahison et de la délation, finit par trahir le roi au profit de son pire ennemi, le duc de Bourgogne, Charles le Téméraire. Une correspondance plus qu'explicite ayant été saisie, Balue ne dut le salut de sa tête qu'au chapeau de cardinal qui était posé dessus. Mais il eut droit à la « cage de fer » devant laquelle le roi vint de temps à autre bavarder avec lui.

Il n'en mourut pas. Louis XI finit par le relâcher à la prière du pape Sixte IV qui, en dehors de la construction de la chapelle Sixtine, n'a pas rendu tellement de services à l'Église. Et Balue vint finir confortablement ses jours dans un palais romain.

Jamais le roi Louis XI, dans son extrême sagesse, ne se laissa gagner par les « fumées et gloires d'Italie » qui allaient causer tant de mal à ses successeurs mais il entretenait dans la péninsule des relations amicales avec les principaux princes : Laurent le Magnifique à Florence, les Sforza à Milan. C'est ainsi que deux des fils de Francesco Sforza, duc de Milan, l'héritier Galéas et son frère Ludovic visiteront la France.

Quand il venait chasser dans la forêt de Loches, le jeune Ludovic, voyant s'ériger au loin la silhouette formidable de la forteresse, n'imaginait certes pas qu'elle abriterait ses derniers jours. Il était à l'époque dévoré d'ambition, comme tous les cadets princiers, et ne songeait guère qu'à la gloire... et aux femmes dont il raffolait.

Quatrième fils du duc et cinquième de ses sept enfants, Ludovic avait toujours été le préféré de sa mère, Bianca-Maria Visconti. La duchesse aimait son esprit souple, sa culture, sa passion des arts et de la beauté sous toutes ses formes. Elle était fière aussi de sa prestance, de son visage brun aux yeux vifs, aux traits accusés, au grand nez busqué. C'était le peuple qui l'avait surnommé le More, un peu à cause de son teint basané, beaucoup à cause de ses armes qui représentaient un mûrier (*moro* en italien). Mais elle n'imaginait certainement pas la puissance de l'ambition qui dévorait son fils.

À peine son père mort et son frère aîné monté sur le trône ducal, Ludovic commence à tisser sa toile. Galéas est un prince raffiné et somptueux mais arrogant et d'une folle cruauté. Sa mère le gêne. Elle disparaît et l'on parle de poison à mots couverts. De ce jour Ludovic jure la perte de son frère. C'est lui pourtant qui vient, en France, chercher Bona de Savoie, la fiancée qu'on lui destine et qui est sœur de la reine de France. Mais il la juge vite : une sotte qu'il sera facile d'éliminer quand le temps en sera venu.

À Milan, le peuple est excédé des cruautés de Galéas. Au lendemain de Noël 1476, il est assassiné. C'est son fils, Jean-Galéas, qui monte sur le trône : il n'a que huit ans. Dès lors l'astre de Ludovic va monter : il commence par éliminer un vieux chancelier gênant, se débarrasse de Bona en la jetant dans les bras d'un sculpteur qu'elle voulut suivre en exil, ce qui lui valut d'être enfermée jusqu'à la fin de ses jours. Ludovic devient régent pour un neveu qu'il finira par empoisonner.

Or, le jeune duc et lui-même s'étaient mariés avec les deux sœurs : Isabelle d'Este avait épousé Jean-Galéas et la jeune Béatrice était devenue l'épouse de l'oncle. À la mort de son jeune époux, Isabelle ne supporta pas de voir monter sur le trône – et avec quel éclat ! – celui qu'elle considérait à juste titre comme un assassin. Elle s'en va porter sa plainte aux pieds du roi Charles VIII de France qui, depuis quelque temps, foule le sol italien en marche sur Rome. Elle n'en obtient rien : le roi de France tenait à garder de bonnes relations avec le fastueux duc de Milan dont la cour était peut-être la plus brillante d'Europe grâce au génie qui en réglait les fêtes et y bâtissait des merveilles : Léonard de Vinci.

Mais, Charles VIII mort, son cousin Louis XII reprenait le chemin de l'Italie avec, cette fois, pour objectif Milan. Sa mère était en effet une Visconti et fille du dernier duc de ce nom chassé par les Sforza. La bataille de Novare devait être fatale à Ludovic le More. Son armée débandée, il tenta de fuir en Suisse, fut reconnu et livré à Louis XII qui l'envoya en prison en France.

D'abord au château de Lys-Saint-Georges en Berry où il devait rester quatre ans, puis à Loches où, dans le Martelet, on l'enferma. Sa prison, plus longue que large, avec une voûte basse, avait assez la forme d'un coffret éclairé par une étroite fenêtre creusée dans le mur énorme. Ludovic y resta deux ans, occupant son temps à peindre les murs de sa prison à l'aide de couleurs et de pinceaux qu'on lui avait accordés. On peut encore y voir, peints de sa main, ses armes – le fameux mûrier –, un casque et aussi une sorte de signature « Celuy qui n'est pas contan... ».

Il l'était si peu qu'il tenta de fuir, caché dans une charrette de foin, mais, sans complicité et sans aide, il fut trahi par son aspect et son accent italien prononcé, et repris. Il en fut presque soulagé car il avait de moins en moins envie de vivre, surtout depuis la mort de Béatrice, la jeune femme qu'il avait profondément aimée.

En 1506, apprenant que la santé de son prisonnier s'était délabrée, Louis XII lui rendit la liberté. Mais le superbe duc de Milan n'était plus qu'un vieillard rongé par la maladie. Lorsque s'ouvrirent devant lui les lourdes portes de sa prison et qu'il vit s'étendre sous le grand soleil, la campagne lochoise, l'air libre, la joie fut trop forte pour son organisme usé : il s'écroula… mort !

Un autre prisonnier célèbre allait connaître, plus tard, les délices de Loches : le comte de Saint-Vallier, père de Diane de Poitiers, compromis dans le complot du connétable de Bourbon contre François Ier. On sait comment celle qui était devenue Mme de Brézé obtint, non pas seule mais avec son mari, la grâce d'un père turbulent. Grâce qu'on ne lui fit payer que d'un sourire, contrairement à la légende lancée par Victor Hugo qui, Dieu sait pourquoi, n'aimait pas François Ier !

La Révolution se cassa les dents sur les vieilles pierres. L'Empire s'en servit de nouveau comme prison. Notre siècle a fait de Loches ce qu'il ne cessera plus d'être : un superbe et très émouvant témoin des siècles passés.

HORAIRES D'OUVERTURE

Du 2 janvier au 31 mars	9 h 30-17 h
Du 1er avril au 30 septembre	9 h-19 h
Du 1er octobre au 31 décembre	9 h 30-17 h

Fermé le 25 décembre et le 1er janvier.

Le château abrite le tombeau d'Agnès Sorel, favorite de Charles VII.

http://www.chateau-loches.fr/

LOUVECIENNES

La comtesse du Barry

La Beauté ne se discute pas ; elle règne de droit divin.

Oscar WILDE

Le 2 septembre 1771, Mme du Barry, favorite comblée d'un Louis XV déjà vieillissant, pend la crémaillère de sa nouvelle maison de Louveciennes. Un fabuleux souper, que président côte à côte la maîtresse de céans et son royal amant, réunit tout ce que la cour compte de grand dans une demeure exquise mais que l'on peut alors juger d'avant-garde car elle est l'une des toutes premières expressions de ce qui va être le style Louis XVI.

Ledoux est l'architecte de la merveille, Fajou le sculpteur, Gouthière le bronzier et Vien le peintre décorateur. Mais à force de vouloir innover, Mme du Barry a fait une bêtise, commis une faute de goût comme n'en aurait pas commis la Pompadour car elle a préféré Vien à Fragonard. Peut-être l'élu s'est-il montré plus souple, plus aimablement courtisan que l'enfant terrible de la peinture de l'époque ?

Quoi qu'il en soit, la belle comtesse inaugure sa maison en compagnie d'une foule d'amis où les femmes n'ont pas la majorité. Elle goûte là le plus doux triomphe de sa jeune vie. Un triomphe qui est l'aboutissement de deux années d'efforts, de plans et de plâtras.

C'est, en effet, en 1769 que le roi lui a donné Louveciennes « pour en jouir sa vie durant ». Ce n'était alors qu'une demeure assez simple, bâtie au siècle précédent pour Arnold de Ville, constructeur de la machine de Marly. En un siècle, elle était passée par plusieurs mains : Mlle de Clermont, la comtesse de Toulouse, son fils, le très pieux et très généreux duc de Penthièvre ; enfin le fils de celui-ci, le prince de Lamballe, époux de la fidèle amie de la reine Marie-Antoinette, qui devait y mourir trop jeune dans d'affreuses conditions.

Cet événement ayant eu lieu le 6 mai 1768, c'est-à-dire quelques mois avant que Mme du Barry ne devienne propriétaire de Louveciennes, celle-ci s'était hâtée d'en effacer les traces. L'architecte Gabriel reçut l'ordre de remettre la maison en état et de tout redécorer mais, ayant constaté qu'à la réflexion elle était un peu petite pour une vie de cour, même aux champs, la favorite décida de faire construire par Ledoux le fameux pavillon qui ne devait comporter que des pièces de réception.

Pendant trois ans, Louveciennes va être, pour le roi et pour la jolie Jeanne, le lieu de toutes les délices mais de délices singulièrement bourgeoises et qui n'avaient pas grand-chose à voir avec celles de Sodome et Gomorrhe : la comtesse y menait la vie d'une jeune femme élégante aux champs, le roi celle d'un gentilhomme qui aimait à préparer lui-même son café.

Le 10 mai 1774, tout cela s'effondre : Louis XV meurt de la petite vérole dans une atmosphère d'horreur qui, cependant, n'a pas fait reculer la frivole du Barry : avec un dévouement de sœur de charité, elle a soigné le roi. Il n'empêche qu'elle ne doit pas être là à l'heure du dernier soupir. Elle doit quitter Versailles. Mais pas pour Louveciennes...

À celle devant laquelle, hier encore, s'inclinait la cour la plus brillante d'Europe, on assigne un couvent comme résidence : celui de Pont-aux-Dames où son arrivée cause quelque agitation. Pensez donc ! Une maîtresse royale dont tout un chacun sait parfaitement qu'elle ne sort pas de la cuisse de Jupiter et qu'elle a mené une vie de fille galante avant de séduire Louis XV, une pareille créature chez des moniales vouées à la pureté et à la contemplation !

Or, à la stupeur générale, la « scandaleuse du Barry » se montre sous les aspects d'une jeune femme, très belle sans doute, mais douce et bonne, d'une exquise politesse et qui se plie aux règles de la vie monastique avec un étonnant mélange de gentillesse, de soumission et d'humilité. Résultat : en quelques semaines, tout le couvent en raffole et l'abbesse l'autorise à faire venir ses animaux familiers, une ou deux servantes, quelques meubles. Pont-aux-Dames devient alors pour elle une retraite douce, un peu triste sans doute mais où le chagrin réel que lui a causé la mort du roi s'apaise lentement.

Au bout d'un an, c'est l'abbesse elle-même qui encourage Jeanne à écrire à Louis XVI pour lui demander la permission de quitter le couvent et de reprendre une vie normale. Elle n'a que trente-deux ans et se sent peu faite pour la vie conventuelle. On lui accorde cette permission à la condition expresse qu'elle ne s'approchera pas de la cour ou de Paris à moins de dix lieues. Donc, pas question de rentrer à Louveciennes.

Grâce à l'argent que lui a rapporté la vente de sa maison de Versailles, Mme du Barry achète le château de Saint-Vrain, belle demeure du Hurepoix où elle ne tarde pas à s'ennuyer à périr en dépit de quelques amis qui, courageusement, viennent l'y visiter. Ce qu'elle désire le plus vivement, c'est retrouver sa jolie maison de Louveciennes et les doux souvenirs qu'elle renferme.

En 1776, elle se décide à écrire au ministre Maurepas pour demander, bien timidement, cette permission. Et, joie sans mélange, elle l'obtient :

« Votre douceur, la réserve que vous avez gardée dans la disgrâce vous ont donné le droit à une auguste indulgence. Vous pouvez demeurer à Louveciennes et être libre d'aller à Paris », répond Maurepas. Dix minutes après le reçu de cette lettre, les femmes de chambre sont en train de faire les bagages...

En retrouvant sa maison, ses meubles précieux, ses collections de tableaux et son luxe raffiné, Mme du Barry a l'impression de revivre. Pourtant, elle sait que les choses ne seront plus jamais ce qu'elles étaient et choisit, les premiers temps, de vivre presque solitaire, enfermée avec ses souvenirs. Mais elle a laissé trop d'amis pour que cette solitude dure longtemps. Bientôt, tous sont revenus, auxquels se joindront d'augustes visiteurs, avides de rencontrer une femme auréolée d'une telle légende. En tout premier, l'empereur Joseph II, frère de Marie-Antoinette, qui vient à Louveciennes, se promène un moment avec Mme du Barry et lui déclare galamment que « la beauté sera toujours reine ». Le roi de Suède viendra lui aussi parmi d'autres étrangers.

L'un d'eux, lord Henry Seymour, qui habite Port-Marly, s'éprend d'elle et lui voue une passion telle que Jeanne se laisse prendre à cette chaleur. Pendant deux ans elle vit, avec lui, une aventure dont l'ardeur porte en elle-même sa propre fin. L'élégant fondateur du Jockey Club est jaloux, exclusif, cruel même. Il souhaite pour Jeanne une vie de femme de harem et, tout naturellement, la rupture survient. D'autant que la comtesse avait retrouvé un ancien ami qui allait être le grand, le véritable amour de sa vie : le duc de Brissac, gouverneur de Paris et colonel des Cent-Suisses. Il a vingt ans de plus qu'elle mais il possède tout le charme et l'élégance que peut avoir un homme, joints à un caractère si chevaleresque et noble qu'il lui a valu le surnom de « paladin d'un autre âge ». Bientôt, cet amour est le secret de Polichinelle en dépit du mal extrême que se donnent les deux amants pour le garder secret.

Les débuts de la Révolution ne les troublent pas. Ils comptent des amis parmi les réformateurs mais cela n'empêche pas Mme du Barry d'accueillir dans sa maison les gardes du corps blessés pendant l'attaque de Versailles et d'écrire à la reine une lettre brûlante de loyalisme :

« Louveciennes est à vous, Madame. N'est-ce pas votre bienveillance et votre bonté qui me l'ont rendu ? J'ai trop de reconnaissance pour l'oublier jamais. »

Les mauvais jours cependant approchent... Un soir de janvier 1791, alors que la comtesse est à Paris, son château est cambriolé par trois malfaiteurs dont l'un est un ancien valet. On a surtout volé ses somptueux joyaux. Louis XV s'était montré, en effet, plus que généreux, et seule la mort du roi devait empêcher Mme du Barry de devenir propriétaire du fabuleux collier qui allait faire tant de mal à Marie-Antoinette. Le dommage est d'autant plus irréparable que le joaillier Rouin, homme fort honnête mais d'une rare maladresse, juge intelligent de donner à une gazette la description exacte du trésor envolé.

Aussitôt, c'est un tollé général. Les feuilles révolutionnaires se déchaînent contre l'ancienne favorite. Jeanne passe alors en Angleterre, non pour émigrer mais parce que l'on y a signalé certains bijoux qui pourraient être les siens. Elle exécutera ainsi plusieurs voyages outre-Manche et, comme elle ne retrouvera jamais ses joyaux, on suppose qu'elle s'était faite agent royaliste.

La Révolution, à présent, marche à grands pas. Le duc de Brissac, qui s'était rendu en Anjou pour tenter de calmer les esprits, est arrêté, ramené à Orléans puis à la prison de l'Abbaye où il sera massacré. On portera sa tête à Louveciennes où elle sera jetée pratiquement sur les genoux de la comtesse. En novembre 1792, à nouveau, celle-ci part pour l'Angleterre, y passe cinq mois... puis revient, en dépit des objurgations de ses amis. Mais elle ne peut vivre loin de sa chère maison de Louveciennes et elle ne se rend pas compte de la haine qui grandit autour d'elle. Ses serviteurs la trahissent et singulièrement Zamore, le négrillon qu'elle a élevé et qui est devenu un farouche sans-culotte.

Le 22 septembre 1793, Mme du Barry est arrêtée, conduite à la prison de Sainte-Pélagie, puis, de là, à la Conciergerie qu'elle ne quitte que pour la mort. Une mort singulièrement faible comparée à celle de centaines d'autres victimes. Le 8 décembre, par un froid glacial, elle est conduite à l'échafaud, place de la Révolution.

Là, elle pleure, elle se débat, elle crie tandis qu'on la pousse sur la planche fatale :

« Encore un petit moment, monsieur le bourreau ! »

C'était fini. La jolie maison qu'elle ne se résignait pas à quitter connut elle aussi des déboires jusqu'à ce que le parfumeur François Coty la reconstruise et lui rende son exact décor de jadis.

Actuellement, c'est toujours une propriété privée qui n'est pas ouverte à la visite.

LUNÉVILLE

Les belles amies du roi Stanislas

Il était un roi d'Yvetot,
Peu connu dans l'histoire ;
Se levant tard, se couchant tôt,
Dormant fort bien sans gloire...

BÉRANGER

Dès l'an 1737, date à laquelle Stanislas Leczinski, ex-roi de Pologne, beau-père du roi Louis XV et tout nouveau duc de Lorraine, s'installe à Lunéville, il ne se trouve guère en Europe d'endroit plus agréable à vivre que ce château-palais de construction récente d'ailleurs : c'est entre 1703 et 1720 que le précédent duc de Lorraine Léopold Ier l'a fait construire par Boffrand pour éviter d'être importuné à Nancy par la présence des troupes françaises durant la guerre de Succession d'Espagne.

Stanislas, qui est un souverain de mœurs fort douces et fort aimables sinon tout à fait patriarcales, a su créer dans son nouveau domaine un art de vivre copié quelque peu sur celui usité dans le sublime Versailles tout au moins pour l'élégance et le bon goût. Car pour le reste l'atmosphère est très différente à Lunéville : on ne s'y ennuie jamais alors que l'ennui est le pain quotidien dans le château du Grand Roi.

Chacun, dans l'aimable demeure lorraine, vit à sa fantaisie sans se soucier d'interdits et de contraintes auxquels personne n'aurait l'idée de songer, et le bon Stanislas moins encore que quiconque.

Quand, en 1748, il atteint l'âge de soixante ans, il a bon pied, bon œil, bon appétit à table comme au lit. Encore que, sur ce dernier plan, les excès de l'une fussent parfois néfastes aux accomplissements harmonieux de l'autre. Ce qui ne tire jamais à conséquence.

Sur le cœur de l'ex-roi comme sur sa petite cour règne une fort jolie femme : la marquise de Boufflers, veuve pleine de grâce dont la mère, la princesse de Beauvau-Craon, a été la maîtresse du constructeur de Lunéville. Catherine de Boufflers s'y sent donc tout à fait chez elle. Âgée alors de trente-quatre ans mais en paraissant facilement dix de moins tant elle a de fraîcheur, elle est douée d'un tempérament qui va de pair avec sa jeunesse. De ce fait, certaines mauvaises langues n'ont pas hésité à lui décerner le titre poétique, sans doute, bien que légèrement acerbe, de dame de Volupté.

Telle qu'elle est, cependant, la marquise aime la gaieté, le monde, les jeux étincelants de l'esprit et s'entend à rassembler autour d'elle la fine fleur des cerveaux les mieux ornés. Avec, bien sûr, l'approbation enthousiaste de Stanislas. C'est ainsi qu'Helvétius est des familiers de la cour, conjointement avec Maupertuis et le président Hénault qui se déclarent les chevaliers servants de la marquise. Il y a aussi l'aimable Devau, receveur des finances de Lunéville qui, pour ses amis, répond au surnom affectueux de Panpan et qui s'occupe davantage de sonnets galants et de bouts-rimés que de la poursuite des contribuables lorrains. Ce dont on ne manque pas de lui être reconnaissant dans la région.

Naturellement, sous un maître aussi débonnaire, la Lorraine est devenue une terre de refuge pour tous ceux qui, en France ou ailleurs, peuvent avoir maille à partir avec les pouvoirs constitués ou avec l'Église. Et, en vérité, s'il y a bien là un certain La Galaizière qui occupe le poste de chancelier et qui est chargé par Versailles de diriger effectivement le duché, il n'a pas résisté longtemps au charme du Mme de Boufflers et lui mange littéralement dans la main. Aussi le roi-duc y trouve-t-il son compte et ferme-t-il les yeux sur les incartades de sa belle amie.

C'est ainsi qu'un soir, alors qu'il présente ses tendres hommages à sa chère marquise, il s'est trouvé tout à coup dans l'impossibilité de poursuivre son... discours. Sans s'émouvoir pour autant, Stanislas s'est levé, a enfilé sa robe de chambre et a quitté les lieux en déclarant aimablement :

« Bonne nuit, madame ! Mon chancelier vous dira le reste. »

Outre les nouveaux amants, Mme de Boufflers aime aussi les nouveaux visages, surtout lorsqu'ils appartiennent à d'illustres personnages. Un beau jour, l'idée lui vient d'appeler à Lunéville l'homme qui est à lui tout seul la bête noire de Versailles et des jésuites : l'aimable, féroce, spirituel et redoutable M. de Voltaire.

L'invitation atteint le grand homme au château de Cirey, en Bourgogne, où il vit quasi maritalement avec la marquise du Châtelet. Avec aussi l'approbation tacite de M. du Châtelet qui a le bon goût, étant officier du roi, de passer le plus clair de son temps aux armées. Naturellement, l'invitation vise aussi Mme du Châtelet et c'est dans l'enthousiasme que l'on procède à la confection des bagages à destination de Lunéville.

Bien qu'il eût été élu deux ans plus tôt à l'Académie, Voltaire est alors mal en cour et aussi mal dans sa peau. Il est détesté de la marquise de Pompadour ainsi que de la reine Marie, fille de Stanislas Leczinski. Fort pieuse et même dévote, celle-ci ne cache pas l'horreur que lui inspirent les sarcasmes et les ricanements dont le génial philosophe couvre la religion. Cela fait deux ennemies de poids, aussi un séjour chez le père de la souveraine est-il plus que bienvenu : on ne pourra plus dire que le philosophe est mal avec la reine quand il régnera à Lunéville.

Quelques jours plus tard, Voltaire et sa chère Émilie – qui est sans doute l'une des femmes les plus savantes de son temps –, descendent de carrosse, accueillis à bras ouverts par Stanislas et Mme de Boufflers qui les installent dans le plus bel appartement du château. Voltaire tout au moins : sa compagne devra se contenter de celui du dessus.

« Vraiment, on ne peut être meilleur homme que ce roi ! » soupire le grand homme tandis que la chère Émilie s'active à le débarrasser de tous les châles, petites laines et fourrures dont, se croyant toujours en danger de mort, il ne cesse de s'emmailloter. « Mais j'ai bien peur de ne pas profiter longtemps de son hospitalité. Je me sens bien bas. »

Ayant dit, il se couche, prend l'attitude d'un gisant de cathédrale et ferme les yeux en déclarant qu'il attend son dernier soupir. Mais il les rouvre bien vite pour découvrir les multiples attentions dont le roi Stanislas le couvre. Et vingt-quatre heures après cette étrange arrivée, l'ex-agonisant frais comme une laitue, sanglé, poudré, rasé, s'en va prendre allégrement sa part des plaisirs du château. Il y conquiert tout le monde sans le moindre effort et bientôt on ne voit plus le roi sans Voltaire ni Voltaire sans le roi. C'est l'Olympe.

Du côté des femmes, les relations baignent dans la suavité. On s'appelle Catherine et Émilie et l'on ne se quitte plus que le temps de s'adresser des petites lettres charmantes et des vers encore plus charmants que Voltaire, en toute impartialité, imperturbable et discret, écrit à tour de rôle pour les deux femmes.

Tout va donc pour le mieux dans le meilleur des mondes possibles quand, un beau matin, l'amour fait son entrée dans la Thébaïde lunévilloise. À vrai dire, il ne s'éloigne jamais beaucoup car, si Mme de Boufflers est une femme délicieuse, la vertu n'est pas son souci principal. Ainsi, après avoir eu des bontés pour La Galaizière, a-t-elle découvert le charme discret d'un jeune officier qui se trouve doublé d'un poète et même d'un philosophe : Jean-François de Saint-Lambert.

Mais, au moment de l'arrivée de Voltaire, ce nouvel amour tiédit déjà au profit d'un autre : le séduisant Adhémar de Marsannes qui fait à la belle marquise une cour assidue. Furieux de se voir ainsi évincé, Saint-Lambert décide de payer l'inconstante de même monnaie et tourne ses batteries vers Mme du Châtelet. Assez timidement pour commencer, bien sûr, car il se sent en terrain inconnu.

Or, à sa grande surprise car il n'est point fat, l'amie de Voltaire se montre sensible à ses discrètes avances et y répond avec un enthousiasme tout à fait inattendu. Il faut dire qu'à l'âge de quarante ans, la fière Émilie commençait à sentir bouillonner en elle un trésor d'amour inemployé depuis que le « divin » Voltaire l'accablait sous le flot de ses tisanes, le poids de ses pilules et les tempêtes de ses soupirs d'agonie. Qu'un garçon jeune, beau et spirituel s'enflamme pour elle représente donc pour Mme du Châtelet une aubaine succulente.

Ah, qu'il est doux, cette année-là, le printemps de Lunéville ! Pour certaines tout au moins car le malheureux Saint-Lambert échoue complètement dans son entreprise pour rendre Mme de Boufflers jalouse. Il faut dire qu'il s'y prend très mal. Est-ce que l'idée ne lui vient pas d'aller se jeter aux genoux de son ancienne maîtresse pour lui avouer, avec des larmes dans la voix, qu'il a « trahi son amour » en compagnie de Mme du Châtelet ? La belle marquise qui connaît son code du maniement des hommes sur le bout du doigt, lui joue alors le tour affreux de le réconforter, de le féliciter de son bon goût et de l'engager le plus sérieusement du monde à continuer. Saint-Lambert sortira de cette entrevue le cœur navré.

Sur ces entrefaites, la compagnie se sépare pour un temps : le roi Stanislas doit se rendre à Versailles dans l'été. On se quitte donc en se promettant bien de se trouver à l'automne pour les chasses de Commercy.

Hélas, Commercy aura moins de charmes que Lunéville. Quand on s'y rejoint, Voltaire apprend l'infidélité de sa chère Émilie et s'en montre effroyablement affecté. C'est un drame qui se joue alors, ou plutôt une tragicomédie bien réglée au cours de laquelle le grand homme se hâte d'entrer en agonie, chasse son amie de sa chambre, lui interdit de reparaître devant ses regards mourants et refuse les lettres qu'elle ne cesse de lui écrire. Mme du Châtelet parvient tout de même à forcer cette porte si bien défendue et, au cours d'une scène relevant du meilleur théâtre de boulevard, réussit à faire avaler à Voltaire que c'est uniquement avec le corps – cette guenille ! – qu'elle l'a trompé mais que son amour, son cœur, son esprit, sa tendresse sont toujours et pour jamais sa propriété exclusive.

Elle fait tant et si bien que Voltaire finit par tomber dans les bras de Saint-Lambert en proclamant que tout est oublié. L'agréable vie d'antan peut reprendre et l'on ne s'en fait pas faute. Tout irait donc pour le mieux dans le meilleur des châteaux si les tête-à-tête de Saint-Lambert et d'Émilie ne s'étaient mis soudain à porter leur fruit. Mme du Châtelet est enceinte, ce dont Voltaire pense d'abord mourir d'horreur.

Cet effroi ne durera pas et quand, dans la nuit du 3 au 4 septembre 1749, Émilie donne le jour à une petite fille qui malheureusement ne vivra pas, Voltaire en éprouve un véritable chagrin.

Hélas, une peine plus cruelle lui est réservée. Quatre jours après la naissance de l'enfant, la mère mourait à Lunéville d'une fièvre puerpérale. Désespéré et furieux, Voltaire lance alors à Saint-Lambert :

« Eh, mon Dieu, monsieur ! De quoi vous avisiez-vous de lui faire un enfant ? »

Peu de temps après, il quitte Lunéville pour la Prusse où le réclame le Grand Frédéric.

À la mort de Stanislas Leczinski, le château cesse de vivre et ne ressuscite qu'en 1801, où il abrite les pourparlers de la paix de Lunéville mais, dans la suite des temps, la municipalité a jugé plus intéressant d'en faire un musée.

HORAIRES D'OUVERTURE

À la suite du violent incendie qui a détruit le cœur historique du château en janvier 2003, les espaces restaurés sont au fur et à mesure ouverts à la visite depuis 2010.

Renseignements disponibles sur le site Internet du château ou par téléphone au 03 83 76 31 51.

http://www.chateaudeslumieres.com/fr/accueil.html

MALESHERBES

La maison des favorites royales

Les plus grandes faveurs d'une femme ne peuvent payer le plus petit abaissement d'un homme.

SCHILLER

Situé entre Étampes et Fontainebleau, dans cette jolie vallée de l'Essonne qui est l'un des charmes de l'Île-de-France, le château de Malesherbes dresse ses murs blancs à encadrements de briques roses, ses grosses tours rondes, sa chapelle, son imposante Grange-aux-Dîmes et les élégants bâtiments des communs au milieu d'un très beau parc où abondent platanes et peupliers.

On devine sans peine que ceux qui vécurent là furent riches et puissants mais rien n'indique, tant le site respire la paix, que ce superbe domaine est chargé d'une histoire un peu trouble car, au cours des siècles, les femmes y ont joué un grand rôle. Un rôle qui n'était guère celui de la fidélité conjugale ni même de la fidélité tout court, car il est arrivé à ces dames de souffler le feu et la tempête et d'entraîner leurs hommes sur le dangereux chemin des conspirations. En fait, parmi celles qui l'ont habité, Malesherbes ne compte pas moins de trois favorites royales. Un record !

Vers le milieu du XIVe siècle, au temps où l'endroit s'appelle Soisy, son seigneur se nomme Girard de Montaigu, secrétaire du roi Charles V, trésorier de ses chartes et maître des comptes. Cette haute situation, il la doit peut-être à ses propres mérites mais plus sûrement au service signalé qu'il eut l'honneur de rendre à son maître. En effet, au temps où le roi n'était encore que dauphin et où son père, le roi Jean le Bon, s'efforçait de faire croire qu'il s'ennuyait en ses agréables prisons anglaises, les chroniqueurs rapportent que « le Dauphin tenait alors auprès de lui au Louvre une jeune fille nommée la Cassinelle. Son père Guillaume Cassinel faisait partie du Conseil du Roi... ».

On sait peu de chose de Biette Cassinel, sinon qu'elle était d'origine italienne, son père descendant d'un de ces riches changeurs lombards qui, au temps du roi Philippe le Bel, tenaient le haut du pavé. Son père, comme on vient de le voir, était appelé par le souverain en ses conseils et son frère, Ferry, occupa la haute charge d'archevêque de Reims. Mais, si riche et considérée que soit une famille, il vient un moment où elle se trouve affrontée à une situation délicate : par exemple lorsqu'une jeune fille qui vit ouvertement auprès de son souverain annonce tout à coup qu'elle attend un enfant.

Il ne pouvait être question de laisser Biette livrée aux mauvaises langues. À peine la grossesse commencée, on la marie. L'heureux élu volontaire sera Girard de Montaigu. Biette deviendra châtelaine de Soisy et, lorsque l'enfant naîtra, Girard se hâtera de le reconnaître, bien que chacun sût parfaitement qu'il était fils de roi. Circonstance qui ne laissera pas de lui être d'une grande utilité dans l'existence : vidame de Lannoy, seigneur de Montaigu-en-Laye, de Marcoussis et de Soisy, Jean de Montaigu fut d'abord secrétaire de son père Charles V puis de son demi-frère Charles VI qui portera sa fortune au pinacle. Surintendant des Finances, Montaigu était en 1398 grand maître de France ; il avait épousé Jacqueline de La Grange, fille d'Étienne, président au parlement de Paris, qui ne devait pas lui donner moins de neuf enfants.

Riche, puissant, orgueilleux en proportion, Jean de Montaigu reçut souvent le roi Charles VI dans son domaine des bords de l'Essonne. Mais il y reçut surtout celui qui était son ami le plus cher : le duc Louis d'Orléans, ennemi irréductible du duc de Bourgogne Jean sans Peur.

Quand Louis est assassiné, en 1407, par le Bourguignon, Montaigu ne renie pas ses amitiés. Au contraire : il sera l'un des premiers protagonistes de la fameuse querelle des Armagnacs et des Bourguignons, mais il n'y participera pas longtemps. Accusé de sorcellerie et de malversations par le duc de Bourgogne et le roi de Navarre, il est arrêté le 7 octobre 1409, enfermé au Châtelet et mis à la torture. Condamné à mort, il était, le 17 du même mois, mené aux Halles, où l'on avait dressé un grand échafaud couvert de drap noir, pour y être décapité. Sa tête, fichée sur une lance, resta exposée aux Halles cependant que son corps était pendu à Montfaucon. Sa famille alla reprendre l'un après l'autre ces macabres débris et les inhuma en grande pompe au prieuré de Marcoussis. Trois ans plus tard, Montaigu était réhabilité. C'est à lui, au temps de sa splendeur, que l'on doit le bronze dont est composé le gros bourdon de Notre-Dame... L'une de ses filles épousa le grand fauconnier de France, Jean de Graville, et lui transmit le château qui nous intéresse. Leur fils, l'amiral de Graville, réédifia complètement Malesherbes. Les grosses tours rondes représentent ce qui reste de son ouvrage.

Par sa fille Anne, une poétesse de quelque valeur, le château passe aux Balzac d'Entragues. Le fils d'Anne, François, va marcher sur les traces de Girard de Montaigu en épousant, en 1578, la belle Marie Touchet qui avait été la maîtresse très aimée du roi Charles IX. Seule différence : au moment du mariage, le roi est mort depuis quatre ans et l'enfant qu'il a donné à Marie, dûment reconnu, porte le nom de Charles d'Angoulême. Il n'en sera pas moins élevé à Malesherbes avec les autres enfants du couple ou à Orléans dont François de Balzac d'Entragues est gouverneur.

Rapace comme il n'est pas permis, François, qui s'entend comme personne à faire valoir les services qu'il rend à ses maîtres, même quand ces services seront d'un ordre très particulier, est un curieux homme. Veuf en premières noces de Jacqueline de Rohan, c'est auprès d'elle qu'il se fera enterrer, dans le superbe tombeau que l'on peut toujours voir à Malesherbes. Un tombeau assez étrange en ce sens que le gisant de François est couché sur le côté et tourne carrément le dos à celui de sa compagne, tout simplement parce qu'elle lui a été infidèle ! Une façon comme une autre de marquer sa réprobation envers une femme qu'il a cependant choisie pour être sa compagne d'éternité. Peut-être parce qu'il l'aimait véritablement. Peut-être aussi par snobisme : une Rohan appartenait à une famille autrement relevée qu'une simple Marie Touchet.

C'est pourtant elle la plus intéressante de la famille, et c'est à elle que nous allons nous arrêter un moment. Marie, de naissance, est une simple bourgeoise. Son père, Jean Touchet, était lieutenant au présidial d'Orléans et sa mère se nommait Marie Mathy. Quand elle rencontre Charles IX, elle a dix-sept ans, il en a seize et, tout de suite, c'est le coup de foudre.

Le jeune roi, accompagné de sa mère Catherine de Médicis et de toute la cour, vient, durant près de deux années, d'accomplir un immense voyage à travers la France afin de connaître mieux tous ces gens qui la composent. Quand l'énorme cortège s'arrête à Orléans, en 1566, c'est la fin du voyage. Mais les notables n'en reçoivent pas moins leur jeune souverain avec faste et donnent, entre autres fêtes, un grand bal dans les salons du somptueux hôtel Groslot. C'est à ce bal que Charles rencontre Marie, et il ne cache pas son éblouissement. Il est vrai que la jeune fille a tout ce qu'il faut pour séduire : blonde, rose, fraîche, ravissante, elle a un air de douceur et une timidité qui lui ouvrent tous les cœurs. Et celui de Charles résiste d'autant moins que cette belle enfant va enfin lui faire oublier l'amour malheureux qu'il porte, depuis des années, à sa belle-sœur Marie Stuart, repartie, après la mort de François II, pour ses montagnes écossaises.

Toute la nuit Charles a dansé avec Marie et avec Marie seule. Il a bavardé longuement avec elle à l'écart de tous. Personne n'oserait s'interposer : le roi est vif, voire violent et emporté. Quand il exprime le désir d'emmener Marie à Paris avec le titre illusoire de demoiselle d'honneur de sa sœur Margot, personne ne souffle mot : ni la reine Catherine trop heureuse de voir enfin effacé le souvenir encombrant de Marie Stuart, ni les parents de la jeune fille, immensément flattés de l'honneur qui leur est fait.

À Paris, Marie ne fera pas grand service au Louvre. Charles, qui n'a aucune envie de la voir mêlée aux autres suivantes de sa sœur et qui craint pour elle les méchancetés de cour, l'installe avec sa nourrice dans une jolie maison à façade sculptée pourvue d'un beau jardin et sise dans la rue du Monceau-Saint-Gervais toute proche de la rue Saint-Antoine. C'est une maison commode parce que assez proche du Louvre mais surtout située sur le chemin de Vincennes où le jeune roi, passionné de chasse, se rend fréquemment. Ce sera pour lui, son jardin secret, le lieu paisible et doux où il pourra oublier les pièges d'un règne difficile. Là, auprès de Marie, à laquelle il a donné pour devise l'anagramme de son nom « Je charme tout », Charles sera un jeune homme comme les autres, tendre et plein d'amour, et non plus le jeune fauve couronné qui fait trembler son entourage.

Après la nuit tragique de la Saint-Barthélemy au cours de laquelle Marie Touchet manque d'être tuée, Charles lui fait quitter sa petite maison qu'il juge peu sûre à présent, et la jeune femme vivra le plus souvent dans l'entourage de son amant. C'est au château du Fayet, en Dauphiné, que, le 28 avril 1573, elle donne le jour à un fils. Le roi n'a plus qu'une année à vivre, et le bonheur de Marie va s'achever dans les larmes d'un regret sincère.

Ce pourrait être la fin pour elle mais Catherine de Médicis et Diane de France, la sœur bâtarde mais légitimée de Charles IX, l'ont prise sous leur protection. Ce sont elles qui vont la pousser à accepter la demande de François de Balzac d'Entragues. Un bon mariage que plusieurs enfants enrichiront. Mais, parmi ceux-là, il y a une fille destinée à faire dans le monde un chemin aussi bruyant que néfaste…

Des années passent sur Malesherbes. Pas trop paisibles, car l'époux de Marie n'est pas homme à rester tranquille. Ligueur acharné, il mène la vie dure aux forces royales jusqu'à ce qu'enfin Henri IV oblige tout ce monde à se tenir tranquille. Ce qui incite le seigneur d'Entragues à faire savoir qu'il souhaite rentrer en grâce. Et c'est pourquoi, par un beau soir du mois de juin 1599, le roi chevauche en direction de Malesherbes à la tête d'une troupe solidement armée.

Il est d'humeur morose, le Béarnais toujours si joyeux, car deux mois plus tôt il a perdu la dame de ses pensées et de ses amours, la belle Gabrielle d'Estrées, sa favorite dont il avait fait une duchesse de Beaufort et dont il était sur le point de faire une reine de France. Au grand scandale de ses sujets.

Gabrielle ne sera jamais reine, mais le chagrin est encore vif et le roi ne permet guère qu'on l'en distraie tandis qu'il chemine en direction d'Orléans. Cependant la nuit est proche et Henri sort enfin de son mutisme pour appeler auprès de lui son chambellan de la clef secrète, Fouquet de Varenne, et lui demander où il a disposé l'étape du soir. Ce sera à Malesherbes. Et le roi de s'étonner. Quoi, chez cet Entragues trop remuant, cet ancien ligueur ?... Tout de suite, on l'apaise : l'ancien ligueur se veut désormais le plus fidèle sujet de son roi. D'ailleurs sa demeure est belle, sa femme en dépit de l'âge garde de la grâce et ses filles comptent sûrement parmi les plus jolies de France...

La phrase, lancée sans en avoir l'air, porte tout de même. Si jolies que cela ? Déjà l'œil bleu d'Henri retrouve un peu de lumière. Quoi de mieux qu'un joli minois pour apaiser les regrets ? C'est décidément une bonne idée que de s'arrêter à Malesherbes. Encore que cette idée-là ne plaise pas du tout à Sully, l'ami fidèle, le ministre, qui n'aimait pas la belle Gabrielle et n'a aucune envie de voir une autre aventurière graviter autour de son maître. En outre, il déteste les Entragues et, à mesure que l'on approche, cette idée de s'arrêter à Malesherbes lui sourit de moins en moins. Mais, déjà, on est arrivé...

C'est d'abord François de Balzac d'Entragues qui s'en vient saluer le roi. Son fils l'accompagne et aussi un garçon brun, très grand, hautain, avec un regard sauvage : celui qui n'est encore que le jeune comte d'Auvergne, qui sera plus tard duc d'Angoulême, le fils de Marie Touchet et de Charles IX[1]. Ce bâtard de France ne laisse ignorer à personne son sang royal et sa révérence s'en ressent. Le roi cependant ne s'offusque pas : là-bas, plus près du château, trois femmes l'attendent qui déjà plongent dans leurs amples robes presque jusqu'à l'agenouillement : l'ancienne favorite royale, qui est encore belle, et ses deux filles : Marie et Henriette. Mais le roi ne verra que cette dernière...

Blonde, fine, souple, elle a les plus beaux yeux bleus du monde et le plus beau sourire. Et puis elle a vingt ans. Elle est belle et fraîche, et Henri croit voir devant lui la déesse même du printemps. Fini les larmes ! Chacun peut constater qu'en entrant au château, Sa Majesté a retrouvé le sourire.

Le lendemain, au départ de Malesherbes, Sully note que le panache blanc a reparu au chapeau de son roi, qu'il a retroussé sa moustache et beaucoup soupiré en prenant congé des dames. Aussi la mine du ministre s'assombrit-elle à mesure que s'éclaire celle de son maître. Les airs penchés que prend Henri ne présagent rien de bon pour le ministre. Et, en effet, le soir même, à l'étape Henri IV dépêche MM. de Castelnau et du Lude avec mission de retourner à Malesherbes et d'en ramener la famille d'Entragues tout entière. Ce soir-là, le comte d'Auvergne dira à Henriette : « Ma sœur, vous avez là une chance d'être reine de France. Tâchez de vous en souvenir !... »

Elle ne s'en souviendra que trop ! Dès cet instant, le roi va se retrouver prisonnier non seulement d'une passion violente mais encore d'une femme qui saura en jouer pour la seule satisfaction de ses intérêts. Avec l'aide, bien sûr, de sa famille désormais dévouée à ses ordres. Tout l'arsenal d'une coquetterie savante et perfide fut mis en œuvre. Henriette faisait mine de se laisser attendrir puis se refusait plus fermement qu'auparavant, alléguant que ses parents craignaient pour leur honneur le sentiment qui l'entraînait vers le roi. Celui-ci ne savait plus à quel saint ou plutôt à quel démon se vouer.

1. Voir Grosbois.

Quand on put penser qu'il était « à point », la belle Henriette l'invita à la rejoindre à Malesherbes, et là, elle fit connaître les « conditions » posées par les siens à sa reddition : cent mille écus d'or, une terre, un titre de marquise et, pour couronner le tout, une promesse de mariage écrite... Ce dernier article hérisse Henri. Il accepte le reste mais pour la promesse de mariage, il allègue qu'il ne peut courir le risque d'un mariage stérile. Et l'on en vient à un compromis : la promesse de mariage sera valable si Henriette est enceinte dans les six mois et si, dans l'année 1600, elle donne un garçon à la Couronne.

Sully note dans ses *Mémoires* que, le roi lui ayant montré le papier fatal, il s'en empara et le déchira :

— Es-tu fou ? s'écria Henri.

— Oui, répondit Sully, mais je ne suis pas le seul en France.

Alors, sans rien ajouter, le roi monte dans son cabinet, écrit une seconde promesse toute pareille à la première, repasse devant son ministre comme s'il ne le voyait pas, demande ses chevaux et se précipite à Malesherbes où il s'enferme avec sa bien-aimée durant trois jours entiers. Il s'agissait de mettre sans attendre l'enfant en chantier.

Pour s'assurer plus sûrement la faveur du ciel, Henriette, devenue marquise de Verneuil, s'en va offrir à Notre-Dame de Cléry, qui avait été le pèlerinage préféré de Louis XI, un enfant d'argent dont on dit que les moines furent fort encombrés et qu'ils firent fondre plus tard pour en tirer une croix. Mais il était écrit que Mlle d'Entragues ne coifferait jamais la couronne de France. Alors qu'enceinte elle espérait bien la tenir déjà, un violent orage fut cause de la venue prématurée d'un garçon mort-né... Sully d'ailleurs préparait déjà le mariage de son roi avec Marie de Médicis.

Hélas, une fois marié, Henri ne se séparera pas d'une femme qui devait lui donner trois enfants sans jamais cesser pour autant de conspirer avec les siens contre la vie du roi. Celui-ci pardonne deux fois mais finit par exiler les d'Entragues à Malesherbes. Henriette cependant reste puissante. Pas assez à son gré : elle finit par s'entendre avec la reine Marie, le duc d'Épernon et l'Espagne : le résultat de ce rapprochement fut le coup de couteau de Ravaillac...

Après tant de noirs complots, Malesherbes avait grand besoin d'air pur. En 1719, le domaine était acheté par le chancelier de Lamoignon mais ce fut son fils, Guillaume, qui allait lui apporter son plus beau titre de gloire.

Ayant choisi de porter le nom d'une terre qu'il aimait infiniment, M. de Malesherbes, avocat, conseiller au Parlement, président de la Cour des aides et plusieurs fois ministre, fut sans doute l'un des hommes les plus intègres et les plus nobles de tout le XVIIIe siècle. Après avoir été l'un des meilleurs serviteurs de Louis XVI, Malesherbes, qui s'était retiré sur ses terres après son dernier mandat, et bien qu'âgé de soixante-douze ans, réclama et obtint le redoutable honneur de défendre son roi quand il fut traduit devant la Convention pour y être jugé. Il assuma cette défense avec un courage et une noblesse qui ne devaient pas lui porter bonheur. La Terreur sut le retrouver et lui faire payer son dévouement : arrêté dans son parc avec toute sa famille en 1794, il fut jeté en prison et guillotiné en même temps que les siens le 22 avril sur la place du Trône-Renversé, notre actuelle place de la Nation.

Le château conserve de nombreux souvenirs de cet homme de bien : sa bibliothèque, ses travaux sur le droit, la jurisprudence, le statut des juifs et des protestants, la liberté de la presse, la botanique dont il était féru. Mais, à Malesherbes, le souvenir d'un autre écrivain vient le rejoindre.

Au moment de l'arrestation de Malesherbes, on emmena avec lui sa fille, Mme de Rosambo, et ses petits-enfants (dont Louise Le Pelletier de Rosambo, future mère d'Alexis de Tocqueville), M. et Mme de Chateaubriand, frère et belle-sœur du grand écrivain. Mais on laissa les deux petits garçons du jeune couple : Louis et Christian âgés respectivement de six et huit ans, que l'on cacha dans une jolie maison qui existe toujours dans le parc, près de la Grange-aux-Dîmes.

Ces deux enfants étaient confiés à la garde d'une gouvernante dont la principale occupation était la tapisserie.

Pour ce faire elle disposait d'une énorme pelote de laine qu'elle reconstituait à mesure qu'elle l'usait, allant même jusqu'à défaire son ouvrage la nuit dans la grande tradition de Pénélope. On finit par comprendre pourquoi quand, la Révolution terminée, cette brave femme se décida à dévider sa pelote, libérant ainsi les bijoux de famille qu'elle y avait tenus cachés.

Les deux orphelins étant ses neveux, on dit que Chateaubriand vint souvent à Malesherbes où il aimait à écrire dans la maison qui leur avait servi d'abri…

HORAIRES D'OUVERTURE

Du 4 juillet au 26 août 10 h-16 h

Fermé le samedi, le dimanche et les jours fériés.

Ouvert pour les Journées du patrimoine

http://www.ville-malesherbes.fr/index.php?option=com_content&view=article&id=87:le-chateau-de-malesherbes&catid=18:les-lieux-a-visiter&Itemid=59

MAREUIL-EN-BRIE

Les amours de la jeune captive

Pour moi Palès encore a des asiles verts,
Les amours des baisers, les Muses des concerts ;
Je ne veux pas mourir encore.

André CHÉNIER

La première quinzaine du mois de mars 1794 s'achève. Dans toute la France, la Terreur fait rage. À Paris, sur la place du Trône-Renversé, la guillotine dévore quotidiennement des fournées terrifiantes de victimes. Soixante, soixante-dix ou même quatre-vingts têtes roulent chaque jour, libérant une marée sanglante entre les beaux pavillons jumeaux naguère construits par l'architecte Ledoux. La folie des hommes, la haine du semblable atteignent des sommets difficiles à égaler. Et pourtant, au milieu de cette horreur, il se trouve encore des gens qui s'arrangent pour être heureux. Et le plus étonnant est qu'ils appartiennent à l'aristocratie et même que leur sang compte parmi les plus bleus.

À une trentaine de lieues de Paris, aux confins de la Brie et de la Champagne, les murs élégants du château de Mareuil, propriété par mariage de la famille de Coigny, abritent deux amants qui semblent décidés à oublier tout ce qui n'est pas leur commune passion. Ils sont tellement absorbés l'un par l'autre qu'ils ont tout oublié du monde extérieur. Ils ne voient rien. Ils n'entendent rien. Ils sont ailleurs.

Il est vrai qu'elle a vingt ans, qu'il en a vingt-cinq et que la nature s'est montrée tellement généreuse avec eux que c'en est presque un scandale. Ils ont tout : beauté, esprit, jeunesse, noblesse et suffisamment de fortune pour ne pas se soucier du lendemain. Elle, c'est Aimée de Franquetot de Coigny, duchesse de Fleury, ex-duchesse plutôt, car elle vient de profiter des lois nouvelles pour divorcer. Elle est petite mais faite au moule avec de magnifiques cheveux châtain doré, des yeux de velours sombre presque trop grands pour son visage. Elle possède en outre un sourire irrésistible et une fabuleuse confiance en elle-même. Il est vrai que depuis son mariage, quatre ans plus tôt, avec le duc de Fleury, sa beauté a émerveillé la ville et ce qu'il restait de cour. Elle en a beaucoup usé aussi : à peine mariée, elle trompait son duc avec le très séduisant duc de Lauzun dont on disait qu'il avait été l'amant de Marie-Antoinette, partageant d'ailleurs cette réputation avec l'oncle de la folle duchesse, l'irrésistible Henri de Coigny.

Son compagnon, à Mareuil-en-Brie, c'est le comte Casimir de Montrond, grand garçon un peu rousseau, bien bâti et pourvu d'yeux d'azur candides tout à fait à leur place dans un teint rose de bébé. Mais c'est loin d'en être un. C'est même un bourreau des cœurs. Spirituel, insouciant, insolent, celui que les femmes appellent « le beau Montrond » et son ami Talleyrand « l'Enfant Jésus de l'enfer », a fait plus de conquêtes que Don Juan.

L'amour d'Aimée et de Casimir est né à Londres où tous deux s'étaient réfugiés – mais séparément – après les massacres de septembre 1792. Jusque-là ils se connaissaient à peine. En revanche, Montrond connaissait bien le duc de Fleury qui était son chef au régiment de Mestre-de-Camp-Général et surtout son compagnon de jeu le plus habituel.

Les Fleury avaient effectué auparavant un voyage en Italie où Aimée s'était efforcée d'oublier son cher Lauzun, passé au service de la Révolution et devenu tout uniment le général Biron. Elle avait trouvé quelques consolations avec l'ambassadeur anglais, lord Malmesbury. C'était lui qui avait conseillé l'Angleterre. Sur le chemin, Aimée en avait profité pour revoir Lauzun et demander la séparation de biens mais le bain de sang de septembre l'avait épouvantée et elle s'était hâtée de rejoindre Londres avec quelques amis. Peu de temps après, elle devenait avec enthousiasme la maîtresse de Montrond.

Londres ne leur plut guère, ni la manière de vivre des Anglais. Ils avaient du mal à respirer loin de la France et, en janvier 1793, alors que la tête de Louis XVI tombait, ils réintégrèrent Paris. Où tout de même les allées et venues de cette inconsciente duchesse finirent par éveiller l'intérêt de la police.

Le 16 mars, Aimée était arrêtée et conduite devant l'officier de police Descoings chargé de l'interroger. Et là, il faut bien avouer que la folle Aimée s'en tira avec l'habileté d'un vieux diplomate. Mais non, elle n'avait pas émigré ! Elle avait quitté Paris après septembre, simplement pour la province. Où était-elle ? Mais dans la maison de Mareuil-en-Brie qu'elle tenait de sa mère. Quant à son ci-devant mari elle s'intéressait si peu à ce qu'il devenait qu'elle demandait le divorce sur l'heure. Elle ajouta qu'elle avait régulièrement payé ses impôts fonciers pour Mareuil et même fait un « don patriotique ».

En foi de quoi on la relâcha et même on la divorça. Elle prit avec empressement le chemin de Mareuil où Montrond l'avait précédée et l'attendait impatiemment. Tous deux se hâtèrent d'y oublier leurs angoisses dans les délices des amours illégitimes.

De temps en temps tout de même, on se disputait et Montrond en profitait pour aller prendre le vent à Paris et s'efforcer de renseigner son ami Talleyrand, encore à Londres. Mais il revenait bien vite goûter le charme des réconciliations. Ce jour-là pourtant, 3 mars 1794, il était trop préoccupé, à son retour, pour songer aux joies de l'amour. Il venait d'apprendre qu'un nouveau délégué avait été nommé pour la région de Champagne qui allait être passée au peigne fin. Très certainement le château de Mareuil serait l'un de ses points de mire. Et dans ce cas, il vaudrait peut-être mieux s'éloigner.

On décide alors de partir ensemble pour les Pays-Bas d'où Montrond pourrait peut-être rejoindre l'armée de Condé. Aussitôt dit, aussitôt fait : on prépare les bagages, on réunit les objets précieux et on les cache dans les poches cousues sous les jupes d'Aimée et de sa femme de chambre anglaise. Au petit jour, on monte en voiture et on s'élance sur la route.

On fait tout juste deux lieues avant que l'on se retrouve arrêtés. Tout le monde dans la région connaissait Aimée, encore plus reconnaissable à cause de sa grande voiture et de sa montagne de bagages. Mais comme on ne savait trop qu'en faire, on l'envoya à Paris où, le 15 mars, elle faisait son entrée à la prison Saint-Lazare. La gloire la plus pure l'y attendait sans qu'elle s'en doutât le moins du monde.

Pourquoi ? Parce que, à Saint-Lazare où se trouve parquée la fine fleur de l'aristocratie, il y a un petit homme d'une trentaine d'années, pas très beau : le teint cireux, le cheveu rare. Mais il a un regard étonnant, à la fois profond, grave et lumineux comme en possèdent ceux qui ont le pouvoir d'apercevoir les choses cachées. Il est timide aussi et, alors que la société s'efforce de vivre ses dernières heures dans la joie et la folie, il aime à se retirer à l'écart pour griffonner sur des feuilles de papier. Parfois aussi, son regard suit Aimée durant de longues minutes. Naturellement, la jeune femme a remarqué cet homme pas comme les autres.

On lui a dit son nom : André de Chénier. On lui dit aussi qu'il est poète. Cela l'amuse un moment. Un soir, il lui remet un rouleau de papier. Elle n'y jette qu'un coup d'œil distrait car le poème est apparu comme trop grave à son esprit futile :

L'épi naissant mûrit, de la faux respecté ;
Sans crainte du pressoir, le pampre tout l'été
Boit les doux présents de l'aurore ;
Et moi, comme lui belle, et jeune comme lui,
Quoi que l'heure présente ait de trouble et d'ennui,
Je ne veux pas mourir encore.

Incapable de comprendre que *La Jeune Captive* va la porter à la postérité, Aimée de Coigny oublie le poème dans un coin, donnant à peine une larme au poète qui, le lendemain, monte à l'échafaud.

Elle y échappe, épouse Montrond pour se lancer avec lui dans les folies du Directoire. Ils retrouvent aussi Mareuil qui n'avait pas été confisqué. Mais c'est l'un des rares biens qui restent à la jeune femme. Et la vie que le couple entend mener coûte cher. Un beau jour, Mme de Montrond vend le château que les ancêtres de sa mère, les Roissy, avaient construit au XVIIe siècle. Elle s'en débarrasse presque, contre une belle somme d'argent et sans plus de regret que d'une robe usagée.

Chose étrange, l'abandon de Mareuil marque le déclin du ménage. Ce que n'ont pu faire les séparations, la prison et même l'ombre de la mort, le mariage, ses facilités et la ronde insensée des plaisirs en viennent à bout quand disparaît de l'horizon des Montrond ce domaine qui avait vu l'enfance d'Aimée et le plus doux, le plus ardent de son amour. Casimir s'éprend de l'une des reines du Directoire, la créole Fortunée Hamelin. Aimée juge alors une telle conduite incompatible avec sa dignité à elle et demande le divorce, une fois encore.

Sans trop de peine d'ailleurs : elle s'est éprise d'un chanteur, Mailla-Garat, bellâtre aussi dépourvu d'âme qu'elle-même et qu'elle dispute farouchement à la marquise de Condorcet. Le triste personnage consomme la ruine déjà si bien commencée de la jeune captive qui meurt à Paris, le 17 janvier 1820... dans les bras de Montrond accouru pour l'aider à franchir le difficile passage. On dit qu'il évoqua pour elle, alors, le jardin de Mareuil.

Le château, après avoir connu quelques vicissitudes, appartient actuellement à la famille de Vibraye et ne se visite pas.

MEUNG-SUR-LOIRE

Le sourire de Bertrade, les larmes de Villon...

Mais où sont les neiges d'antan ?...

François VILLON

Le grand Alexandre Dumas n'a eu besoin que de quelques pages pour immortaliser la petite ville de Meung-sur-Loire et la faire connaître aux quatre coins du monde. Qui ne connaît l'histoire ? Sous le règne du roi Louis XIII, un jeune Gascon venu du bout de la France fait son entrée dans Meung en curieux équipage : « Car notre jeune homme avait une monture et cette monture était même si remarquable qu'elle fut remarquée ; c'était un bidet du Béarn âgé de douze à quatorze ans, jaune de robe, sans crins à la queue. L'apparition dudit bidet à Meung où il était entré, il y avait un quart d'heure à peu près par la porte de Beaugency, produisit une sensation dont la défaveur rejaillit jusqu'à son cavalier... »

Le jeune homme s'appelle d'Artagnan, le passage cité se trouve à la seconde page des *Trois Mousquetaires*, peut-être le plus célèbre de tous les romans, et Meung se trouve ainsi être la ville par laquelle d'Artagnan est entré dans l'Histoire et dans la mémoire des lecteurs du monde entier. Il ne lui reste plus qu'à rejoindre Athos, Porthos et Aramis pour chevaucher et ferrailler avec eux jusqu'à la fin des temps. Mais, fort heureusement pour elle, l'aimable cité des bords de la Loire n'avait pas attendu

Alexandre Dumas pour faire, d'elle-même, son entrée dans l'histoire de France.

Son origine remonte à l'époque gallo-romaine où elle porte le nom de Magdunum qui signifie « ville sur un lieu élevé ». Et comme tous les lieux élevés, elle est couronnée d'un poste de garde que l'on peut décorer du nom de château. Un premier château qui ne résistera pas aux Vandales. Les ruines tenteront par la suite un saint homme, Liphard, qui y installera une sorte de monastère. C'est là qu'il mourra, c'est là qu'on l'enterrera et, autour de son tombeau, va s'édifier une ville défendue par une forteresse monastique qui aura elle aussi des malheurs, par le fait des Normands. On en sera quitte pour reconstruire une fois la terrible vague passée. Et, en l'an 1090, le modeste château de Meung est le théâtre d'une grande scène d'amour en forme de prologue à une nouvelle guerre de Troie.

À cette époque, la dynastie capétienne, fraîchement née, a pour représentant un souverain d'un type nettement exotique : le roi Philippe Ier. Fils d'Henri Ier et d'une princesse russe, Anne de Kiev (la seule Russe qui eût jamais régné sur la France), il tient de sa mère, une affolante sirène blonde venue du fond des steppes avec un train digne des *Mille et Une Nuits*, une extrême beauté, un tempérament volcanique et ce prénom de Philippe au parfum byzantin et parfaitement inusité en France. Sans oublier, bien entendu, le charme slave. Un charme qui plonge dans la mélancolie nombre de femmes du royaume. Au nombre desquelles se trouve la très belle comtesse d'Anjou, Bertrade de Montfort.

Bertrade, en dépit de sa beauté, est mal mariée. Son époux, Foulques d'Anjou, est tout ce que l'on veut sauf un homme agréable. D'ailleurs, ses sujets, qui s'y connaissent, l'ont surnommé le Réchin, autrement dit le grognon. Et, avec lui, ce totem serait plutôt un euphémisme. En effet, coupable d'avoir trucidé son propre frère, le Réchin a déjà usé trois épouses : Hildegarde de Beaugency, morte d'une raclée un peu trop copieuse, Hennengarde de Bourbon et Arengarde de Castillon qui sont encore en vie mais méditent, au fond de deux bons couvents, sur les inconvénients que l'on éprouve lorsque l'on cesse de plaire. Or, Bertrade est fière et refuse l'idée d'être un jour privée de sa couronne par un caprice masculin, et cela en dépit de sa beauté et du fils qu'elle a eu l'habileté de donner à son époux. En outre, elle a entendu vanter le charme du roi de France et elle pense que cet homme-là lui conviendrait beaucoup mieux. Aussi, sans balancer davantage, lui écrit-elle une lettre qui pourrait se résumer ainsi : « Je suis mal mariée et malheureuse en amour car, sans vous avoir jamais vu, je vous aime et j'ai juré de n'appartenir à un autre homme que vous. »

Ce sont de ces mots qui frappent l'imagination quand on est amateur de jolies femmes, même quand on est marié. Car Philippe aussi est marié. À l'âge de quinze ans – il en a alors trente-sept – on l'a marié à une Hollandaise ronde et rose, Berthe de Hollande, qui, avec les années et les maternités, est devenue obèse et couperosée : c'est dire que le sentiment de ce que l'on doit à une épouse ne l'encombre pas. Et Philippe d'annoncer son intention de rendre à son « féal comte d'Anjou » une visite d'amitié.

Quand il arrive à Tours où le rendez-vous est fixé, c'est le double coup de foudre. Dès le premier instant, le géant blond s'assure le cœur de la brune et ardente comtesse qui, de son côté, déchaîne chez le roi une de ces passions dévorantes comme on n'en rencontre pas deux dans la vie... Et l'on assure que, dès le lendemain, Bertrade déclare à Philippe qu'elle est prête à se laisser enlever. Ce à quoi le roi répond : « Quand vous voudrez ! » Et cela ne va pas traîner. Moyennant bien sûr une honnête dose de dissimulation et d'hypocrisie.

En effet, tandis que, dans l'église Saint-Jean, Philippe inaugure les fonts baptismaux en jurant à son hôte une éternelle amitié, Bertrade prépare discrètement ses bagages. Puis, la visite terminée, le roi prend courtoisement congé des Angevins pour regagner sa ville royale d'Orléans, où il tient sa cour. Bertrade le regarde partir le sourire aux lèvres : elle sait bien qu'elle le reverra avant peu. Et, en effet, le lendemain, prétextant une visite pieuse à un moûtier des environs, la belle comtesse se dirige vers un certain pont du Beuvron où Philippe a dû laisser une troupe destinée à simuler un enlèvement. Qui réussit en tout point, et c'est triomphalement que l'on ramène Bertrade à Meung où l'attend Philippe. C'est là qu'ils vont vivre leur première nuit d'amour, une nuit d'amour dont on prétend qu'elle fut fabuleuse...

La nuit de Meung marque le début d'une passion qui jamais ne se démentira et que rien ne pourra abattre, ni la guerre que déchaîne aussitôt le Ménélas grincheux de cette nouvelle Hélène, ni les foudres de l'Église maniées par le pape Urbain II qui ira jusqu'à frapper le royaume d'interdit, ni les menées plus ou moins sourdes de Louis et de Constance, les enfants laissés par Berthe de Hollande. Seule la mort séparera Philippe de Bertrade. C'est lui qui part le premier et Bertrade, tandis que son beau-fils devient le roi Louis VI, s'en va finir sa vie et attendre que la mort la réunisse à son amour dans le couvent des Hautes-Bruyères.

En 1101, ce même Louis VI, surnommé le Gros, s'en vient mettre le siège devant le château de Meung dont le maître, Lionet, s'est révolté contre son suzerain l'évêque d'Orléans. Lionet et ses hommes se réfugient dans le donjon auquel le roi ordonne que l'on mette le feu. Pour échapper aux flammes, les enfermés sautent du haut de la tour... pour venir s'empaler sur les lances que l'on a plantées en terre afin de les recevoir...

Le château, cependant, devient au fil des années une puissante forteresse. D'abord habité par la famille de Meung dont le dernier représentant, Jean, sera le célèbre coauteur du *Roman de la Rose*, il devient résidence d'été des évêques d'Orléans. Leur prison favorite aussi car souterrains, basses-fosses et oubliettes y sont impressionnants. Toutes choses dont l'Anglais envahisseur découvrira la valeur. En 1361, c'est Hughes de Calverly, le fameux capitaine anglais, qui occupe le château avec ses Anglo-Navarrais, puis, dans les débuts du XVe siècle, Français et Anglais se succèdent à Meung selon que ville et château sont pris ou repris. Et c'est avec quelque surprise que, parmi ses occupants, on découvre qu'un certain sire de Gaule en a proprement chassé l'ennemi en 1418...

Malheureusement, en 1425, le comte de Salisbury reprend ce qu'il considère comme son dû et s'installe à Meung après en avoir fait pendre les défenseurs. Il n'y restera pas longtemps car, déjà, la bataille pour Orléans fait rage et il en est l'une des chevilles ouvrières. Mais le destin l'y attend : « Regardant la bataille d'une fenêtre du fort (des Tourelles) enlevé, un boulet de canon le frappa à la tête. Il fut transporté blessé au château de Meung et mourut le 27 octobre 1428 puis fut enterré dans le parc. De la fenêtre de sa chambre, au château, il pouvait voir la basilique de Cléry qu'il avait pillée quelques semaines auparavant... » Ce fut le fameux Talbot qui le remplaça...

Moins d'un an plus tard, Jeanne d'Arc nettoiera Meung de ses occupants anglais, qui jamais ne reviendront. Les évêques d'Orléans vont pouvoir jouir à nouveau de l'agrément de leur beau château. De même, leurs prisonniers – tel le boiteux Orgemont qui y mourra – pourront constater que les cachots n'ont rien perdu de leur dramatique efficacité.

Ce sera le triste privilège de François Villon en 1461...

Le poète a dû fuir Paris à la suite du cambriolage du collège de Navarre auquel il a participé, et il a gagné la campagne où il vit de rapines et de petit brigandage. Il n'en fallait pas plus pour tomber sous la patte des sergents de l'évêque d'Orléans, Thibaut d'Aussigny. Une patte singulièrement lourde qui mène le malheureux dans la basse-fosse de Meung que l'on peut encore voir de nos jours. Une fosse percée, en son centre, d'un puits profond... C'est là que Villon écrit la fameuse *Épître à mes amis* :

Ayez pitié, ayez pitié de moi,
À tout le moins, s'il vous plaît, mes amis !
En fosse gis, non pas sous houx ne mai,
En cet exil auquel je suis transmis
Par fortune comme Dieu l'a permis.
Fille aimant jeunes gens et nouveaux
Danseurs, sauteurs, faisant les pieds de veaux,
Vifs comme dards, aigus comme aiguillon,
Gousiers tintant clair comme cascaveaux,
Le laisserez là, le pauvre Villon ?...

Le roi Louis XI, dont il chantait l'avènement, l'en tira, en piètre état car les bourreaux de l'évêque l'avaient un peu malmené. Mais c'était la liberté que le moineau de Paris retrouvait et, même escortée par la misère, cette liberté était sans prix...

Le château de Meung demeura en la possession des évêques jusqu'à la Révolution avec des fortunes diverses. Ainsi, au XVIIIe siècle, la demeure féodale avait reculé devant un joli château tel qu'en savait concevoir l'époque... un château aux murs roses.

Sous la houlette du nouveau propriétaire, Xavier Lelevé, de grands travaux de restauration furent entrepris pour embellir le château et ses 131 pièces. Vingt pièces sont aujourd'hui entièrement meublées et ouvertes à la visite.

HORAIRES D'OUVERTURE

Du 7 avril au 31 mai	14 h-18 h
Du 1er juin au 30 août	10 h-18 h
Du 1er septembre au 31 octobre	14 h-18 h
Décembre	14 h-18 h (les week-ends)

Fermé le lundi.

http://www.chateau-de-meung.com/

MONTARGIS

Renée de France, duchesse de Ferrare

La foi qui n'agit point, est-ce une foi sincère ?

RACINE

Le cortège qui pénètre dans Montargis, le 14 janvier 1560, a fait sortir toute la ville dans les rues en dépit du froid et de la neige. C'est à la fois service commandé et curiosité car il s'agit d'accueillir la châtelaine de la ville, Madame Renée de France, fille du roi Louis XII et d'Anne de Bretagne, veuve depuis le 3 octobre précédent d'Hercule d'Este, duc de Ferrare en terre d'Italie. Une châtelaine qu'à vrai dire on ne connaît pas du tout, car il y a trente-deux ans qu'elle a quitté la France pour suivre son époux au-delà des Alpes.

Évidemment, ce n'est plus une jeune femme. Elle a atteint la cinquantaine mais elle garde, en dépit d'un maintien assez sévère, de la grâce et du charme. Elle a de très beaux yeux, bien fendus, et son deuil est fastueux car elle a toujours aimé l'élégance et la splendeur des atours, comme il sied à une femme qui a été élevée à la cour du roi François Ier dont elle était la belle-sœur.

L'accueil de Montargis se montre donc suffisamment enthousiaste pour être payé de quelques sourires et d'aimables paroles. En revanche, l'aspect du château où l'on monte après la remise des clefs de la ville n'a rien de bien souriant. Madame Renée le trouve « fort déchu et démoli ». On dirait que personne n'y a touché depuis les rudes sièges subis pendant la guerre de Cent Ans, et le premier soin de la nouvelle venue sera d'ordonner de grands travaux que l'on va entamer sur-le-champ tandis qu'elle s'installe du mieux qu'elle peut. Grâce au ciel il y a dans ses chariots suffisamment de meubles et de tentures pour donner quelque confort même à un vieux château glacial. Au moins, le froid abolit l'odeur des tanneries qui s'alignent en bas, le long du ruisseau du Puiseaux. Et puis, pour la première fois depuis longtemps, Renée se sent chez elle, vraiment chez elle. Elle y serait aussi à Chartres dont elle est duchesse ou à Gisors dont elle est comtesse, mais c'est Montargis qu'elle a aimé jadis, au temps de sa jeunesse, et c'est là qu'elle veut vivre. Et il faudra bien que le vieux château des Courtenay s'arrange pour lui être un logis agréable... Il est si doux de revenir vivre non loin de la Loire !

Elle était heureuse, cependant, quand, en septembre 1528, elle quitta la France avec l'époux qu'on lui avait choisi, cet Hercule d'Este de vingt ans qui était un brillant cavalier, aimable, cultivé et beau garçon, ce qui ne gâtait rien. Il avait tout de suite plu à Renée qui était un peu lasse des nombreux fiancés – dont l'empereur Charles Quint – qu'on lui avait déjà proposés. Hercule parlait avec passion de son pays, de son père, le vieux duc Alphonse, veuf de la belle Lucrèce Borgia, de sa sœur, la brillante duchesse de Mantoue, du soleil italien et de la splendeur de ses palais. Renée écoutait, rêvait...

Orpheline de bonne heure – elle avait trois ans à la mort de sa mère, cinq à celle de son père – elle a été élevée royalement mais sévèrement par Louise de Savoie, la mère de François Ier, et elle a cherché très tôt dans l'étude, et singulièrement dans celle de la théologie qui l'approchait de Dieu, de quoi apaiser un cœur qui ne demandait qu'à aimer. La question religieuse est alors à l'ordre du jour. Les livres de Luther commencent à pénétrer en France et Renée, guidée par son précepteur Lefèvre d'Étaples, s'y est intéressée sans pour autant se détourner de l'Église. Simplement, elle a trouvé dans la nouvelle doctrine des éléments qui lui plaisent...

Mais quand elle suit son époux sur la route qui mène à Lyon, aux Alpes, que l'on franchira au Mont-Cenis, et à Ferrare, la sage Renée n'est rien d'autre qu'une jeune femme en voyage de noces. Elle attend des merveilles et elle les aura, mais le premier abord va lui être pénible. La plaine du Pô est sinistre en décembre et, si la ville de Ferrare est une belle ville, le château des Este avec ses douves et ses tours carrées paraît bien rébarbatif à une jeune femme de dix-huit ans qui a quitté le Val de Loire dans tous les ors d'une fin d'été...

Néanmoins l'intérieur est fastueux et l'accueil du duc Alphonse particulièrement chaleureux. C'est encore un bel homme qui adore les femmes, les fêtes et, pour sa petite belle-fille, il en a ordonné qui dureront un mois. Il souhaite lui plaire et autour de la nouvelle venue ce ne sont que plaisirs divers, comédies, bals, banquets. L'Arioste jouera à cette occasion sa première comédie. Les Este possèdent au plus haut point le goût du luxe et de la vie fastueuse... On entoure la sage Renée, on l'adule, on l'entraîne dans un véritable tourbillon de joie...

« Pourtant, Renée souffrait de solitude au milieu de tous ces Italiens et avait la nostalgie de la France lointaine... », écrit l'abbé Mathieu qui a consacré à Renée de France une minutieuse étude. D'abord, elle n'entend pas l'italien et, en fait, elle ne l'apprendra jamais. Grave erreur pour une jeune épouse qui souhaiterait jouer un rôle politique auprès d'un mari qui se montre sans doute amoureux mais qui aime un peu trop la chasse. Chez Renée, on trouve une sorte de méfiance envers son entourage. Il est vrai qu'à la cour brille de tous ses feux la belle Laura Dianti, la maîtresse du duc Alphonse, et cette situation choque les idées peut-être un peu austères de la jeune femme...

Néanmoins, les premières années de mariage se passent assez bien, en dépit de quelques nuages conjugaux provoqués par les réticences de Renée qui ne veut ni s'italianiser – car elle entend rester française envers et contre tout – ni se séparer de son entourage français, en particulier de Mme de Soubise qui a été sa gouvernante, possède sur elle une grande influence, et qu'Hercule déteste... Mais les enfants arrangent bien les choses et Renée en donnera cinq à son époux.

En 1534, meurt le duc Alphonse, et Renée, aux côtés d'Hercule, devient duchesse régnante mais, en perdant son beau-père, elle a perdu son meilleur appui et les difficultés vont commencer pour elle.

Désespérant de détacher son époux de l'empereur et du pape envers lesquels la situation géographique et politique de Ferrare l'oblige à de nombreuses concessions, Renée attire sans cesse de nouveaux Français à sa cour, et en particulier ceux qui sont obligés, pour une question de religion, de quitter leur pays. Parmi eux, le poète Clément Marot, qui sent le fagot, fait trop parler de lui en poursuivant de ses assiduités les demoiselles de la duchesse, et surtout crible d'épigrammes désobligeantes le pape et les cardinaux. Ce qui rend la position d'Hercule, vassal de Rome, plus ou moins délicate.

Les difficultés atteignent leur paroxysme quand, en 1536, Renée accueille auprès d'elle Calvin et en fait son directeur de conscience. C'est malheureusement à ce moment-là que surgit l'affaire du « petit chantre » : le vendredi saint, au moment de l'adoration de la Croix, un jeune chantre de la maison de la duchesse nommé Jehannet sort soudain de l'église en proférant des injures et des blasphèmes. Il est arrêté le soir même et une véritable guerre commence entre Hercule et sa femme pour la libération ou non du garçon... qui finira par s'évader.

Cette affaire sonne le glas des Français. Mme de Soubise, son gendre et sa fille, M. et Mme de Pons, partiront successivement. Quant à la duchesse, elle ira « se reposer » au lointain château de Consandolo.

Elle en reviendra mais, aussi obstinée que le fut sa Bretonne de mère, elle continuera à attirer les protestants à Ferrare, au point que le pape Jules III finit par intervenir en demandant à Hercule d'agir sur sa femme. La duchesse, en effet, ne se confesse plus, ne va plus à la messe et à Ferrare le scandale est à son comble. D'autant que des années ont passé dans cette lutte incessante.

En 1554, le duc Hercule demande au roi Henri II de lui envoyer « un convertisseur habile et énergique » et celui-ci ne lui envoie rien de moins que le grand inquisiteur Mathieu Ory qui s'en vient chapitrer la duchesse. Celle-ci paraît céder d'abord, mais Calvin veille de loin et envoie du renfort. Dès lors, Ory perd son temps...

Hercule en vient aux mesures sévères : sa femme est enfermée chez elle, privée de ses filles et, finalement, chose inouïe, se retrouve, elle, fille de Louis XII, devant un tribunal de l'Inquisition comme une vulgaire hérétique.

Elle risque gros : rien de moins que le bûcher. Ses juges cependant se contentent de la condamner, le 6 septembre 1555, à la prison perpétuelle et à la confiscation de ses biens. Cette fois c'est dans une véritable geôle qu'elle est enfermée... Et puis, une semaine plus tard, coup de théâtre : la duchesse se repent, elle abjure ses erreurs. Le 21 septembre, elle fait savoir qu'elle désire entendre la messe et, le dimanche suivant, elle communie. Ory a disparu en direction de la France. Le cauchemar est fini.

Que s'est-il passé ? Lassitude ? Désir de retrouver une position tout de même plus agréable que celle de prisonnière ? Regain des tendres souvenirs d'autrefois ? Toujours est-il que le couple ducal se reforme et que tout redevient comme par le passé. Renée, désormais, ne déviera plus du droit chemin... En apparence tout au moins.

Quand son mari meurt, elle décide de rentrer en France où sa fille Anne est mariée au duc de Guise. Son fils Alphonse, qui devient duc, la déteste et est farouchement opposé aux protestants. Il n'hésiterait pas à s'en prendre à sa mère. Et Renée quitte Ferrare sans regrets, pensant qu'en France elle pourra peut-être venir en aide à ceux qu'elle nomme tout bas ses frères.

C'est ce qu'elle va faire à Montargis, en dépit du fait que les mesures de rigueur s'y sont multipliées envers les huguenots. Mais Renée tient à ses idées. En 1562, une émeute éclate dans la ville. Malgré l'interdiction de la duchesse, un groupe de bourgeois en armes occupe l'église pour empêcher les protestants d'y entrer. De là, le tumulte gagne toute la ville. On assiège les réformés chez eux, jusqu'à ce que la duchesse envoie ses gentilshommes les dégager et les ramener au château qui devient un véritable refuge.

Le duc de Guise dépêche alors l'un de ses capitaines pour l'assiéger et nettoyer « la nichée de huguenots », mais Renée se défend énergiquement : « Avisez ce que vous entreprenez, crie-t-elle du haut d'une tour, car il n'y a homme en ce royaume qui me puisse commander que le roi et si vous en venez là je me mettrai la première sur la brèche pour essayer si vous serez si audacieux que de tuer la fille du roi !... » Le siège sera levé d'autant plus vite que Guise vient d'être assassiné par Poltrot de Méré en forêt d'Orléans. Renée va pouvoir entreprendre, à travers la France, un grand voyage pour venir en aide aux protestants malheureux. Elle est la générosité même et sème l'or sans compter.

De retour à Montargis après une visite à son ami l'amiral de Coligny, elle essaie de réconcilier dans son fief catholiques et protestants, fonde au château une petite école pour les enfants des réfugiés... et manque une fois de plus de se retrouver devant un tribunal d'Église. Mais le roi de Navarre épouse Marguerite de Valois, et il semblerait que la paix doive s'établir. Renée se rend aux noces à Paris... et n'échappe que grâce à la protection royale au massacre de la Saint-Barthélemy...

C'est la mort dans l'âme qu'elle rentre à Montargis. La sienne d'ailleurs n'est plus loin. À la suite d'un accès de fièvre, elle traînera, dolente, jusqu'en juin 1575 : le mercredi 15, à trois heures du matin, elle s'éteint dans le château qu'elle a fait refaire avec un soin extrême... et qui malheureusement sera en partie détruit en 1810.

Suivant sa volonté, son corps, porté par six pauvres, sera inhumé sous les dalles d'une chapelle qui ne servait plus au culte catholique, sans aucun signe qui laisse supposer qu'à cet endroit repose la princesse la plus courageuse, la plus généreuse... et la plus entêtée de cette époque troublée.

HORAIRES D'OUVERTURE

Les visites guidées se font sur demande auprès de l'Office de Tourisme de Montargis (02 38 98 00 87).

http://www.chateaudemontargis.org/

MONTE-CRISTO

Alexandre Dumas ou la générosité

> *Tout écrivain, tout peintre gêné peut venir s'installer à Monte-Cristo. Là vit en permanence un peuple de pirates que l'amphitryon ne connaît même pas.*
>
> André MAUROIS

Chaque année, au mois de juin et depuis bientôt quinze ans, une centaine d'écrivains s'assemblent dans le parc de la demeure la plus étonnante des environs de Paris pour y affirmer leur tendresse au souvenir de celui qui fut le bon géant des lettres, de l'homme qui aimait le plus la vie et qui savait le mieux s'en faire aimer : Alexandre Dumas, le père foisonnant des *Trois Mousquetaires*, de *Joseph Balsamo*, de *La Reine Margot*, de *La Dame de Monsoreau*, du *Comte de Monte-Cristo* et de tant d'autres merveilles qui ont ouvert à tant d'enfants et d'adultes le chemin de l'Histoire.

Ils sont là, ces écrivains, bravant le vent, la pluie ou le trop grand soleil parce que, en 1970, des promoteurs séduits par le site décidaient de racheter la folle maison de M. Dumas pour y installer des immeubles. Alors, l'historien Alain Decaux a protesté. Employant presse et télévision, rassemblant autour de lui une poignée de fidèles, s'assurant trois dévouements exceptionnels, ceux de Mme Christiane Neave, de M. Georges Poisson, historien lui aussi, et de Mme Madeleine Amiot-Péan, il a levé l'étendard de la révolte, mobilisé l'opinion et finalement gagné la partie : Monte-Cristo ne sera pas détruit, Monte-Cristo continuera d'ériger au milieu de ses grands arbres ses tourelles pseudo-Renaissance coiffées de coupoles et de lanternes afin que tous ceux qui aiment Alexandre Dumas puissent y venir chercher la trace de leurs rêves de jeunesse.

Qu'est-ce d'ailleurs que Monte-Cristo sinon un rêve ? Celui d'un merveilleux conteur qui, en 1844, cherchait un coin tranquille pour y achever *Les Trois Mousquetaires*. Dumas et son fils, Alexandre le jeune, habitaient alors Saint-Germain-en-Laye où le père avait affermé le théâtre. « Il y faisait venir, raconte André Maurois qui est peut-être le meilleur chantre de Dumas, la Comédie-Française, logeait et nourrissait les comédiens, garantissait la recette et perdait à ce jeu une fortune. Mais sa cour, son harem et sa ménagerie grouillaient joyeusement autour de lui et le chemin de fer de Paris à Saint-Germain voyait ses recettes monter. Pour observer de près le grand homme, le public affluait. »

Essayez donc de travailler dans de telles conditions, même si l'encens est, de tous les parfums, le plus agréable à respirer ! Un jour, sur la route de Port-Marly, Alexandre Dumas s'arrête dans une maison de paysans et admire le panorama. On a de là-haut une vue admirable sur la vallée de la Seine. Pourquoi ne pas s'y installer ? L'inspiration – en admettant que besoin en soit – serait encore meilleure dans un cadre pareil. Sans doute... mais il n'y a rien que des arbres. Qu'importe ? Il suffit d'en abattre quelques-uns, de construire.

Aussitôt dit, aussitôt fait. Dumas achète le terrain qui lui plaît tant et y amène un architecte qui s'appelle tout uniment Durand :

— Vous allez, lui dit-il, tracer ici même un parc anglais au milieu duquel je veux un château Renaissance, en face d'un pavillon gothique entouré d'eau. Il y a des sources : vous en ferez des cascades.

— Mais, Monsieur Dumas, le sol est un fond de glaise ; vos bâtiments vont glisser.

— Monsieur Durand, vous creuserez jusqu'au tuf. Vous ferez deux hauteurs d'étages et d'arcades.

— Cela coûtera quelques centaines de mille francs.

— Je l'espère bien ! dit Dumas avec un sourire radieux.

Et tout se déroule comme il l'a prévu. Le château commence à sortir de terre et, dans le parc, sur la hauteur, on construit un minuscule château gothique auquel le maître donnera le nom de château d'If : ce sera son cabinet de travail.

Pendant ce temps, Dumas s'occupe de sa décoration intérieure. C'est ainsi qu'un jour à Tunis, alors qu'il visite le palais du bey, il remarque deux ouvriers occupés à reproduire, dans le palais, l'une des salles de l'Alhambra de Grenade. Leur travail est une merveille de minutie qui frappe notre écrivain : c'est exactement ce genre de décor qu'il faut pour sa chambre mauresque. L'Orient ! Qu'y a-t-il de plus beau que l'Orient quand on a de l'imagination ? Et il engage sur l'heure les deux Arabes au tarif de 7 francs par jour. Dès le lendemain, il les embarque sur le *Veloce* et vogue la galère en direction de Port-Marly *via* Marseille !

Durant des années, le père et le fils vont creuser leurs précieux nids d'abeilles dans les murs de Monte-Cristo, à la grande joie de M. *Doumasse*.

Enfin, le 25 juillet 1848, tout est achevé et Alexandre Dumas pend la crémaillère au milieu d'une véritable foule. Les invités sont au moins six cents. On a dressé pour eux des tables dans le jardin. On y a mis aussi de grands brûle-parfum d'où s'élèvent des fumées odorantes. Mais écoutons toujours André Maurois :

« Dumas, radieux, circule parmi ses convives. Son habit étincelle de croix et de plaques, son gilet, rutilant, est barré par une lourde chaîne d'or massif. Il embrasse les jolies femmes et raconte, toute la nuit, de merveilleuses histoires. Il n'a jamais été aussi heureux. »

Pourtant, il y a pour lui une ombre au tableau : le règne du roi Louis-Philippe s'est achevé depuis février. Le roi-citoyen que Dumas aimait beaucoup depuis qu'au Palais-Royal il était son bibliothécaire alors que le roi n'était que duc d'Orléans, le roi-citoyen donc a pris le chemin de l'exil. Bien sûr, c'est un autre ami qui va prendre sa place : le prince Louis Napoléon revenu d'Angleterre au moment où les Orléans s'y rendaient. Mais Dumas n'a jamais été de ceux qui oublient ceux qu'ils aiment au moment où tout s'écroule autour d'eux.

Pour le moment, tout de même, c'est la joie qui l'emporte. Le grand enfant au cœur d'or s'est offert le beau jouet dont il rêvait, mais comme, justement, il a un cœur d'or, il entend en faire profiter tous ceux qu'il aime, et même les autres. À Monte-Cristo, il tient table ouverte, encore que pour lui-même il soit assez frugal, et chez lui on mange plus que bien. Le maître se passionne pour la cuisine. Il estime que « s'il est bien difficile d'écrire, il est cent fois plus difficile de savoir bien dîner ! ». Et jamais ses invités n'auront à se plaindre de lui. Il est fréquent même qu'il prenne en main les casseroles et nous avons de sa façon un *Grand Dictionnaire de cuisine* qui est bien le monument le plus agréable qui soit. On y retrouve tout Dumas, avec son goût de la bonne chère sans doute mais aussi sa passion de l'Histoire et des histoires. Un régal peu commun.

Monte-Cristo ne désemplit pas : « Tout écrivain, tout peintre gêné peut venir s'installer à Monte-Cristo. Là, vit en permanence un peuple de pirates que l'amphitryon ne connaît même pas. Ces gens-là coûtent plusieurs centaines de mille francs l'an. Et puis, il y a les femmes. »

Les femmes, bien sûr, Dumas les a toujours aimées et toujours gâtées. Mais il y a aussi les bêtes. Le château et le parc servent d'abri à une vraie ménagerie. Il y a cinq chiens dont l'un, Pritchard, est resté célèbre, un vautour nommé Jugurtha, trois singes, un perroquet bleu et rouge nommé Bouvat, un chat appelé Mysouff, un faisan doré répondant au nom de Lucullus, un coq baptisé César plus un paon et sa paonne, des poules et des pintades... plus tous les chiens errants qui veulent bien franchir le seuil de cet ami de toute la Création.

« Ce ne sont pas les bêtes qui me ruineront ! » disait Dumas quand son domestique le priait de mettre un frein à l'invasion.

Les bêtes sans doute pas, mais les pique-assiettes très certainement. Et aussi la mauvaise chance. La révolution de 1848 a tari les recettes du Théâtre-Historique, source de grands revenus.

Et puis Dumas doit faire face au procès que lui intente sa femme Ida Ferrier. La dame réclame le remboursement de sa dot plus une pension. Alors, en 1850, deux ans, deux ans seulement après la folle inauguration, les créanciers du bon Dumas s'emparent de Monte-Cristo qui est aussitôt mis en vente. C'en est fini du beau rêve de l'écrivain trop généreux. Plus tard, il reviendra à Monte-Cristo en compagnie de trois amis qui devront partager les frais, des frais bien modestes : un peu de nourriture, de la chandelle, etc. Personne n'a d'argent et Dumas moins encore que les autres en dépit d'un labeur forcené.

Par la suite, le château passera de main en main, des mains sans grand intérêt. Il sera même, un temps, pensionnat de jeunes filles auxquelles sans doute on ne faisait pas lire l'œuvre du constructeur. De toute façon, Monte-Cristo s'en allait lentement vers sa ruine.

Sauvé *in extremis* en 1970, ainsi qu'on l'a déjà dit, ses travaux de restauration ont représenté, durant des années, le gros tracas de l'Association des amis d'Alexandre Dumas. Et puis le miracle est arrivé en la personne de S. M. Hassan II, roi du Maroc, qui a fait restaurer le château de fond en comble, restituant ainsi à la France un monument historique et à l'ombre du bon géant son beau rêve intact.

HORAIRES D'OUVERTURE

Du 1er avril au 1er novembre	10 h-12 h 30 et 14 h-18 h (fermé le lundi)
Samedis, dimanches et jours fériés	10 h-18 h
Du 2 novembre au 31 mars	14 h-17 h (seulement le dimanche)

Fermeture du 17 décembre au 7 janvier et le jour de la nuit de Monte-Cristo

http://www.chateau-monte-cristo.com/

MONTSÉGUR-SUR-LAUZON

Un amour d'outre-tombe

Hélas ! Comment serais-je charmante et belle ?
Ma joue est pâle et la terre est ma demeure...

Ancienne ballade danoise...

Quelques pans de murailles, une ancienne chapelle que la municipalité restaure avec soin, c'est tout ce qu'il reste d'un château où s'est déroulée, jadis, l'une des plus étranges, des plus dramatiques aventures vécues par un homme. Une de ces aventures qui frappent au point de changer une destinée...

Un jour de juillet 1745, le jeune baron de Clansayes qui a réuni dans son manoir proche de Saint-Paul-Trois-Châteaux une bande d'amis de son âge leur propose une excursion qu'il espère agréable. Il fait un temps superbe, la campagne embaume la lavande et le romarin et l'idée d'une promenade est accueillie avec plaisir. Le but proposé est le vieux château de Montségur-sur-Lauzon, une antique forteresse en partie ruinée mais suffisamment imposante et, surtout, pourvue d'une réputation assez sinistre pour être intéressante. On dit, en effet, que le château, déserté par ses propriétaires depuis une trentaine d'années, est hanté et, du plus loin qu'ils aperçoivent sa sombre silhouette dressée au bord d'un champ en pente raide menant à un ravin abrupt, les gens du pays se signent et ôtent leur bonnet comme devant un enterrement. Signe de respect, dit-on, envers les âmes de tous ceux qui sont passés là de vie à trépas...

En effet, Montségur appartenait jadis au terrible baron des Adrets, le célèbre et redoutable chef protestant qui, au temps des guerres de Religion, s'entendait si bien à exterminer ses ennemis prisonniers de la manière qui pouvait leur être la plus désagréable. Comme le catholique Blaise de Montluc, le baron maniait la torture en virtuose et savait accompagner une mort d'une éternité de souffrances. Son ombre, à ce que l'on disait, planait toujours, par les nuits sans lune, sur son ancien repaire.

Naturellement, les vieilles histoires n'impressionnaient pas la jeune bande qui s'embarquait si joyeusement pour le château, mais ajoutaient au plaisir qu'elle anticipait. On allait chasser le fantôme entre amis ! Et les deux plus ardents à cette battue d'un nouveau genre étaient le vicomte Henri de Rabasteins, un jeune Gascon de vingt-deux ans, et son ami Beaumont. Ils se promettaient bien d'exorciser les pires légendes.

Encore meublé en partie, le château a un gardien, un vieil homme laissé là par la propriétaire, la comtesse de Pracomtal qui entend que sa maison ne soit point trop à l'abandon, même si elle ne l'habite pas... Mais, en fait, l'intérieur présente peu d'intérêt : il y a surtout beaucoup de poussière et la jeune bande, un brin déçue, parcourt les cours noircies, les chemins de ronde, les salles désertes. Soudain, dans le champ en pente au bord duquel s'élève le château, quelqu'un avise une croix de pierre. Enfin quelque chose d'intéressant !

On se précipite, on se penche. Gravés dans la pierre il y a un nom, une date : « Lucie de Pracomtal, 25 juin 1715... » Alors, on appelle le vieux gardien, on l'interroge. Et il raconte...

Trente ans plus tôt, presque jour pour jour, il y avait fête dans le château encore bien vivant. La fille de la comtesse de Pracomtal, Lucie, qui avait dix-huit ans, épousait le jeune vicomte de Quinsonas qui en avait vingt-cinq. Tous deux étaient jeunes, beaux, riches, tous deux s'aimaient – ce qui était rare ! – et tout le monde autour d'eux était heureux, ou tout au moins joyeux... jusqu'à ce petit incident qui, à la fin du festin, jeta un froid.

En effet, au moment du dessert, la nouvelle vicomtesse de Quinsonas, en voulant séparer une amande double pour en offrir la moitié à son époux, brisa du même coup l'anneau de mariage tout neuf qui ornait son annulaire depuis si peu de temps. Elle pâlit, voyant dans ce petit accident un mauvais présage en dépit du tendre réconfort prodigué par son époux et de ses plaisanteries sur la hâte qu'elle avait mise à se « démarier » elle-même. Bientôt, d'ailleurs, le sourire lui revint et l'on sortit de table pour d'autres plaisirs.

En attendant le grand bal du soir quelqu'un proposa une partie de « cligne-musette » (cache-cache), en disant qu'un vieux château est réellement l'endroit rêvé pour ce jeu si amusant. La proposition fut accueillie avec enthousiasme. C'est le marié qui « s'y colla » le premier. Mais, avant de se laisser bander les yeux, il alla embrasser sa femme :

— Vous ne saurez jamais vous cacher assez bien, mon cœur. Je vous aime trop pour ne pas aller vers vous immédiatement, même si je gardais les yeux bandés...

Et l'on se dispersa. La partie dura longtemps. Le château retentit de cris, de rires, d'appels, de portes qui claquaient et de galopades. Mais quand la compagnie, hors d'haleine, se retrouva dans la grande salle, il fallut bien se rendre à l'évidence : Lucie manquait à l'appel.

Pendant des heures, on la chercha, criant son nom, fouillant partout. Les invités, les gardes, les serviteurs, les paysans qui dansaient dans la cour, tout le monde s'y mit. Rien ! On pensa alors aux ravins. On y descendit avec des cordes, des lanternes car la nuit était venue.

On pensa même à des bohémiens qui avaient campé près du château jusqu'à la fin de l'après-midi et, songeant que peut-être ils avaient enlevé la jeune femme à cause de ses joyaux, on se lança sur leurs traces mais, naturellement, ils étaient innocents. Sans rancune devant le désespoir de Mme de Pracomtal, une vieille bohémienne lui prédit : « Tu reverras ta fille un jour mais je ne peux te dire ni quand ni comment... »

Faible consolation ! Peu à peu, avec le temps, l'espoir de retrouver Lucie vivante s'estompa. On pensa qu'elle avait quitté le château, était tombée dans quelque ravin trop profond, ou qu'elle avait été victime d'une bête sauvage. Le deuil s'installa et aussi la légende d'une dame blanche qui, la nuit, errait en pleurant. Incapable de supporter plus longtemps cette demeure où sa fille avait disparu si tragiquement, Mme de Pracomtal la ferma, la quitta, se contentant d'y laisser le gardien, et elle alla s'établir à Valence où elle consacra son temps à Dieu et aux bonnes œuvres...

Ce récit tragique, fait par un témoin oculaire, a considérablement ralenti la gaieté des jeunes visiteurs. Afin de la retrouver ils vont s'installer au pied des vieilles murailles pour déjeuner sur l'herbe. Henri de Rabasteins a préféré s'isoler. Il n'a pas faim. L'histoire qu'il vient d'entendre l'a bouleversé. Assis sur un muret de pierres sèches, il rêve en caressant distraitement le gros chat gris qui est l'habituel compagnon du vieux gardien et qui semble l'avoir pris en amitié. Ses pensées sont ailleurs : elles suivent une forme blanche, un visage rayonnant et blond sous un voile de dentelle. Il n'en distingue pas les traits. Il sait seulement que cette Lucie disparue si mystérieusement l'attire... Son ami Beaumont qui le rejoint lui déclare tout net qu'il a bien l'air d'être en train de tomber amoureux d'une ombre... Pour lui, l'affaire est claire : Lucie n'aimait pas Quinsonas autant qu'on l'a dit et elle a profité du jeu pour filer avec celui dont elle était vraiment amoureuse. Mais Rabasteins refuse une explication qui ternit l'image rayonnante dont il est si étrangement habité. Il proteste même quand quelqu'un propose, comme jadis, une partie de cligne-musette mais, pour ne pas faire figure de rabat-joie, il finit par rejoindre les autres.

Bientôt, il se prend au jeu, un jeu qui, pour lui, est une façon comme une autre de se lancer à la poursuite de l'ombre blanche qui le hante. De couloirs en salles vides, il parvient dans une pièce basse et voûtée sur laquelle ouvre un corridor obscur. Il hésite à s'y engager car on n'y voit rien, quand il entend des pas derrière lui. Pour ne pas être découvert, il entre dans le couloir obscur, s'appuie contre la muraille pour être encore moins visible quand, soudain, il sent que le mur cède sous son dos.

Pensant avoir affaire à quelque porte mal fermée, il entre et rabat sur lui un panneau qui lui paraît habillé de bois et se referme aussi silencieusement qu'il s'est ouvert. Henri n'y voit rien. L'obscurité est complète, l'endroit sent le renfermé. Et, comme il a entendu décroître les pas de celui qui l'a fait se cacher, il cherche à sortir ; mais ne trouve sous ses mains ni serrure, ni loquet, ni verrou : rien que des planches lisses... C'est un garçon courageux mais le cœur lui bat tout de même un peu vite. Il s'est laissé bêtement enfermer dans un placard. À présent, il s'agit d'en sortir...

À force de tâtonner, il finit par sentir que quelque chose bouge sous sa main. Alors, il appuie, mais c'est derrière lui que le mur s'ouvre, laissant filtrer un jour gris et faible. Rabasteins se précipite et se trouve au seuil d'une pièce basse dans laquelle on descend par quatre marches.

Il ne voit pas grand-chose d'abord, sinon une espèce de cave à peine éclairée par un étroit soupirail armé de barreaux et ouvert à la hauteur de la voûte. Puis, ses yeux s'accoutumant, il distingue deux fauteuils à haut dossier, une table. Mais l'un de ces fauteuils est occupé : il aperçoit l'ampleur d'une robe claire, une silhouette de femme, et pense d'abord que l'une de ses compagnes a trouvé avant lui cette cachette. Mais quand il s'approche il constate que ce qu'il a devant lui c'est le cadavre, littéralement momifié, d'une femme en robe de mariée...

Malgré son courage, le jeune homme sent ses cheveux se dresser sur sa tête. Il comprend qu'il a résolu le mystère et qu'il a devant lui cette Lucie de Pracomtal dont il rêve depuis des heures. À présent, c'est la terreur qui l'envahit : si personne n'a pu retrouver la jeune femme, personne ne le retrouvera lui non plus. Et il pense qu'il va lui falloir mourir ici, comme elle, en face d'elle, dans ce fauteuil vide qui semble l'inviter...

Affolé, il réussit à se hisser jusqu'au soupirail en s'aidant des barreaux, ce que la pauvre Lucie n'a certainement jamais pu faire. Mais il ne voit que de grosses pierres écroulées et mêlées de broussailles. Alors il appelle, il crie, il hurle jusqu'à en être enroué. Et les heures passent, et la nuit vient et aucun bruit ne parvient jusqu'au malheureux. Il est perdu au cœur des pierres sans qu'aucun espoir puisse lui rester. Et il ose à peine, à présent, regarder sa lugubre compagne, celle à qui va l'unir le plus abominable des hyménées. Pourtant, au fond de sa peur, il trouve encore le courage de plaindre la pauvre enfant qui en plein bonheur, s'est vue condamnée à une épouvantable, une interminable agonie. Comment son époux n'a-t-il pas démoli ce château pierre à pierre pour la retrouver ?

Soudain, dans le caveau, quelque chose bouge, quelque chose apparaît : c'est le chat du gardien qui vient de se glisser par le soupirail et qui semble habitué à venir ici. Alors, une idée vient à Rabasteins. Après avoir ôté sa cravate, il saisit l'animal et la noue solidement autour de lui en dépit de ses protestations. Puis il le reporte au soupirail et le lance au-dehors. C'est une chance bien faible sans doute, mais c'est une chance tout de même. Peut-être que là-haut, on le cherche encore ?

En effet, Clansaye et Beaumont, incapables d'abandonner leurs recherches, sont encore au château. On a simplement fait repartir les dames pour Clansaye... Le retour du chat rend l'espoir à tout le monde et les recherches reprennent avec plus d'ardeur encore. Surveillé de très près, l'animal finit par conduire Beaumont jusqu'à une étroite cour intérieure, sorte de puits où s'entassent des pierres... On découvre le soupirail par lequel on fera passer un peu de vin et de nourriture puis, à la pioche, on va élargir la minuscule ouverture. Rabasteins est sauvé. Mais, en deux jours, ses cheveux sont devenus blancs.

Prévenue, Mme de Pracomtal vint de Valence pour reconnaître le corps de sa fille qu'elle eut le courage de « revoir », comme l'avait prédit la bohémienne.

Quant à Henri de Rabasteins, son tragique tête-à-tête avec Lucie devait le tourner vers Dieu. Il entra en religion et, sa vie durant, pria dit-on pour l'âme de celle qu'il avait aimée durant quelques heures...

MONTSOREAU

Les deux dames de Montsoreau

Une adorable créature, vêtue d'une longue robe de laine blanche comme celle que portent les anges, avec des cheveux blonds tombant sur ses épaules.

Alexandre DUMAS

Dumas n'en a célébré qu'une : celle qu'il appelait Diane de Méridor. Pourtant, il y en eut une autre : celle que personne ne connaît parce que le maître du roman historique n'en a jamais parlé ; une autre qui n'en eut pas moins une existence digne d'inspirer un roman, bien que cette existence eût été courte. Celle-là se nommait Colette et vivait environ un siècle avant la célèbre dame.

C'est son père, Jean de Chambes, qui, en 1440, donne à ce château un peu sévère, dressé au bord de Loire comme une sentinelle armée, son aspect actuel. Riche et puissante, la famille de Jean de Chambes ne possède pas la seigneurie depuis fort longtemps. Le premier château, dont l'origine remontait au Xe siècle, avait eu comme possesseurs successifs les familles de Montbazon, de Craon et de Chabot qui n'en firent guère plus qu'un poste militaire commandant le fleuve dans les eaux duquel trempaient ses murailles.

La Loire, en effet, a longtemps servi de douves au château et la route qui passe devant a été reprise tardivement sur le fleuve.

Outre des fils qui le continueront, Jean de Chambes a deux filles, très belles toutes deux mais l'aînée, surtout,

Colette, est ravissante. On la marie très jeune à Louis d'Amboise, vicomte de Thouars. Elle ne l'aime guère ; d'autant moins qu'un jour un jeune prince, passant le long de la Loire, s'est arrêté à Montsoreau pour admirer le château neuf. Il se nomme Charles, duc de Guyenne. Il est jeune, il n'est pas laid et il est le frère cadet du roi Louis XI. Un frère aussi fou et aussi turbulent que le roi est calme, secret et réfléchi.

Colette s'en éprend d'autant plus vite que le prince, tout de suite, s'est déclaré son prisonnier. Et, pour lui, elle va bafouer le mariage au point de donner, à son amant, deux filles dont l'une, Jeanne, sera religieuse et l'autre, Anne, mariée à un seigneur de Ruffec. Il est facile de comprendre qu'un époux s'accommode mal d'une telle situation. Louis d'Amboise finit par se fâcher et, dans le courant de l'année 1469, Colette doit s'enfuir pour éviter sa juste colère.

D'autant que son influence sur le prince n'est pas des meilleures. Elle tient la tête d'un des deux partis qui se partagent cette influence mais qui se rencontrent tout de même pour persuader Charles qu'il ferait un bien meilleur roi que son frère. Ce sont choses que l'on aime à entendre lorsque l'on est content de soi, et le duc de Guyenne, peu à peu, va glisser dans la haute trahison. Il entretient d'amicales relations avec l'ennemi juré du roi, Charles le Téméraire, duc de Bourgogne, dont il va même jusqu'à briguer la main de la fille unique, Marie.

Ce mariage-là, s'il emporte les suffrages du parti que mène le vicomte d'Aydie, fait enrager Colette et ceux qui la suivent. La jeune femme craint trop cette princesse fabuleusement riche qui réduirait son influence à rien. Et quand elle doit s'enfuir c'est naturellement auprès du prince, au château de Saint-Sever, près de Mont-de-Marsan dans les Landes, qu'elle accourt, satisfaite au fond d'avoir un bon prétexte pour ne plus le quitter.

Elle connaît bien son amant ; tant qu'elle sera auprès de lui, il n'osera pas conclure avec la Bourgogne. D'ailleurs, quelques mois plus tard, une bonne nouvelle lui arrive : elle est veuve. Louis d'Amboise est mort le 28 février 1470. Du coup la dame de Montsoreau s'accroche à son titre de vicomtesse de Thouars qu'elle portera jusqu'à sa mort. Une mort qui est moins éloignée qu'elle ne le croit mais, en attendant, elle obtient du prince d'entrer en possession d'une partie des biens de son époux défunt. Elle n'en jouira guère : au début du mois de décembre 1471 elle tombe malade et c'est alors que se place une légende qui a donné naissance à une énigme, aujourd'hui résolue.

Charles et son amie, festoyant chez l'abbé de Saint-Jean d'Angély, auraient partagé une pêche, empoisonnée par ordre de Louis XI. Le 14 décembre, Colette meurt à Saint-Sever. Huit mois plus tard, c'est le duc de Guyenne qui meurt à son tour, à Bordeaux, le 12 mai 1472. Et il ne se trouve plus qu'une seule voix pour proclamer qu'il meurt de la fameuse pêche empoisonnée.

Or, outre les difficultés qu'il pouvait y avoir, au XVe siècle, à se procurer une pêche en décembre, il semblerait que la jolie Colette ait été atteinte d'une maladie vénérienne qu'elle partagea avec son amant. Plus fragile, elle y succomba plus vite. Elle avait vingt-trois ans et ne devait jamais revoir les rives de la Loire.

Un siècle plus tard, les Chambes sont toujours maîtres de Montsoreau. Ils sont deux frères : Jean et Charles qui, tous deux, se sont épris d'une belle jeune femme, Françoise de Méridor, veuve depuis peu, en cette année 1574, du baron de Lucé. Comme il se doit, Françoise, qui était dame d'honneur de la reine mère Catherine de Médicis, a quitté la cour pour retourner vivre chez son père un veuvage sans joie. La demeure de la famille était le château de La Freslonière où la mère de Françoise, Anne de Matignon, huguenote intransigeante, faisait régner un ordre austère, fort peu comparable à la cour de France.

La chance d'en échapper se présente avec Jean de Chambes. Il faut d'ailleurs que celui-ci soit fort épris car il est connu dans la région comme grand massacreur de huguenots et, en épousant Françoise, il se donne une belle-mère protestante. Il n'aura guère le temps de se poser un cas de conscience : alors que le mariage va être célébré, il meurt assassiné dans des circonstances demeurées mystérieuses.

Sans se décourager, Françoise accepte alors son jeune frère Charles, garçon plutôt timide et doux, grand amateur de livres et de chasse. Le ménage coule, à Montsoreau l'hiver, au manoir de la Coutancière l'été, des jours paisibles jusqu'à ce qu'en avril 1578 le duc François d'Anjou, frère du roi Henri III, vînt passer quelques jours sur ses terres en compagnie de sa mère. Les choses vont mal entre les deux frères et François a jugé bon de prendre du recul et de s'assurer de la fidélité de ses vassaux. Avec lui est arrivé son favori, Louis de Clermont, seigneur de Bussy d'Amboise qu'il a fait gouverneur d'Anjou.

Un beau chercheur de noise
Est le seigneur d'Amboise,
Tendre et fidèle aussi
Est le brave Bussy.

Les vers sont de la reine Margot dont Bussy est alors l'amant mais nombreuses sont les femmes qu'il a rendues à moitié folles. C'est qu'avec d'énormes défauts – il est loin d'être le héros romantique vu par Dumas – Bussy est beau, charmant, follement brave : la meilleure lame de France... après peut-être le roi Henri III qui était à l'épée un véritable champion.

À la réception au château d'Angers, les Montsoreau sont invités. La reine Catherine est heureuse de revoir son ancienne suivante, et Bussy, pour sa part, trouve que cette Françoise est bien belle. Mais son époux et elle ne se quittent pas, même à la chasse.

Cela donne une idée à Bussy. Le roi a besoin d'un grand veneur. Pourquoi ne prendrait-il pas Montsoreau qui est d'assez grande maison pour occuper le poste et qui est un véritable Nemrod ? Il en parle au duc d'Anjou qui obtient sans trop de peine la charge pour son fidèle ami.

Un an plus tard, Bussy est de retour en Anjou, presque en disgrâce. C'est l'été et, comme il s'ennuie dans son château des Ponts-de-Cé, il songe à rendre visite à Françoise qu'il n'a pas oubliée, loin de là. Il se rend à Montsoreau mais elle n'y est pas. Il faut aller à la Coutancière et c'est là qu'il la retrouve.

Françoise est souvent seule, Charles étant retenu à la cour par sa charge. Elle trouve plaisir aux visites de Bussy et finalement tombe dans ses bras.

Montsoreau n'en aurait peut-être jamais rêvé si Bussy, cédant à une assez vilaine vanité masculine, n'avait écrit à son ami de Thou le billet suivant :

« J'ai tendu des rêts à la biche du grand veneur et je la tiens dans mes filets. »

Ravi de l'histoire, M. de Thou montre la lettre au roi. Henri III apprécie beaucoup son grand veneur et garde une dent à Bussy qui fut autrefois de ses amis. La vengeance est là et il ne s'en prive pas : il prévient Montsoreau.

Fou de rage, celui-ci galope chez lui et fait sentir à sa femme le poids de sa colère. Puis il dicte ses volontés : elle va donner rendez-vous à son amant pour la nuit suivante qui est celle du 19 août. Françoise obéit et accueille Bussy comme si de rien n'était. Mais Montsoreau est là aussi, avec douze hommes.

Ce fut l'un des duels les plus épiques de l'Histoire. Seul contre tous, Bussy trouva moyen de tuer quatre adversaires et d'en mettre trois hors de combat avant de tomber, assommé par un pommeau d'épée.

La belle Françoise ne reparut pas à la cour où on lui reprochait d'avoir trahi, non son mari, mais son amant qu'elle avait laissé tuer. Elle n'en reprit pas moins la vie commune avec Charles et vécut avec lui une vie désormais sans histoire... en compagnie de six enfants qu'elle lui donna en signe de repentance.

Après être passé dans d'autres mains, le château abrite actuellement le musée des Goums et des souvenirs de la pacification du Maroc. Il appartient au département de Maine-et-Loire.

HORAIRES D'OUVERTURE

Mars	14 h-18 h (les samedis et dimanches)
Du 1er au 27 avril	14 h-18 h
Du 28 avril au 30 septembre	10 h-19 h
Du 1er octobre au 11 novembre	14 h-18 h

http://www.chateau-montsoreau.com/

NANTES

La mort de Gilles de Rais

Il faut prier car c'est l'heure du Prince du Monde.

Paul CLAUDEL, *Ténèbres*

Le 15 septembre 1440, une forte troupe de soldats du duc de Bretagne se présente à la barbacane du château de Machecoul à une dizaine de lieues de Nantes. À leur tête le capitaine d'armes Jean Labbé, assisté du notaire Robin Guillaumet agissant au nom de Mgr Jean de Malestroit, évêque-chancelier de Bretagne. C'est un déploiement de forces impressionnant car il s'agit d'arrêter l'un des plus hauts seigneurs du royaume : Gilles, seigneur de Rais et d'une foule d'autres fiefs, maréchal de France, ancien compagnon de Jeanne d'Arc, sur lequel pèse une terrible accusation de crimes multiples accompagnés de sodomie.

Contrairement à ce que l'on pourrait craindre, Gilles se laisse arrêter sans tenter le moindre effort pour se défendre. Il est las, peut-être, du monde de ténèbres et d'horreur dans lequel il vit depuis bientôt neuf ans... depuis que Jeanne est montée sur le bûcher de Rouen. Privé de l'ange, il s'est tourné vers le diable.

On le ramène à Nantes et on l'enferme dans la tour du Bouffay, l'une des plus fortes du château. Le procès qui s'ouvre peu après découvre un monde d'horreur : quelque trois cents petits garçons ont été égorgés dans les différents châteaux de Gilles : à Champtocé, à Tiffauges, à Machecoul, à Bourgneuf, après avoir servi aux plaisirs contre nature du monstre. Les derniers de ces enfants ont, de plus, été sacrifiés au cours d'évocations diaboliques.

Les juges, peu sensibles pourtant à cette rude époque, voient défiler devant eux la navrante cohorte des parents des petites victimes que la peur ne bâillonne plus. Tout est découvert, des orgies nocturnes, des affreuses débauches dans lesquelles l'homme s'est vautré avec délices. Avec lui seront jugés ses complices, des serviteurs trop zélés et surtout un certain Italien, du nom de François Prelati, son mauvais génie qui, durant des mois, l'a berné en prétendant avoir un commerce régulier avec Satan.

Devant les juges, Gilles de Rais tout d'abord a nié, opposant son orgueil, son mépris, son grand nom à ses accusateurs. Mais soudain, c'est le coup de théâtre : on vient de l'excommunier et, devant ce qu'il pense être le prélude de la damnation éternelle, il « craque ». Son revirement est éclatant, démesuré comme tout ce qui lui est propre. Il avoue tous ses crimes et, au milieu d'un torrent de larmes, il implore le pardon de ceux qui ont eu à souffrir de lui. Et ce repentir est si sincère, si visiblement venu des profondeurs secrètes de l'âme, qu'au jour de sa mort ceux qui prieront pour lui avec le plus de ferveur seront ceux-là mêmes dont il a tué les enfants.

Le 26 octobre, Gilles de Rais et deux de ses complices sont tirés du château et conduits au supplice sur la place du Bouffay. Une immense procession à laquelle participe même sa femme, Catherine de Thouars, vêtue de blanc – elle n'a pas connu beaucoup de bonheur avec Gilles et vit séparée de lui depuis plusieurs années –, mène les condamnés vers le lieu du supplice. Gilles de Rais, très droit, les yeux au ciel, marche à la mort en chantant des cantiques. Quelques minutes encore et on lui passe la corde au cou puis on allume le bûcher dressé sous la potence.

Le corps sera retiré du brasier avant d'être consumé et remis à la famille qui l'enterre dans l'une des églises de Nantes : Notre-Dame-du-Mont-Carmel. À l'emplacement du bûcher, Marie de Rais, fille de Gilles, fit élever quelques années plus tard un monument expiatoire que les Nantais appelaient le monument de Barbe-Bleue.

Des salles où se déroula le procès, il ne reste rien. Vingt-six ans plus tard, le duc François II de Bretagne décidait de faire reconstruire son château et faisait élever par Mathelin Rodier – qui est aussi l'architecte de la cathédrale – le superbe logis que l'on peut encore admirer aujourd'hui. Le duc François y épousait, en 1471, Marguerite de Foix qui devait lui donner son unique enfant : cette petite duchesse Anne qui est apparue jusqu'à nos jours comme le symbole même de la Bretagne.

Duchesse en titre, Anne le devient en 1488 à la mort de son père : elle a alors douze ans. Mais elle ne manque pas de prétendants : entre autres son cousin Alain d'Albret et surtout l'empereur d'Allemagne Maximilien à qui on la fiance en 1491. Mais le mariage prévu inquiète le jeune roi Charles VIII de France et plus encore sa sœur qui fut régente. Anne de Beaujeu[1] conseille à son frère d'épouser lui-même la jeune duchesse et c'est ce qui se produira le 16 décembre suivant au château de Langeais.

Anne demeurait souveraine et, après la mort de Charles, elle revint à Nantes. Pas pour longtemps : en 1499, dans la chapelle aujourd'hui détruite, Anne épouse le successeur de son mari, Louis XII, et devient reine de France pour la seconde fois. Mais avec elle s'éteint la réalité de la souveraineté de la Bretagne rattachée désormais à la France.

Par quatre fois, François Ier, époux de Claude de France, fille et héritière d'Anne de Bretagne, séjourne à Nantes en 1518, 1520, 1522 et, enfin, en 1532 où le rattachement de la Bretagne à la France est solennellement proclamé au château de Nantes.

Le château désormais servira surtout quand les rois viendront en Bretagne mais, à partir de 1592, quand les travaux de défense ordonnés par le duc de Mercœur, gouverneur de Bretagne, s'achèvent, le château va tourner de plus en plus à la prison d'État. Vit-on jamais plus belles et plus solides murailles ? Lorsque Henri IV, l'ancien adversaire du duc de Mercœur, vint à Nantes, après la réconciliation des Ponts-de-Cé, il ne cacha pas son admiration :

---

1. Voir Amboise.

« Ventre-saint-gris ! s'écria-t-il, ces ducs de Bretagne n'étaient pas de petits compagnons ! »

C'est à Nantes, d'ailleurs, qu'il promulgue le fameux édit réconciliateur que la sottise de Louis XIV, poussé par Mme de Maintenon, révoquera un jour, privant ainsi la France d'une part non négligeable de sa population et assurant définitivement la réputation de l'horlogerie suisse.

Si superbes que soient les murs, on peut tout de même s'en évader. Témoin le cardinal de Retz, le trublion de la Fronde, que l'on y enferma en 1654. Prison assez douce si l'on en croit les *Mémoires* du joyeux cardinal :

« Tout le monde me voyait. On me cherchait même tous les divertissements possibles ; j'avais presque tous les soirs la comédie. Toutes les dames s'y trouvaient. Elles y soupaient souvent. »

Pourtant, il n'est si bonne prison qui ne se quitte si l'on en a la possibilité. Le 8 août 1654, en plein jour – il est cinq heures de l'après-midi –, deux des domestiques du cardinal, Rousseau et Vacherot, descendent leur maître le long de la muraille au moyen d'une corde, d'une sangle et d'un bâton passé entre les jambes. Ce faisant, d'autres sont chargés d'amuser les sentinelles. Mais ils n'auront guère de peine à se donner grâce à certain dominicain qui choisit de se noyer dans les douves au moment où Monseigneur effectue sa descente. Sautant alors à cheval, le cardinal pique des deux mais il est mauvais cavalier et le cheval qu'on lui a trouvé en réclame justement un bon. Il se cabre et Retz, vidant les étriers, s'en va donner de l'épaule contre l'angle d'une porte cochère. La douleur est violente mais il ne faut pas s'attarder. Et il racontera plus tard qu'au cours de cette première chevauchée il a dû se tirer les cheveux pour s'empêcher de perdre connaissance.

En septembre 1661, Louis XIV réunit à Nantes les États de Bretagne. Le roi a convoqué son surintendant des Finances, Fouquet le Magnifique, dont il n'a pas encore digéré la fête fabuleuse qu'il lui offrit au château de Vaux-le-Vicomte. Au sortir d'un entretien avec le roi qui réside au château, Fouquet est arrêté par d'Artagnan, capitaine-lieutenant des Mousquetaires, enfermé dans un carrosse et ramené au château de Vincennes où il attendra que s'ouvre son procès.

Autres prisonniers, les nobles bretons convaincus d'avoir conspiré contre le Régent avec le prince de Cellamare, ambassadeur d'Espagne. L'arrêt a été rendu le 26 mars 1720 et porte que « les sieurs de Guer de Pontcallec, de Montlouis, de Talhouët et du Couedic, prisonniers es prison du chasteau de ceste ville de Nantes, atteints et convaincus de crimes de lèse-majesté et de félonie sont condamnés d'avoir la teste tranchée sur un échafaud qui sera dressé à cet effet dans la place publique de ceste ville de Nantes ». La place publique en question c'est cette même place du Bouffay qui vit mourir Gilles de Rais. Les quatre gentilshommes bretons ne sont pas, eux, des assassins. Ils sont seulement des braves gens qui ont cru rendre à la Bretagne ses droits et libertés. Ils appartenaient à la meilleure noblesse du pays et surent mourir dignement.

Les prisons de Nantes verront d'autres prisonniers, bien sûr, mais le dernier qu'il faut évoquer ici est une femme singulièrement attachante : elle se nomme Marie-Caroline, elle est duchesse de Berry et elle a tenté d'arracher le trône de France à son oncle le roi Louis-Philippe au bénéfice de son fils, le petit duc de Bordeaux. Cachée à quelques pas du château dans la maison des demoiselles du Guiny, la duchesse a été trahie par un certain Simon Deutz, un misérable à qui l'on tendra son salaire avec des pincettes. Elle eût peut-être échappé si un gendarme n'avait eu l'idée de faire du feu dans une cheminée derrière laquelle elle se tenait cachée avec trois amis. Il fallut se livrer... ou brûler.

Restauré en 1881, le château a été cédé par l'État à la ville de Nantes qui y abrite plusieurs musées.

Horaires d'ouverture

Cour et remparts (en accès libre) :

Tous les jours de 10 h à 19 h
(9 h-20 h en juillet et août)

Intérieurs du château, musée et exposition :

Tous les jours de 10 h à 18 h, sauf le lundi
(10 h-19 h en juillet et août)

Fermé le 1er janvier, le 1er mai, le 1er novembre et le 25 décembre.

http://www.chateau-nantes.fr/

NÉRAC

Un roi, une reine et une coquette

Il y a des femmes dont l'infidélité est le seul lien qui les attache encore à leur mari.

Sacha GUITRY

Vers la fin de l'année 1578, la reine mère, Catherine de Médicis, se prend à penser qu'il serait peut-être bon, pour la paix des familles et le bien du royaume, de tenter un rapprochement entre sa fille Marguerite – plus connue sous le nom de Margot – et son gendre Henri de Navarre, chef des protestants et plus connu sous les sobriquets du Béarnais ou du Vert-Galant. Ces deux-là sont mariés depuis bientôt six ans et n'ont pratiquement jamais vécu ensemble. Il est vrai que la Saint-Barthélemy, en se déchaînant quelques jours après leurs noces, n'était pas faite pour arranger les choses, mais à présent elles sont en plus mauvais état encore : retranché dans sa Navarre, Henri est en guerre ouverte contre son beau-frère, le roi Henri III. Pour une raison fort légitime d'ailleurs : on ne lui a jamais payé la dot de sa femme.

Catherine décide donc de ramener Marguerite à son époux et, dans cette intention, entreprend le voyage de Nérac où le Béarnais tient le plus volontiers sa cour. C'est que le château des bords de la Baïse est sans doute, avec ses jardins et ses allées nombreuses, le plus charmant qui soit. Une autre Marguerite jadis – Marguerite d'Angoulême, sœur de François Ier – en avait fait sa résidence préférée après son mariage avec le roi de Navarre. Et Jeanne d'Albret elle-même, la sévère Jeanne, mère d'Henri, était sensible à la grâce de cette jolie demeure. On peut supposer que Margot s'y plaira.

Mais comme Catherine connaît son gendre sur le bout du doigt, elle prend la précaution d'entourer la reine de Navarre de quelques-unes des plus jolies filles de son fameux Escadron volant. Et le stratagème réussit. Non seulement Henri accueille sa femme avec un plaisir apparent mais il reçoit sa « bonne mère » avec toute la courtoisie désirable et se hâte d'oublier la politique pour se lancer à l'assaut des jolis jupons parisiens.

Il fait tour à tour la cour à la belle Victoria de Ayala que l'on appelle plus simplement Dayelle, à Mlle Le Rebours et, finalement, il arrête son choix sur une adolescente de quinze ans qui a le visage d'un ange blond et dans les yeux tous les démons de la sensualité : Françoise de Montmorency-Fosseux, plus communément surnommée la Fosseuse.

Entre la petite Fosseuse et le roi de vingt-quatre ans, une tendre intimité s'établit. Un brin hypocrite d'ailleurs : Henri appelle Fosseuse sa « fille » et la traite comme un bébé. Il la fait asseoir sur ses genoux pour la gaver de friandises tout en palpant sournoisement les rondeurs prometteuses de la belle enfant.

Ce badinage galant fait sourire Margot. N'ayant jamais aimé son mari, elle n'est pas jalouse. En outre, elle s'est très vite rendu compte que le jeune et beau vicomte de Turenne la regardait d'une façon peu respectueuse sans doute mais fort intéressante. Et Margot à son tour se met à trouver du charme à ce Nérac tant redouté.

Chacun des époux ainsi pourvu, les choses pourraient continuer longtemps sur le mode idyllique si Henri III ne s'avisait d'envoyer en renfort son plus jeune frère, François, duc d'Anjou, pour conclure définitivement la paix avec Navarre. Malheureusement François aime à courir le jupon lui aussi et ne trouve rien de mieux que de faire la cour à Fosseuse. Laquelle sachant les égards que l'on doit à un prince du sang lui a peut-être un peu trop souri pour la tranquillité d'Henri de Navarre. Lequel s'est plaint à sa femme des entreprises de son frère. Margot n'a d'abord fait que rire mais les coquetteries de Fosseuse ayant communiqué aux fêtes de la Noël 1580 une atmosphère assez électrique, elle a consenti à « parler » à François.

Elle l'a fait avec toute la diplomatie dont elle est capable car elle n'a aucune envie de voir un frère qu'elle aime quitter Nérac en claquant les portes, ni même quitter Nérac tout simplement. Non à cause des pourparlers diplomatiques mais parce que, au nombre des gentilhommes de François, se trouve un certain baron de Champvallon qui lui plaît fort.

Elle réussit parfaitement dans son entreprise et, grâce à elle, on tire les rois fort joyeusement. Henri a la fève, l'offre à la jeune Fosseuse qui l'en remercie d'une voix mouillée tandis que le duc d'Anjou tourne ses batteries vers une autre jolie fille et que Margot danse éperdument avec Champvallon sous l'œil jaloux de Turenne.

Hélas, les meilleures choses ont une fin. François d'Anjou reprend enfin la route de Paris emmenant Champvallon, ce qui cause quelque peine à Margot mais aucune à Turenne. Le jeune homme va d'ailleurs avoir la satisfaction de pouvoir soutenir sa reine dans les moments difficiles qui l'attendent.

Un beau soir, Mme de Duras, qui dirige les filles d'honneur, vient annoncer le plus calmement du monde que Fosseuse est enceinte de plusieurs mois. Et tout aussi calmement que la jeune personne n'en montre aucun remords et qu'elle espère bien donner le jour à un fils, ce qui pourrait lui permettre de faire répudier Margot. La favorite miniature s'est rappelé opportunément qu'elle est une Montmorency, donc de grande race.

Margot va devoir se battre. Contre Henri d'abord qui vient la mine pateline lui confier que sa « fille » Fosseuse a des... ballonnements d'estomac et qu'elle aurait besoin des Eaux-Chaudes, où la reine serait bien bonne de l'accompagner. Margot qui, elle, a besoin de Bagnères, envoie aimablement promener son époux. Les Eaux-Chaudes ne servent d'ailleurs strictement à rien, bien entendu. Quand tout le monde se retrouve à Nérac en juillet il est évident, même pour les plus myopes, que les ballonnements sont plus apparents que jamais.

Compatissante, la reine propose alors à Fosseuse de l'emmener passer un mois ou deux dans un château écarté, au Mas d'Agenais, par exemple. Mais Fosseuse refuse. Elle est très bien à Nérac. Elle nie même être enceinte jusqu'au jour où Henri vient supplier sa femme de mettre l'imprudente dans un appartement écarté loin de la curiosité des filles d'honneur. Margot y consent et bientôt Fosseuse accouche d'une petite fille qui meurt aussitôt tandis qu'Henri chasse dans les environs. Quand il revient c'est pour traduire à sa femme les plaintes de sa maîtresse : celle-ci est mécontente de l'appartement qu'on lui a donné. Pour sa réputation il vaudrait mieux l'installer chez la reine elle-même.

Indignée, Margot refuse et, durant plusieurs mois, elle va devoir subir la guerre que lui impose une fille sournoise qui lui rend les plus mauvais services auprès de son époux. L'insolence de Fosseuse atteint de tels sommets que Margot finit par demander conseil à sa mère. Catherine répond aussitôt : « Revenez et prenez avec vous cette Fosseuse. Navarre suivra. »

Non, Navarre ne suivra pas. Il craint trop l'hospitalité de sa belle-mère. Revenue au Louvre avec la joie que l'on devine, Margot sera enfin débarrassée de la Fosseuse que Catherine renverra à sa mère. Henri pleurera bien un peu mais se consolera bientôt avec la belle comtesse de Guiche, Diane, qui s'est choisi pour prénom Corisande.

Malheureusement pour Margot, il lui faudra revenir à Nérac quand son frère Henri III l'aura ignominieusement chassée de Paris. Cette fois, le château n'aura plus de charme pour elle. Écoutons le récit de Michel de La Huguerye :

« Le roi et la reine arrivèrent et furent tous deux seuls se promenant en la galerie du château jusqu'au soir où je vis la princesse fondre en larmes incessamment, de telle sorte que lorsqu'ils furent à table où je les voulus voir je ne vis jamais visage plus lavé de larmes ni yeux plus rougis de pleurs. Et me fit cette princesse grande pitié la voyant assise près du roi son mari qui se faisait entretenir de je ne sais quels discours vains par ses gentilshommes qui étaient à l'entour sans que ni lui ni nul autre quelconque parlât à cette princesse. »

Margot est pratiquement prisonnière à Nérac, et une prisonnière en danger. La favorite en titre, l'altière Corisande, essaie tout simplement de la faire empoisonner pour coiffer sa couronne. C'est une des servantes qui meurt à sa place d'un mauvais bouillon. On ne sait comment l'affaire se serait achevée si, le 10 juin 1584, François d'Anjou ne mourait brusquement. À présent le seul héritier de France c'est Henri de Navarre et Margot comprend qu'elle va être encore plus en danger que par le passé. Alors elle s'enfuit et gagne Agen qui lui appartient. Jamais elle ne reverra Nérac. Sa vie, passant par de folles aventures, est à présent ailleurs.

Le château de Nérac mourra bientôt de cette couronne de France. Devenu Henri IV, le maître qui l'aimait tant n'y reviendra plus.

La Révolution le détruira en partie et on le privera de ses jardins. Il est à présent le musée de la ville, un musée un peu mélancolique où l'on ne peut s'empêcher d'évoquer les vertugadins brodés de la reine Margot et de ses fugitives rivales.

HORAIRES D'OUVERTURE

Du 1er octobre au 31 mars	14 h-18 h (fermé les lundis et vendredis)
Du 1er avril au 30 septembre	10 h-18 h

Fermé le 25 décembre et le 1er janvier.

http://www.nerac.fr/chateau-henri-iv.html

NOHANT

Les amis de George Sand

> *Laissez-moi fuir la menteuse et criminelle illusion du bonheur ! Donnez-moi du travail, de la fatigue, de la douleur et de l'enthousiasme.*
>
> George SAND

Au mois de juin 1876, Gustave Flaubert écrivait à son ami, l'écrivain russe Tourgueniev : « Pauvre chère grande femme ! J'ai pleuré à son enterrement, comme un veau. » Flaubert revenait tout juste de Nohant où il avait vu porter en terre, tout au fond du parc et près du cimetière, celle qu'il appelait George comme tous les habitués de Nohant et comme toute la France : Aurore Dupin de Francueil, baronne Dudevant devenue, par la grâce de sa plume, George Sand.

Elle s'est éteinte le 8 juin, dans sa belle chambre bleue refaite à neuf depuis quelques mois : « Je me suis tapissée en bleu tendre parsemé de médaillons blancs où dansent de petits personnages mythologiques. Il me semble que les tons fades et les sujets rococos sont bien appropriés à l'état d'anémie et que je n'aurai là que des idées douces et belles », écrit-elle alors. La belle chambre est désormais vide mais demeurera à jamais intacte.

Aurore avait quatre ans quand, en 1808, après la mort accidentelle de son père, officier de l'armée impériale, elle est venue s'installer à Nohant chez sa grand-mère Mme Dupin de Francueil. C'est d'elle que l'enfant tient ce prénom d'Aurore qui est à lui seul toute une histoire. Et quelle histoire puisque Mme Dupin le tenait elle-même de sa grand-mère, Aurore de Königsmark, maîtresse favorite du roi Auguste II de Pologne. Le trait d'union entre ces grandeurs septentrionales et la paisible châtelaine de Nohant, c'est le maréchal de Saxe, en toute simplicité.

Mme Dupin était la fille quelque peu bâtarde du héros de Fontenoy et d'une charmante comédienne, Marie Rinteau, dite Marie de Verrières. Et il est à supposer que la dernière Aurore doit la plus grande partie de son caractère fantasque à cet aïeul qui a empli l'Europe de ses victoires et de ses amours tumultueuses. Quant au talent littéraire, elle ne le doit sans doute qu'à elle-même, le maréchal n'ayant jamais pu venir à bout de l'orthographe. Ses lettres sont à l'avant-garde de la poésie lettriste[1].

Mariée à un fermier général, Mme Dupin est devenue propriétaire de Nohant pendant la Révolution. La maison datait d'une trentaine d'années et avait été construite par un gouverneur de Vierzon, M. Pétron de Serennes. Mme Dupin a trouvé là un refuge contre les fureurs révolutionnaires et une bien agréable façon d'oublier, en arrangeant la maison selon son goût qui était parfait, qu'un certain art de vivre avait quitté la France. Sa petite-fille, élevée dans la tendresse et avec une liberté rare à l'époque, va y puiser, avec l'amour de la campagne berrichonne et de ses paysans, le plus chaud et le plus tendre de son talent.

De 1817 à 1820, il faut bien, hélas ! quitter le cher Nohant. Grand-mère Dupin estime que sa petite-fille a tout de même besoin de recevoir une éducation moins agreste et plus conforme à une demoiselle de la bonne société. Elle choisit le couvent des augustines anglaises où la fillette s'ennuie ferme. Quand elle en sort comme on sort de prison, il lui reste bien peu de temps pour profiter de sa grand-mère. Mme Dupin meurt en 1821. En 1822, Aurore épouse le fils d'un baron d'Empire, Casimir Dudevant, avec lequel elle est loin d'être heureuse mais qui lui fait deux enfants, Maurice et Solange.

1. Voir Chambord.

La naissance de cette dernière sonne le glas du ménage qui d'ailleurs agonisait depuis un moment. Aurore rompt les ponts et Casimir lui intente un long procès que la jeune femme gagnera au bout de huit ans. Mais, à cette époque, il y a beau temps qu'elle est « libérée ». Son installation chez Jules Sandeau a été déterminante. L'écrivain et Aurore se connaissent depuis longtemps mais, en 1831, c'est chez lui que la jeune femme se réfugie au plus fort de sa bagarre avec Dudevant. Il en fait sa maîtresse et, surtout, il lui fait prendre conscience de son talent littéraire.

L'aventure ne dure guère : juste le temps d'écrire ensemble *Rose et Blanche* signé Jules Sand. Aurore va garder la moitié du nom, et quand, en 1832, elle donne *Indiana*, elle est devenue George Sand et elle a quitté Sandeau pour d'autres amours.

Fidèle à son atavisme, elle va collectionner les amants comme autrefois Marie de Verrières et comme Maurice de Saxe collectionnait les maîtresses. Un soir de juin 1833, c'est Alfred de Musset qui entre dans la vie de « George ». La scène se passe au Palais-Royal, dans le célèbre restaurant des Frères Provençaux où le jeune Musset est en train de souper en compagnie de Victor Hugo. À la table voisine, deux personnages prennent place : l'un est Sainte-Beuve et l'autre un jeune homme sanglé dans une redingote prune et des pantalons gris clair. Une haute cravate de satin noir sur une chemise finement plissée, un chapeau haut de forme cavalièrement planté sur une masse de cheveux noirs enfermée dans une résille, une badine au bout des doigts, un cigare aux lèvres. En vérité Aurore, car c'est elle, pourrait passer pour un garçon, n'était peut-être certain moelleux dans les formes. Mais tel est le personnage de George Sand.

Quelques jours plus tôt, elle a refusé à Sainte-Beuve le plaisir de se laisser présenter Musset qu'elle trouve « trop dandy ». Cette fois, elle accepte et même elle invite le poète à lui rendre visite. Victor Hugo a souri et l'on se prend à rêver en imaginant cette table autour de laquelle le romantisme tout entier est réuni. Il n'y manque que la musique mais elle ne tardera guère, et la peinture qui viendra à son tour car Delacroix, un jour, sera des visiteurs de Nohant. Dans les premiers jours de juillet, Musset écrit :

« Mon cher George, j'ai quelque chose de bête et de ridicule à vous dire. Je vous l'écris sottement au lieu de vous l'avoir dit, je ne sais pourquoi, en rentrant de cette promenade. Je suis amoureux de vous. Je le suis depuis le premier jour où j'ai été chez vous. »

Amour tout de suite payé de retour mais amour incroyablement juvénile. Les deux amants ne cessent de faire des farces et s'amusent comme des collégiens. Leur fantaisie les conduit bientôt à Venise, à l'hôtel Danieli où, en arrivant, George prend froid et tombe malade. Un séduisant Italien la soigne : le docteur Pagello. Trop séduisant. Tandis qu'Alfred se conduit en touriste, George prend plaisir à la compagnie de son médecin et quand, à son tour, le poète tombe malade, il est soigné, veillé non plus par sa maîtresse mais par un couple d'amants.

Quand il s'en aperçoit, c'est le drame : cris, pleurs, menaces et finalement départ désespéré pour Paris où George le suit bientôt traînant après elle Pagello un peu désorienté.

Un invraisemblable ménage à trois s'organise mais qui ne dure guère. L'amour de Musset s'est changé en haine et Pagello brûle de revoir ses lagunes. On se sépare. George va s'enfermer à Nohant pour reprendre ses esprits dans le calme de la campagne berrichonne. La page Musset est tournée. Une autre va bientôt s'ouvrir.

C'est chez la comtesse Marliani, rue Taitbout, qu'un soir de l'hiver 1837 George rencontre Frédéric Chopin qui est la coqueluche de Paris. Vingt-quatre ans, petit, fluet, mince avec un nez arrogant d'oiseau de proie et des yeux sombres de biche aux abois, il a un visage pâle qu'encadrent de longs cheveux plats. Chopin trouve George antipathique mais, en regagnant son Nohant – elle n'est que de passage à Paris –, George, qui vient d'achever *Mauprat* et qui prépare *Les Compagnons du Tour de France*, emporte avec elle l'image du pianiste de Varsovie. Il éveille en elle le désir normal d'une jeune femme mais aussi l'instinct maternel, et son plus récent amant, le socialiste Pierre Leroux, commence à disparaître dans un léger brouillard.

Pour conquérir Chopin, George devra faire appel à toutes ses armes. Deux fois, trois fois, dix fois elle revient à Paris et finit par remporter la victoire. La liaison du pianiste et de la romancière commence en 1838 par le désastreux séjour aux Baléares où George entraîne Chopin. En effet, le jeune homme tousse énormément et, pour le soigner, George pense, comme tous ceux de son époque, qu'il lui faut le soleil, la chaleur.

Majorque n'arrange rien et moins encore le séjour à la Chartreuse de Valdemosa, pleine de courants d'air et humide comme il n'est pas permis. Chopin tombe si malade que George comprend enfin qu'il faut rentrer en France si elle ne veut pas enterrer son ami sur place.

Pour George, la France, cela signifie Nohant et tout ce que cela comporte : la splendeur de la campagne berrichonne, le frais printemps, l'air pur, la saine nourriture, bien meilleure que les ratatouilles espagnoles. Et, de fait, à Nohant, Chopin se porte mieux : sa poitrine si tragiquement creuse se regonfle un peu, son dos se redresse, il tousse moins. Pendant sept ans, le scénario se reproduit : à Paris, l'hiver, le musicien brûle ses forces dans la vie mondaine qu'il aime et, chaque été, Nohant le remet d'aplomb.

La vie y est aimable. On y voit Delacroix, Pauline Viardot, sœur de la Malibran, qui chante presque aussi bien qu'elle. Il y a Théophile Gautier. On fait du théâtre ; on s'amuse. George écrit éperdument, passionnément, mais peu à peu les choses se gâtent entre Chopin et la maîtresse de céans. La romancière est revenue à ses idées socialistes et certaine rudesse de langage, certaine grossièreté hérissent Chopin. Il lui en veut d'avoir dû se brouiller, au cours d'une dispute de femmes, avec son ami Franz Liszt qui venait, lui aussi, avec son amie Marie d'Agoult. Chopin s'éloigne, revient, repart.

« Il voulait toujours Nohant et ne supportait jamais Nohant », disait George, lucide. En fait, la santé insolente de George irritait celui qu'elle appelait, sans trop de délicatesse, son « cher cadavre ». En 1847, c'est la rupture.

Deux ans après, le 17 octobre 1849, Chopin meurt à Paris. George à présent est une femme mûre. Elle est devenue « la bonne dame de Nohant ». Celle qui va y écrire le meilleur de ses œuvres.

HORAIRES D'OUVERTURE

Du 1er avril au 30 avril	10 h-12 h 30 et 14 h-18 h
Du 2 mai au 30 juin	9 h 30-12 h et 14 h-18 h 30
Du 1er juillet au 31 août	9 h 30-13 h et 14 h-18 h 30
Du 1er septembre au 30 septembre	10 h-12 h 30 et 14 h-18 h
Du 1er octobre au 31 mars	10 h-12 h 30 et 14 h-17 h

Fermé le 1er janvier, le 1er mai, les 1er et 11 novembre et le 25 décembre.

http://maison-george-sand.monuments-nationaux.fr/

LES NOUETTES

La maison des petites filles modèles

*Je suis jusqu'au cou dans*les Mémoires d'un âne. *Je crois souvent lire ma propre histoire.*

Louis VEUILLOT

Il est étrange de constater comme l'empreinte d'un écrivain – et particulièrement d'une femme – suffit à faire disparaître de la mémoire des hommes toutes les autres personnes qui ont habité sa demeure. C'est le cas du château des Rochers avec la marquise de Sévigné, le cas de Nohant avec George Sand, le cas enfin du château des Nouettes avec la comtesse de Ségur.

Il n'était pourtant pas sans mérite le brave général Lefebvre-Desnouettes qui imprima son nom au château qu'il fit construire. Écuyer de l'empereur Napoléon Ier dont il fut aide de camp au temps de Bonaparte, comte et brillant soldat, il fit une belle carrière militaire en dépit du fait qu'on l'avait donné, comme aide de camp, à l'aimable mais incapable Jérôme Bonaparte quand celui-ci devint roi de Westphalie. Prisonnier en Angleterre, Lefebvre réussit à s'évader. Toute sa vie, sa fidélité à l'Empereur fut totale et lui valut la proscription après Waterloo. Il décida alors de s'exiler de lui-même en Amérique et s'embarqua non sans regretter sa chère Normandie et son joli château qu'il ne devait jamais revoir. En effet, monté, en 1822, à bord de l'*Albion* qui le ramenait en France la joie au cœur, il trouva la mort sur les côtes d'Irlande dans le naufrage du bateau.

Mais, depuis deux ans déjà, le petit château ne lui appartenait plus. Il était devenu la propriété de la jeune comtesse Eugène de Ségur. Un nom bien de chez nous recouvrant une petite personne dont le nom de jeune fille eût sans doute glacé le sang – à moins qu'il ne l'ait fait bouillir – du brave Lefebvre-Desnouettes : elle s'appelait Sophie Rostopchine et elle était la fille de l'homme qui avait incendié Moscou devant la Grande Armée.

Gouverneur général de la ville, le général-comte Théodore Rostopchine parlait parfaitement le français, aimait bien la France mais abhorrait l'empereur des Français. Aussi, après la terrible bataille de Borodino qui ouvrit le chemin de sa cité sainte, le général-gouverneur jugea que seul un holocauste exemplaire pouvait purifier sa patrie. Il brûla non seulement Moscou mais aussi son propre palais après avoir envoyé sa famille s'installer à la campagne dans son domaine de Woronovo.

La guerre finie, le général s'aperçoit qu'il a des rhumatismes et entreprend de les soigner dans diverses villes d'eaux européennes. Il en profite pour revenir à Paris dont il a gardé un souvenir enchanté du temps où les cosaques campaient sur les Champs-Élysées et où son tsar occupait l'Élysée.

Ce nouveau séjour dans une capitale qu'il appelle, avec un rien de gourmandise, « la Maîtresse de l'Europe » ne le déçoit pas. Il s'y trouve même si bien qu'il s'installe dans un bel hôtel de l'avenue Gabriel et fait venir femme et enfants.

La femme, née Catherine Pratassov, est belle, hautaine et fort noble mais elle élève ses enfants comme s'il s'agissait de repris de justice. Elle pense que c'est une bonne chose pour leur assouplir le caractère et ne ménage – entre deux prises de tabac car elle prise comme un vieux troupier – ni punitions ni brimades. En revanche, les manières de la petite bande sont irréprochables et aussi sa culture à laquelle le père, fin lettré, tient la main.

À dix-huit ans, Sophie est une jolie fille brune avec un petit visage en forme de cœur et de beaux yeux verts légèrement étirés vers les tempes. Elle et sa sœur aînée Nathalie rencontrent un vif succès dans les salons du Paris de la

Restauration. Et c'est chez Mme Swetchine, une amie de sa mère, que Sophie voit s'incliner devant elle un grand et beau garçon fort séduisant, fort aimable... et pas très riche, Eugène de Ségur.

Mais la fortune n'a vraiment aucune importance pour le fastueux Rostopchine et, les deux jeunes gens s'étant épris l'un de l'autre, on les marie tout simplement au mois de juin 1819.

Les premiers temps du mariage sont délicieux. Pourtant, la vie de Paris ne convient guère à Sophie qui regrette toujours son cher Woronovo. Elle désire ardemment une maison de campagne et brûle d'envie de posséder certain petit château normand qu'elle a un jour aperçu en rendant visite à une amie.

Le miracle s'accomplit : le 1er janvier 1820, Théodore Rostopchine qui aime beaucoup sa petite fille lui met entre les mains, en entrant chez elle, une enveloppe contenant 100 000 francs : « Voilà tes étrennes, Sophalette ! » lui dit-il.

C'est tout juste le prix du château des Nouettes et la jeune femme qui va bientôt mettre au monde son premier fils, Gaston, ne cache pas sa joie. Elle adore déjà cette grande maison claire dont les seize portes-fenêtres ouvrent si largement sur la verdure de la campagne normande. Au cours de ses huit grossesses, elle va y faire des séjours de plus en plus longs car, aimable et généreuse, elle entretient les meilleurs rapports avec ses nombreux voisins comme avec les gens du village et les indigents qui chantent sa gloire.

À partir de 1835, la comtesse ne sort plus des Nouettes pendant une longue période de treize années : la naissance de sa dernière fille, Olga, a beaucoup ébranlé sa santé. Elle a de violentes migraines qui l'obligent à rester étendue sur une chaise longue.

« Ces jours-là, raconte Olga de Ségur, les Nouettes devenaient une succursale de la Trappe pour le silence, notre bien-aimée malade ne pouvant supporter aucun bruit. »

Mais, de migraines en réceptions, les enfants grandissent. L'aîné, Gaston, entre dans les ordres et part pour Rome où, à l'ambassade du Vatican, il se lie d'amitié avec le baron Paul de Malaret que, naturellement, il ramènera aux Nouettes. Et, en 1848, Paul épouse Nathalie de Ségur, future dame d'honneur de l'impératrice Eugénie – elle figure sur le célèbre tableau de Winterhalter – et future mère des petites filles modèles, Camille et Madeleine de Malaret.

À cinquante-sept ans, Mme de Ségur, sept fois grand-mère, se déclare infiniment heureuse. Elle adore ses petits-enfants : trois Malaret, un Pitray, une Fresneau et deux Ségur. Et elle en est adorée car elle sait leur raconter de merveilleuses histoires quand ils viennent se rassembler autour de sa chaise longue. Mais si le cœur de Bonne-Maman est vaste, il ne peut se défendre d'une toute petite préférence pour Camille et Madeleine.

Or, en 1855, c'est la catastrophe : le baron de Malaret est nommé secrétaire à l'ambassade de Londres. Il doit partir et emmener sa famille. Autant dire au bout du monde ! Pour leur part, les petites sont si désolées que leur grand-mère leur fait une promesse : elle leur racontera ses histoires par écrit.

C'est ainsi que, peu à peu, s'accumulent les récits qui deviendront un jour *Les Nouveaux Contes de fées* et que les petites Malaret rapporteront aux Nouettes dans leurs bagages. Or, à cette époque, le château reçoit l'écrivain Louis Veuillot qu'une chaude amitié lie à la comtesse.

Il dirige alors le journal *L'Univers* et a entendu parler, par Mme de Malaret, du manuscrit que composent à présent les histoires reçues par ses filles. Il demande à le lire :

« Comment, dit la comtesse, vous tenez à connaître mes compositions nigaudes ? »

Bien sûr qu'il y tient. Après avoir passé une nuit entière à sa lecture, il repart le lendemain pour Paris avec le manuscrit sous le bras. Cela représente une petite victoire car il lui a fallu vaincre les réticences de son amie qui ne se voit guère en femme de lettres. Pour cela, Veuillot lui a fait entendre qu'il serait criminel de priver des centaines de petits enfants de ses charmantes histoires. Et, en février 1857, *Les Nouveaux Contes de fées* paraissent avec un tel succès que les éditions Hachette proposent aussitôt à l'auteur un contrat pour toute sa production.

Il n'est plus possible de reculer et la comtesse de Ségur s'y met pour de bon. Coup sur coup paraissent *Les Malheurs de Sophie*, passablement autobiographiques, *Les Petites Filles modèles*, *Les Vacances*, *Le Général Dourakine*, *Les Mémoires d'un âne* à propos desquels Louis Veuillot écrit à son amie : « Je suis jusqu'au cou dans *Les Mémoires d'un âne*. Je crois souvent lire ma propre histoire. J'y trouve bien des choses que j'ai pensées et un certain mépris pour l'espèce humaine qui me revient fort en ce moment. »

La comtesse est, en effet, devenue un véritable écrivain. Chacun de ses petits romans constitue une sorte d'étude sur une société et un monde rural qu'elle connaît bien et qu'elle aime mais, sous sa plume, certains portraits n'en sont pas moins impitoyables.

Pour surveiller les éditions de ses livres, elle reprend l'habitude de passer les hivers à Paris, dans son hôtel de la rue de Varenne. Mais, après la mort, en 1853, d'un époux un peu volage sans doute mais toujours tendrement aimé, elle délaisse l'hôtel pour un appartement plus petit, situé au 91 rue de Grenelle et qu'elle appelle en riant sa garçonnière.

En douze ans, la comtesse de Ségur écrit vingt-quatre livres mais elle travaille trop : en 1869, elle souffre d'une congestion cérébrale qui la mène aux portes du tombeau. Cependant, elle sait toujours se battre contre la maladie et résiste encore cinq longues années. C'est seulement le 9 février 1874 qu'elle meurt à Paris après deux mois d'une cruelle agonie, veillée par son fils, Mgr de Ségur, devenu aveugle mais approchant d'autant plus la sainteté.

C'est auprès de ce fils qu'elle repose, non en Normandie mais en Bretagne, dans le petit cimetière de Pluneret en Morbihan. Sa tombe est une simple dalle de granit qui porte quatre mots : « Dieu et mes enfants. »

Quant au château des Nouettes qui demeura encore de longues années dans la famille, il a cessé d'être une demeure particulière mais n'en reste pas moins fidèle au but profond que lui avait assigné la comtesse de Ségur : le bien-être des enfants. C'est à présent une maison de santé, un préventorium pour les petits, qui n'est pas ouvert à la visite.

OFFÉMONT

Les poisons de la Brinvilliers

Ainsi que les vertus, les crimes enchaînés
Sont toujours, ou souvent, l'un par l'autre traînés.

ROTROU

Vers le temps de Pentecôte de l'année 1668, le conseiller d'État Dreux d'Aubray, maître des requêtes et lieutenant civil de la ville, prévôté et vicomté de Paris, décide de quitter son hôtel parisien de la rue du Bouloi pour sa terre d'Offémont dans le Noyonnais. Il aime ce beau domaine et surtout le château qu'il a acheté quelque vingt ans plus tôt, séduit par la beauté des bâtiments et refusant de tenir compte de la réputation fâcheuse qui s'y attache. Offémont, en effet, a été le domaine d'élection de cet Henri de Montmorency qui fut gouverneur du Languedoc et décapité à Toulouse par ordre du cardinal de Richelieu pour avoir trahi la cause de son roi.

Le lieutenant civil ne croit pas aux fantômes et il est secrètement flatté, lui dont la noblesse est de robe et plutôt récente, de posséder un château dont les anciens propriétaires appartenaient à la plus haute noblesse du royaume. Mais, ce printemps-là, il s'y rend avec plus d'empressement encore que d'habitude. Il compte en effet sur le bon air des grands arbres pour rétablir une santé qui, naguère encore sans problèmes, se détériore étrangement depuis le dernier hiver. M. d'Aubray a pris froid, sans doute, mais ce petit rhume, soigné cependant par les moyens habituels, s'est soudainement compliqué de brûlures et de nausées qui se sont poursuivies alors même que le rhume n'était plus qu'un souvenir.

Naturellement, M. d'Aubray emmène avec lui la majeure partie de sa maison et singulièrement certain valet nommé Gascon qui lui a été chaleureusement recommandé par sa fille aînée Marie-Madeleine, marquise de Brinvilliers, et qui en effet s'est révélé le meilleur et le plus dévoué des serviteurs. Peut-il en être autrement d'ailleurs puisque l'homme vient d'une fille dont le conseiller est fier et qu'il aime tout particulièrement ? Une fille pleine de tendresse et d'attentions. N'a-t-elle pas promis de venir prochainement rejoindre son père à Offémont afin de veiller elle-même sur cette santé qui l'inquiète ? Et c'est avec un vif sentiment de joie et de soulagement que M. d'Aubray s'en va à Offémont.

Comment pourrait-il deviner que son adorable fille le fait empoisonner doucement, petite dose par petite dose, et que le dévoué serviteur a été tout justement introduit par elle dans la maison paternelle pour y faire la vilaine besogne ? Elle est si douce, si expansive, si charmante, si frêle et si jolie cette Marie-Madeleine qui, à trente-cinq ans, n'en paraît guère plus de vingt et dont les grands yeux bleus semblent refléter toute l'innocence, toute la luminosité d'un ciel d'été ! En fait cette enveloppe exquise dissimule un féroce appétit de jouissance, un orgueil intransigeant et une sensibilité à fleur de peau qui réagit impulsivement aux orages de passions profondément dissimulées. L'une de ces passions est la sensualité. L'autre est l'argent.

Marie-Madeleine avait vingt ans quand, le 20 décembre 1651, elle a épousé Antoine Gobelin, maître de camp au régiment d'Auvergne, fort riche du fait de son appartenance à la famille de tapissiers à laquelle nous devons la manufacture des Gobelins. Antoine possède un bel hôtel à Paris, rue Neuve-Saint-Paul (actuelle rue Charles-V), des terres à Sains et à Morainvilliers, plus un fief, celui de Brinvilliers en Picardie, qu'en 1660 le roi érigera en marquisat. Mais, avant d'en arriver là, les jeunes années de Marie-Madeleine ont été singulièrement orageuses si l'on en croit certaines confessions manuscrites : déflorée à l'âge de sept ans, elle aurait eu avec ses deux frères, Antoine et François, des relations incestueuses.

Le mariage aurait pu avoir une influence salutaire sur cette étrange jeune femme si le mari avait été à la hauteur de la tâche car l'un comme l'autre y ont trouvé plaisir et contentement. Mais Antoine, s'il ne manque pas de charme, est aussi volage que complaisant et l'arrivée des enfants n'arrangera rien. Marie-Madeleine qui en eut sept d'hommes différents ne fut jamais une bonne mère.

Sa passion de l'or contentée à la fois par un mariage riche et par les quelque cent mille livres de dot consentis par Dreux d'Aubray, la jeune femme songe à contenter son autre passion. Pratiquement abandonnée à elle-même par son époux, elle rencontre alors l'homme qui va l'engager résolument dans le terrible chemin du crime : Jean-Baptiste Gaudin de Sainte-Croix, capitaine au régiment de Tracy. C'est un fort beau gentilhomme, aimable et spirituel, insolent comme un page mais qui dissimule sous une parfaite éducation une âme corrompue sans recours.

« Il parlait divinement de Dieu auquel il ne croyait pas. Il paraissait avoir part aux bonnes actions et il était de tous les crimes », écrira plus tard l'un de ses contemporains qui le connaissait bien. Et c'est cet homme-là que le nouveau marquis de Brinvilliers vient présenter un soir à sa jeune femme.

Tout de suite c'est la passion telle que l'entend Marie-Madeleine. C'est-à-dire que, loin de cacher ses amours, elle les étale sur la place publique avec une liberté qui ne semble pas incommoder son époux mais qui scandalise son père en dépit de la grande indulgence qu'il lui témoigne. Aussi, désireux de mettre la jeune femme à l'abri d'un amour si néfaste, Dreux d'Aubray tente de la détacher de Sainte-Croix. N'y étant pas parvenu, il n'a aucune peine à obtenir une lettre de cachet et le beau Sainte-Croix, arrêté le 19 mars 1663, s'en va réfléchir à la Bastille sur les inconvénients qu'il y a à séduire la fille d'un haut magistrat. Inutile de préciser qu'il jure dès lors à Dreux d'Aubray une haine inexpiable.

En fait, il n'est pas demeuré bien longtemps dans la vieille forteresse de la porte Saint-Antoine : tout juste un mois et demi. Malheureusement il n'a employé que trop bien ces six semaines car il a fait la connaissance d'un prisonnier italien, un certain Eggidio Exili, jadis amené en France par Christine de Suède, et qui a la redoutable réputation d'être un « artiste en poisons ».

Sorti de la Bastille peu de temps après Sainte-Croix, Exili est venu s'installer chez son ami, dans le logis qu'il occupe dans l'impasse des Marchands-de-Chevaux, près de la place Maubert.

Tous deux y montent un laboratoire puis suivent les cours que donne alors, au jardin du roi, un apothicaire suisse de grande réputation, Christophe Glaser. Celui-ci est un chimiste de valeur qui a découvert le chlorure d'arsenic, le sulfate de potassium et le nitrate d'argent fondu. Les deux amis tirent naturellement un grand profit de ces leçons auxquelles assistent également des dames de la bonne société parmi lesquelles brille la jeune marquise de Brinvilliers.

Celle-ci ne mène pas, tant s'en faut, une vie exemplaire. Sa passion pour Sainte-Croix n'est pas exclusive et elle ne refuse pas les amants de rencontre. En outre, jouant un jeu d'enfer, elle fréquente les tripots à la mode et y perd tout ce qu'elle veut. Comme, en outre, Sainte-Croix et son laboratoire lui coûtent fort cher, elle en est bientôt réduite aux expédients.

Sainte-Croix voit alors poindre à son horloge l'heure exquise de la vengeance et entreprend d'endoctriner sa maîtresse : si elle veut redevenir riche et mener librement la vie qu'elle aime, il n'y a pas trente-six solutions : il faut qu'elle puisse hériter de son père.

Marie-Madeleine y souscrit sans hésiter. Sainte-Croix, c'est plus, c'est mieux qu'un amant. C'est le démon familier de sa petite âme trouble, son miroir fidèle. Bientôt, ils sont unis l'un à l'autre par une chaîne de cadavres car, bien entendu, il ne saurait être question d'attaquer Dreux d'Aubray avec des armes inefficaces.

On essaie d'abord la « recette de Glaser » mise au point par Exili sur des animaux. Les résultats sont satisfaisants mais il faut s'assurer que le corps humain réagit aussi bien au poison. On se tourne alors vers les malades de l'Hôtel-Dieu, pauvres gens que la jolie marquise va visiter avec des gâteaux, des confitures et surtout son doux sourire. Tout ce monde trépasse à plus ou moins bref délai mais le plus souvent sans avoir eu le temps de dire un *miserere*.

Rassurés alors sur la valeur de leur poison, les deux amants décident qu'il est temps d'attaquer le gros gibier. Et Gascon fait son entrée dans l'hôtel de la rue du Bouloi. Le processus de mort est en marche.

Contrairement à ce qu'elle a promis, Mme de Brinvilliers ne fait qu'une courte apparition à Offémont au temps de Pentecôte. Elle veut seulement s'assurer que les choses sont en bonne marche. Non qu'elle n'aime pas le château où elle a vécu tant d'heures charmantes avant et depuis son mariage mais elle ne tient pas à être là au moment fatal. Pourtant, elle revient en toute hâte début septembre quand elle apprend que les nouvelles sont alarmantes et que M. d'Aubray réclame sa fille.

Donnant tous les signes de l'affolement et du désespoir, Mme de Brinvilliers vient se poser, tel l'ange de l'apaisement, au chevet de son père qu'elle accable de sa tendresse. Mais elle n'hésite pas à lui assener le coup de grâce en mêlant une dose plus forte à un bouillon de viande.

Cette fois, elle a fait ce qu'il fallait. Ramené d'urgence à Paris pour y voir – enfin ! – son médecin, Dreux d'Aubray y meurt le 10 septembre âgé de soixante-six ans.

Sa fille le pleure abondamment mais la grosse somme d'argent dont elle hérite apaise bientôt ses larmes. Pas pour longtemps d'ailleurs. Car elle s'avise bientôt que la présence de ses deux frères a beaucoup écorné ledit héritage. Mais maintenant elle connaît le moyen de guérir ce genre de plaie. Et les deux frères disparaissent l'un après l'autre.

Leur mort ancre chez leur sœur le goût de ce moyen si simple et si efficace quand il s'agit de faire place nette. Et Briancourt, précepteur des jeunes Brinvilliers, manque d'un cheveu d'en faire les frais. La chance le sauve et aussi le goût que Marie-Madeleine a pris pour sa personne : elle en fait son amant pour lui lier à la fois les mains et la langue. Après quoi la nouvelle Locuste tourne ses batteries vers de prochains objectifs qui sont sa sœur et sa belle-sœur. C'est alors Sainte-Croix qui lui fait défaut.

Le démon familier commence à avoir peur de sa créature et, quand la marquise entreprend d'empoisonner son époux, Sainte-Croix s'épouvante. Il sait bien, en effet, pour quelle raison Marie-Madeleine veut la mort de son mari. C'est uniquement afin de pouvoir devenir plus tard Mme de Sainte-Croix. Dès lors, « ne voulant pas d'une femme aussi méchante », Sainte-Croix va tout faire pour sauver le mari menacé qui demeure son seul rempart contre un sort qu'il ne juge pas du tout enviable. C'est ainsi qu'il désempoisonne Brinvilliers à mesure que sa femme l'empoisonne.

Son cœur ne résistera pas à pareille tension. Le mari se porte bien mais, le 31 juillet 1672, l'amant meurt. Comme il était couvert de dettes, les gens de robe viennent mettre les scellés chez lui. C'est ainsi que l'on découvre certaine cassette remplie de fioles et de lettres. Une autre lettre s'y trouve, en forme de testament, et qui attribue la propriété de la cassette à Mme de Brinvilliers. Une cassette que depuis deux ans, par prudence, Sainte-Croix refusait de rendre. Mais, quand les gens du roi se présentent à l'hôtel Brinvilliers, ils trouvent l'oiseau envolé : depuis deux jours la marquise s'est enfuie en Angleterre.

De là, elle gagnera les Flandres et l'abri d'un couvent. Mais le fameux policier Desgrez saura l'y retrouver, et, lui jouant la comédie de l'amour, la débusquer.

Le 16 juillet 1676, la marquise de Brinvilliers, condamnée à être décapitée puis brûlée, mourait en place de Grève.

Quant au château d'Offémont, plusieurs familles, heureusement sans histoire, s'y sont succédé durant le XVIIIe et le XIXe siècle. Mais depuis plus de cent ans, il est la propriété des comtes Pillet-Will qui en prennent un soin extrême.

Malheureusement, le château n'est pas ouvert à la visite.

OIRON

Les amours de Pascal

> *J'ai découvert que tout le malheur des hommes vient d'une seule chose, qui est de ne savoir pas demeurer au repos dans une chambre.*
>
> Blaise PASCAL

Perdu dans l'immensité de la plaine de Moncontour, le château d'Oiron appartient à peine à la frise somptueuse des châteaux de la Loire dont il est le plus mal connu, le mal aimé peut-être, bien qu'il eût été l'un des principaux foyers de la Renaissance en Haut-Poitou.

Au XVIe siècle, alors que le règne de François Ier est à son début, la terre d'Oiron est acquise par la famille Gouffier, l'une des plus anciennes de la région – elle remonte au XIe siècle. Mais la première grande illustration lui vient de celui qui, sur la fin de sa vie, va construire Oiron : Artus Gouffier de Boisy, chambellan de Louis XII, bailli du Vermandois, auquel, en 1503, on confie l'éducation du jeune François d'Angoulême qui, douze ans plus tard, deviendra le roi François.

De cet instant, les honneurs et les biens pleuvent sur Artus et ses fils à qui le roi est fort attaché. Pour sa part, le père est gouverneur du Dauphiné, grand maître de France, comte d'Étampes et de Caravaz puis devient duc de Roannez avant de recevoir finalement, alors que la mort s'approche de lui, le titre de cousin du roi. À un tel homme il faut une belle demeure et Oiron sort de terre.

Le fils, Claude, grand écuyer de France, ce qui lui vaut le titre de M. le Grand, marquis de Boisy, comte de Maulévrier, duc de Roannez et comte de Caravaz est fabuleusement riche. Marié deux fois à Jacqueline de La Trémoille puis à Françoise de Bretagne (des comtes de Penthièvre), c'est lui qui va imprimer sur Oiron, dont sa mère Hélène de Hangest a poursuivi les travaux, la marque superbe qu'on lui voit encore, surtout dans la grande galerie ornée d'immenses fresques dans le goût de l'école de Fontainebleau. Le mobilier du château est si riche, les tapisseries si dorées, le train de maison si fastueux que Claude Gouffier devient, non seulement pour la région qui l'entoure mais encore au-delà de la Loire, le synonyme de Crésus. Le comte de Caravaz est aussi riche en or qu'en terres et, quand il écrira ses fameux *Contes*, Charles Perrault en entendra encore l'écho : le Chat botté sera au service du marquis de Carabas.

De cette étincelante famille il faut encore citer au moins le troisième personnage qui pourrait tenir le rôle du Saint-Esprit, le jeune frère d'Artus, Guillaume. Compagnon de jeunesse de François Ier avec lequel il a été élevé, Guillaume voit la pluie de faveurs tomber sur lui plus drue encore que sur les autres car il est et demeure l'ami favori. Il est amiral en France, seigneur de Bonnivet (le château malheureusement n'existe plus) et de Crèvecœur, gouverneur du Dauphin et du Dauphiné, ambassadeur de France et enfin commandant en chef de l'armée d'Italie en 1523 : un commandant en chef qui, malheureusement, n'est pas à la hauteur de sa tâche. Tête folle, pleine de vaillance pourtant, Bonnivet causera le désastre de Pavie mais il aura assez d'intelligence pour s'en rendre compte. Voyant la catastrophe qui va coûter sa liberté au maître qu'il aime, il cherchera une mort qui ne se fera pas prier.

Le petit-fils du « marquis de Carabas », Louis Gouffier, ajoute à Oiron une aile Louis XIII. Il est, lui aussi, duc de Roannez mais c'est son fils, Artus III, qui va retrouver la gloire par une porte tout à fait inattendue : les amours de sa sœur Charlotte avec Blaise Pascal.

Dans l'été 1652, un trio de personnages se promène jour après jour, longuement, sous les ombrages du parc immense et sur les bords de la Dive. Parfois l'on se rend à la superbe église collégiale, proche du château, jadis construite par Claude et qui est, en quelque sorte, le Saint-Denis des Gouffier : leurs tombeaux s'y érigent, dignes d'eux. Ce trio est composé du duc de Roannez, de sa sœur et de leur ami Blaise Pascal.

Il y a quatre ans que l'on se connaît : depuis que le père de Blaise, Étienne, qui a été président de la Cour des aides de Clermont-Ferrand puis intendant de la généralité de Rouen, est venu s'installer à Paris à l'angle de la rue du Cloître-Saint-Merry. Tout près de là s'élève l'hôtel de Boisy où vit la marquise du même nom, femme d'esprit et de tenue simple qui veille à l'éducation de ses deux enfants, Artus et Charlotte. Blaise Pascal a lui aussi une sœur, ravissante d'ailleurs, Jacqueline, et bientôt une vive amitié s'établit entre les quatre jeunes gens. C'est à la paroisse Saint-Médard qu'on s'est d'abord rencontré et le lien s'est tissé entre les garçons : Artus, comme Blaise, est passionné de recherches scientifiques et principalement de physique, et le jeune Pascal sert de maître à son ami. En échange, les jeunes Boisy initient Blaise à la vie mondaine : il assiste à la réception de Mazarin, à Poitiers, par Louis XIV et Anne d'Autriche dont Charlotte, qui a seize ans, est demoiselle d'honneur. Il assiste également à la représentation que donne Molière de *La Jalousie du Barbouillé*.

Puisqu'il est à Poitiers, c'est dire qu'il est aussi à Oiron où il fera plusieurs séjours. C'est vraisemblablement en cet été 1652 qu'il avoue son amour à Charlotte. Un amour qui lui ressemble : impérieux, intransigeant mais qui subjugue la jeune fille et auquel son frère ne s'oppose pas. Sa déclaration lui ressemble :

« L'homme cherche le plus souvent dans l'égalité de la condition à cause de la liberté et que l'occasion de se manifester s'y rencontre plus aisément. Néanmoins, on va quelquefois bien au-dessus et l'on sent le feu s'agrandir quoique l'on n'ose pas le dire à celle qui l'a causé. »

Il faudra pourtant se séparer. Si Artus est volontiers d'accord, la famille ne l'est pas. Pascal doit s'éloigner. Son accident de voiture et la nuit d'extase qu'il vit peu après le jettent à Port-Royal. Il va y attirer Charlotte car leur amour n'est pas de chair. Il est austère, ce qui n'exclut pas une profonde tendresse. Tous deux sont passionnés pour Dieu et la vie religieuse.

Charlotte ne restera pas à Port-Royal. Une intervention de Louis XIV l'en tire. Qu'à cela ne tienne, elle se coupe les cheveux et décide de vivre retirée du monde et cela jusqu'après la mort de Blaise, en 1663. Elle aura été fidèle à son amour durant dix-neuf ans.. Restée seule, plus encore que si elle eût été veuve, elle se laissera marier au duc de La Feuillade le 9 avril 1667.

Son frère Artus qui, à son tour, gagne Port-Royal, vend son duché de Roannez à son beau-frère pour la somme de 400 000 livres. La Feuillade est désormais le maître d'Oiron.

Lui aussi apporte sa touche au château. Il érige une chapelle qu'il relie au moyen d'une galerie à arcades. Il redessine les jardins. Auprès de lui Charlotte s'ennuie. L'homme est trop loin d'elle. C'est un militaire, un homme de guerre dans toute l'acception du terme avec, en plus, un goût prononcé pour les bâtiments glorieux. Paris lui doit tout de même quelque chose. En 1681, le duc de La Feuillade – donnons-lui son nom : François d'Aubusson, duc de La Feuillade en succession du duché de Roannez, colonel des gardes-françaises, maréchal de France et vice-roi de Sicile (Charlotte n'a pas épousé n'importe qui !) – voulant laisser à la postérité un monument fastueux et représentatif de sa dévotion à son roi fit sculpter à ses frais une superbe statue de Louis XIV.

L'objet réalisé, il fallut trouver un endroit où l'installer et pour cela il fallait une belle place. Le Roi-Soleil ne se voyait pas à un coin de rue. Du coup, il achète au maréchal de La Ferté Senneterre son hôtel parisien plus quelques maisons voisines. Emportée par l'exemple, la Ville de Paris achète l'hôtel d'Émery. On rase le tout… et la place des Victoires prend sa forme qui sera définitive.

Mais au milieu de tout cela, Charlotte n'oublie ni Dieu ni son frère qui le sert dévotement sous les rigueurs de Port-Royal ni surtout le souvenir du seul homme qu'elle ait jamais aimé. Elle est si loin de la terre que l'on se demande comment elle a pu donner naissance à des enfants.

Son fils, le « plus solide malhonnête homme qui ait paru de longtemps », selon l'impitoyable Saint-Simon, revend le domaine à Mme de Montespan pour une somme rondelette dont Louis XIV paiera une partie. La favorite, alors, n'est plus la favorite. On est en 1691 et Louis XIV a épousé morganatiquement l'ancienne gouvernante de ses bâtards. La superbe Athénaïs, atteinte par un puissant réveil de sa foi d'enfant, s'est retirée pour consacrer en grande partie à Dieu le temps qu'il lui reste à vivre. Elle achète Oiron pour le duc d'Antin, le seul enfant qu'elle ait eu de Montespan, et c'est là qu'elle se retire le plus souvent, en alternance avec le couvent de la rue Saint-Jacques.

Retraite fastueuse : les appartements qu'elle installe, dorés et somptueux, espéreront longtemps la visite de Louis XIV dont le grand portrait règne sur toutes ces splendeurs. Le roi ne viendra jamais, bien entendu.

Retraite bienfaisante aussi car, auprès du château, se dresse une maison de vieillards entretenue par la marquise qui s'y rend tous les jours. Retraite quasi royale peut-être enfin pour cette Mortemart dont le nom est l'un des plus hauts de France. Elle y entretient une cour de femmes et de jeunes filles qui doivent veiller sur son sommeil. Car Mme de Montespan ne supporte ni la solitude ni l'obscurité. Elle dort entourée de ses femmes au milieu d'une forêt de chandelles que l'on ne doit pas laisser éteindre. De même, quand elle s'éveille, elle veut trouver ses gardiennes bavardant ou mangeant. Ses gardiennes ? Contre quoi ? La nuit ? Les cauchemars... ou le souvenir de certaines heures atroces vécues en compagnie de la Voisin ? Peut-être seulement le cri d'un enfant égorgé durant une messe noire...

Horaires d'ouverture

Du 1er octobre au 31 mai	10 h 30-17 h
Du 1er juin au 30 septembre	10 h 30-18 h

Fermé le 1er janvier, le 1er mai,
les 1er et 11 novembre et le 25 décembre.

http://www.oiron.fr/

PAU

Les grands Béarnais

J'ai plus durement péché que Sodome
Et j'ai failli plus que Gomorrhe.

Gaston PHŒBUS

Ils sont deux. Deux hommes aux dimensions exceptionnelles qui ont marqué de leurs personnalités différentes et de leur art de vivre, encore plus dissemblable, la vieille forteresse féodale construite au fond des temps par la puissante famille de Moncade. Une forteresse dont il ne reste guère qu'une tour.

Le plus proche de nous se nommait Henri de Navarre avant de devenir le roi Henri IV de France. Mais près de trois siècles plus tôt le ciel de Béarn abritait un homme presque aussi grand que celui qui fut un si grand roi. Plus spectaculaire surtout.

Il se nommait Gaston, comte de Foix et d'une foule d'autres seigneuries. Il était beau, fastueux, superbe et son épaisse chevelure dorée le faisait comparer au soleil lui-même. Et, comme il avait assez d'orgueil pour accepter sans rire la comparaison, il en vint à ajouter lui-même le sobriquet à son nom. Il fut et signa : Gaston Phœbus.

Plus orgueilleux même que Louis XIV qui n'eut jamais, grâce à Dieu, l'idée saugrenue de signer Louis-Soleil, Gaston III de Foix, de Béarn et autres lieux avait de lui-même une très haute idée entretenue d'ailleurs par la véritable fascination qu'il exerça, sa vie durant, sur ses contemporains, hommes ou femmes. Surtout femmes car il ne connut guère de cruelles et on lui sait au moins deux bâtards.

Les débuts furent inquiétants. « En sa jeunesse, écrit le chroniqueur Michel de Bernis, il fut plein d'une mauvaise mollesse et très instable mais peu à peu, grâce aux admonestations de sa mère, Madame Aliénor (de Comminges), il se corrigea et commença à faire preuve de vertu et de noblesse. » En fait, c'était une sorte de jeune fauve, adonné dès la puberté à tous les démons de la luxure et de la violence. Pourtant, il avait reçu une formation intellectuelle exceptionnelle pour son époque. Il parlait avec une égale aisance la langue d'oc, le français et le latin. Il fut poète, composa des chansons et laissa au moins deux ouvrages : *Phébus des déduiz de la chasse des bestes sauvaiges et des oyseaux de proye* et le *Livre des Oraisons* où il a fait, sur le tard, sa propre autocritique, attribuant à la grâce divine sa transformation en un prince éclairé et sage… de temps en temps tout au moins.

Marié, à vingt ans, à Agnès de Navarre qui en avait quatorze – fille de Philippe d'Évreux, roi de Navarre, et de Jeanne de France –, le 4 août 1349 dans la chapelle du Temple à Paris, il n'accordera à sa jeune femme que trois mois de bonheur, les trois mois de lune de miel qu'ils passèrent ensemble au château de Conflans. Puis, la peste noire ravageant alors la France (la mère de la jeune femme venait d'en mourir), Gaston ramena Agnès en Béarn et l'installa au château de Moncade, en attendant que la dot lui soit payée rubis sur l'ongle.

Malheureusement pour la pauvre enfant, ladite dot ne devait jamais l'être intégralement. Ses parents étant morts à peu de distance, la Navarre trouva un nouveau maître en son frère Charles, devenu le roi Charles II, mais auquel l'Histoire a attribué un sobriquet transparent : Charles le Mauvais. Naturellement cet aimable personnage qui était avare autant que mauvais ne jugea jamais utile d'envoyer à son beau-frère l'or qu'il attendait. Le blond Phœbus finit par réexpédier Agnès en Navarre où elle fut reçue avec tous les honneurs dus à son rang et bien qu'elle eût donné à son époux un fils, Gaston.

Un fils qu'il n'aima jamais, lui préférant ses bâtards et singulièrement Yvain de Lescar qui était son favori et dont il fit son capitaine des gardes. Ulcéré, le jeune Gaston complota-t-il la mort d'un père qui le méprisait ou bien tenta-t-il simplement de lui faire avaler un philtre d'amour pour le ramener à sa mère ? Toujours est-il que Phœbus tua son fils de sa propre main.

Mais revenons-en à Pau. Gaston Phœbus fit construire une bonne partie du château actuel bien qu'il n'y résidât que très irrégulièrement, préférant pour l'usage de tous les jours son château d'Orthez. Pau avait une destination plus ostentatoire et il devait servir, somme toute, à sa propre gloire. Il confia les travaux, qui commencèrent vers 1370, à un grand architecte, Sicard de Lordat, qui allait construire la plupart de ses châteaux. Le résultat fut conforme à ce qu'il en attendait.

« Ce chastel est, pour le dit des gens, le plus bel du monde fait de main d'homme », écrit un voyageur. Phœbus y tint sa cour dans les grandes occasions, amenant alors avec lui ses piqueurs, ses chiens et tout l'éclat d'une cour qui était à l'époque l'une des plus riches d'Europe.

Le crime commis sur son propre fils ne devait pas lui porter bonheur. Le roi Charles VI a refusé que Phœbus fasse d'Yvain de Lescar son héritier. Il fallut bien s'en tenir à une branche collatérale, celle de Foix-Castelbon. Isabelle, héritière de cette noble maison, apporta le fastueux héritage, y compris Pau, à son époux Archambaud de Grailly.

La lignée des Foix-Grailly continua, pour ses fils, le double prénom de Gaston et de Phœbus mais ce fut Gaston IV qui, ayant épousé Éléonore de Navarre, prit le titre de prince de Navarre en attendant que son petit-fils, François Phœbus, prenne le titre de roi de Navarre. Un titre qui allait faire de Pau, désormais, une résidence royale.

Rois et reines de Navarre prirent à tâche de conserver Pau et de l'embellir, même ceux qui, telle Marguerite d'Angoulême sœur de François Ier, lui préférèrent le petit Nérac. Mais l'heure de gloire allait sonner pour le château le 1er décembre 1553.

Henri d'Albret, époux de Marguerite, était un homme d'un autre âge. Un rude seigneur s'il en fut. Il avait décidé que sa fille, Jeanne d'Albret, héritière de Navarre et mariée à Antoine de Bourbon, ne pourrait accoucher qu'à Pau. En conséquence de quoi il la fit revenir à marches forcées depuis Compiègne où elle se trouvait alors. Puis, quand les douleurs de l'enfantement commencèrent, Jeanne s'entendit ordonner de chanter afin que l'enfant qui allait naître ne fût « ni rechigné ni pleureur ». Car, bien entendu, dans l'esprit du roi de Navarre il ne pouvait s'agir que d'un garçon.

En fille obéissante, Jeanne – qui tenait de son père un caractère bien trempé – se mit non seulement à chanter mais à composer ce qu'elle chantait : un hymne à Notre-Dame-du-Bout-du-Pont, une chapelle qui se trouvait en face du château. Et le « miracle » eut lieu : un solide garçon vint au jour en braillant vigoureusement, ce qui combla de joie le grand-père.

Incontinent, celui-ci s'empara du bébé, lui frotta les lèvres d'une gousse d'ail, conformément à la tradition, puis lui fit boire une goutte de vin de Jurançon en affirmant : « Tu seras un vrai Béarnais. » Puis il consentit enfin à le remettre aux dames qui le couchèrent dans un berceau fait d'une grande écaille de tortue.

Ce fut encore le terrible grand-père qui exigea que son petit-fils fût élevé comme un vrai paysan ; pieds nus et tête nue. Le jeune Henri n'avait que deux ans lorsque mourut l'aïeul mais Jeanne d'Albret ne vit aucun inconvénient à ce que l'on continuât ce genre d'éducation. Le résultat fut ce que l'on sait : Henri IV fut l'un des plus vigoureux et des plus durs à la peine de tous nos rois. Il avait toutes les qualités qui font les conquérants, ce qui est bien, mais surtout les bons rois, ce qui est mieux.

Le mariage d'Henri, en 1572, avec la ravissante et folle reine Margot fit connaître à Pau, lorsque le couple vint enfin s'y installer, les joies et les fêtes chères à la cour des Valois. Même si ce n'était que par intermittence car, semblable à cette autre Marguerite venue de France, Margot préférait Nérac et les allées ombreuses où il était si agréable de se promener avec quelque beau cavalier.

Malheureusement pour le château, l'accession d'Henri au trône de France allait marquer son déclin. La couronne de Navarre perdait de son éclat auprès de celle de France et Henri IV ne se souvint de Pau que pour y faire prendre meubles et tapisseries destinées au Louvre. Le château tomba dans l'oubli. Des rois, tout au moins, puisqu'il fut la résidence des gouverneurs quand Béarn et Navarre furent unis définitivement à la France. Et s'il reçut quelques visites royales, ce fut uniquement lorsqu'un Bourbon ou un autre souhaitait visiter la chambre où Henri IV avait poussé son premier cri.

La Révolution fit du château une caserne et si Napoléon songea à faire effectuer une restauration (était-ce pour faire plaisir à la mémoire de son « oncle Louis XVI » ?) il n'en eut pas le temps. C'est l'honneur de Louis-Philippe d'avoir restauré le château, même s'il y mit parfois un enthousiasme et une exubérance qui frisaient l'exagération. Néanmoins il sut dévaliser le Garde-Meuble royal de ses plus belles tapisseries au profit de ce château qui, décidément, lui tenait à cœur.

Napoléon III puis la République – le château appartient à l'État – ont fait de leur mieux pour conserver à la France ce beau témoin de sa grandeur.

HORAIRES D'OUVERTURE DU MUSÉE

Du 15 juin au 15 septembre	9 h 30-12 h 30 et 13 h 30-18 h 45
Du 16 septembre au 14 juin	9 h 30-11 h 45 et 14 h-17 h

Fermé le 1er janvier, le 1er mai
et le 25 décembre.

**HORAIRES D'OUVERTURE DU DOMAINE
ET DE SES JARDINS**

Du 15 octobre au 31 mars	7 h 30-18 h 30
Du 1er avril au 14 octobre	7 h 30-20 h 30

http://www.musee-chateau-pau.fr/

POLIGNAC

Les exploits d'un La Fayette médiéval

Le mariage est une des plus importantes actions de la vie mais c'est peut-être celle de toutes où l'on examine le moins les convenances.

BOCCACE

En ce mois de janvier 1467, le seigneur Guillaume-Armand de Polignac se prenait à trouver la vie morose. L'hiver est rude en Haute-Loire et la neige montait le long des murs de son gros château, puissante citadelle érigée sur une falaise de basalte au-dessus de la route du Puy-en-Velay. Des troncs entiers brûlaient dans les cheminées sans parvenir à réchauffer réellement le triste seigneur.

À cette humeur lugubre deux causes : la goutte d'abord qui l'empêche de bouger son pied gauche sans de cruels élancements et ensuite le fait que le seigneur Guillaume-Armand est au plus mal avec son suzerain suprême, le roi Louis, onzième du nom : un personnage avec lequel il n'est pas bon de plaisanter.

À vrai dire, le seigneur de Polignac n'a pas plaisanté : il s'est seulement rebellé quand, avec le duc de Bourbon dont il est aussi vassal, il a adhéré à cette fameuse ligue du Bien public soutenue par le duc de Bourgogne. Or, à la bataille de Montlhéry, le jeune roi, payant de sa personne avec un beau courage, a ramené ladite ligue à la raison et, depuis, les hauts seigneurs discutent. Mais Guillaume-Armand, en ce qui le concerne, a jugé qu'il serait certainement plus prudent de regagner ses montagnes vellaves sur la pointe des pieds et en essayant de se faire aussi petit que possible – ce qui n'était guère facile vu son tour de taille – laissant ainsi au roi tout le loisir de statuer sur son cas. S'il prenait fantaisie à Louis XI de réclamer la grosse tête de Polignac, du moins aurait-il quelque peine à venir la prendre derrière les grands murs noirs de sa forteresse.

C'était ce que notre sire se disait pour se rassurer et certes il avait pleine confiance dans ses grosses tours et ses bonnes murailles mais il n'en scrutait pas moins l'horizon matin et soir pour voir si quelque armée ne s'y montrait pas. Heureux père de huit enfants plus un en préparation, Guillaume-Armand se trouvait un peu jeune pour faire un mort.

Et voilà que, vers le milieu du jour, les guetteurs signalent une troupe armée. Une troupe ? Quel genre de troupe ? Cinquante hommes environ... Voit-on les bannières ? On en voit deux : l'une sans danger qui signale le jeune Gilbert de La Fayette, un voisin, mais l'autre... l'autre c'est la bannière de France et celui devant qui on la porte, c'est Berry, le héraut d'armes, favori de Louis XI.

Tout de suite, c'est l'affolement. Que faire ? Mettre le château en défense ? La Fayette n'a jamais eu de mauvaises intentions. Quant au héraut... eh bien ! mon Dieu, il n'amène pas une armée. La comtesse Amédée, femme de Guillaume-Armand, appelée en consultation (elle est de grande race elle aussi, c'est une Saluces), est d'avis qu'il faut recevoir. Son seigneur et maître se récrie : il est bien trop malade ! Que dame Amédée reçoive, elle, mais qu'elle fasse entendre que le seigneur des lieux est à l'agonie.

Dame Amédée fait bien remarquer que sa grossesse est fort avancée, un peu trop visible pour les convenances. Raison de plus : on ne l'en traitera qu'avec plus d'égards. Et Guillaume-Armand se calfeutre dans sa chambre tandis que sa femme s'en va en soupirant donner des ordres pour l'accueil et le souper. Quand on est Polignac, c'est-à-dire d'une lignée qui remonte à la nuit des temps, on se doit de déployer un certain faste. Et dame Amédée le déploie.

Le festin est superbe. Selon la coutume du temps, la comtesse partage son plat avec messire Berry tandis que le jeune Gilbert de La Fayette est admis à l'honneur de partager celui d'Ysabeau, la fille aînée de la maison. Une jouvencelle de quinze ans dont les fleurs promettent des fruits savoureux. De son côté, Ysabeau pense à part elle que Gilbert est un bien beau garçon mais elle se garde de le lui laisser voir, se contentant, avec lui, d'un aimable « fleuretage ».

Tout se passe à merveille et dame Amédée reprend pleine confiance quand, à la fin du repas, ses hôtes la remercient chaleureusement de son accueil... et lui réclament les clefs du château. Au cas où elle serait tentée de refuser, il est bon qu'elle sache que la troupe royale garde à présent toutes les issues. C'est la catastrophe !

Tandis que la jeune Ysabeau lui saute pratiquement au visage comme un chat en colère, La Fayette s'explique : il n'a nullement l'intention de garder Polignac. Simplement, il entend en extraire messire Guillaume-Armand qu'il doit conduire à Clermont auprès du grand maître de France, messire Antoine de Chabannes. Colère ni pleurs n'entament en rien sa détermination. Que le seigneur soit malade, tant pis pour lui. Il voyagera en litière au lieu de faire la route à cheval et devra s'estimer satisfait.

Force est à Polignac d'obéir. On l'installe dans une litière, bien emballé dans les fourrures, et fouette cocher ! On l'emporte.

Dans son cahotant véhicule qui lui fait endurer mille morts, Guillaume-Armand n'en mène pas large. Il est au plus mal avec Chabannes dont il a refusé la fille pour son fils aîné. Et sans parler du roi lui-même ! Sûrement, c'est l'échafaud qui l'attend !...

Or, comme on arrive à Issoire, La Fayette, qui joue le rôle du gardien-chef, décide soudain de faire une pause. Il fait réveiller les consuls de la ville, leur confie son prisonnier avec toutes sortes de recommandations puis, à bride abattue, reprend la route de Polignac, après avoir informé Guillaume-Armand qu'il s'en allait épouser sa fille !

Quand Gilbert arrive à destination, son retour inattendu répand presque la terreur dans la demeure où règnent déjà le deuil mais aussi une certaine agitation car, à peine la litière avait-elle disparu, que dame Amédée commençait à sentir les douleurs. Et quand La Fayette arrive, elle est tout bonnement en train d'accoucher.

On devine dans quelle disposition d'esprit la jeune Ysabeau accueille l'insolent qui vient l'arracher de la chambre de sa mère avec la prétention d'en faire sa femme sur l'heure. À nouveau, elle crie, elle hurle, elle se débat mais, à nouveau, il lui faut baisser les armes. On la traîne à la chapelle où l'attend le chapelain de la maison plus mort que vif. Furieux aussi et, dans sa colère, il trouve le courage de refuser ce mariage forcé.

Il ne veut pas les unir ? Qu'à cela ne tienne : La Fayette va passer toute la maisonnée au fil de l'épée.

Que répondre à pareil argument ? Le chapelain bénit. Ysabeau pleure mais prononce le « oui » fatal, terrifiée d'avance à la pensée des heures à venir. Mais, décidément, les atrocités ne sont pas pour ce soir. Avec une soudaine gentillesse, Gilbert la remet à ses femmes, prend congé, remonte à cheval et repart, laissant la nouvelle dame de La Fayette légèrement ahurie.

À Issoire, Gilbert recouvre la charge de son prisonnier-beau-père et, cette fois, l'emmène à Clermont, noble ville, mais dans laquelle le gros seigneur croit entrevoir sa dernière étape terrestre.

Pourtant, aucun gibet n'est encore dressé et même Antoine de Chabannes reçoit assez bien son ancien ami. Entendons par là qu'il lui fait comprendre que, personnellement, il n'est pas tellement pressé de lui faire sauter la tête. Encouragé par ce semblant de bienveillance, Guillaume-Armand supplie que l'on veuille bien faire prévenir son jeune frère, le seigneur de Chalençon, qui a l'oreille du roi. C'est le meilleur avocat qu'il puisse espérer.

On va envoyer chercher Chalençon mais, en attendant, on mettra le sire de Polignac dans une bonne prison, point trop inconfortable mais solide tout de même. On l'y nourrira assez sobrement pour que son accès de goutte disparaisse.

Ce qu'il ignore, c'est que Chabannes lui-même avait reçu à l'origine commission d'arrêter son ancien ami. Mais le grand maître n'était guère tenté par la corvée. Il espérait toujours arriver à conclure le fameux mariage qui lui tenait fort à cœur. Aussi avait-il trouvé plus simple d'envoyer le jeune La Fayette. Qui d'ailleurs ne s'était pas fait prier.

On a vu comment quelques heures passées en compagnie de la jolie Ysabeau lui avaient donné à penser et comment, en faisant les affaires de son grand maître, il avait fait les siennes par la même occasion.

En fait, Chabannes et lui s'étaient donné bien du mal sans se douter le moins du monde que leurs vues personnelles entraient tout à fait dans celles du roi. L'arrestation de Polignac n'avait, dans l'esprit de Louis XI, d'autre but réel qu'obliger le gros seigneur à donner son fils à la fille de Chabannes. Le mariage de La Fayette n'était sans doute pas prévu mais ne pouvait en rien contrister le roi. Le seigneur de Chalençon n'eut donc à jouer qu'un rôle facile. Il enfonça seulement les portes que l'on tenait largement ouvertes devant lui.

La conclusion eut lieu le 14 avril suivant, dans la cathédrale du Puy où Jacqueline de Chabannes épousa Claude de Polignac tandis que l'on bénissait de nouveau, et de façon fort orthodoxe, cette fois, le mariage d'Ysabeau et de Gilbert. Une Ysabeau qui n'en voulait plus du tout à son bourreau. Elle le lui prouva en lui donnant seize enfants.

Quant au château, abandonné peu après, il devint la ruine superbe que l'on peut encore contempler lorsque l'on se rend d'Ambert au Puy.

HORAIRES D'OUVERTURE

Du 1er avril au 31 mai	10 h-13 h et 14 h-18 h 30
Du 1er juin au 16 septembre	9 h-19 h
Du 17 septembre au 11 novembre	10 h-13 h et 14 h-18 h

PONTCHARTRAIN

La Païva

Ma jeunesse ne fut qu'un ténébreux orage
Traversé çà et là par de brillants soleils.

Charles BAUDELAIRE

En 1857, un jeune aristocrate prussien, immensément riche et cousin de Bismarck, achète pour la somme de deux millions la terre et le château de Pontchartrain, noble et superbe demeure construite jadis pour un chancelier de Louis XIV au milieu d'un parc, aussi superbe, dessiné par Le Nôtre. Mais ce jeune nabab n'achète pas pour lui. Pontchartrain, c'est le cadeau d'anniversaire qu'il destine à sa maîtresse.

Cette maîtresse, c'est la marquise de Païva, l'une des plus belles femmes que compte le Paris éblouissant du second Empire. L'une des moins respectables aussi car, en un mot comme en cent, celle que l'on appelle tout uniment la Païva n'est rien d'autre qu'une courtisane qui a fabuleusement réussi. Mais qu'importe au comte Guido Henckel von Donnersmarck ? Cette femme – qui a cependant dix ans de plus que lui –, il en est fou et il dépense pour elle des sommes fabuleuses. Rien ne saurait être trop beau pour la Païva.

Ainsi, le petit hôtel qu'elle occupe alors place Saint-Georges, en face de la maison de M. Thiers, lui paraissant indigne de sa divine, le jeune comte prussien a acheté aussi un terrain situé à l'actuel numéro 25 des Champs-Élysées et entreprend la construction d'un superbe hôtel destiné à faire une sévère concurrence à celui, tout voisin, de l'ambassadrice de Belgique, la comtesse Le Hon[1]. En fait, Pontchartrain est destiné à distraire la belle durant les travaux de construction et à lui assurer une maison des champs pas trop éloignée.

Aussitôt, Mme de Païva se met à l'œuvre : elle fait construire des serres, exige de ses jardiniers des fleurs et des fruits en toute saison, plante des arbres, en abat d'autres et change le tracé des allées pour se ménager des points de vue. Un personnel nombreux a pris possession de Pontchartrain mais un personnel qui n'apprécie pas tellement la nouvelle dame du château. En dépit de sa fortune, on la dit avare et, de toute façon, elle ne présente aucun point commun avec le marquis d'Osmond, précédent propriétaire du château.

Mais, au fait, cette Païva, qui est-elle ? Simplement la fille d'un fripier juif des bas quartiers de Moscou où elle est née en 1819. Elle s'appelait alors Thérèse, Pauline, Blanche Lachmann. Naturellement, elle est belle, d'une beauté un peu sauvage où se retrouvent quelques traces du type mongol. À seize ans, Thérèse a pleinement conscience de sa beauté et prend une grande décision : elle qui n'a rien, qui n'a jamais possédé une robe neuve, elle se jure avoir à elle tout ce qu'il est possible à une femme d'obtenir : argent, bijoux, toilettes, maisons, domestiques, voitures, etc.

Un jour, un homme entre dans la boutique du père Lachmann qui vend aussi des fournitures pour tailleurs : c'est un Français échoué Dieu sait comment à Moscou. Peut-être un ancien soldat de Napoléon qui n'a pas eu le courage de « faire » la Bérézina. De métier, c'est un tailleur. Il s'appelle Villoing. Il tombe naturellement amoureux fou de Thérèse et l'épouse avec la bénédiction de la famille.

Son commerce marche assez bien et c'est la raison qui a décidé Thérèse. Mais Villoing n'a rien de beau et il ne représente pour la jeune femme qu'un moyen de quitter le ghetto. Un jour, passe un étranger, séduisant et bien vêtu,

1. Celui-là est occupé par Artcurial.

qui lui fait la cour, s'indigne de voir une telle beauté s'étioler dans un cadre aussi peu digne d'elle, et l'enlève. Thérèse quitte sans remords son époux et même l'enfant qu'elle a mis au monde pour suivre son séducteur, sans oublier toutefois d'emporter la caisse du ménage.

Cela se passe en 1838 et, pendant trois années, la trace de la belle Thérèse se perd. On sait vaguement que le couple s'est dirigé sur Odessa puis sur Constantinople où, selon la future marquise, elle aurait été « surveillante dans un harem ». Celui du sultan naturellement dont elle s'évade un jour. Autres étapes : Sofia, Bucarest, Belgrade, Vienne et enfin Ems, célèbre ville d'eaux allemande, près de Coblence, où elle va rencontrer le pianiste et compositeur Henri Hertz. C'est par lui que Thérèse va enfin pénétrer dans les salons parisiens et dans cette vie large et brillante dont elle rêve toujours.

À son crédit, il faut porter les efforts qu'elle va faire pour y tenir sa place. Intelligente, elle a « l'instinct de toutes les élégances, l'intuition de l'art en ce qu'il a de plus raffiné ». C'est du moins ce que soupire l'un de ses admirateurs et Dieu sait si elle en a. Une chose est certaine : elle fait tout pour se cultiver.

À Paris, elle passe pour Mme Hertz et, bientôt, son salon est l'un des mieux fréquentés de la capitale : on y rencontre Liszt, Wagner, Théophile Gautier, Arsène Houssaye, Prosper Mérimée. Mais, en fait, le mariage n'a pas eu lieu et, le jour où Hertz s'en va jouer aux Tuileries pour le roi Louis-Philippe, il lui faut laisser Thérèse dans la voiture. Néanmoins, une fille leur est née, Henriette, qui a été dûment reconnue par son père.

Hélas, la fortune de Hertz fond rapidement dans les mains insatiables de Thérèse et, un beau jour, c'est la rupture. Le scénario de Moscou se renouvelle et la jeune femme abandonne sa fille d'un cœur aussi insouciant qu'elle a abandonné jadis son fils. Mais elle n'oublie pas d'emporter ses bijoux.

La période qui suit est cruelle. Thérèse mène une vie de misère dorée et passe d'un amant à l'autre. Théophile Gautier l'aide à sortir de ce mauvais pas et, grâce à lui, elle gagne Londres où cette fois un amant riche, lord Stanley, va la remettre à flot. Ensuite, ce sera un jeune comte russe qu'elle suivra en Russie pour adoucir sa fin car il est phtisique. Après sa mort, elle rapporte de fabuleux bijoux qui vont la relancer au firmament des nuits parisiennes.

Installée rue Rossini, elle ne compte plus ses admirateurs mais parmi eux elle choisit toujours les plus généreux. Il y en a un, tout de même, pour qui elle va faire une exception bien qu'il n'ait pas d'argent : un Portugais, le marquis Albino Francesco de Païva. Celui-là est assez fou pour vouloir l'épouser. Un titre de marquise ? Quel rêve ! Et Thérèse l'épouse.

La chance qui ne la quitte plus l'a bien servie : le pauvre tailleur Villoing est revenu mourir à Paris en 1849. Et, le 5 juin 1855, dans la chapelle des frères des Écoles chrétiennes à Passy, la petite juive de Moscou devient marquise de Païva. Elle ne va d'ailleurs pas s'encombrer longtemps du mari : quelques semaines de cohabitation nocturne puis, nanti d'une belle somme d'argent, Païva sera prié d'accepter de se retirer. Naturellement, il ne saurait être question de divorce et Thérèse demeure marquise comme devant. La place est désormais libre pour l'entrée en scène d'Henckel von Donnersmarck.

C'est le consul de Prusse, Bamberg, qui le présente à Mme de Païva et tout de suite c'est le coup de foudre. Partagé, quand Thérèse apprend que le jeune homme n'arrive pas à dépenser de fabuleux revenus. Comment résister à l'envie de l'aider dans une si agréable tâche ? On sait à présent que Thérèse sut à merveille s'en acquitter, sans d'ailleurs réussir à tarir le pactole.

Dans l'hôtel de Paris comme à Pontchartrain, le couple mène une vie fastueuse. On se presse aux dîners somptueux qu'il donne mais, à Pontchartrain, il y a des espions derrière les arbres pour empêcher que l'on ne cueille fleur ou fruit.

La guerre de 1870 chasse le couple. Lui va se battre, elle l'attendra à Breslau jusqu'à ce que, nommé gouverneur d'Alsace-Lorraine, il prie Thérèse de le rejoindre à Strasbourg. À présent, il veut l'épouser. Et il y arrive... grâce à l'annulation du mariage Païva en cour de Rome. On croit rêver mais cette réalité-là dépasse la fiction et, le 28 octobre 1871, l'ex-marquise devient comtesse de Donnersmarck dans l'église de la Rédemption, la tête ceinte du fabuleux diadème de diamants qu'Hortense Schneider portait dans *La Grande-Duchesse de Gerolstein*.

Mais, à mesure que le temps passe, les Donnesmarck deviennent indésirables à Paris. Il faut vendre Pontchartrain, l'hôtel des Champs-Élysées et se retirer en Allemagne. C'est là que meurt, le 12 janvier 1884, la comtesse Henckel von Donnersmarck, la veille du jour où l'empereur d'Allemagne élevait son époux à la dignité de prince !

Cette couronne fermée est sans doute la seule chose que Thérèse Lachmann ait jamais manquée.

Quelques mots tout de même du château et de la terre. Celle-ci avait été acquise en 1610 par Paul Phélypeaux, conseiller du roi, mais c'est son petit-fils, Louis, lequel d'ailleurs prit le nom de Pontchartrain, qui devait faire du château ce qu'il est demeuré à travers le temps, grâce en partie, il faut bien le dire, à la Païva. M. de Pontchartrain était, selon Saint-Simon, « un petit homme maigre avec une physionomie d'où sortaient sans cesse des étincelles de feu et d'esprit ». Cet homme étincelant ne mourut pas moins de chagrin, après la mort de sa femme, sous les nobles lambris du château.

Son fils Jérôme, honoré d'une haine féroce par le même Saint-Simon, en hérita. Secrétaire d'État à la Marine puis à la Maison du roi, il était réellement exécré par le mémorialiste qui raconte, à sa façon, le second mariage de son ennemi : « Ayant perdu sa première femme qui mourut à force de vertu, il se remaria malgré sa figure hideuse et dégoûtante. Je fus à la noce comme on va à la potence. » Finalement ce fut la mauvaise langue qui gagna et Pontchartrain fut exilé sur ses terres par le Régent.

Le château passa à son fils, plus connu sous le nom de Maurepas et qui sera de toutes les intrigues, que ce soit à la cour de Louis XV ou à celle de Louis XVI dont il fut ministre. Pas pour le bien de la France, hélas ! Il mourut en 1781, salué par ce seul commentaire : « On perdit plus qu'il ne valait. » L'ère des femmes commençait pour le château avec la duchesse de Brissac qui en hérita.

C'est toujours une propriété privée qui n'est pas ouverte à la visite.

LA ROCHE-COURBON

Le roman d'une jeune fille riche

Tout le devoir ne vaut pas une faute qui s'est commise par tendresse...

Mme de La Sablière

Pierre Loti l'aimait, qui l'avait surnommé « le château de la Belle au bois dormant ».

« Je m'en suis allé courir toute la terre mais le château fermé et ses chênaies profondes hantaient mon imagination toujours ; entre mes longs voyages, je revenais comme un pèlerin ramené pieusement par le souvenir, me disant chaque fois que rien des lointains pays n'était plus reposant ni plus beau que ce coin si ignoré de notre Saintonge... »

Tout près de Saint-Porchaire, au milieu d'une admirable forêt de chênes-verts, La Roche-Courbon, serti dans ses jardins d'eaux bleues et de vertes broderies, est l'une de ces demeures qui évoquent des rêves que leur contemplation nourrit. Forteresse médiévale, la main d'une femme, Jeanne de Gombaud de Briaigne, dame de Courbon, l'a ornée de grâce en ouvrant des fenêtres dans ses tours, en les reliant d'une élégante galerie à arcades en anses de panier, en dessinant le jardin sur lequel descend noblement un large escalier de pierre qui évoque l'Italie mais ne déparerait pas un palais français et qui, un jour de 1661, vit passer le Grand Condé traînant après lui des rumeurs de batailles et les folies de la Fronde.

Château pour un conte de fées qu'aurait aimé Charles Perrault, l'amour cependant ne lui fut guère favorable dès l'instant où il voulut sortir des sentiers battus de cette monotonie conjugale qui assure les belles lignées et qui, durant plusieurs siècles, fut le lot de ces seigneurs aux noms terribles : les Frondebœuf, les Guerres, les Latour. Ils le possédèrent tant qu'il fut armure de pierre et n'avaient pas beaucoup de temps pour les soupirs.

La monotonie se fait dignité avec les Courbon grâce auxquels La Roche va ouvrir ses murailles à la lumière et à l'air pur. Mais guère à l'amour heureux...

Il y eut d'abord Eutrope-Alexandre de Courbon. Homme de mer, il épouse en 1660 Françoise Colbert du Terron, fille de l'intendant de la généralité de La Rochelle, qui peut faciliter une grande carrière... Mais l'existence de femme de marin demande de grands renoncements, une longue patience et beaucoup de sagesse. Françoise n'en possédait guère. Dix ans après son mariage, elle s'éprend d'un neveu de Turenne, le chevalier de Bouillon, et devient sa maîtresse. Quand on revient d'un long voyage, ce sont de ces choses qui ne font pas plaisir : Courbon, à peine sur la terre ferme, apprend son infortune, provoque le chevalier et le tue en duel.

Étant donné les alliances de Françoise et le nom du défunt, l'affaire fait un bruit énorme. Mme de Courbon pleure et crie qu'elle ne veut plus vivre avec un pareil sauvage. Elle obtient gain de cause : son mariage sera même rompu par l'Église, ce qui lui permettra d'épouser peu après un noble romain, le prince Carpegna. Eutrope-Alexandre se consolera en épousant Marie d'Angennes, laquelle lui donnera plusieurs enfants dont un fils, Louis, qui est le héros d'un véritable drame où s'éteindra le vieux nom des Courbon. Un drame qui, cependant, commence dans la gaieté d'une escapade d'écolière.

Le samedi 22 octobre 1737, la supérieure de l'aristocratique couvent de Notre-Dame-de-Consolation, rue du Cherche-Midi à Paris, reçoit un mot de Mme Peyrenc de Moras, veuve de l'un des plus puissants financiers d'Europe et mère d'une de ses élèves, lui demandant de bien vouloir autoriser sa fille Anne-Marie à la rejoindre, le lendemain dimanche, dans son château de Livry. Elle enverra une voiture.

Aucune raison de refuser et, le lendemain, la jeune Anne-Marie, quinze ans, et sa gouvernante Mlle Gorry, montent dans la voiture qui les attend. Mlle Gorry s'étonne bien un peu que la voiture en question soit une chaise de poste et non l'un des carrosses de la maison, mais elle sait Mme de Moras sujette aux lubies et ne juge pas utile de s'appesantir sur la question.

Où les choses commencent à l'inquiéter, c'est quand elle s'aperçoit que le chemin suivi n'est pas la route habituelle ; l'inquiétude devient panique lorsque l'attelage s'arrête pour relayer au relais de poste d'Étrépagny. Où les emmène-t-on ? Sûrement, c'est un enlèvement ! Qui a osé ?

— C'est moi, lui répond calmement son élève. Je me suis enlevée moi-même !

Naturellement, la gouvernante pousse les hauts cris, s'agite, veut descendre... jusqu'au moment où Anne-Marie lui met sous le nez une paire de pistolets dont, assure-t-elle, on ne manquera pas de se servir si Mlle Gorry ne se décide pas à se tenir tranquille. Et de s'expliquer.

Environ un mois plus tôt, Mme de Moras a fait savoir à sa fille qu'elle changeait ses projets touchant son mariage projeté depuis deux ans avec Louis de Courbon. Le parti, qui lui semblait naguère tout à fait séant, a cessé de lui plaire, et Anne-Marie n'y doit plus songer. M. de Courbon n'est plus admis au château de Livry ni dans le bel hôtel de la rue de Varenne qu'Abraham Peyrenc de Moras avait fait construire pour sa famille[1]. Encore moins au parloir de Notre-Dame-de-Consolation où il avait pris la douce habitude de venir visiter celle qu'il pouvait considérer à juste titre comme sa fiancée. Celle-ci devra se préparer à épouser le riche et peu attrayant comte de Crèvecœur...

Anne-Marie s'est rebellée. Elle aime M. de Courbon, qui, elle en est persuadée, l'aime aussi, et elle refuse abso-

1. Aujourd'hui musée Rodin.

lument d'en épouser un autre. D'ailleurs, pourquoi ce revirement ?

Cela, Mme de Moras ne l'explique pas, car c'est un peu délicat. M. de Courbon a cessé de lui plaire parce qu'il est le cousin du marquis de La Mothe-Houdancourt qui était son amant, mais qui vient de rompre. Plus question de garder le moindre lien avec la famille de cet homme. La superbe dot d'Anne-Marie ira à un autre.

Voyant que ses pleurs et ses supplications laissent sa mère indifférente, la jeune fille feint de se soumettre mais, sous une apparence frêle et charmante, elle cache l'intraitable volonté de son père, cet Abraham Peyrenc, ancien garçon perruquier qui, à force de travail et d'intelligence, s'est élevé aux sommets de la fortune. Elle s'est juré d'épouser celui qu'elle aime ; lui s'est incliné sans protester, en galant homme qui ne saurait contrarier une femme. Il a fait ses adieux à sa « fiancée » et s'est retiré en Saintonge, dans son château de La Roche-Courbon. C'est donc là qu'Anne-Marie a décidé de le rejoindre. Avec l'aide de l'ancien secrétaire de son père et d'un valet, elle a monté de toutes pièces son départ pour le bonheur.

Pendant des heures et des heures, la voiture roule, emportant la pauvre Gorry complètement effondrée. Son élève, toujours aussi calme, s'est contentée de lui dire qu'elle écrirait à sa mère une fois parvenue à destination. En fait elle écrira avant car, après avoir couru des lieues et des lieues, on s'arrêtera tout de même à Poitiers pour refaire toilette et prendre un peu de repos. Anne-Marie en profite pour écrire.

Après avoir expliqué les raisons qui l'attachent à Louis de Courbon, elle plaide sa cause avec une clarté et une éloquence bien au-dessus de son âge, et termine ainsi :

« Je vais donc, je vous le dis en tremblant, trouver M. de Courbon, lui apprendre mes sentiments et lui offrir à la fois mon cœur, ma main et ma fortune. Ayez, Maman, je vous en conjure quelque indulgence pour une fille qui vous manque pour la première fois et qui ne vous eût jamais manqué s'il n'eût été question de la chose la plus intéressante de sa vie. J'aime, voilà le crime qui vous offense mais ne regardez pas mon attachement comme un sentiment fragile. Il y a dix-huit mois que je l'éprouve en silence... »

C'est dans l'après-midi du 30 octobre que la chaise de poste s'engage dans l'allée de tilleuls qui mène au château et franchit la porte des Lions avant de traverser, sur un petit pont, les anciens fossés. Le grand corps de logis flanqué de grosses tours rondes sourit au soleil d'automne de toutes ses fenêtres et Anne-Marie pense sans doute, alors, qu'il doit être facile d'être heureux dans une si belle demeure.

L'accueil que lui réserve Louis de Courbon douche un peu son enthousiasme. Jamais on ne vit homme aussi surpris, ni aussi inquiet. Ce n'est pas, tant s'en faut, un gamin écervelé, mais un homme dans la force de l'âge, il a près de vingt ans de plus qu'Anne-Marie. Et il se demande sincèrement comment Mme de Moras va prendre la fugue de sa fille.

Mais Anne-Marie, qui avoue ingénument son amour, plaide sa cause avec tant d'ardeur et tant de spontanéité que, petit à petit, M. de Courbon se laisse gagner par cette passion qui habite la jeune fille. Ce qui lui arrive là est fou, insensé... merveilleux ! Et il va se laisser emporter par le torrent. Néanmoins, tout de suite, il écrit à la mère :

« Mon étonnement est infini, Madame, en voyant paraître ici Mademoiselle votre fille conduite par sa gouvernante mais ma surprise a bien augmenté quand elle m'apprit que vous ignoriez sa venue. J'ai cru ne devoir pas perdre un moment pour vous informer de cet événement. Vous connaissez ma probité et mon attachement à votre maison. Je me ferai un plaisir de vous en donner des preuves quelque parti que vous preniez. Voilà tout ce que je sais car j'ignore si je suis bien aisé ou fâché, si je rêve ou si je veille... »

En attendant, il épouse. La nuit suivante, le curé du village voisin bénit le mariage et, durant une semaine, les époux vont vivre dans leur ravissant domaine une vraie lune de miel. Interrompue, malheureusement, par l'arrivée des oncles d'Anne-Marie : Peyrenc de Saint-Cyr et Fargès de Polésy qui viennent, sans trop de précautions oratoires, rechercher leur nièce. La vue de l'acte de mariage ne calme pas leur colère. Ils se laissent aller à de grossières injures touchant la mentalité « intéressée » de Courbon, et celui-ci les met proprement à la porte. Hélas, ils vont revenir avec tout un escadron de la maréchaussée ! Mme de Moras a obtenu un ordre royal.

Sanglotante, Anne-Marie est emportée de force. On va la conduire au couvent de Gergy, près de Chalon-sur-Saône, c'est-à-dire bien loin de la Saintonge. Quant à Louis de Courbon, il va devoir fuir pour ne pas être arrêté.

Il se réfugie à Turin chez l'ambassadeur de France, M. de Sennecterre, qui est son cousin. Mais les ordres de Versailles le poursuivent et il devra quitter l'ambassade, se cacher dans la ville où il mourra peu après, de froid et de misère...

Cependant, la justice s'est abattue sans discernement sur des innocents. Tandis que Louis de Courbon est condamné par contumance à avoir la tête tranchée, le curé qui l'a marié est banni à perpétuité et la pauvre Mlle Gorry est fouettée publiquement et marquée au fer rouge. La vengeance de la mère outragée ne cesse de frapper et sa fortune la rend bien puissante. Néanmoins, elle n'en profitera guère car la mort la prend le 11 février 1738...

En apprenant tant de catastrophes, Anne-Marie tombe malade. Une fièvre cérébrale la mène aux portes du tombeau mais elle lui échappera... pour contracter la petite vérole. Apitoyés, ses frères la ramèneront au couvent de Port-Royal où, peu à peu, elle reprendra assez de goût à la vie pour accepter d'épouser, douze ans après le drame, le comte de Merle, ambassadeur de France au Portugal.

Le château de La Roche-Courbon passa à l'une des sœurs de Louis qui épousa La Mothe-Houdancourt mais qui s'en désintéressa au point de le vendre à M. Mac Namara, un Breton d'origine irlandaise qui le légua à sa fille.

Comme beaucoup de ses pareils, le beau château passa par différentes mains plus ou moins indifférentes et qui ne savaient plus comprendre son âme et pas davantage sa beauté qui se dégrada. Il fallut le coup de cœur de Pierre

Loti, ses cris d'alarme, pour qu'il retrouve enfin, en M. Chenereau, le mécène généreux qui allait se vouer à sa sauvegarde. Une œuvre magistrale que perpétuent aujourd'hui sa petite-fille Christine Selert Badois et son mari avec la même élégance et le même soin.

HORAIRES D'OUVERTURE DU CHÂTEAU

Du 15 septembre au 15 mai	10 h-12 h et 14 h-18 h (17 h en hiver)

Visite guidée tous les jours, sauf le jeudi.

HORAIRES D'OUVERTURE DU JARDIN, DU PARC ET DES GROTTES

Tous les jours	10 h-12 h et 14 h-19 h (17 h 30 en hiver)

Fermé le 1er janvier, le 25 décembre, le dimanche matin en hiver et en semaine en janvier.

Les jardins ont obtenu le label « Jardins remarquables ».

http://www.larochecourbon.fr/

LES ROCHERS

Les retraits de Mme de Sévigné

> *Je reviens encore à vous, ma bonne, pour vous dire que si vous avez envie de savoir en détail ce que c'est qu'un printemps, il faut venir à moi.*
>
> MME DE SÉVIGNÉ

Du XIIe au XVe siècle, la terre des Rochers en pays de Vitré appartient à la famille de Mathefelon mais, après ces trois siècles d'existence, celle-ci tomba en quenouille. C'est-à-dire que l'élément mâle lui fit cruellement défaut.

Il resta tout juste une fille, Anne, que l'on maria au baron de Sévigné, lequel, dès le jour du mariage, en 1410, entreprit de construire sur les antiques fondations de ses beaux-parents le joli château que l'on peut toujours admirer, moins, il est vrai, les quelques remaniements – hautes fenêtres à petits carreaux et élégantes lucarnes – qu'allait lui ajouter au XVIIe siècle sa plus célèbre propriétaire, la seule d'ailleurs qui ait retenu sur sa charmante personne les feux de l'Histoire. Mais peut-être les autres n'avaient-ils pas grand-chose pour les attirer.

En 1644, les Sévigné, qui de barons sont devenus marquis, sont représentés par un séduisant rejeton : Henri, âgé de vingt ans, très peu fortuné mais d'une folle bravoure et galant comme on ne fut jamais. Et comme, chez lui, le charme égale la galanterie, les aventures du jeune homme ne se comptent plus.

À première vue, Henri n'a guère à offrir à une jeune femme en dehors de sa personne. Sinon l'un des plus anciens et des plus beaux noms de Bretagne et son château des Rochers qui commence à avoir besoin d'une sérieuse restauration. Tel qu'il est, cependant, il attire l'attention de l'abbé Philippe de Coulanges, oncle et tuteur d'une jeune et riche héritière : Marie de Rabutin-Chantal, alors âgée de dix-huit ans et qui, outre sa fortune, est pourvue de tout ce que l'homme le plus difficile pouvait exiger d'une femme : esprit et beauté. Car elle est vraiment charmante avec ses cheveux dorés, son teint de fleur, son joli visage espiègle et ses grands yeux de la couleur exacte des fleurs de lin : un véritable rêve.

Pourtant, ce rêve appartient à cette étrange catégorie de gens pour qui l'horloge de l'amour sonne toujours trop tôt ou trop tard et dont le cœur bat généralement à contretemps : ils aiment qui ne les aime pas ou pas encore et, quand ils ont enfin réussi à conquérir l'être aimé, ils cessent presque automatiquement d'éprouver pour lui le moindre sentiment. La future Mme de Sévigné va ainsi passer son existence tout entière sans jamais réussir à connaître les joies de l'amour partagé.

Quand elle rencontre Henri de Sévigné, celui-ci est séduit, tout de suite, par l'éclat et la vivacité spirituelle de cette belle enfant qui compte déjà parmi les Précieuses. Elle lui plaît tellement qu'une semaine plus tard il demande sa main et entame une cour enthousiaste... qui tombe à plat. Le cœur de Marie n'est pas libre : il appartient à son cousin Roger de Rabutin-Chantal, superbe garçon insolent comme un page et doué d'un esprit d'enfer qui en fait l'une des langues les plus acérées du royaume. Or Roger, s'il aime bien Marie, s'il aime bavarder avec elle ou lui écrire, a bien d'autres chats à fouetter que de s'engager dans le mariage avec une cousine qu'il connaît depuis toujours. Il changera plus tard[1]. Un peu vexé de se voir reçu avec aussi peu d'emballement, Sévigné, en attendant le mariage qui doit avoir lieu en mai, retourne à la

1. Voir Bussy-Rabutin.

vie dissipée qu'il affectionne. Résultat, quelques jours avant la cérémonie, une nouvelle dramatique arrive à l'hôtel de Coulanges : Henri a été grièvement blessé en duel.

En effet, depuis la mort du cardinal de Richelieu et du roi Louis XIII l'année précédente, la jeunesse turbulente de Paris a repris ses vieilles habitudes : on ferraille à tout bout de champ. Henri de Sévigné autant et même plus que les autres. Or, la nouvelle du danger qui le menace produit sur sa fiancée un effet curieux : elle se met à l'aimer, tremble de le perdre et ne cesse de prier pour lui. Dieu l'écoute sans doute car, trois mois plus tard, l'évêque de Senlis unit les deux jeunes gens dans l'église Saint-Gervais pour le meilleur et pour le pire. Et le lendemain, le couple part pour le château des Rochers.

En dépit de l'attachement qu'elle porte à Paris, la nouvelle marquise est séduite par sa nouvelle maison. Elle pense qu'ici elle sera heureuse et qu'Henri, qu'elle aime à présent, le sera aussi.

Ce ne sera pas le cas. Henri est déçu car, s'il a bien touché la dot promise par l'abbé de Coulanges, il sait qu'il devra s'en contenter quelque temps. Prudent, en effet, l'abbé excipant qu'elle n'a pas atteint la majorité légale, n'a pas remis à Marie la fortune de ses parents. Les revenus de Sévigné étant fort maigres, il faudra bien se contenter de la campagne qui l'ennuie à périr.

Sa jeune épouse l'ennuie à peine un peu moins et, quand elle met au monde une petite fille, il ne cache pas sa déception.

« C'est un héritier qu'il me faut. Que voulez-vous que je fasse d'une fille ? »

Marie a ravalé ses larmes en serrant un peu plus contre elle le bébé sur lequel, désormais, elle va reporter toute la tendresse inemployée de son cœur. L'enfant d'ailleurs est ravissante et lui fait grand honneur.

Mais Henri ne tient plus en place. Sa femme a atteint sa majorité à ce moment et elle est entrée en pleine possession de sa fortune. Aussi, à peine relevée de ses couches, Marie se voit-elle entassée dans une voiture avec sa fille et tous les biens du ménage pour regagner Paris à toute bride. Enfin, Henri va pouvoir retrouver l'air de la capitale, ses compagnons de beuverie, les dames galantes et les bagarres à coups d'épée ! Il est content mais Marie a les yeux pleins de larmes en regardant disparaître les Rochers qu'elle a peu à peu arrangés à son goût et où elle a connu un bonheur tout personnel.

Néanmoins, elle trouve plaisir à s'installer dans une belle maison de la rue des Lions-Saint-Paul, à retrouver ses amis, sa famille et surtout le cher oncle Coulanges qu'elle appelle « le bien bon ». Elle se fait d'autres amis et bientôt un cercle agréable se forme autour de cette jolie femme cultivée, un peu précieuse sans doute mais douée d'un esprit particulièrement vif qui fait de sa conversation un véritable régal.

Dans ce cercle, Henri n'a guère de place mais il est vrai que, la plupart du temps, il se souvient à peine qu'il est marié. Sinon pour répandre à travers les salons le bruit que sa femme n'a pas plus de tempérament qu'un iceberg et pour dilapider sa fortune. La naissance du fils tant désiré, en 1648, ne l'arrête pas et il continue ses folies.

Quand le bruit lui vient que son époux s'est épris de la belle Ninon de Lenclos, Marie s'inquiète : les appétits de Ninon sont de ceux qui dévorent les plus belles fortunes. Henri est capable de ruiner femme et enfants pour elle. Cette fois, Marie se fâche.

« Trompez-moi si cela vous chante, monsieur, puisque aussi bien il y a beau temps que je suis au fait de vos sentiments pour moi mais ne ruinez pas nos enfants pour une gourgandine ! »

Furieux, Sévigné s'en va porter ses plaintes chez le cousin de Marie, ce fameux Roger de Rabutin qu'elle aimait jadis et qui, à présent, l'aimerait volontiers si seulement elle voulait le lui permettre. Rabutin jette pratiquement Sévigné à la porte puis écrit à Marie une lettre enflammée :

« S'il faut qu'il [Sévigné] vous échappe, aimez-moi, ma cousine et je vous aiderai à vous venger de lui en vous aimant toute ma vie. »

Le malheur veut que, par la faute d'un valet étourdi, la lettre arrive tout droit dans les mains du mari qui, du coup, retourne chez Rabutin, le provoque en duel. Mais celui-ci n'accepte pas : il est sans doute l'un des meilleurs duellistes du royaume et n'aurait aucune peine à faire de Marie une jolie veuve, ce qu'il ne veut pas pour ne pas la faire pleurer. Il traite Sévigné en gamin insupportable et se moque de lui.

De plus en plus furieux, celui-ci décide alors que l'air de Paris ne vaut rien à Marie : le lendemain, il embarque femme et enfants pour les Rochers, les y installe puis les plante là avec défense formelle de revenir à Paris sans sa permission. Il ne les reverra jamais.

En février 1651, un messager de l'abbé de Coulanges vient aux Rochers apprendre à la marquise la triste nouvelle : son époux s'est battu en duel avec le chevalier d'Albret à propos d'une certaine Mme de Condran et il a été tué.

Marie pleure, fait prendre le deuil à sa maison mais ne quitte pas pour autant les Rochers où elle va vivre encore deux années, faisant redessiner son jardin par Le Nôtre, entretenant avec tous ses amis, surtout son cousin, une alerte correspondance et passant de longues heures avec son amie la duchesse de Chaulnes, femme du gouverneur de Bretagne.

Paris pourtant la reprendra, surtout quand elle s'installera à l'hôtel de Carnavalet. Mais, en attendant, elle reviendra plusieurs fois dans son petit château breton.

« Les bois sont toujours beaux, écrit-elle en 1675 à sa fille devenue Mme de Grignan, le vert en est cent fois plus beau que celui de Livry. Je ne sais si c'est la qualité des arbres ou la fraîcheur des pluies ; il n'y a pas de comparaison, tout est encore aujourd'hui du même vert du mois de mai. Les feuilles qui tombent sont feuilles mortes mais celles qui tiennent ; vous n'avez jamais observé cette beauté. »

Henri reposait dans la chapelle de la Visitation, rue Saint-Antoine à Paris et, au moment de sa mort, Marie exprima le vœu d'être enterrée auprès de lui quand le temps en serait venu. C'est pourtant bien loin de lui, bien loin aussi des chers Rochers qu'elle repose. En 1696, elle meurt de la variole, chez sa fille, dans l'aimable château de Grignan brûlé par le soleil du Midi. C'est dans sa chapelle que cette Bretonne d'adoption dort de son dernier sommeil.

La propriété appartient encore aux lointains descendants des Sévigné, la famille Hay des Nétumières.

HORAIRES D'OUVERTURE

Du 1er mai au 30 septembre	10 h-12 h 45 et 14 h-18 h
Du 1er octobre au 30 avril	10 h-12 h 15 et 14 h-17 h 30 (fermé le mardi)

ROYAUMONT

Le roi maçon

Travailler c'est prier…
Devise des bénédictins

C'est en l'an de grâce 1228 que le jeune roi Louis IX – il n'a encore que treize ans – décide la construction d'une grande abbaye sur le lieu-dit Cuimont, à peu de distance du château royal d'Asnières-sur-Oise où il aime à séjourner. En fait, la décision ne vient pas de lui seul. Ce faisant, il exécute l'une des dernières volontés de son père, le roi Louis VIII le Lion, mort, après seulement trois années de règne, d'une maladie contractée durant le siège d'Avignon. Mais il y met beaucoup d'empressement. « Il s'émerveille de voir poser la première pierre », écrit Paul Guth qui ajoute : « Rien ne proclame mieux la gloire d'un roi de la terre que des pierres posées avec art les unes sur les autres à la gloire du roi des Cieux… »

Cet émerveillement ne sera pas sans lendemain. Le jeune Louis s'intéresse de près à ce qu'il considère très vite comme son œuvre. Mais il commence par changer le nom du lieu qui ne lui plaît pas. Cuimont, en vérité, cela ne parle pas beaucoup à l'imagination. Et puis, après tout, cette abbaye qui est en train de naître avec son cloître et son palais abbatial, il lui arrivera d'être séjour royal. Et Louis trouve le nom qui convient : « lequel nous avons décrété devoir être à l'avenir appelé Royaumont… » C'est aussi simple que cela… Le roi fait à la chère abbaye naissante de fréquentes visites. Écoutons Joinville :

« Comme l'on faisait un mur en l'abbaye de Royaumont, le bon roi Saint Louis venait souvent dans cette abbaye ouïr la messe (les cisterciens qui devaient l'occuper la construisaient naturellement eux-mêmes, avec l'aide de maîtres d'œuvre) et pour visiter le lieu. Et comme les moines sortaient, selon la coutume de leur ordre de Cîteaux, après l'heure tierce, au labour et à porter les pierres et le mortier au lieu où l'on faisait ledit mur, le bon roi prenait la civière et la portait chargée de pierre, et allait devant et un moine portait derrière. Et ainsi, en même temps le bon roi faisait porter la civière par ses frères Monsieur Robert, Monseigneur Alphonse et Monseigneur Charles... Et pour ce que ses frères voulaient aucune fois parler et crier et jouer, le bon roi leur disait : "Les moines tiennent cet endroit le silence et aussi le devons-nous tenir." Et comme les frères du roi se voulaient reposer, il leur disait : "Les moines ne se reposent pas, ni vous ne devez pas reposer..." »

Quelle image et quel souvenir ! Imagine-t-on Louis XIV retroussant ses manches au service d'une abbaye et obligeant le délicat Monsieur son frère à pousser la brouette ? Les murs de Royaumont, dans leur beauté pure, ont conservé quelque chose de cette ferveur encore enfantine et pourtant royale, de cette humilité en face de la maison de Dieu.

La dédicace a lieu le 19 octobre 1235 et, bien sûr, Louis IX y assiste, avec sa jeune et charmante femme Marguerite de Provence... avec aussi Madame sa Mère, Blanche de Castille qui s'efforce depuis le mariage d'empêcher le jeune couple royal de se livrer aux joies légitimes de l'amour. Ce jour-là, apparemment, elle ne trouve rien à dire.

Bien souvent, par la suite, Saint Louis visitera Royaumont. Par le confesseur de la reine Marguerite on sait quel y était son comportement. Ainsi, quand il assistait au chapitre, il s'asseyait par terre en signe d'humilité ; il portait lui-même sa pitance à l'un des moines qui vivait à l'écart parce qu'il était lépreux. C'est dans l'église de l'abbaye qu'il tint à faire reposer les trois enfants qu'il perdit : Jean, Louis et Blanche...

La mort de Saint Louis fait entrer Royaumont dans un demi-silence. Ses descendants y viennent de temps en temps. Philippe le Bel n'y viendra que rarement : il préfère Maubuisson, près de Pontoise.

Et puis, la guerre de Cent Ans passe. Les Anglais n'épargnent guère l'abbaye royale et les déprédations y sont nombreuses. Les rançons exigées ruinent le trésor. Enfin, les moines se clairsèment. Il faudra attendre Richelieu pour que Royaumont retrouve un certain éclat.

Louis XIII séjourne souvent à Chantilly qu'il a confisqué aux Montmorency après la mort du dernier duc, décapité à Toulouse sur la place des Terreaux pour avoir conspiré avec Gaston d'Orléans, frère du roi. Le cardinal-duc, lui, préfère Royaumont, plus conforme à ses goûts, mais l'état des bâtiments l'inquiète. Il fait ordonner certains travaux puis décide d'y réunir les abbés des grandes abbayes cisterciennes de France ; Cîteaux, Clairvaux, Pontigny et Morimond. Ce n'est pas pour les féliciter : l'ordre, si haut jadis, est en pleine décadence. Bon gré, mal gré, il faut bien en passer par où veut le tout-puissant cardinal et élaborer un plan de réforme.

Hélas, Richelieu à peine disparu, on se hâte de l'oublier. Pour Royaumont, c'est l'époque sans gloire des abbés commendataires, c'est-à-dire non assignés à résidence. Leur résidence, la plupart du temps, c'est la cour...

Mazarin, pourtant, qui sera abbé de Royaumont parmi bien d'autres prébendes, viendra assez souvent. Il a le sens de la splendeur. C'est un artiste, et l'endroit est d'une grande beauté. Après lui on peut défiler la liste des abbés commendataires : le prince Alphonse de Lorraine, qui n'a que six ans – c'est son père qui administre à sa place – puis le petit-fils de celui-ci, François-Armand de Lorraine, évêque de Bayeux. D'autres évêques ensuite : Mgr Phélypeaux de Pontchartrain, Mgr de Fleury. Puis, en 1781, enfin, un abbé. Et celui-là mérite qu'on s'y arrête, car il va transformer l'aspect général et ajouter à l'abbaye, en assez mauvais état, le superbe palais abbatial.

Il s'appelle Henri-Éléonore le Cornu de Balivière, aumônier ordinaire du roi Louis XVI et déjà commendataire de l'abbaye de Bonneval. C'est un homme de cour, un homme de goût d'ailleurs, un de ces abbés de cour tout à fait charmants. Ainsi, il est peut-être l'aumônier du roi, mais c'est à Trianon qu'il exerce le plus souvent son ministère et surtout chez les meilleurs amis de Marie-Antoinette, les fameux Polignac pour les péchés desquels il montre une indulgence déplorable.

Tout ce monde, quand reviennent les beaux jours, vient volontiers visiter Royaumont où la vieille abbaye conserve de la noblesse et du charme. Honneur insigne, les souverains en voyage se rendent même chez l'abbé de Balivière qui verra venir ainsi le comte et la comtesse de Nord (le futur Paul Ier de Russie et sa femme) et le comte de Haga (Gustave III de Suède). Des incognitos transparents, bien entendu.

Toutes ces grandeurs montent à la tête de notre abbé qui, du coup, n'imaginant pas un instant que la révolution n'est plus loin, décide de construire une demeure digne de lui-même et de ses illustres visiteurs. C'est un élève de Ledoux, l'architecte Louis Le Masson, en service du comte de Provence, que l'on charge de l'ouvrage. C'est un adepte fervent du style palladien et bientôt dans le parc de Royaumont s'élève un palais-villa à l'italienne qui n'a pas grand-chose à envier aux superbes demeures qui jalonnent le cours de la Brenta.

Malheureusement pour Balivière, les premiers grondements de la Révolution se font entendre. Les Polignac émigrent et l'abbé part avec eux pour Vienne. Il y mourra sans avoir jamais vu son beau palais terminé. Mais, à Royaumont, il restait des moines. Il n'y en avait plus beaucoup, évidemment : ils ne sont plus que dix quand, en 1790, on les expulse. L'abbaye va être vendue au titre de bien national.

Celui qui l'achète en 1791 est un noble décavé, un ancien voisin qui possédait, non loin de là, le château de Viarmes.

Avant la tourmente, le marquis de Travanet, mestre de camp des dragons, possédait une belle fortune et avait épousé une charmante femme en la personne de Mlle de Bombelles. Cette jeune femme faisait partie de la petite cour de Madame Élisabeth, la plus jeune sœur du roi

Louis XVI, et en était un peu l'âme. Elle avait un assez joli talent poétique et on lui doit une charmante chanson composée à propos de la tendre aventure d'un jeune jardinier de la princesse :

Pauvre Jacques, quand j'étais près de toi
Je ne sentais pas ma misère,
Mais à présent que tu vis loin de moi,
Je manque de tout sur la terre...

Hélas, Travanet aimait les filles d'opéra et le jeu. Il finit par faire un si grand usage des unes et perdre tant d'argent par l'autre que sa femme le quitta. Mme de Travanet émigra, tandis qu'il restait là.

Ayant acheté Royaumont avec les débris de sa fortune, le marquis entreprit d'installer des ateliers de tissage dans l'abbaye, mais habita le palais. Après lui, ce fut un industriel belge, Van der Mersch. Celui-ci morcela le domaine. L'abbaye retrouva des religieuses, le palais un acquéreur : M. Jules Goüin. C'était un homme généreux et ayant du goût. En 1905, au moment de la loi sur les Congrégations, il racheta l'abbaye, en fort mauvais état cette fois.

Ses descendants l'ont superbement restaurée et organisée pour une vie culturelle intense. Royaumont est actuellement l'un des grands centres de l'art et de l'écriture en France.

Le palais abbatial fut cédé au baron et à la baronne Fould-Springer puis à leur fille, la baronne Élie de Rothschild, qui lui ont rendu un éclat exceptionnel et en ont fait la plus belle demeure des environs de Chantilly.

Malheureusement aujourd'hui, les collections à l'intérieur du palais furent dispersées par une vente chez Christie's en septembre 2011.

SAUVETERRE-DE-BÉARN

Le jugement de Dieu

> *La trahison s'assied à nos banquets, elle brille dans nos coupes, elle porte la barbe de nos conseillers, elle affecte le sourire de nos courtisans et la gaieté maligne de nos bouffons.*
>
> Walter SCOTT

Le château n'est plus que ruines comme l'enceinte fortifiée, comme le puissant donjon de Monréal qui domine le gave traversé d'un pont à demi détruit mais le paysage est sans doute l'un des plus beaux de France car la vue sur les Pyrénées est admirable.

Il y eut toujours là un grand appareil guerrier et cela depuis qu'en l'an 1080 Centulle IV de Béarn, en lui donnant une charte de franchise, en fit un lieu d'asile et justifia son nom : Sauveterre, terre de salut, terre de sauveté. Ce qui n'empêche pas les comtes de Béarn d'y posséder, cent ans plus tard, un fort château où ils tiennent cour brillante.

Plus brillante ne se vit jamais sans doute que cette assemblée réunie un beau jour de printemps – en 1169 – pour les noces de Gaston, vicomte de Béarn, et de Sancie de Navarre.

La capitale de Béarn c'est alors Morlaas mais Sauveterre est la cité aimée de Gaston et il entend qu'elle partage son bonheur. Car il s'agit là d'un mariage d'amour. Le couple est jeune – elle n'a que quinze ans – et bien assorti mais la foule n'a d'yeux que pour la petite mariée, si timide, si rougissante dès qu'elle lève les yeux vers Gaston, superbe gaillard rompu dès l'enfance aux courses en montagne, à la rude chasse à l'ours qui est sa passion. Auprès de lui, elle a l'air d'un bibelot.

Elle l'aime pourtant, depuis le jour où elle l'a vu venir à Pampelune, à la cour de son frère le roi Sanche IV de Navarre. Ce fut l'une de ces illuminations inattendues comme il en arrive parfois aux âmes pures car, jusqu'à l'arrivée de Gaston de Béarn, Sancie se croyait bien destinée à Dieu. Elle pensait, de bonne foi, que Dieu l'appelait au fond de quelque couvent pour la préserver des violences du monde. Mais, auprès d'un homme comme Gaston, comment ne pas trouver de charme à la vie du siècle ? Comment ne pas se sentir en pleine sécurité ? Et le mariage a lieu dans le bel apparat qui convient à si hauts seigneurs. Dans la chambre haute du château, Sancie va, la nuit venue, connaître un vrai bonheur.

Tragiquement court, le bonheur, hélas ! Vers la fin de l'automne, un soir où le vent de neige souffle fort sur les chemins de ronde, on rapporte à Sancie son époux blessé à mort. L'ours qu'il a voulu attaquer seul s'est trop bien défendu et Gaston, la poitrine écrasée, n'a plus guère que le souffle – et encore bien léger ! – quand on le porte dans son lit. Il est impossible de déguiser l'affreuse vérité à Sancie. On le voudrait pourtant car elle est enceinte et à quelques semaines de son terme mais la catastrophe est trop brutale. Et puis, elle est fille de bonne race, faite pour le règne et ce genre d'accident n'est pas tellement rare.

Sancie s'évanouit à la nouvelle puis pleure, pleure indéfiniment, ne consentant à se calmer enfin que lorsqu'on lui explique, bien doucement, qu'à présent elle se doit toute à l'enfant qui va naître puisqu'il est l'héritier.

La naissance s'annonce un mois plus tard, par une nuit de janvier si froide que l'énorme feu allumé dans la chambre par les servantes ne parvient même pas à réchauffer les murs où l'eau suinte sous les tentures. Des cuisines on monte sans arrêt des chaudrons d'eau bouillante qui arrive presque tiède. Les servantes s'activent autour du lit où la jeune femme gémit sans arrêt torturée dans son corps plus qu'il n'est normal. Auprès d'elle, le mire du château lui tient la main mais sa mine sombre n'a rien de rassurant : l'enfant met beaucoup trop de temps à venir !

En effet, il va mettre deux jours et deux nuits et quand enfin il apparaît, mire et servantes se signent, épouvantés : c'est un véritable monstre, une créature qui semble vomie par l'enfer. Mais qui n'a que le souffle et qui meurt presque aussitôt, au grand soulagement de tous. On s'interroge, bien sûr : comment deux êtres aussi beaux ont-ils pu donner le jour à cette horreur ? Et le mire d'exiger des servantes un serment : celui du silence. Pour tous, l'enfant est mort en naissant, un point c'est tout. Et toutes de promettre, bien sûr.

Mais il est des langues que rien ne peut arrêter. L'une des femmes se confie à son époux qui parle à son frère qui parle à sa femme. Et bientôt le secret est su de tous. Alors, à nouveau, on s'interroge. Quelqu'un dit qu'un certain mendiant contrefait et que l'on dit sorcier a jeté un sort à la jeune dame au jour de ses noces parce que, avant de lui faire aumône, elle avait eu un mouvement de recul.

Ceux qui disent cela ce sont les bien intentionnés, les braves gens. Mais il y a les autres, les amateurs de sensations fortes et de diableries et ceux-là sont les plus nombreux. On dit que la jeune comtesse a dû tromper son époux, qu'elle s'est donnée au diable, qu'elle a tenté de se faire avorter. On dit qu'elle a tué l'enfant de ses propres mains. Et la calomnie de grandir, et de s'enfler, et d'envahir tout le pays, toute la montagne jusqu'aux cimes du mont Balaïtous, jusqu'en Navarre.

Jour après jour le peuple s'assemble, vient battre les murailles du château que les hommes d'armes ne quittent plus. La garde est renforcée car Sancie est bel et bien assiégée. Les cris de mort et de haine montent incessamment, réclamant le bûcher pour l'épouse coupable.

Le danger devient si grand que le sénéchal de Sauveterre envoie prévenir le roi de Navarre. En tant que frère et suzerain, c'est à lui qu'il appartient de juger. Et il accourt, pour comprendre que l'on n'a rien exagéré : le mal est grand. Si l'on ne veut pas massacrer toute la ville il faut ou bien livrer Sancie ou bien la laver de tout soupçon au vu et au su de tous. Alors, il en appelle à Dieu !

Ses hérauts courent le pays : la comtesse Sancie a accepté de se soumettre publiquement au jugement de Dieu. Elle subira l'ordalie par l'eau. Si l'arrêt céleste la lave de toute accusation elle sera rétablie dans tous ses droits seigneuriaux et ceux qui ont osé l'accuser subiront le châtiment des calomniateurs. L'arrêt est sans appel.

Comme par enchantement la ville se calme mais la peur fait son apparition. Le roi a de fortes troupes et sa réputation d'homme impitoyable n'est plus à faire. Et c'est moitié dans la fièvre, moitié dans l'angoisse que l'on attend l'aurore du jour de la vérité.

Le jour se lève. Sancie, escortée de ses femmes qui pleurent, environnée d'hommes d'armes est menée vers la rivière. Il y a là, près du pont, un pavillon de soie rouge dressé pour le roi de Navarre. Sanche IV s'y tient assis sur un trône, couronne en tête, sceptre en main. À l'apparition de sa jeune sœur, il ne sourcille même pas.

Sancie s'approche, s'agenouille, baise la terre devant son frère puis gagne un petit oratoire portatif que l'on a installé pour y faire une longue prière. Sur la prairie, au bord du gave, toute la chevalerie du pays est là et l'autre rive est noire de monde.

Sancie, sa prière achevée, ôte ses joyaux, son manteau et sa robe fourrés, sa guimpe de lin, son voile de tête, enfin ses chaussures. Elle ne garde sur elle qu'une longue chemise de lin blanc et chacun peut la voir frissonner sous le vent glacé. Mais aucune rumeur de pitié dans cette foule qui attend.

Ensuite elle va jurer sur les reliques des saints qu'elle est pure de tout péché, innocente surtout des crimes dont on l'accuse. Puis, on la remet aux prêtres qui, en procession, la conduisent vers le pont au milieu duquel des bourreaux attendent avec des cordes. C'est pieds nus, un cierge de cire vierge à la main pesant plusieurs livres qu'elle doit faire le chemin tandis que, des deux rives, s'élèvent des chants funèbres.

Quand elle rejoint les bourreaux qui vont la ligoter étroitement, tous, sauf le roi, se mettent à genoux. On lui lie les mains, on lui entrave les jambes, on lui rend tout mouvement impossible. Puis les bourreaux la soulèvent. Un instant sa forme blanche apparaît au-dessus du parapet de pierres grises. Un instant seulement puis on la lance dans le vide.

Le corps mince disparaît dans le bouillonnement du gave. L'eau grise et glaciale s'est refermée. Sur les rives, des soldats veillent. Le temps qui s'écoule paraît interminable et les mains du roi se sont crispées sur son sceptre.

Puis, tout à coup, il y a un immense cri : la forme blanche vient d'apparaître en surface, doucement balancée par le flot qui à cet endroit se calme et la mène vers la rive, vers une étroite grève qui se trouve « à trois portées de flèches ». Dieu a jugé !

Déjà les femmes de Sancie courent sur la prairie. Deux d'entre elles pénètrent dans l'eau, ramènent leur maîtresse qu'elles délient, frictionnent, enveloppent de couvertures, couvrent de fourrures avant de la rapporter au château tandis que Sanche fait traîner devant lui les accusateurs les plus acharnés. Pour eux, c'est l'heure du châtiment.

Sancie aura peine à se remettre de son bain glacé mais elle y parviendra. Non pour gagner le couvent qu'elle souhaitait tant avant sa terrible aventure mais pour servir à nouveau la politique de son frère. Elle devra se marier encore, à Garcia Ordonès, comte de Najera, auprès de qui elle vivra une existence sans autre drame.

À Sauveterre, le vieux pont porte toujours le nom de pont de la Légende. Mais cette légende-là, comme beaucoup de ses pareilles, est avant tout de l'histoire.

SAVERNE

Les protagonistes de l'affaire du Collier

L'aventurier, comme l'artiste, n'appartient à aucune classe. Il s'accommode aussi bien du sans gêne d'un rustre que de l'étiquette des cours.

Somerset MAUGHAM

Résidence d'été, depuis le XIIIe siècle, des princes-évêques de Strasbourg, le château de Saverne a connu toutes sortes d'avatars. Passant successivement de l'état de château fort à celui de manoir Renaissance, il parvint enfin, dans la seconde moitié du XVIIe siècle, à une légère ressemblance avec ce Versailles qui attirait si fort les regards et les désirs de tous les princes d'Europe.

Agrandi et embelli par le cardinal de Fürstenberg, il fut achevé vers les années 1720 sous la houlette – peut-être vaudrait-il mieux dire la crosse ? – du cardinal Armand-Gaston de Rohan qui le dota d'un magnifique parc et d'une décoration intérieure véritablement princière due tout entière à l'habileté de Robert de Cotte. Cette superbe installation permit au cardinal de recevoir sans rougir et même avec une hospitalité quasi royale la princesse polonaise Marie Leczinska que, dans sa cathédrale de Strasbourg, il venait d'unir par procuration au roi Louis XV.

La jeune princesse, qui était d'une extrême pauvreté et vivait chichement avec ses parents jusqu'à ce que le choix royal tombe sur elle, admira beaucoup le palais mais s'intéressa surtout aux pauvres de Saverne qu'elle réclama avec une douce insistance. Le cardinal Armand-Gaston n'en tira pas moins une gloire extrême d'avoir été le premier à recevoir la nouvelle reine de France.

Près de cinquante années plus tard, il y a toujours un cardinal de Rohan à Saverne mais ce n'est naturellement plus le même. Il s'agit cette fois de son neveu, le cardinal Louis-René qui, en tant que son coadjuteur, avait eu, en 1770, le privilège de recevoir, en lieu et place du vieillard, l'archiduchesse Marie-Antoinette qui s'en venait épouser le futur Louis XVI.

Autant le cardinal Armand-Gaston a été un prélat de l'ancienne école, autant le neveu se veut moderne et, à tout prendre, aussi peu ecclésiastique que possible. Bel homme, peu dévot mais très mondain, cultivé, intelligent – Voltaire qui l'a connu s'est vigoureusement inscrit en faux contre la légende qui fait de lui une sorte de benêt doublé d'un attardé mental –, fin diplomate, il aime avec passion la chasse, les arts, les lettres et plus encore les jolies femmes. Très généreux d'ailleurs il n'en cache pas moins, sous un fort grand air, une faiblesse de caractère qui le mènera à sa perte lors de la fameuse affaire du collier de la reine.

Ambassadeur de France en Autriche, en 1772, il n'y a guère réussi. L'impératrice Marie-Thérèse n'appréciait pas ce prélat-ambassadeur dont les mœurs frivoles et le goût du monde choquaient sa piété austère. Les lettres qu'elle écrivait à ce sujet à sa fille Marie-Antoinette, devenue dauphine de France, s'en ressentaient. Il n'y était question que de « ce mauvais sujet », de ce « panier percé », de cet « esprit incorrigible » et, peu à peu dans l'esprit de la jeune princesse, l'image aimable du jeune prélat qui l'avait gracieusement accueillie à Strasbourg s'est brouillée et ternie jusqu'à devenir parfaitement haïssable. Une lettre, vraie ou fausse, lue chez Mme du Barry et dans laquelle l'ambassadeur tournait l'impératrice en ridicule à propos du second partage de la Pologne, finit par faire de Marie-Antoinette l'ennemie irréductible du cardinal. C'est pis encore lorsqu'elle est devenue reine. À ce moment, Louis-René est rappelé en France et, même s'il reçoit le titre de

Grand Aumônier de France, il n'en demeure pas moins dans une demi-disgrâce qu'il supporte mal. En effet, il aime avec passion celle qui le déteste et cela depuis le jour de Strasbourg.

Il vit donc le plus souvent à Strasbourg et surtout à Saverne. Hélas ! dans la nuit du 8 septembre 1779, un énorme incendie éclate qui ravage une grande partie du château : le prince-évêque doit fuir ses appartements en chemise de nuit. Mais, dès le lendemain, ou presque, il décide la reconstruction. Et même un nouvel agrandissement. Un jeune architecte de vingt-cinq ans, Salins de Montfort, est chargé de l'ouvrage.

Comme la partie la plus ancienne a pu être sauvée, le cardinal séjourne souvent à Saverne durant la belle saison pour profiter du site, surveiller ses travaux – qui lui coûtent une fortune – et recevoir ses amis.

Au nombre de ceux-ci la marquise de Boulainvilliers, femme de l'ancien prévôt de Paris. Fille d'un richissime financier, la marquise qui est déjà âgée souffre de graves douleurs rhumatismales, et elle est venue, en ce début d'été 1781, consulter à Strasbourg l'homme dont on parle le plus dans toute l'Europe : le mage, le guérisseur Cagliostro dont on vante les cures miraculeuses. Cagliostro qui a guéri le cardinal de Rohan d'un asthme tenace et qui depuis se voit au nombre de ses familiers.

Or, quelques années plus tôt, Mme de Boulainvilliers avait recueilli, sur le bord d'une route, une petite mendiante, très jolie, très fine qui se disait descendante du roi Henri II et qui l'était vraiment. Jeanne de Saint-Remy de Valois tenait effectivement, par son ancêtre Henri de Saint-Remy, fils bâtard de Henri II et de Nicole de Savigny, au sang royal de France et ne perdait pas une occasion de s'en faire gloire.

Mariée en 1780 à un gendarme de la compagnie des Bourguignons, Nicolas de La Motte, la nouvelle « comtesse de La Motte-Valois » – elle s'était titrée elle-même – était une intrigante-née mais elle plaisait aux hommes envers lesquels, d'ailleurs, elle se montrait peu farouche. C'est ainsi que, peu de temps après son mariage, elle était devenue la maîtresse d'un camarade d'enfance de son époux, un certain Rétaux de Villette qui semblait posséder tous les talents. Au nombre de ceux-ci, un talent d'écrivain certain et une facilité pour le dessin qui promettait une belle carrière de faussaire.

Le « comte » n'étant pas d'un naturel jaloux, c'est un fort agréable ménage à trois qui, en ce même début d'été 1781, prend le chemin de Strasbourg. Non pour y faire du tourisme mais bien pour y retrouver l'excellente Mme de Boulainvilliers dont on espère une aide financière. Car de plus impécunieux que le trio ne se peut rencontrer.

Heureuse de revoir sa protégée qu'elle a perdue de vue depuis pas mal de temps, la marquise accueille du même coup les deux hommes qui l'escortent et présente le tout au cardinal de Rohan dont l'accueil est des plus flatteurs.

Jeanne est en effet trop jolie pour ne pas éveiller l'intérêt de l'impénitent chasseur de femmes qu'est le cardinal. Elle a beaucoup de grâce aussi et laisse deviner un tempérament agréable. Enfin, il y a ce nom prestigieux de Valois qu'elle étale sans vergogne sous le nez du malheureux disgracié : quand elle parle de la reine, elle dit tout uniment « ma cousine » et c'est là une formule magique. C'est ainsi qu'un soir de l'été 1781 se sont trouvés réunis dans ce qui restait de Saverne ceux qui allaient, quatre ans plus tard, ébranler le trône de France, souiller l'honneur d'une reine, envoyer un prince de l'Église à la Bastille sous l'inculpation de vol et de lèse-majesté et déchaîner ce qui a peut-être été le plus affreux scandale de l'histoire de France.

Que Mme de La Motte ait eu « des bontés » pour le cardinal ne fait aucun doute mais, surtout, la fine mouche eut tôt fait de percer à jour le secret de cet homme qu'elle croyait fabuleusement riche – et qui, sous une façade somptueuse, ne l'était plus guère. Ce ne fut pas difficile : il suffit de prier Rohan, Grand Aumônier de France, d'ouvrir devant elle les portes de Versailles. Il fallut bien qu'il avouât son impuissance et racontât sa triste histoire dans laquelle Jeanne eut vite fait de découvrir la vérité. Dès lors le crédule amoureux était tout entier dans sa main.

On sait comment, après avoir fait croire au cardinal qu'elle était reçue dans l'intimité de la reine, avoir organisé dans le parc de Versailles une rencontre avec un sosie de Marie-Antoinette et avoir couvert le malheureux de fausses lettres de la reine écrites, depuis A jusqu'à Z, par l'industrieux Rétaux de Villette, Jeanne finit par lui faire acheter, toujours pour la reine, le somptueux collier de diamants que Louis XV n'avait pas eu le temps d'offrir à Mme du Barry.

Le résultat est tout aussi connu : le 15 août 1785, dans la galerie des Glaces à Versailles, le Grand Aumônier de France, qui, revêtu de ses habits pontificaux, s'apprêtait à célébrer la messe de l'Assomption, était arrêté par le capitaine des gardes du corps et conduit à la Bastille comme un simple filou. Le cardinal ne devait jamais revoir Saverne.

De la Bastille il dut gagner son abbaye de La Chaise-Dieu pour y subir l'exil que lui imposait le roi, mais la Révolution le chassa plus loin encore : outre-Rhin, à Ettenheim où il mourut et où son tombeau s'érige dans une église aux murs roses.

La Révolution respecta le château qui avait retrouvé son aspect primitif. Ce fut l'Empire qui le voua au désastre dans les meilleures intentions du monde : Napoléon en avait fait don à la Légion d'honneur qui s'en soucia peu et le laissa mettre à sac.

Ce fut Napoléon III qui, finalement, restaura Saverne. Qui d'ailleurs n'en avait pas fini avec les tribulations car les guerres franco-allemandes le reconvertirent en caserne. Il lui fallut attendre qu'une municipalité intelligente lui restitue une grandeur et des fonctions dignes d'un passé, malgré tout, prestigieux.

HORAIRES D'OUVERTURE

Du 2 janvier au 15 juin et du 16 septembre au 23 décembre	14 h-18 h (fermé le mardi). Les samedis et dimanches de 10 h à 12 h et de 14 h à 18 h
Du 15 juin au 15 septembre	10 h-12 h et 14 h-18 h (fermé le mardi)

SCEAUX

La conspiration d'une « poupée de sang »

Les princes ?
Heureux qui ne les connaît guère,
Plus heureux qui n'en a que faire...

VOITURE

Une femme a été l'âme de ce château qui fut l'un des plus somptueux de la couronne parisienne, une femme dont il a été la demeure, la gloire et le refuge, une femme dont les folies ont porté son renom jusqu'aux frontières de l'Europe. Anne-Bénédicte de Bourbon-Condé, duchesse du Maine, à la fois cousine et belle-fille, par voie illégitime, du roi Louis XIV, l'une des créatures les plus brillantes et les plus fantasques de son temps. L'une des plus dangereuses aussi peut-être...

Quand, le 19 mars 1692, elle épouse le jeune duc du Maine, Anne-Bénédicte a seize ans mais elle en paraît douze. Elle et ses trois sœurs – les petites-filles du Grand Condé – sont de taille si minuscule qu'elles sont tout juste un peu plus que naines et que la duchesse de Bourbon, leur belle-sœur, les a surnommées les « poupées de sang ». Charmantes au demeurant dans leur petitesse, elles pourraient servir de modèle à des statuettes de Saxe...

Le mariage est l'œuvre de Mme de Maintenon qui a toujours eu, pour le duc du Maine, un « faible de nourrice ». C'est elle, en effet, qui a recueilli à sa naissance et élevé cet enfant, l'aîné des bâtards du Roi-Soleil et de l'éblouissante Montespan. Elle lui porte une tendresse qui ne se dément jamais. Peut-être parce que, né de parents si prestigieux, le jeune garçon n'est qu'un infirme, malingre et pied-bot. Et, en dépit de la mauvaise volonté du roi, Mme de Maintenon a tenu à ce que, dûment légitimé, il eût un mariage qui lui fît prendre un rang définitif parmi les princes du sang, même et surtout si ce mariage ne risque pas de donner la moindre descendance. C'est donc elle qui a fait choix de la troisième des demoiselles de Condé – lesquelles avaient un peu tendance à sécher sur pied – avec l'arrière-pensée de trouver en elle une jeune femme aussi reconnaissante que facile à manœuvrer. Elle ne tardera pas à déchanter.

À peine mariée, la minuscule duchesse jette le masque et se montre telle qu'elle est : une jeune créature impétueuse, entreprenante et fermement décidée à vivre selon ses goûts et non selon les modes d'une cour dévote qui n'a plus rien à voir avec celle des jeunes années de Louis XIV. Et qu'elle juge la plus ennuyeuse du monde !

Malgré tout, le mariage offre les couleurs d'un mariage d'amour : « Elle est jolie, aimable, gaie, spirituelle, concède Mme de Maintenon du bout des lèvres, et pardessus tout cela aime fort son mari qui, de son côté, l'aime passionnément et la gâtera plutôt que de lui faire la moindre peine... » Autrement dit : le duc du Maine n'a et n'aura jamais rien à refuser à sa femme et, pour lui, ses désirs seront des ordres.

Or, le premier désir sera de s'éloigner au plus tôt de l'ennuyeuse cour de Versailles. On s'installe d'abord à Clagny, superbe demeure édifiée jadis par Mansart pour Mme de Montespan et dont le duc du Maine a hérité. C'est un château quasi royal où il serait possible de mener une vie agréable... s'il n'était regrettablement voisin de Versailles. Néanmoins, le couple s'en accommodera durant quelques années, non sans que la petite duchesse soupirât beaucoup.

Mais, dans l'été 1699, le jeune couple accepte l'invitation que lui adresse M. de Malézieu, ancien précepteur du duc, à séjourner, pendant que la cour sera à Fontainebleau, dans l'agréable demeure qu'il possède à Châtenay.

C'est au cours de ce séjour qu'Anne-Bénédicte va découvrir Sceaux qui est tout proche...

Bâti sur un coteau qui domine la Bièvre, le château a été construit par Colbert puis parachevé par le marquis de Seignelay son fils. Avec ses vastes bâtiments, œuvre de Perrault, ses pavillons, ses parterres, ses charmilles, ses quinconces, ses bassins et ses canaux, ses jets d'eau et ses cascades, c'est à la fois un splendide domaine et un endroit plein de charme. Un charme auquel la duchesse ne résiste pas. Et, le 20 décembre de la même année, le duc du Maine achète Sceaux pour plaire à une épouse qu'il entendait combler de toutes les manières. Anne-Bénédicte va s'en faire un royaume où seuls les arts, les lettres, la gaieté, la danse et la poésie auront droit de cité. Mais à la condition de participer activement à la vie en ses murs.

Les muses n'y sont pas invitées à se reposer mais bien à produire sans cesse des louanges à l'adresse de la divinité des lieux, et le maître de cérémonies, c'est ce même Malézieu qui a fait découvrir le château. Celui-là est infatigable et, bien qu'il surnomme Sceaux « les galères du bel esprit », il ne cesse d'imaginer des plaisirs nouveaux.

Le théâtre surtout plaisait à la duchesse. Elle adorait jouer la comédie et, douée d'une excellente mémoire, elle apprit par cœur les principaux rôles du répertoire. C'est ainsi qu'on put la voir jouer Athalie, Pénélope, Célimène et combien d'autres, ce qui vu sa taille réduite devait être assez pittoresque. Néanmoins, seule la cour trouvait le courage de se moquer des efforts de la duchesse pour atteindre à la célébrité théâtrale.

Elle ne souffrait pas de sa petite taille. Elle avait choisi pour emblème une abeille avec cette devise qui est tout un programme : « Piccola si, ma fa pur grave le ferite » (Petite oui, mais ses blessures n'en sont que plus graves). Elle devait fonder un ordre de chevalerie fantaisiste, l'ordre de la Mouche à Miel, dont elle était naturellement le grand maître. Pendant ce temps, le duc qui n'aimait ni l'agitation ni le bruit se retirait dans une petite tour restant de l'ancienne enceinte où il passait ses jours et ses nuits à dessiner, fort bien d'ailleurs, des plans pour ses jardiniers.

Le temps des plaisirs va bientôt faire place à celui des complots. En effet, pendant que l'on s'amuse à Sceaux, la mort frappe à Versailles. Elle emporte successivement le Grand Dauphin, fils de Louis XIV, puis son petit-fils, le duc de Bourgogne, et deux des fils de ce dernier. Il ne reste plus pour succéder au grand roi qu'un petit enfant – qui sera un jour Louis XV – dont la santé n'est pas des meilleures. Alors, craignant par-dessus tout que la couronne ne revienne à son neveu d'Orléans qu'il n'aime pas, Louis XIV signe un acte dangereux : il élève deux de ses légitimés, le duc du Maine et le comte de Toulouse, au rang de princes du sang avec toutes possibilités d'accéder au trône de France.

On imagine la joie à Sceaux ! Notre duchesse se voit déjà reine et en profite pour donner encore plus d'éclat à sa cour. Les fêtes de nuit qu'elle donne en 1714 et 1715 resteront fameuses dans les annales du faste de l'époque. Mais elles prennent fin d'une manière brutale, le 1er septembre 1715, quand meurt le grand roi. Madame du Maine croit alors voir se lever pour elle la glorieuse aurore qui éclairera le chemin de Reims et du sacre, car il ne fait de doute pour personne que l'enfant-roi n'a guère de chances de vivre. Malheureusement pour elle, Philippe d'Orléans est fort loin d'être un imbécile. Dès le lendemain du décès, il fait casser le testament de Louis XIV, s'empare de la régence au nom du petit Louis XV, enlève au duc du Maine le commandement des troupes de la Maison royale et lui délègue l'éducation du jeune souverain. Bientôt, il n'est plus question de suivre une autre loi que celle du Régent.

Fureur de la duchesse, qui cependant garde quelque espoir dans la débilité du petit roi. Qu'Orléans le veuille ou non, s'il venait à mourir, c'est toujours le duc du Maine qui serait l'héritier du trône. Il suffit peut-être d'attendre et, forte de cet espoir, Mme du Maine se consacre de plus belle à son cher domaine de Sceaux qu'elle ne cesse d'embellir. Justement, elle y accueille alors un jeune écrivain plein de talent qui se nomme

Arouet – mais s'appellera un jour Voltaire – et qui, lorsqu'il ne séjourne pas à la Bastille à cause du côté tendancieux de ses écrits, s'installe comme la gloire majeure de la maison.

En 1718, un nouveau coup de tonnerre vient ébranler la sérénité de la duchesse : le Régent fait déchoir le duc du Maine de sa qualité toute neuve de prince du sang. Plus question pour lui de viser le trône. La voie en est désormais libre pour les ambitions des Orléans et l'on ne tarde pas à déclarer à Sceaux que le Régent maltraite le jeune roi, et même menace de l'empoisonner. On se donne bonne conscience comme l'on peut car, sachant la partie perdue pour son époux, la duchesse du Maine regarde à présent du côté du roi d'Espagne. Philippe V est, comme chacun le sait, l'ex-duc d'Anjou, petit-fils de Louis XIV. Et un petit-fils qui, poussé par son épouse Élisabeth Farnèse et par son ministre le cardinal Alberoni, un Italien retors et machiavélique, tourne depuis quelque temps déjà ses espérances vers Versailles. L'idée d'unir la France et l'Espagne sous une même couronne le séduit tout à fait. Et cette idée va trouver à Sceaux un écho on ne peut plus favorable.

L'ambassadeur d'Espagne auprès du Régent est alors un grand seigneur d'une soixantaine d'années, quelque peu libertin et menant un train fastueux. Fort séduisant au demeurant : le prince de Cellamare. Né et élevé à Naples, il a été page de Philippe IV et officier de la chambre sous Charles II. Alberoni n'a aucune peine à le gagner au projet extravagant qu'il caresse : s'emparer du Régent à la faveur d'une fête, l'envoyer sous bonne garde à Tarragone, réunir les États généraux, proclamer le duc du Maine régent et, après la mort certaine du jeune roi, installer Philippe V sur son trône encore chaud... On irait même, en toute simplicité, jusqu'à le proclamer Empereur d'Occident...

Cellamare installe son quartier général à Sceaux puis délègue à la cour... son valet de chambre affublé du titre fantaisiste et hongrois de prince de Listhnay. On croit rêver mais dans les débuts le plan fonctionne. Le faux prince transmet à son maître des informations qui sont remises à un jeune abbé, Portocarrero, lequel ne cesse de faire la navette entre Sceaux et Madrid où Alberoni l'attend toujours avec impatience.

Comme Cellamare ne manque pas d'argent, un véritable parti espagnol se forme autour de la duchesse du Maine. Il y a l'indispensable Malézieu et la secrétaire de la duchesse, un bel esprit nommé Rose de Launay, mais il y a aussi le duc de Richelieu, le prince de Dombes, des jésuites et même un groupe de gentilshommes bretons. La haine grandit autour du Régent.

Heureusement pour celui-ci, il a auprès de lui, en la personne de son ancien précepteur, l'abbé Dubois, un ministre plus roué encore que peut l'être Alberoni. Et surtout un ministre qui entretient une police fort bien faite et fort active. En outre, il faut bien l'avouer, les conspirateurs sont d'une rare étourderie et d'une grande maladresse.

Grâce à la vigilance d'un modeste expéditionnaire de la Bibliothèque royale nommé Buvat à qui le faux prince hongrois confiait, Dieu sait pourquoi, sa correspondance, et aux indiscrétions, après boire, d'un jeune secrétaire de l'ambassade d'Espagne qui n'a rien trouvé de mieux que de clamer ses secrets dans la maison close de la Fillon – qui va se dépêcher de prévenir la police ! – le complot est découvert.

Le 9 décembre, à midi, un peloton de mousquetaires noirs occupe l'ambassade d'Espagne et y garde à vue le prince de Cellamare tandis qu'une compagnie de dragons se lance sur la trace de l'abbé de Portocarrero qu'elle n'aura aucune peine à retrouver près d'Angoulême, réfléchissant aux trahisons du sort au milieu des débris de sa voiture brisée. Cependant, à Paris, la traque des suspects se poursuit. Tous les conspirateurs sont arrêtés. Restent les propriétaires de Sceaux.

M. de Favancourt, brigadier aux mousquetaires gris, accompagné de M. de La Billardière, lieutenant aux gardes, se présente au château et, avec toutes les formes requises de la politesse, arrête tranquillement le duc du Maine. On le conduit à la forteresse de Doullens. Quant à la duchesse, elle a filé par un souterrain...

Elle n'ira pas loin. M. d'Ancenis, capitaine des gardes, la retrouve rue Saint-Honoré, chez une amie et, en dépit de la bordée d'injures et de la crise de fureur dont elle l'abreuve, s'assure de sa petite personne et la conduit, en se fermant soigneusement les oreilles, au fort de Chambay près de Dijon. Tous les autres prennent le chemin de la Bastille. À l'exception de Cellamare qui sera seulement reconduit à la frontière et auquel Dubois fera la galanterie de l'accompagner en personne jusqu'à Tours. Évidemment, un an plus tard, la guerre éclatera entre la France et l'Espagne...

À Paris, on pourrait s'attendre à ce que des têtes tombent. Mais le Régent n'est ni cruel, ni vindicatif, ni même rancunier. Tout s'achèvera le mieux du monde avec une sorte d'amnistie. À jamais guérie de la politique, la duchesse du Maine se retrouve à Sceaux et reprend le cours de sa vie agréable. Le cher Malézieu y ramène les ris et les Grâces. Voltaire, qui s'y cacha deux mois, s'y présente tout seul puis y revient avec Mme du Châtelet. Rose de Launay, devenue baronne de Staal après avoir séduit le gouverneur de la Bastille où elle était enfermée, reprend sa place auprès d'une maîtresse dont elle a tracé un extraordinaire portrait :

« Madame la duchesse du Maine n'a encore rien acquis par l'expérience : c'est un enfant de beaucoup d'esprit. Elle en a les défauts et les agréments... Elle manifestait de la hauteur sans fierté, le goût de la dépense sans générosité, de la religion sans piété, une grande opinion d'elle-même sans mépris pour les autres, beaucoup de connaissances sans beaucoup de savoir et tous les empressements de l'amitié sans en avoir les sentiments... »

Les années coulent. Le 18 mai 1736, meurt le duc du Maine. Il était atteint d'un cancer de la face, une sorte de lupus immonde qui lui dévorait le visage mais qui ne fit pas reculer la duchesse : elle le soigna elle-même, jusqu'au bout, avec un dévouement admirable. Elle-même devait mourir le 23 janvier 1757, « d'un rhume qu'elle n'avait pu cracher... »

Du superbe domaine qu'elle a tant aimé, il ne reste hélas que le pavillon de l'Aurore, une partie du parc et la très belle orangerie où chaque été sont donnés de brillants concerts. Entretenus avec un soin pieux, les bâtiments renferment le très beau et très intéressant musée de l'Île-de-France…

HORAIRES D'OUVERTURE

Tous les jours	10 h-13 h et 14 h-17 h

Fermé le mardi et certains jours fériés.

http://domaine-de-sceaux.hauts-de-seine.net/

TOURLAVILLE

Les amants maudits

Amour nous a conduits tous deux à la même mort.

DANTE ALIGHIERI

Dans son cadre de verdure, le château de Tourlaville est sans doute l'un des plus beaux témoins de la Renaissance en Normandie. Il a toute la grâce de ce XVIe siècle qui l'a vu construire mais personne ne l'habite, sinon la plus touchante, la plus dramatique des histoires d'amour. La ville de Cherbourg qui occupe parfois ses salons pour des manifestations culturelles ne permet plus qu'on le visite. Mais, autrefois, lorsque le guide introduisait quelques visiteurs dans certaine jolie pièce octogonale, certaine chambre bleue prise dans l'une des tours et peinte comme un missel, il baissait instinctivement la voix, comme s'il craignait de déranger un fragile fantôme : « Nous voici maintenant dans la chambre de Marguerite. Ici, elle et Julien se sont aimés. »

Ils s'appelaient en effet Julien et Marguerite de Ravalet, de bon lignage normand. L'un de leurs ancêtres avait combattu aux côtés de Jeanne d'Arc à Orléans, à Patay. Leurs parents, Jean de Ravalet et Marguerite de La Vigne, son épouse, ne manquaient pas de biens, entre autres ce château de Tourlaville que leur grand-père, Jacques de Ravalet, fit construire sur une terre à lui donnée par la duchesse de Nevers, Marguerite d'Estouteville.

Julien est né en 1582, sa sœur quatre ans plus tard, noyés tous deux dans une famille de quatre garçons et trois filles mais, alors que les cinq autres enfants Ravalet se contentaient d'être solidement bâtis, Julien et Marguerite, qui se ressemblaient, étaient d'une exceptionnelle beauté. Blonds tous les deux, de cette blondeur normande qui restitue les crinières de lin de leurs ancêtres vikings, ils avaient les mêmes traits fins et purs, les mêmes yeux très bleus, la même élégance. Mais ce qui était grâce exquise chez l'adolescente se teintait d'une virilité affirmée chez son frère.

Et c'est peut-être à cause de cette ressemblance, de cette trop proche fraternité qu'ils s'étaient voués, dès le plus jeune âge, une tendresse exclusive et tenace à laquelle les parents ne prêtèrent guère d'attention, sinon pour s'en attendrir et en sourire un peu. Il ne venait à l'idée d'aucun d'entre eux d'imaginer qu'avec les années cet amour pourrait devenir moins pur. Mais quels parents pourraient jamais avoir pareille idée ?

Les années passent. Quand Julien atteint ses douze ans, son père décide de l'envoyer au collège de Coutances pour y faire les études préliminaires à l'état ecclésiastique, le seul qui convînt à son rang de cadet. Julien se sent peu de goût pour l'église et l'idée de quitter son horizon familial le désespère. Quant à Marguerite, son désespoir est si violent que l'on craint un instant pour sa raison. Peu à peu, pourtant, Marguerite se calme et comprend que se rendre malade ne sert à rien. Qu'il vaut mieux attendre, paisiblement, le retour du frère trop aimé.

Ce beau jour, elle l'attend quatre ans. Qu'elle emploie d'ailleurs intelligemment à sa propre éducation. Marguerite apprend le chant, la danse, la musique ainsi que l'art de diriger une grande maison. Elle prend aussi grand soin d'elle-même et, sa beauté s'affirmant chaque jour davantage, les Ravalet commencent à envisager pour elle un grand établissement. C'est alors que Julien revient. C'est la joie. Une joie sans mesure.

Au même moment un ami de longue date de Jean de Ravalet séjourne au château. C'est un prêtre sage et déjà âgé. D'origine italienne il se nomme Antoine Fusi et a professé longtemps à Paris au collège de Navarre. On apprécie beaucoup chez les Ravalet son intelligence et sa bonté et il vient souvent.

Naturellement, il connaît la tendresse qui unit les deux enfants mais il est tout de même frappé par l'accueil quasi délirant que Marguerite réserve à son frère. Il remarque aussi qu'à table ils ne se quittent pas des yeux et qu'ils ne perdent jamais une occasion de rester seuls ensemble, par exemple pour de longues promenades à cheval.

C'est lui qui va découvrir la nature exacte du sentiment qui unit Julien à Marguerite grâce à un petit valet, jeune paysan fort innocent que l'on affecte à son service quand il est au château.

Un soir, après le souper, Antoine Fusi envoie le jeune garçon porter à Julien un livre que celui-ci souhaite lire. Or, au bout d'un moment, le petit valet revient rouge et agité... et tenant toujours le livre.

Antoine Fusi s'étonne. Julien n'était-il pas chez lui ? Si, il était là. Alors pourquoi rapporter le livre ? Est-ce qu'il n'en veut plus ? C'est d'abord le silence puis, après beaucoup de questions, le petit valet finit par raconter qu'il n'a pas osé entrer dans la chambre de Julien parce qu'il n'y était pas seul. Marguerite était là et, devant les précisions que donne le petit valet sur ce qu'il vient de voir, Antoine Fusi se demande un moment s'il n'est pas en train de devenir fou ou si le gamin n'est pas le plus fieffé menteur qu'il ait jamais rencontré. Mais non ! Le gamin précise, insiste. Si le maître ne le croit pas, qu'il aille donc voir par lui-même.

La chose paraît si grave à Fusi qu'il commence par interdire sévèrement à son jeune émissaire d'ouvrir seulement la bouche sur ce qu'il a vu et cela sous peine d'une sévère punition. Puis, après avoir longuement réfléchi, il décide de prévenir les parents afin qu'ils prennent les mesures nécessaires. Peut-être le mal pourrait-il encore être enrayé : Julien et Marguerite sont si jeunes. Elle a quinze ans, il en a dix-neuf. Tout peut s'arranger sans doute.

Naturellement, les parents sont atterrés. Jean de Ravalet parle d'étrangler purement et simplement les coupables mais Madeleine pleure et supplie. Et Antoine Fusi l'aide. C'est lui qui donne le conseil qui paraît le plus valable.

Il faut, dit-il, séparer au plus tôt ces deux enfants. Lui-même devant repartir pour Paris, il emmènera Julien qui finira ses études au collège de Navarre, sous sa protection spéciale. Quant à Marguerite, il faut la marier. Naturellement avec un garçon assez jeune et assez séduisant pour lui faire oublier très vite son frère... et leurs enfantillages. Avant un an, tout le monde aura oublié cette histoire.

On se rallie à cette politique sage. Antoine Fusi et Julien quittent peu après Tourlaville sous une pluie battante et le prêtre s'efforce de ne pas voir que son jeune compagnon a les yeux rouges de larmes, qu'il se retourne sans cesse pour apercevoir encore les toits du château où reste Marguerite. Marguerite qu'il n'a même pas eu le droit d'embrasser une dernière fois.

Pendant ce temps, enfermée chez elle, Marguerite pleure et crie qu'elle ne se mariera jamais ! Protestations bien vaines : à cette époque, un père a tous les droits sur sa fille et, dès l'instant qu'il ordonne, elle doit obéir. Or, Jean de Ravalet a juré que sa fille coupable serait mariée avant trois mois.

Malheureusement, pressé d'en finir avec une affaire pénible et de donner un maître à la rebelle, Jean de Ravalet choisit son futur gendre sans le moindre discernement et de façon si désastreuse qu'on en vient à penser que, faisant fi des recommandations d'Antoine Fusi, Ravalet a cherché, en la mariant, à punir sa fille. Il n'y réussit que trop bien. Le prétendu est riche mais c'est bien son seul avantage.

Receveur des tailles de la ville de Valognes, Jean Lefebvre de Hautpitois est âgé de quarante-cinq ans, ce qui est la vieillesse à l'époque. Il est pourvu, en outre, d'un physique peut-être très convenable pour un percepteur mais certainement pas pour un fiancé. Surtout pour le fiancé d'une fille aussi jeune et aussi belle que Marguerite. Il est, en effet, franchement laid : front dégarni, longue silhouette voûtée, teint jaune trahissant un foie en mauvais état et un estomac qui ne vaut guère mieux. Marguerite va devoir épouser cet épouvantail qui est aussi ladre qu'il est laid.

On peut penser que la grâce de sa future épouse attendrirait Hautpitois, qu'il se ferait tendre et paternel. Hélas, après boire, Ravalet a fait part à son gendre de ce qu'il considère comme la honte de la famille et lui a soigneusement expliqué que Marguerite devrait être tenue serrée. Résultat : à peine la nouvelle épousée est-elle entrée dans l'austère maison de Valognes où gîte son époux que sa vie se change en une sorte d'enfer domestique. Hautpitois est d'une avarice sordide et d'une jalousie maniaque. Non seulement il enferme Marguerite mais, par-dessus le marché, il la soumet à l'espionnage incessant de ses domestiques. En outre, et en dépit de la grosse dot payée par Ravalet, il ne lui octroie que le strict nécessaire. Marguerite manque de linge, de vêtements, de feu et de chandelle.

La naissance d'une petite fille qui vient au bout d'un an de mariage n'arrange rien car le mari voulait un fils et il rend naturellement sa femme responsable de ce qu'il considère comme un échec. À peine remise de ses couches, Marguerite doit faire face à une recrudescence de jalousie qui lui vaut de mauvais traitements. L'aimable époux l'injurie et la bat.

Battue, insultée, méprisée, honnie dans sa propre maison où les servantes, sûres de plaire au maître, la dédaignent impunément et font de sa vie quotidienne un enfer, Marguerite va cependant tout endurer et demeurer encore une année entière à Valognes. Mais quand Hautpitois met un comble à sa méchanceté en la séparant de sa petite fille sous l'ignoble prétexte que son contact pourrait pervertir l'enfant, la jeune femme perd tout courage pour en supporter davantage. Ce n'est pas bien loin, Tourlaville. Et là, il y a les bras et le cœur d'une mère, il y a le souvenir de Julien.

Une nuit, grâce à l'aide d'une petite servante qui l'a prise en pitié et s'est attachée à elle, Marguerite réussit à s'enfuir, emmenant avec elle la jeune fille qui, au logis, ne serait plus en sûreté. Toutes deux sur le même cheval, elles galopent éperdument jusqu'à la demeure des Ravalet. Marguerite ignore que Julien, ses études terminées, vient tout juste de revenir pour un bref séjour avant d'entrer définitivement dans les ordres.

Tout de suite, on se retrouve en plein drame. Les sentiments des deux jeunes gens sont toujours les mêmes. Affolés en face de ce qu'ils considèrent comme une malédiction, les Ravalet font l'impossible pour convaincre Marguerite de rentrer chez son époux. Julien s'y oppose avec violence et il faut l'enfermer pour l'empêcher de courir embrocher proprement le mari indigne. D'ailleurs Hautpitois envoie une lettre, violente et agressive s'il en fut : l'affreux personnage y accuse formellement sa femme de relations incestueuses et annonce qu'il va déposer une plainte en ce sens auprès du tribunal royal.

Cette fois, Julien et Marguerite prennent peur. Ils savent qu'ils sont perdus si le mari, qui a tous les droits, parvient à leur mettre la main dessus. Alors, par une nuit de brouillard où l'on n'y voit pas à dix pas, ils s'enfuient, emmenant avec eux Marion, la petite servante dévouée.

S'ils étaient sages, ils se sépareraient pour chercher refuge, l'un dans le clergé qui l'attend, l'autre dans quelque bon couvent où elle serait inattaquable. Mais ils n'ont plus la force de résister à leur amour et, de cet instant, ils vont vivre ensemble, comme mari et femme. D'abord à Fougères où, dans une auberge à l'ombre des tours féodales du château, ils vivent six mois d'un bonheur qu'ils n'arrivent pas à se reprocher... mais qui, hélas ! ne va pas tarder à porter un fruit.

Cette découverte les affole d'autant qu'ils apprennent que Hautpitois a déposé une plainte auprès du lieutenant criminel du royaume et que la maréchaussée est à leurs trousses. Bientôt, leurs traces sont relevées et, s'ils ne sont pas arrêtés à Fougères, c'est uniquement grâce à Marion : l'un des sbires lancés à leurs trousses a fait, après boire, quelques confidences à une jolie fille de rencontre... une jolie fille qui n'est autre que la jeune servante.

Aussitôt Julien et Marguerite quittent Fougères discrètement. Mais pour aller où ? Cette fois, ce sera Paris. Avec quelque raison, Julien pense qu'il sera plus facile de se cacher dans la grande ville qu'en rase campagne. C'est ainsi que, le 17 septembre 1603, au soir, juste avant la fermeture des portes, le jeune couple arrive à Paris, exténué et affamé car on n'a guère osé s'arrêter dans les auberges.

Marguerite, dont la grossesse est avancée, est recrue de fatigue et de peur. Elle laisse Julien l'installer dans une confortable hostellerie de la rue Saint-Denis, l'auberge de

Saint-Leu, tandis qu'il s'en va loger, lui-même, rue Tirechape à l'auberge du Petit Panier. Une prudence tardive les a incités, en effet, à reprendre leur qualité de frère et sœur et à se séparer. Peine perdue !

Pour un avare, Hautpitois a répandu l'or avec une grande abondance et ses espions ont fait de la bonne besogne. En fait, ils ont suivi les fugitifs à la trace et, ayant tenu leur employeur scrupuleusement au courant, celui-ci a débarqué dans la capitale presque en même temps que les deux coupables. Ceux-ci n'auront même pas le temps de tracer le moindre plan. Au matin du troisième jour, un groupe de quatre soldats conduits par un sergent et par Hautpitois vient les arrêter pour les conduire au Grand Châtelet.

À peine a-t-il appris la nouvelle qu'Antoine Fusi est accouru à la prison. Non sans un affreux serrement de cœur, il est descendu dans des geôles si humides que l'eau y suinte et il a fait de son mieux pour réconforter les jeunes prisonniers. Avec Julien la tâche a été facile : le jeune homme est résigné à n'importe quel sort mais il se tourmente beaucoup pour Marguerite, arrivée presque à son terme et affaiblie par les privations. Ensemble, ils ont mis au point un système de défense. D'abord nier, avec acharnement, le crime d'inceste. Quant à l'enlèvement, Julien s'en tient à une unique version : il a seulement voulu soustraire sa sœur à un époux tortionnaire.

Malheureusement, il reste à expliquer la prochaine maternité de la jeune femme et ce n'est guère facile. Bien sûr, pour sauver son frère, Marguerite va jusqu'à prétendre s'être donnée à un modeste tailleur de Tourlaville, nommé Robert Agnès, qui l'aimait depuis toujours. Mais quand le malheureux parut devant les juges, la vue de son ahurissement souleva les rires. La cause fut entendue immédiatement et le tailleur renvoyé à ses ciseaux.

Les coupables refusant d'avouer, on songea, naturellement à leur appliquer la torture mais l'état de Marguerite l'interdisait. On attendit donc la naissance de l'enfant – un garçon qui fut aussitôt confié à un couvent –, puis l'on reprit l'instruction. Or, Marguerite et Julien souhaitaient presque être torturés car, dans la folie de leur amour exalté, ils pensaient être capables d'endurer une éternité de souffrance sans avouer et, en ce cas, il n'aurait pas été possible de les condamner.

Hautpitois devina-t-il cette étrange disposition ou bien, enfin, un peu de pitié se glissa-t-elle dans son âme ? Toujours est-il qu'il usa de sa qualité de plaignant pour demander qu'on leur épargnât le chevalet. Il se faisait fort d'ailleurs d'amener une foule de témoins et se montrait certain d'emporter une sentence de mort.

Ce qui se passa exactement. Les « témoins » du mari furent accablants et, le 1er décembre, le président Molé condamnait Julien et Marguerite de Ravalet à avoir la tête tranchée.

Une seule chose, désormais, pouvait encore sauver les malheureux enfants : la grâce royale. Le roi Henri IV était bon et de cœur généreux. Il pouvait se laisser toucher par la pitié.

Tard dans la soirée, Jean de Ravalet, dévoré par le remords d'avoir, par un stupide mariage, mené Marguerite à sa perte, et Antoine Fusi obtinrent audience et vinrent se jeter aux pieds du roi, réclamant seulement la vie :

« La Bastille pour lui, un couvent pour elle, sire, et cela leur vie durant mais pas la hache ! Pas le bourreau ! »

Navré de voir pleurer cet homme âgé, brisé de douleur, Henri IV hésita. Peut-être allait-il faire grâce mais la reine entra sans se faire annoncer à cause de certaine bonne habitude qu'elle avait d'écouter aux portes. Malheureusement pour les jeunes Ravalet, la reine, c'était Marie de Médicis qui fut sans doute la plus bornée et l'une des plus détestables parmi les reines de France. Son étroitesse d'esprit n'avait d'égale que sa sécheresse de cœur et, malheureusement, Henri IV ne savait pas dire non à une femme, même à la sienne. La grâce fut refusée.

Le lendemain 2 décembre, par un froid vif, Julien et Marguerite, qu'Antoine Fusi en larmes avait obtenu permission d'escorter jusqu'au bout, furent menés en place de Grève. Pour ces derniers jours, on les avait vêtus avec élégance et leur beauté éclatait à l'étonnement de tous. Julien avait un pourpoint de drap gris brodé d'or sur des chausses de satin noir. Un court manteau gris était fixé à son épaule par une agrafe précieuse. Marguerite avait une robe de satin gris moucheté d'or avec un col et des manchettes de dentelle. Des mules de velours noir chaussaient ses petits pieds.

Ils marchèrent à la mort en se tenant par la main, comme s'ils allaient à un bal et, autour d'eux, les femmes pleuraient, les hommes se découvraient.

La première, Marguerite monta sur l'échafaud, relevant sa longue jupe d'un joli geste et refusant poliment la main que lui tendait le bourreau. Elle se signa, s'agenouilla, écarta elle-même ses boucles blondes et posa le cou sur le billot. D'un geste paternel, Antoine Fusi avait saisi Julien dans ses bras et lui cachait le visage contre son épaule mais on eut à peine le temps de voir luire la lourde hache.

Les aides s'empressèrent alors de faire place à l'autre condamné. Mais, en écartant le corps de Marguerite, l'un d'eux, trop ému peut-être, releva la jupe de la jeune femme laissant voir ses jambes gainées de soie rouge. La foule gronda. Le bourreau bondit.

À toute volée, il gifla le maladroit puis il le força à s'agenouiller devant le corps décapité en signe de repentir. La foule, calmée, approuva. Quelques instants plus tard, Julien avait, lui aussi, cessé de vivre. Les corps furent remis à Antoine Fusi qui, avec l'aide d'un jeune étranger, un Espagnol de bonne maison touché par la beauté de ces deux malheureux, les enterra dans le petit cimetière de l'église Saint-Jean-en-Grève, une église aujourd'hui disparue ainsi que la dalle sur laquelle on avait gravé :

« Ci-gisent le frère et la sœur. Passant, ne t'informe pas de la cause de leur mort. Passe et prie Dieu pour leur âme. »

Le parking de la rue Lobau, derrière l'Hôtel de Ville, occupe la place de cette église, de ce cimetière. Qui, en y garant sa voiture, donnera une pensée à Julien et Marguerite de Ravalet ?

Horaires d'ouverture

Toute l'année	8 h 30-19 h

Seul le parc, labellisé « Jardin remarquable », est ouvert à la visite. Il est agrémenté d'une serre à rotonde, l'une des plus spectaculaires d'Europe.

TRÉCESSON

La mariée assassinée

Noir est ton cheval, noire ta cape
Noire ta face, noir toi-même,
Oui, tout noir.

Chant gaélique attribué à Merlin

C'est peut-être le plus joli château de Bretagne et c'est, à coup sûr, le plus romantique. Au fond d'un vallon forestier, l'un de ces brumeux vallons de l'antique Brocéliande toujours hantée par les ombres légères de l'enchanteur Merlin et de la fée Viviane, Trécesson campe ses schistes mauves et ses poivrières d'ardoise bleue au bord d'un étang silencieux qui prolonge et magnifie ses douves. Le lieu est solitaire et empreint d'une étrange poésie qui s'exalte quand vient la nuit dans le cri des grenouilles et l'appel angoissé des engoulevents. C'est l'heure où le passé revient, où les fantômes reprennent vie.

Le plus touchant de ces fantômes est sans doute celui d'une jeune fille inconnue qui subit là un sort abominable. Si atroce même que le mystère est peut-être né de cette horreur même. Comment oser revendiquer pareil forfait ?

Quoi qu'il en soit, l'histoire se situe vers la fin du XVIIIe siècle, aux vigiles de Noël. Un braconnier de Campénéac, le petit bourg voisin, est venu, de nuit, tendre des pièges aux abords du château dont il peut supposer que le maître, le comte de Châteaugiron, est absent.

L'homme connaît bien le château et ses abords, l'étang surtout où les bêtes vont boire. Il commence à poser des pièges quand un bruit l'arrête, l'oreille aux aguets. Aucun doute, une voiture approche à l'allure réduite qu'impose le mauvais chemin.

Peu soucieux d'être surpris, le braconnier avise un grand arbre, l'escalade et s'arrête le plus haut qu'il peut, comptant sur la nuit et l'entrelacement des branches pour le cacher. Il y est à peine installé que deux hommes masqués apparaissent, menant en bride les chevaux d'une voiture à caisse sombre. Les hommes marchent avec précaution mais l'obscurité totale qui règne au château les rassure vite.

Ils mènent la voiture un peu au-delà de l'étang, allument une torche, sortent pelles et pioches et commencent à creuser un trou juste sous l'arbre où le braconnier guette, partagé entre la peur et une curiosité où se mêle peut-être une agréable attente : pour que ces gens viennent creuser un trou en pleine nuit dans cet endroit retiré, il faut que ce soit pour y cacher quelque chose de bien précieux... et de vaste car le trou s'agrandit. On va sans doute y mettre un gros coffre.

Quand le trou, qui est plus long que large, leur paraît assez grand, les deux hommes masqués s'arrêtent, boivent un grand coup à une gourde que porte l'un d'eux, puis vont ouvrir la portière du carrosse.

À la vue de ce qu'ils en sortent, le braconnier a besoin de toute sa force pour ne pas crier ou se laisser choir car il s'agit d'une jeune fille, bâillonnée qui s'efforce désespérément de se débattre. La lumière de la torche permet de voir qu'elle est aussi belle que terrifiée et, surtout, qu'elle porte une somptueuse toilette de mariée à laquelle rien ne manque, ni le voile de dentelle ni le bouquet. Aucun bijou pourtant.

Ce qui suit est aussi rapide qu'atroce. En dépit de sa résistance, la jeune fille est jetée dans la fosse boueuse.

« Voilà votre lit nuptial, ma sœur, dit l'un des deux hommes, j'espère qu'il vous conviendra. »

En dérisoire linceul, on rabat son voile sur elle puis on se met en devoir de combler la fosse. C'est vite fait et, plus vite encore, les deux misérables font tourner leur voiture, remontent dedans et disparaissent.

Ils ont à peine quitté les lieux que le braconnier est à bas de son arbre. Il n'a rien qui lui permette d'ouvrir la fosse mais il pense qu'au château, même si le maître est absent, il y a des serviteurs. Et il court, il appelle, il réclame du secours. Il ne songe plus à sa propre sécurité car un braconnier risque toujours une sévère punition.

Il parvient à attirer du monde, à commencer par le comte de Châteaugiron qui n'est pas encore parti pour Rennes. Il raconte ce qu'il a vu. On s'empresse. On ouvre la tombe et l'on en tire la malheureuse dans l'état qu'on imagine. Mais son cœur bat encore. Alors on l'emmène au château, on la soigne. En vain. Quelques minutes plus tard, l'inconnue expire pour de bon. Elle sera enterrée dans la petite chapelle du château où, selon la légende, on pouvait, jusqu'à la Révolution, voir son voile et son bouquet exposés.

Selon la légende, en effet. Car l'actuelle propriétaire du château, la comtesse de Prunelé, m'a dit avoir fait fouiller le sol de sa chapelle pour retrouver trace de la jeune victime. En vain. Faut-il supposer que la mariée retrouva le souffle de vie qui lui manqua officiellement et que, pour la soustraire à la vengeance de frères dénaturés, on choisit de laisser croire à sa mort ? C'est ce que, personnellement, j'ai fait dans l'un de mes romans dont la mariée de Trécesson est le personnage féminin central[1].

Mais l'inconnue n'est pas le seul fantôme qui ait choisi de hanter Trécesson. Il y existe une chambre, une très belle chambre qu'il n'était guère de mise d'offrir à un ami de passage. L'imprudent qui s'y installait à certaine date risquait d'avoir les nerfs soumis à rude épreuve. En effet, au cœur de la nuit, il pouvait voir des valets apporter une table pour un souper. Deux gentilshommes venaient y prendre place, dînaient puis se mettaient à jouer aux cartes. La partie tournait mal. Après les cartes, les épées étaient tirées et l'un des deux gentilshommes s'écroulait, mortellement frappé.

Légende aussi, cette curieuse histoire ? Un Anglais s'inscrirait en faux. Un Breton aussi et, après tout, les choses

1 *Le Gerfaut des brumes.*

qui échappent à l'entendement humain sont infiniment plus nombreuses que nous ne pouvons l'imaginer.

Après les histoires de Trécesson, l'Histoire. Le château semble avoir été bâti sous sa forme actuelle – restaurée au cours des siècles et rendue plus agréable à vivre – entre 1370 et 1380 par le chambellan du duc Jean IV de Bretagne, et son épouse Olive de Quélen. Mais, bien avant cette date, les Trécesson, qui portaient « de gueules à trois chevrons d'hermine » avec la fière devise « Plutôt rompre que plier », possédaient là une maison forte puisque le premier « machtyern de Treb-Wisson » Rywalt, y habitait en 883. Cette puissante race bretonne s'éteignit en 1440 ou plutôt tomba en quenouille. Restait une fille, Jeanne, qui épousa Éon de Carné, lequel prit à son tour le nom et les armes de Trécesson.

Et les lignées continuent, issues de ce couple : nobles seigneurs, grandes dames comme cette Marie-Jeanne qui, à la mort de ses parents, fut recueillie par sa tante, la marquise du Plessis-Bellière, amie intime du surintendant Fouquet, et porta, en Piémont, le vieux sang de ses pères après avoir été assez liée avec le cardinal Mazarin. Devenue demoiselle d'honneur de la duchesse de Savoie et la maîtresse de son fils, Marie-Jeanne finit par épouser le comte de Cavour, s'inscrivant ainsi dans les ancêtres de l'illustre homme d'État italien.

Puis, en 1754, la lignée s'achève à nouveau par une femme, Agathe, qui épouse à Rennes, le 14 octobre, René-Joseph Le Prestre, comte de Châteaugiron et marquis d'Espinay. Celui qui, en principe, recueillit la mystérieuse mariée.

Vint la Révolution. Le comte de Châteaugiron émigre en 1790 mais sa femme et ses filles demeurent. Elles seront arrêtées à Évreux en gagnant Paris où on les emprisonne le 28 décembre 1793. Grâce à leur fils et frère, aide de camp de Marceau, elles seront relâchées peu après mais, dès cette époque, le joli château ne leur appartient plus. L'émigré l'a vendu en février 1793 à Nicolas Bourelle de Sivry et elles ne le reverront plus.

La mort du jeune général Marceau empêchera Sophie, la sœur de son ami, de devenir l'épouse du héros républicain. Finalement Sophie épousera un secrétaire d'ambassade, M. Dodun.

Le nouveau propriétaire, Nicolas de Sivry, était un homme de finances. Payeur général des armées républicaines à Brest puis à l'armée d'Italie il devint trésorier général du département d'Ille-et-Vilaine.

Ce fut lui qui accueillit et cacha à Trécesson le député girondin Jacques Defermon ; ancien président de l'Assemblée nationale qui devait être, plus tard, ministre et comte de l'Empire. Ainsi en allait-il chez ces hommes qui, ayant choisi la République en conscience, refusaient de sanctionner les excès où l'entraînaient de sanglants arrivistes.

Aux Sivry enfin, succédera leur petite-fille, Alice de Perrien de Crenan, qui épousera d'abord le baron de Montesquieu puis le comte Antoine de Prunelé en 1917. Ce fut lui qui acheva la restauration extérieure du château et effectua la restauration intérieure pour la plus grande joie de ses descendants qui entretiennent Trécesson avec un soin pieux.

HORAIRES D'OUVERTURE

Le château est ouvert seulement une partie de l'été jusqu'au 15 août, de 10 h 30 à 12 h 30 et de 14 h à 16 h.

UZÈS

Les amazones

Adieu, ville d'Uzès, ville de bonne chère
Où vivraient vingt traiteurs, où mourrait un libraire.

Ainsi Jean Racine prend-il congé d'Uzès où chez son oncle, le chanoine Sconin, il a vécu un peu plus d'une année et écrit *La Thébaïde*. Il a aimé Uzès, frontière de charme entre Provence et Languedoc, joyau serti de vignes et de garrigues où poussent la réglisse et la marjolaine. Il a aimé aussi la divine cuisine avec ses parfums d'ail et d'herbes fines. Mais l'esprit de Paris et l'air feutré des ruelles élégantes lui ont manqué et, somme toute, c'est sans regret qu'il laisse Uzès à son sommeil.

Un sommeil qu'elle n'a pas volé d'ailleurs car c'est l'une des cités de France qui ont eu le plus à souffrir à travers les âges. Tour à tour ravagée par les Arabes, les Albigeois et les protestants, elle demeurera huguenote quand l'évêque Jean de Saint-Gelais se convertit à la religion réformée avec tout son chapitre. La cathédrale elle-même n'y résistera pas : elle sera démolie de fond en comble en 1560, en même temps que le palais épiscopal et le cloître des chanoines : grave péché envers l'art.

En fait, la cathédrale y est habituée : c'est la troisième fois que cela lui arrive. Le roi de France est moins patient : il supporte mal de voir le premier duché de France aux mains des protestants, évêque et seigneur en tête. À cette époque, le seigneur Antoine de Crussol, commandant pour le roi en Provence, Dauphiné et Languedoc, n'est encore que vicomte d'Uzès. Il va voir ses convictions se volatiliser devant la coalition d'une femme pleine de charme et du roi Charles IX.

Elle n'est tout de même pas de première jeunesse cette Louise de Clermont-Tallard, comtesse de Tonnerre dont il s'éprend vers l'an 1555. Elle a cinquante et un ans. Elle est veuve en premières noces de François du Bellay, prince d'Yvetot (cousin de Joachim !) et elle a été la gouvernante des enfants de Catherine de Médicis qui l'appelle « commère », et lui voue une solide amitié avant de lui confier les destinées de l'Escadron volant, cette troupe de jolies filles triées sur le volet dont Catherine a fait son arme la plus sûre. Les décisions qui décrètent les évolutions parfumées de la belle Rouet, de Mme de Sauves, de Mlle de Limeuil et de quelques autres sont toujours prises d'un commun accord par la reine mère et son amie qui prend une part entière à ses plus périlleuses négociations politiques.

Louise de Clermont-Tallard a près de quinze ans de plus que la reine mère, pourtant sa beauté et son charme sont intacts si l'on en croit Ronsard qui, en 1563, alors qu'elle approche de la soixantaine, lui dédie ces vers :

Ainsi de tous vous êtes estimée
De cette cour l'ornement le plus beau.

C'est exactement ce que pense Antoine de Crussol quand, en 1556 il lui demande de devenir vicomtesse d'Uzès. Il n'est pas jeune lui non plus mais, entre ces deux êtres d'âge mûr, c'est un grand amour qui naît. Fervente catholique, la nouvelle mariée voudrait bien chanter la messe dans la même langue que son époux mais elle aime Antoine, et son habileté diplomatique en souffre. Il lui faut de l'aide. Elle la trouvera auprès du roi. Charles IX aime beaucoup celle qui fut sa gouvernante (c'est même l'un des rares sujets sur lesquels il se trouve d'accord avec sa sœur Margot et son frère le futur Henri III). Il fait souvent appel à sa tête politique ainsi que l'atteste le billet qu'il écrit en 1561 dans un style un peu particulier :

« Ma vieille lanterne [entendons par là qu'elle était source de lumières] j'eusse eu aujourd'hui bon besoin de votre secours pour recevoir un ambassadeur qui m'est venu des pays étrangers. »

Voulant lui faire plaisir, il trouve l'arme absolue : qu'Antoine devienne catholique et il sera duc. C'est chose faite en 1562 : Uzès devient le premier duché de France et la chère Louise devient duchesse.

En fait, à Uzès, c'est seulement le château qui porte le titre. Il est, il restera le duché. En l'honneur de ce beau titre, Antoine et Louise feront élever par Philibert Delorme la superbe façade Renaissance que l'on peut encore admirer aujourd'hui. Sa grâce ressort pleinement sur le cadre féodal que lui font la tour Bermonde construite au XIIe siècle par Bermond d'Uzès, la tour du Roi et la tour de l'Horloge qui appartenait jadis à l'évêque.

Les époux, qui bien sûr n'auront pas d'enfants – le titre ira au frère d'Antoine –, coulèrent dans leur palais neuf quelques années heureuses. C'est de là que la duchesse Louise entretint, vers 1577, une correspondance amoureuse quelque peu égrillarde mais passablement ironique avec son ancien élève Henri III. Mais, quand son époux mourut, Mme d'Uzès trouva cruel le soleil du Languedoc. Elle regagna sa Bourgogne et son cher comté de Tonnerre où elle s'éteignit finalement en 1596, sous le règne de cet Henri IV auquel, au temps joyeux de l'Escadron volant, elle avait procuré plus d'une jolie maîtresse. On dit qu'elle était encore belle bien qu'elle eût quatre-vingt-douze ans.

Les exigences de Louis XIV, qui tenait à garder sa noblesse à portée de main, vidèrent Uzès presque continuellement jusque vers le milieu du XVIIIe siècle. Ce fut en 1734 qu'un duc vint à nouveau s'y installer.

Celui-là a les meilleures raisons du monde de fuir la cour. Gravement blessé à la bataille de Parme, Charles-Emmanuel de Crussol d'Uzès est resté contrefait. Il n'aime guère se montrer à Versailles mais il va s'enfermer dans son Languedoc ancestral, et ce n'est certes pas pour s'y morfondre et pleurer sa silhouette disparue. Il y mène, au contraire, fort joyeuse vie, attire chez lui tout le pays environnant, et même, veuf d'Émilie de La Rochefoucauld, il se remarie : il épouse la plus jolie de ses sujettes, Mlle de Gueydan, dont il est fort amoureux. Elle sera à ses côtés quand il recevra Mehmet pacha, ambassadeur de Constantinople, auquel il donnera une fête demeurée dans les archives et dans les mémoires d'Uzès. En digne fils du siècle des Lumières, Charles-Emmanuel se veut philosophe et y réussit assez bien pour entretenir avec Voltaire une importante correspondance.

La Révolution chassa son fils qui émigra en Russie où il devint aide de camp du tsar Paul Ier. Le duché vendu comme bien national fut promis à la pioche des démolisseurs. Mais le sieur Olivier qui l'a acheté va s'y casser les dents. Les pioches dont il espérait tant se révèlent inopérantes contre une bâtisse dont les fondations remontent à Jules César. Obligé d'y renoncer et dépité en proportion, il finit par le vendre à une association de la ville qui le transforme en école.

Les dommages ne seront pas grands et, à la Restauration, le fils de l'émigré, qui deviendra grand maître de la Maison du roi, pourra récupérer son bien. Depuis, le rayonnement d'Uzès est demeuré constant. Mais il allait appartenir à une femme étonnante de faire retentir son nom aux quatre coins de l'Europe, et cela pendant de longues années.

Quand, en 1867, Marie-Clémentine de Rochechouart-Mortemart épouse Emmanuel de Crussol duc d'Uzès, le mariage peut passer pour un événement mondain, sans plus. Le marié a vingt-sept ans, la mariée en a vingt. On sait qu'elle possède la beauté et l'esprit célèbre des Mortemart qui ont fait la fortune de Mme de Montespan, qu'elle aime avec passion les chevaux, les chiens et la chasse mais c'est à peu près tout.

Onze années plus tard, la voilà veuve : le duc meurt en 1878. C'est alors que l'on découvre un étonnant personnage. Notre époque sans respect dirait « un phénomène ».

C'est que Mme d'Uzès est une véritable amazone dans tous les sens du terme. Elle se lance d'abord dans la politique aux côtés du général Boulanger dont elle finance la campagne électorale, dans l'espoir que ce général cocardier et beau garçon, qui sait si bien s'attirer l'amour des foules, restaurera la monarchie. Hélas, Boulanger n'est justement qu'un beau garçon sans trop de cervelle. Il se comporte comme un sous-lieutenant amoureux et finit par se suicider sur la tombe de sa maîtresse, Mme de Bonnemain.

La duchesse d'Uzès a perdu son grand homme. Qu'à cela ne tienne, elle s'occupera des femmes ! Tout en menant une vie intense d'écrivain et de sculpteur – ses œuvres sont signées Manuela –, elle combat pour leurs droits politiques et mettra parfois sa fortune au service de causes généreuses. C'est ainsi qu'elle assure l'éducation de la fille de l'anarchiste Vaillant et que de nombreuses misères seront soulagées par sa générosité. La guerre de 1914 fit d'elle une infirmière.

Mais sa grande passion, c'était la chasse à courre. Maître d'équipage, lieutenant de louveterie, elle attirait dans son château de La Celle-les-Bordes tout ce que l'Europe comptait de veneurs illustres. Son équipage, le Rallye-Bonnelles, était le premier de France. Jusqu'à un âge avancé – elle montait encore à quatre-vingt-cinq ans – elle mena hommes et chevaux à un train positivement infernal qui en surprenait plus d'un.

Elle fut aussi la première femme détentrice du permis de conduire qu'elle obtint en 1897. Elle fut certainement aussi la première à décrocher une contravention pour excès de vitesse. L'événement eut lieu dans le bois de Boulogne alors que la duchesse roulait… à treize à l'heure.

Le château d'Uzès conserve d'elle de fort beaux portraits et aussi quelques-unes de ses œuvres. Il conserve également son souvenir comme celui d'une femme au courage exceptionnel. Plus heureux que beaucoup de ses semblables, le duché est toujours la propriété de la famille de Crussol-d'Uzès et les touristes prennent chaque année davantage le chemin de cette jolie cité dont les vieux hôtels se dorent au soleil et racontent une histoire séculaire.

HORAIRES D'OUVERTURE

Du 1er septembre au 30 juin	10 h-12 h et 14 h-18 h
Du 1er juillet au 31 août	10 h-12 h 30 et 14 h-18 h 30

Fermé le 25 décembre.

http://www.duche-uzes.fr/fr/chateau/histoire.php

VAUX-LE-VICOMTE

D'une fête mortelle à un duc meurtrier

Vous dont il a rendu la demeure si belle
Nymphes qui lui devez vos plus charmants appas
Si le long de vos bords, Louis porte ses pas
Tâchez de l'adoucir, fléchissez son courage.

Jean de LA FONTAINE

Quand, en 1641, Nicolas Fouquet, alors âgé de vingt-six ans et conseiller au Parlement, achète la vicomté de Vaux – un domaine de quelque six mille hectares ! – personne ne songe à s'en étonner. La terre et le titre qui s'y attache marquent le point ultime, le couronnement d'une puissante fortune familiale. À cette époque, Fouquet vient tout juste d'hériter de son père, ex-armateur nantais, conseiller d'État, maître des requêtes et ancien ambassadeur en Suisse. En outre, coseigneur de l'île d'Orléans et de Beaupré, en pays canadien, car il était de ceux qui croyaient à l'avenir de l'immense terre d'outre-Atlantique.

Vaux représente un excellent investissement pour un si bel héritage et le jeune Nicolas espère bien, quand le temps en sera venu, en faire le symbole d'une réussite qu'il veut éclatante. Il est déjà l'un des jeunes magistrats les plus en vue, tant par sa position que par son charme. Peu d'hommes en effet ont été aussi séduisants.

Cette ascension prend un tour définitif le jour où Fouquet devient l'ami du cardinal Mazarin. Le ministre a vite fait de démêler les qualités d'homme d'affaires du jeune magistrat. L'énorme fortune de l'un et de l'autre va sortir de cette association et, dès lors, tous les espoirs sont permis à Nicolas Fouquet.

D'abord munitionnaire des armées, il devient ministre d'État en 1653, puis surintendant des Finances, de compte à demi avec Servien dans la même année. Il le sera seul six ans plus tard. En même temps, comme son père, il s'intéresse de près au commerce avec l'autre côté de l'Atlantique et commence à donner une grande extension aux échanges avec les Îles. Enfin, son mariage avec Marie-Madeleine de Castille lui a apporté une dot non négligeable.

Ainsi assuré de sa fortune, Nicolas Fouquet entreprend d'en ériger, à Vaux, le superbe symbole et, en 1656, la construction du château qui causera sa perte commence. Construction accélérée si l'on considère le fait qu'elle ne durera que trois ans.

Pour étendre au soleil la splendeur de Vaux, Fouquet achète et fait raser trois villages. Pendant des mois, des milliers d'ouvriers (dix-huit mille) vont tailler la forêt, discipliner la nature, domestiquer les eaux qu'emprisonne un extraordinaire système hydraulique. Les jardins sont dessinés par un jeune inconnu, Le Nôtre. Quant au château – on pourrait même dire le palais –, deux autres inconnus l'ont en charge, l'architecte Le Vau et le peintre Le Brun qui s'occupe des intérieurs. Les plafonds de ce dernier glorifient l'écureuil, emblème de Fouquet, et son insolente devise *Quo non ascendam ?* (Jusqu'où ne monterai-je pas ?).

Continuellement, Fouquet accourt de son domaine de Saint-Mandé pour surveiller les travaux de ce qu'il appelle modestement sa « maison des champs ». Il y amène parfois sa femme mais plus souvent peut-être ses belles amies, la marquise de Sévigné et Mlle de Scudéry et, surtout, sa maîtresse préférée, la marquise du Plessis-Bellière.

Le château terminé, on y donne quelques fêtes. En l'honneur de Mazarin qui est en route pour l'Espagne où il va négocier le mariage du roi, du roi d'Angleterre et de quelques autres. Mais en 1661, Mazarin meurt. Fouquet, dont les espoirs se tournent à présent vers le poste de Premier ministre, ignore qu'au cours d'un ultime entretien avec le jeune roi Louis XIV, le cardinal l'a non seulement abandonné mais qu'il a recommandé au roi son intendant, un homme précieux entre tous qui se nomme Colbert... et qui déteste farouchement Fouquet. Le surintendant va s'apercevoir assez vite d'un net refroidissement mais il ne comprend pas encore à quel point son insolente fortune fait scandale. On parle surtout des merveilles de Vaux et, en août 1661, le roi manifeste l'intention d'y faire visite.

La sagesse voudrait sans doute que Fouquet mît une sourdine à son luxe. Or, au contraire, il en rajoute. Pour la réception royale il fait réunir tous ses trésors : les six mille assiettes et les cinq cents plats d'argent massif et, pour la table du roi, les cinq cents assiettes et les innombrables coupes, hanaps et surtouts d'or pur. Il réunit sa cour d'écrivains et de poètes. Tous inconnus jusque-là : Molière, La Fontaine, Lulli... Partout, par brassées, les fleurs les plus rares sont remplacées à peine fanées. Un théâtre tout neuf, construit dans les jardins, des jeux d'eaux.

Hélas, tout cela n'arrache même pas un sourire au jeune roi. Au contraire, sa mine paraît s'assombrir à mesure que la fête se déroule. C'est qu'au fond de sa mémoire se lèvent les images, beaucoup moins brillantes, de ses propres demeures : le vieux Louvre humide et décrépit, pauvre de meubles. Les Tuileries inhabitées, le désert inhospitalier du château de Saint-Germain où, au temps de la Fronde, il a dû s'enfuir pour échapper à Paris, révolté, et coucher sur la paille. S'y joignent les souvenirs de draps percés, de costumes trop courts, d'une misère royale mal couverte par le manteau fleurdelisé, une misère grâce à laquelle Mazarin pouvait édifier sa fortune, à l'ombre de laquelle s'édifiait celle de Fouquet.

Mais Mazarin, mourant, a institué le roi son héritier, mettant ainsi sa famille à l'abri tandis qu'à Vaux, en face d'une prodigalité qui écrase sa propre obscurité, en face de ce palais rayonnant qui minimise ses résidences, la colère du jeune roi monte peu à peu. Il sait, il veut bâtir un nouveau siècle, il veut que son règne soit grand. Il n'accepte pas l'ombre humiliante dans laquelle Fouquet le rejette. On lui a trop dit que les caisses de l'État sont vides pour qu'il admette une telle fortune chez un serviteur. Le sentiment n'est peut-être pas très beau, il n'en est pas moins humain.

En outre, voulant se faire bien voir, Fouquet a fait des « offres de service » à la jeune Louise de La Vallière pour laquelle il semble que le roi ait un penchant très vif. C'est la goutte d'eau qui fait déborder un vase déjà plein.

Louis XIV ne couchera qu'une nuit dans la chambre somptueuse préparée pour lui. Il repart le lendemain sans un mot de remerciement. Trois semaines plus tard, à Nantes où il a rejoint le roi pour assister aux États de Bretagne – il a acheté et fait fortifier Belle-Isle pour son usage –, Fouquet est arrêté par un capitaine de mousquetaires fort illustre, d'Artagnan. Une voiture fermée l'emmène sur-le-champ à Angers.

Le procès qui s'ouvrit à l'Arsenal, le 4 mars 1662, sous la présidence de Lamoignon, devait durer jusqu'au 20 décembre 1664. Il fut l'un des plus houleux et des plus curieux de l'Histoire. Il était peut-être difficile de s'y retrouver dans les comptes un peu embrouillés de Fouquet mais il est certain que la haine y eut sa large place et qu'en toute justice le surintendant n'avait pas trouvé sa fortune dans les seules caisses de l'État. Mazarin s'était servi beaucoup plus que lui.

La sentence n'en fut pas moins sévère : la prison à vie dans la forteresse de Pignerol en Piémont où d'Artagnan conduisit un prisonnier qu'il n'avait pratiquement jamais quitté. La famille fut dépouillée. Les scellés furent mis à Vaux et l'on aimerait, pour la beauté de l'histoire, que le roi ne se soit pas attribué une large part des dépouilles du vaincu. Heureusement, on ne toucha pas à la fortune de Mme Fouquet et, quelques années plus tard, elle put racheter Vaux. Mais, après la mort de son fils, elle le vendit au maréchal de Villars qui l'acheta sans même l'avoir vu et fut un peu affolé de son acquisition.

« La mariée est trop belle, déclara-t-il, et elle coûte cher. Trop de cascades et de fontaines ! »

Néanmoins il allait, pour sa jeune et jolie femme, remeubler le château vide et y installer de grands tableaux représentant ses victoires. Peut-être pour impressionner cette jeune épouse qui le trompait abondamment. Le roi Louis XV vint un jour à Vaux mais ne fit pas arrêter le maréchal trois semaines plus tard. En 1763, l'héritier du héros vendait Vaux à César-Gabriel de Choiseul-Praslin, alors ministre de la Marine, qui, après la disgrâce de son cousin Choiseul, allait y vivre son propre exil.

C'est l'un de ses descendants, le duc Théobald, qui, sous Louis-Philippe – le château avait de justesse échappé aux démolisseurs de la Terreur –, chargea Visconti de restaurer les appartements. Il n'aura pas le temps d'achever son œuvre.

Marié à Fanny Sebastiani, fille du maréchal compagnon de l'Empereur, le duc en a eu neuf enfants. Mais la naissance des deux derniers a ébranlé sérieusement la santé de la duchesse atteinte d'obésité et de varices qui ont causé deux phlébites. Le caractère corse ajouté à cela en a fait une compagne difficile et dolente. Une gouvernante a été jugée obligatoire pour s'occuper des enfants et peut-être aucun drame ne serait-il intervenu si une certaine Henriette Deluzy-Desportes n'avait fait, le 1er mars 1841, son entrée dans le somptueux hôtel du faubourg Saint-Honoré, résidence parisienne des Praslin.

De cette Henriette, le duc s'est épris avec une telle passion qu'il lui devient bientôt indispensable de se séparer de sa femme. Le 17 août 1847, après une scène terrible au cours de laquelle Théobald a vainement supplié sa femme de reprendre Henriette chassée par elle, la duchesse est assassinée dans sa chambre de trente coups de poignard. La culpabilité du mari étant évidente, le duc fut arrêté, enfermé au Luxembourg où, le 24 août, il s'empoisonnait pour éviter la guillotine. Vaux retomba au silence, presque à l'abandon jusqu'à ce qu'en 1875 Alfred Sommier, propriétaire de grandes raffineries sucrières, le rachète et lui redonne, avec le talent d'un grand mécène, son aspect d'autrefois, celui que nous pouvons désormais contempler.

Le domaine est aujourd'hui la propriété du comte Patrice de Vogüé qui le reçut en 1967 en cadeau de noces de son père, neveu d'Edme Sommier mort sans postérité.

HORAIRES D'OUVERTURE

Du 17 mars
au 11 novembre 10 h-18 h

Château ouvert pendant les vacances de Noël.

Les samedis du 7 mai au 8 octobre, dès le soir venu, plus de 2 000 chandelles sont allumées dans l'enceinte du château et du jardin.

http://www.vaux-le-vicomte.com/

VÉRETZ

La conversion de Monsieur de Rancé

L'homme s'agite mais Dieu le mène...

FÉNELON

Pour qui possède quelque teinte des lettres importantes du XIXe siècle, Veretz évoque surtout la mort étrange, l'assassinat de Paul-Louis Courier qui fut peut-être l'un des plus grands pamphlétaires de tous les temps mais, à coup sûr, le plus hargneux, exploit dont on l'a récompensé par une statue qui occupe le centre de la petite ville. Mais le sort tragique du « Vigneron de la Chavonnière » n'aura de nous qu'un salut au passage. Un crime est toujours sordide et nous nous arrêterons plutôt à la dramatique histoire d'amour et de mort d'un homme qui, sans transition, comme soulevé hors de lui-même par l'effroi et l'horreur, passa d'une existence de perversion et de débauche à l'aurore d'une des plus hautes aventures humaines. Une de celles qui mènent à Dieu et qui, commencée dans le gracieux décor d'une aimable demeure, s'achève dans le dénuement du marais insalubre d'où surgira la Grande Trappe.

Un château moderne remplace, actuellement, l'antique château bâti en 1519 par Jean de La Barre qui fut, en son temps, chambellan du roi Charles VIII et appelé en ses conseils. De ce château-là il ne reste qu'une tour, ce qui est peu.

Mais, en ce soir de l'automne 1654, le château de Véretz est encore intact dans sa splendeur Renaissance cernée de terrasses et de jardins descendant jusqu'à la rivière.

C'est un soir comme les autres. Entendez par là que le propriétaire, le jeune abbé Jean-Armand Le Bouthillier de Rancé, y festoie avec ses amis exactement comme il le fait chaque fois qu'il se trouve au château. Et que l'on ne s'étonne pas ! Riche, joli garçon, amoureux et adulé dans les meilleurs salons de Paris et de Touraine, Jean-Armand est l'un de ces abbés « pour rire », totalement dépourvus de vocation, comme il en fleurissait tant autrefois dans les grandes familles. En fait, il est abbé parce qu'il perçoit les bénéfices de riches prébendes ecclésiastiques mais sa vie, toute mondaine, est vouée bien moins à Dieu qu'à l'amour. Un amour véritablement passionné : celui qu'il porte depuis des années à l'une des plus belles femmes du royaume : Marie de Bretagne, duchesse de Montbazon, dont le puissant château n'est pas éloigné de Véretz et auprès de laquelle il se rend lorsqu'elle séjourne à Montbazon.

Ce n'est pas le cas à cette époque. Marie est à Paris où elle mène, il faut bien le dire, une vie parfaitement dissolue pour oublier que la Fronde dont elle était l'une des reines a fait chou blanc et qu'à présent Louis XIV, sacré à Reims le 7 juin précédent, règne en maître absolu.

Ce soir-là, donc, Jean-Armand vient d'entamer, après souper, une partie d'échecs avec l'un de ses amis quand, soudain, il est pris d'un malaise étrange. Une sorte de froid comme si, en lui, quelque chose était en train de s'éteindre. Ses doigts tremblants ont laissé échapper la reine d'ivoire qui roule sur l'échiquier tandis qu'il se lève et passe sur son front couvert de sueur une main glacée...

Balbutiant une excuse à l'adresse de ses invités, il court aux écuries, fait seller son meilleur cheval et, comme un fou, à peine enveloppé d'un manteau, il se lance sur la route de Paris. Dans le vent de la course il croit entendre encore la voix désespérée de Marie qui l'appelle. Car elle l'a appelé. Il l'a entendue au moment où il prenait la reine d'ivoire. Et il l'entend encore. Et pour lui cela ne peut signifier qu'une chose : Marie est en péril, Marie a besoin de lui...

Franchies les portes de Paris, il court encore jusqu'à la rue de Béthisy où se trouve l'hôtel de Montbazon. C'est une fastueuse demeure mais le jeune homme ne l'aime pas parce que l'histoire d'un crime s'y rattache : c'est là qu'au soir de la Saint-Barthélemy, l'amiral de Coligny a été assassiné. Ce soir, elle lui paraît plus sinistre encore que d'habitude. Les portes, pourtant, sont ouvertes. Dans la fièvre née de son épuisement, Rancé aperçoit de vagues formes de serviteurs. Où est la duchesse ? Dans sa chambre. Cette chambre qu'il connaît si bien. Et il court encore. Et il pousse la porte de bois précieux. Et là, il tombe à genoux, le cœur arrêté devant l'horreur qui s'offre à ses regards...

En face de lui, il y a un cercueil ouvert encadré de cierges de cire jaune. Un cercueil contenant un corps sans tête. Le corps de Marie... décapité ! La tête, cette tête adorable dont les lèvres lui étaient si douces, est posée à côté... sur un coussin. Jamais cauchemar fut-il plus affreux ? Un instant... un long instant, le jeune abbé doute de sa raison, se croit en train de devenir fou...

Mais il n'est pas fou. Pas plus qu'il ne rêve... À cette horreur, il y a une explication et, bien entendu, elle est sordide mais affreusement simple. Après la mort de la duchesse, emportée par une rapide maladie, le menuisier chargé d'exécuter le cercueil a mal pris ses mesures. Si mal que l'affreuse boîte s'est révélée trop petite. Alors, comme on n'a pas le temps d'en faire fabriquer une autre, surtout de cette qualité, les serviteurs ont paré au plus pressé : le chirurgien de la maison a simplement détaché la tête de Marie.

Un instant, Rancé contemple les pitoyables restes, puis il s'enfuit. Dans l'escalier, il rencontre un familier de la maison. Et que dit cet homme ? Qu'à l'heure dernière, la duchesse, désespérée d'en finir avec la vie, a refusé les derniers sacrements, qu'elle est morte dans l'impénitence, presque dans le blasphème parce qu'elle refusait de croire à sa mort ?... C'en est trop pour Rancé. La minute suivante, il a quitté l'hôtel de Montbazon, quelques instants plus tard, il a quitté Paris... Comme une bête blessée il cherche sa tanière et sa tanière c'est Véretz. Il y court comme on court se jeter à l'eau.

Mais, revenu chez lui, le luxe de sa maison lui fait soudain horreur. Il y reste quelques jours puis va se réfugier à Tours chez une vieille et chère amie, la mère Louise de la Visitation. C'est elle qui va recueillir les premiers cris de cette âme à la torture, apaiser les premiers spasmes du remords. Le remords, car la pensée de Marie, morte sans Dieu, poursuit Rancé comme un lancinant reproche. Il l'aimait, il était son amant, même si c'est l'un de ses amants qu'il faudrait dire ! Il aurait dû être là, auprès d'elle, à l'instant suprême, guider vers ses lèvres l'hostie du pardon. Mais surtout, il n'aurait jamais dû l'encourager dans les folies de sa vie, l'y suivre et, pis encore, y prendre part. Eût-il été plus attentif, plus sévère qu'il aurait pu la sauver. Mais comment se montrer sévère avec celle que l'on aime quand on est soi-même un libertin ?

Tardivement, il se souvient qu'il est homme de Dieu même s'il a tout fait pour l'oublier. Dans les cauchemars de ses nuits, il entend les cris de Marie aux prises avec l'enfer, il la voit brûler éternellement dans le feu qui ne s'éteint jamais. Alors, il comprend que le temps de la pénitence est arrivé. Revenu à Véretz, il vend ses biens, ses terres, son beau château, tout ce qui a contribué de près ou de loin à le perdre et il distribue aux pauvres l'or qu'il en tire. Il se défait aussi de ses riches bénéfices ecclésiastiques, n'en conservant qu'un seul, le moins rentable, le plus misérable : une petite abbaye aux trois quarts ruinée perdue au fond de l'humide vallon de Soligny, en Normandie : la Trappe.

C'est une sorte de désert, un bas-fond malsain d'où s'élèvent des vapeurs nocives. Là se dressent quelques bâtiments délabrés où sept religieux vivent, dans la plus totale liberté d'ailleurs, de dons, de charités. Mais assez bien au demeurant. On ne prie guère Dieu – comment le pourrait-on, l'église est croulante et la plupart des toits prennent l'eau ? Toutefois, on joue aux boules quand il fait beau et on reçoit quelques luronnes grâce auxquelles le temps passe assez agréablement.

Quand arrive l'abbé qui leur tombe dessus comme la foudre, les étranges moines doivent choisir : ou la porte avec quelques sous en poche, ou le retour au saint devoir, l'acceptation de la règle que l'abbé de Rancé apporte avec lui ! Tous choisissent le départ… après avoir tenté d'assassiner l'empêcheur de danser en rond. Alors Rancé demeure seul, tragiquement seul, jusqu'à ce qu'enfin deux religieux attirés par l'austère solitude viennent à lui.

Et l'abbaye peu à peu se relève de ses ruines, des hommes viennent, d'avance soumis à la nouvelle règle qui, en fait, est fort ancienne : c'est la plus haute, la plus dure, celle de saint Benoît, celle qui exige le silence, le travail. L'abbé de Rancé l'applique sans faiblir et, de son désert humide, de ces étangs glauques, de ces brouillards, il fait surgir un refuge pour les âmes blessées et pour celles qui, avides de Dieu, choisissent le renoncement.

« Je ne vois point d'autre porte à laquelle frapper que celle du cloître », avait-il écrit au roi en lui demandant de le confirmer comme abbé régulier de la Trappe. Peu à peu, d'ailleurs, il retrouve la paix de l'âme dans le jeûne et l'abstinence, dans l'humble travail de ses mains, dans le face-à-face perpétuel avec la tombe et son néant, dans la recherche incessante de Dieu. Des cendres de cette âme brûlée va s'allumer un phare dont les rayons s'étendront jusqu'aux confins de la chrétienté.

« Fermons les yeux, ô mon âme ! Tenons-nous si éloignés de toutes les choses de la vie que nous ne puissions ni les voir ni en être vus… » Telle était sa prière.

L'abbé de Rancé, qui avait eu pour parrain le cardinal de Richelieu, devait mourir à la Trappe le 27 octobre 1700. Le château de Véretz passait, lui, à la famille d'Aiguillon…

De nos jours, le château est devenu un très bel hôtel.

LA VERRERIE

Favorite et agent secret

> *Seul le ruban qui entourait la taille de Mlle de Kéroualle reliait alors la France à l'Angleterre.*
>
> SAINT-ÉVREMOND

Le 25 mars 1670, Henriette d'Angleterre, duchesse d'Orléans et ambassadrice extraordinaire de son beau-frère le roi Louis XIV, débarque à Douvres pour y rencontrer son frère, le jeune roi Charles II. Il y a alors près de dix ans que Madame a quitté son pays natal et ce n'est pas sans une profonde émotion qu'elle retrouve à la fois sa patrie et un frère tendrement aimé, souvent regretté.

Comme il convient à une grande princesse, une suite nombreuse accompagne Madame mais dans son entourage immédiat chacun peut remarquer une jeune fille d'une vingtaine d'années qui semble très proche de la princesse. Cette jeune fille est d'une extrême beauté ; brune avec de longs yeux bleus. Mais son maintien est sans doute le plus modeste de tout le cortège français. On dirait même qu'elle cherche à se tenir à l'écart.

C'est que la belle jeune fille n'est pas encore tout à fait habituée au faste de la cour. Elle y est depuis si peu de temps ! Naguère encore Louise-Renée de Kéroualle vivait modestement, pour ne pas dire pauvrement, dans le château paternel non loin de Brest en Bretagne sans grand espoir d'en sortir jamais faute d'une dot convenable pour se marier. Et puis le miracle était apparu en la personne d'un descendant, par voie de bâtardise, du bon roi Henri IV, François de Vendôme, duc de Beaufort et général des galères, venu revoir un ancien compagnon d'armes. Frappé par la beauté de la jeune Louise, Beaufort s'était chargé de son avenir et lui avait obtenu un brevet de fille d'honneur de Madame.

Intelligente et discrète, parlant agréablement l'anglais, Louise a séduit la princesse cependant difficile qui s'est prise d'amitié pour elle et qui, tout naturellement, l'a choisie lorsque le voyage en Angleterre a été décidé. En revanche, la jeune Bretonne manifeste pour Madame, dont la santé fragile l'inquiète, un dévouement total.

À Douvres, le roi Charles II a réservé à celle qu'il appelle sa « chère Minette » une réception digne d'elle et digne de lui. Durant quinze jours, ce ne sont que fêtes, bals, plaisirs de toutes sortes et Louise en prend une part un peu éblouie. Il faut dire que Charles II est pour quelque chose dans cet éblouissement. C'est, à quarante ans, un homme grand, bien fait, élégant, au teint basané, à l'œil de braise, pourvu d'un grand nez extrêmement Bourbon qui domine d'épaisses lèvres rouges. Comme son grand-père le Béarnais – lui aussi descend d'Henri IV, comme Beaufort mais en lignée légitime, – il est gai, galant et, surtout, il adore les femmes qui le lui rendent bien.

Il a tôt fait de remarquer Louise, et quand, le moment du départ venu, Madame Henriette demande à son frère quel souvenir elle pourrait lui laisser en échange des fastueux présents dont il l'a comblée, le roi n'hésite pas.

« Voilà, dit-il en désignant la jeune fille, le seul bijou que je désire pour le garder près de moi. »

On devine la confusion de Louise. Madame, elle, ne fait que rire et chapitre son frère : elle est responsable de sa fille d'honneur et ne saurait s'en séparer. Les Kéroualle sont de vieille noblesse et de morale sévère. Laisser Louise serait les offenser. Le lendemain les navires mettent à la voile et cinglent vers la France. Louise étouffe un soupir. Le roi est bien charmant... et elle n'a aucune chance de le revoir.

Pourtant, quelques semaines plus tard, au château de Saint-Cloud, Madame, qui a bu une eau de chicorée suspecte, meurt dans d'affreuses souffrances pour la plus grande gloire de Bossuet qui va prononcer sa plus belle oraison funèbre.

Pour Louise, la mort de Madame représente à la fois un déchirement et un effondrement. Elle se retrouve seule, sans appui – le duc de Beaufort a été tué au siège de Candie –, sans protection et peut-être en danger. On la sait, en effet, fort avant dans les confidences de Madame et des bruits courent que la mort de la princesse n'est peut-être pas très naturelle. Peut-être se fût-elle finalement résignée à retourner vers la grisaille bretonne si une convocation du roi n'était venue donner à ses pensées une autre direction.

Chez Louis XIV, elle trouve le duc de Buckingham, ami proche du roi Charles II. Ce dernier réclame la favorite de sa sœur pour en faire une fille d'honneur de sa femme, Catherine de Bragance. C'est avec un bonheur qu'elle n'avoue pas, même à elle-même, que Louise reçoit l'ordre d'accepter. Ainsi le roi anglais ne l'a pas oubliée ? Elle va, contre toute espérance, le revoir.

Mais le lendemain soir, elle est à nouveau dans le cabinet de Louis XIV. Ce qu'il a à lui dire est simple : il espère qu'outre-Manche elle n'oubliera ni sa qualité de Française ni le service de son roi légitime. En fait, Louis XIV souhaite que Mlle de Kéroualle reprenne, en sous-main, la mission qui était celle de Madame : unir le plus étroitement possible la France à l'Angleterre et veiller à ce que les intérêts français soient défendus à Londres.

Louise accepte : elle se conformera aux directives que lui donnera le marquis Colbert de Croissy, ambassadeur de France, et, avec Buckingham, elle s'embarque.

En fait, le duc a obéi avec empressement aux ordres de son maître lui enjoignant de ramener Mlle de Kéroualle. Il a une idée derrière la tête : se faire une amie de celle qui ne peut être que la future favorite et, ainsi, combattre l'influence de la favorite actuelle, l'arrogante Barbara Palmer, lady Castlemaine et duchesse de Cleveland, qu'il déteste et qui le lui rend bien.

De son côté, Louise sait bien qu'elle est destinée au roi mais elle va, durant de longs mois, lui tenir la dragée haute, ce qui est d'ailleurs fort habile. Cela se sait en France, si, en Angleterre, on pense généralement qu'elle s'est rendue beaucoup plus tôt. « Elle avait perdu sa réputation avant d'avoir perdu son honneur », écrit Bussy-Rabutin à une amie.

C'est à la fin de l'été 1671, en septembre, que Louise devient la maîtresse de Charles II au cours d'une fête charmante : chez lady Arlington, à Euston, on organise une noce villageoise. Les mariés ce sont le roi et Louise. Et le coucher de la mariée aura lieu en grande pompe et en face d'une assistance nombreuse. Mais, à cet instant, ce qui était simulacre devient réalité. Un an plus tard, Louise met au monde un enfant qui, trois ans plus tard, deviendra duc de Richmond.

En 1673, Mlle de Kéroualle devient duchesse de Portsmouth. Un beau titre que le roi Louis XIV, en récompense de sa fidélité, va doubler d'un autre titre français : celui de duchesse d'Aubigny (sur Nère). Sur le domaine se trouve le superbe château de La Verrerie et c'est à ce moment que la jolie Bretonne en devient propriétaire.

Le château avait pris son aspect actuel au XVe siècle et c'était au début de ce siècle que le vaste domaine avait été donné par le roi Charles VII à John Stuart of Buchan, comte de Darnley... et connétable de France. On ignore généralement que, durant la guerre de Cent Ans, l'Écosse combattit aux côtés de la France. John Stuart était le second fils du roi d'Écosse et devait périr au service de Charles VII. C'est depuis cette époque qu'une garde écossaise, d'où devaient sortir les gardes du corps, servait les rois de France. Après John Stuart, ses descendants conservèrent et embellirent La Verrerie, et c'est Béraud Stuart, l'un des héros de la bataille de Fornoue, en Italie, qui lui fit don de sa splendeur.

En fait, en donnant La Verrerie et le duché d'Aubigny à la maîtresse d'un roi Stuart, Louis XIV accomplit une sorte d'acte de justice puisque, plus tard, c'est le fils de Louise et de Charles II qui en héritera.

À Londres, cependant, la vie de la duchesse de Portsmouth n'est pas si simple. Le roi l'aime mais il a de nombreuses maîtresses dont la plus bruyante est sans doute la comédienne Nell Gwyn. En outre, on n'apprécie guère Louise parce qu'elle est française et catholique. Mais elle parvient tout de même à tenir son rang et même à marier sa sœur Henriette au comte de Pembroke. Cela lui vaudra de revoir les siens mais, pour que le sévère comte de Kéroualle pardonne à sa fille son rang de maîtresse royale, il ne faudra rien de moins qu'une lettre et un ordre de Louis XIV : « J'espère, écrit le souverain, que vous ne serez pas plus sévère que votre roi et que vous retirerez la malédiction que vous avez cru devoir faire peser sur votre malheureuse fille. Je vous en prie en ami et vous le demande en roi. » Que répondre à si noble lettre, sinon en s'inclinant ?

Après un voyage en France en 1682 où elle sera reçue en reine et viendra prendre possession de son château, la duchesse de Portsmouth ne réintégrera définitivement son pays natal qu'en 1685, à la mort de Charles II dont elle ne devait jamais perdre le souvenir. Rentrée à Paris d'abord elle y tint salon mais, entre elle et la toute-puissante Mme de Maintenon, les relations n'étaient guère bonnes. Certains propos tenus chez elle faillirent lui valoir l'exil mais Louis XIV gardait une indulgence pour celle qui l'avait si bien servi. Elle en fut quitte pour la peur.

Avec le temps, l'idée de Dieu s'emparait d'elle et elle se tournait vers la dévotion. Elle quitta alors Paris pour La Verrerie dont elle ne s'éloigna plus jamais et où elle s'éteignit en 1737.

Son fils hérita du château mais n'y vécut guère, choisissant de regagner l'Angleterre et d'y servir la famille d'Orange. Il fut gentilhomme de la chambre sous George Ier. Néanmoins, ses descendants, les ducs de Richmond, conserveront La Verrerie jusqu'en 1842, date à laquelle il passa à la famille de Vogüé, qui, depuis cette époque, en est demeurée souveraine et maîtresse.

Le château dispose de chambres d'hôte et organise chaque hiver des concerts de musique de chambre.

Promenade toutes les heures
à 11 h, 12 h, 14 h, 15 h, 16 h et 17 h

En avril, mai, juin, septembre et octobre :
tous les jours sauf le lundi et le mardi

En juillet et août : tous les jours

http://www.chateaudelaverrerie.com/

VÉSIGNEUX

Le « beau lys » du roi Louis XIII

Il accomplit des miracles, l'amour enveloppé de prières...

GOETHE

Quand on suit la route qui d'Avallon conduit à Lormes et à Château-Chinon, on aperçoit dans un beau fond un château, auprès d'un étang, un château dont les toits de vieilles tuiles et les poivrières couvrent des murs antiques qui, pour certains, ont connu les ravages des Grandes Compagnies. Mais, dans sa majeure partie, Vésigneux est l'œuvre du XVIIe siècle. C'est là qu'en 1619 Marguerite de Bourbon-Busset donne à son époux Jean de La Fayette, seigneur d'Hautefeuille, une petite fille qui jouera dans l'Histoire un rôle important puisqu'elle se trouve à l'origine d'un fait qui amena la naissance de Louis XIV.

Quand, en 1635, Louise de La Fayette qui a seize ans est nommée demoiselle d'honneur de la reine Anne d'Autriche, épouse du roi Louis, treizième du nom, c'est à Vésigneux le branle-bas de combat. La famille – une haute famille, d'ascendance royale puisqu'il s'agit des Bourbon-Busset – ne manque pas de biens en général mais, dans le château morvandiau, ce n'est pas la richesse. Pourtant il faut que Louise fasse bonne figure à la cour. Alors, afin de lui donner le trousseau, les robes qui conviennent à son nouvel état, on vend l'une des fermes. Et Louise, encore émerveillée de ce qui lui arrive, part pour Paris. Un peu inquiète aussi : jusqu'à présent, elle se croyait destinée au service de Dieu et au voile des religieuses.

D'aucuns pensent que ce serait dommage car elle est charmante, cette enfant. Petite et brune avec de beaux yeux de velours sombre, elle est toute grâce et tout charme, un charme timide et discret mais prenant et dont elle a trop de naïveté et d'innocence pour deviner le pouvoir. Quelqu'un va s'en charger à sa place.

Ce quelqu'un, c'est le grand louvetier de France, Claude de Rouvroy de Saint Simon, le compagnon de chasse préféré du roi. L'un de ses plus proches aussi. Or M. de Saint-Simon aime sincèrement son maître et enrage de le voir en butte aux entreprises d'une coquette avertie : la belle, l'insolente, l'arrogante Marie de Hautefort qui s'est juré d'amener Louis XIII au plus servile esclavage[1]. Et elle mène, en face d'un homme pudique et chaste jusqu'à la sauvagerie, un jeu cruel et délibéré dont chacun, à la cour, surveille les passes d'armes. À la grande exaspération de Saint-Simon qui a bonnement conseillé au roi de mettre l'intrigante dans son lit pour en finir une bonne fois. Mais il s'est heurté à une morale intransigeante :

— À Dieu ne plaise, mon ami, que l'adultère entre jamais dans ma maison, lui a dit le roi avec un rien de sévérité.

Alors ? Alors, il faut détourner Louis XIII du danger que représente la belle Hautefort et, pour cela, diriger son cœur romantique sur un « objet plus doux ». Et, dans cet ordre d'idées, Mlle de La Fayette semble incarner l'idéal aux yeux du grand louvetier.

Il commence par conseiller à son roi de s'intéresser, en apparence tout au moins, à la nouvelle venue, pour remettre un peu Marie de Hautefort à sa place : elle se croit trop sûre de son pouvoir sur Louis et a grand besoin qu'on lui rabaisse son caquet. Être un peu jalouse lui fera le plus grand bien...

L'idée séduit Louis XIII mais il n'a seulement jamais vu cette Mlle de La Fayette. Qu'à cela ne tienne ! Ce soir,

1. Voir Hautefort.

chez la reine, on la lui montrera, et il pourra constater qu'elle est non seulement jolie mais encore très douce et très aimable.

Le soir venu, chez sa femme, Louis XIII remarque, près d'une fenêtre, un groupe de trois jolies filles qui semblent s'amuser beaucoup. Il connaît deux d'entre elles, Mlles de Polignac et d'Aiches, mais il ne connaît pas la troisième qui rit de si bon cœur aux plaisanteries de ses compagnes. C'est vrai qu'elle est charmante, cette brunette, mais Louis XIII, comme tous les timides, est maladroit. Il s'avance vers les jeunes filles et, du ton mécontent qui lui est trop habituel, il décoche :

— Pourquoi donc riez-vous si fort, mademoiselle ?

Le résultat est désastreux. Louise perd contenance, plonge dans une révérence gauche, essaie de dire quelque chose et, finalement, éclate en sanglots. Du coup, voilà le roi affolé :

— Mon Dieu ! Je vous ai fait de la peine ? Je ne le voulais pas.

Et comme il perd contenance lui aussi et risque de se mettre à bégayer, il préfère battre en retraite sans plus d'explications. Cette première entrevue n'est pas une réussite, mais Saint-Simon en a vu d'autres et ne s'avoue pas vaincu. Il fait comprendre à son maître qu'il y va de sa réputation de gentilhomme d'effacer la peine injuste causée à une enfant. Il lui explique qu'à seize ans il est tout naturel de rire quand on vous raconte des choses amusantes. Mais cela, le roi ne peut pas le comprendre : il ne sait pas rire.

Le soir même, Louis XIII fait à une Louise rougissante des excuses pleines de délicatesse auxquelles la jeune fille répond avec tant de gentillesse que le roi, charmé, s'assoit auprès d'elle pour bavarder un moment. Il l'interroge sur sa famille, son enfance, et Louise, déjà séduite par cet homme timide et simple qui est son roi, lui répond avec naturel. Elle lui parle de son cher Vésigneux, des siens, de tout ce qui a été son paisible univers. Elle parle aussi de cette étrange attirance qu'elle a toujours éprouvée pour le couvent. Elle dit qu'elle aurait aimé prendre le voile...

— Oh, mademoiselle, dit Louis, trouvez-vous donc le roi un si mauvais maître qu'il vous faille, à votre âge, chercher Dieu ?

Louise n'aura pas à répondre. Mme de Montbazon, qui surveille l'entretien, vient à point nommé demander à Louise de chanter. Celle-ci a une voix délicieuse et le roi devrait l'entendre. La soirée s'achève donc en musique mais, cette fois, Saint-Simon a gagné : quand il rentre chez lui, Louis XIII a oublié Mlle de Hautefort.

Dans les mois qui suivent, la cour ébahie assiste sans y comprendre grand-chose à l'éclosion d'un amour étrange, car il se défend de rien demander à la chair ni même à la terre. Professant tous deux une égale horreur du péché, Louis et Louise trouvent leur bonheur dans de longues conversations et dans une correspondance de plus en plus nourrie. Pour la première fois de sa vie le roi ose s'épancher, avouer les angoisses d'un cœur perpétuellement inquiet. Il ose aussi laisser deviner combien lui semble lourde parfois l'emprise du cardinal de Richelieu. Non sans ajouter aussitôt qu'elle est indispensable au bien du royaume. Mais Louise va tout de suite se ranger du côté de son ami et contre le cardinal.

Celui-ci d'abord ne s'inquiète pas de cette aventure, mais il commence à dresser l'oreille quand Louise, qui cependant ne demande jamais rien, obtient le poste de valet de chambre royal pour un M. de Boisenval, protégé de sa famille. En outre, Mlle de La Fayette prêche à son roi l'amour universel... quand une guerre serait nécessaire. Enfin sa famille, farouchement hostile à Richelieu, crée des troubles en Bourbonnais. Il faut faire quelque chose ! Et d'abord trouver à Louise un autre confesseur car le sien vient de mourir. Ce sera le père Carré, supérieur du noviciat des dominicains, un homme tout dévoué au cardinal.

Celui-ci n'a rien de plus pressé que de démontrer à Louise que c'est un grave péché qu'aimer un homme marié, et fait tant et si bien que, épouvantée, la jeune fille veut se retirer au couvent. Le roi en tombe malade. Alors, Mme de Montbazon qui, apparemment, s'est faite l'ange tutélaire des amours royales, vient chapitrer Louise :

tient-elle tellement à tuer le roi ? Quelle mouche l'a piquée ?

Le nom du père Carré l'éclaire. La manœuvre est aisée à comprendre. Il faut tout de suite prendre un autre confesseur ! Louise ne demande pas mieux, bien sûr. Elle remercie le dominicain et, le soir même, vêtue de soie blanche, elle va chanter au chevet de Louis avec les musiciens de sa chapelle.

Ravi d'avoir retrouvé celle qu'il appelle tendrement son « beau lys », le roi se hâte de guérir et c'est le cardinal qui manque de tomber malade. Les jours qui suivent sont merveilleux. Louis XIII passe alors deux ou trois heures par jour auprès de son amie, sans se soucier de la guerre qui menace. Richelieu le rappelle au devoir mais Louise fait une véritable crise de désespoir et... commet une grosse sottise en déclarant que le cardinal ne veut cette guerre que pour séparer le roi de son amie...

Heureusement, Louis sait encore faire passer son devoir avant ses amours, mais le cardinal a compris : il lui faut se débarrasser au plus tôt de Mlle de La Fayette ! Alors, calmement, il organise la brouille entre ces « trop parfaits amants » et pour cela trouve le meilleur des agents : l'ingratitude. Acheté par lui, ce Boisenval qui doit sa place à Louise se fait son complice, subtilise des billets, colporte de faux bruits. On dit que le roi commence à être las des amours trop sages... que Mlle de La Fayette s'intéresse à un jeune seigneur... Tout cela réussit à merveille. Le roi et Louise souffrent le martyre chacun de son côté mais, trop fiers pour se plaindre, choisissent le silence... Louise, alors, se décide à entrer en religion, et l'annonce au roi.

Il reçoit le choc sans broncher, s'enfuit après quelques paroles mais, le lendemain, il rencontre la jeune fille dans la galerie qui mène chez la reine. Et, cette fois, il ne peut plus feindre :

— Vous ne m'aimez donc plus ? Moi je vous aime plus que jamais...

C'est la première fois que Louis prononce des mots d'amour. Jusqu'ici ils ne lui étaient pas apparus indispensables : tous deux se comprenaient si bien ! Et puis, il aurait craint de faire rougir son beau lys... Et, de fait, Louise a rougi... Et elle avoue, elle aussi, son amour mais elle craint trop d'être entraînée dans une voie qu'elle regretterait. Et c'est au tour de Louis de commettre une bêtise. Que pourrait-elle regretter, protégée par son amour ? Il peut la faire puissante, heureuse. Qu'elle soit à lui et il lui fera quitter la cour. Il l'installera dans son pavillon de Versailles...

Le malheureux ! Il a prononcé les mots irréparables et Louise s'enfuit en se bouchant les oreilles. Quelques jours plus tard, le 19 mai, elle entrait au couvent des Filles de Sainte-Marie de la Visitation pour y devenir sœur Louise-Angélique. Comme une bête malade, le roi a fui et se terre dans ce Versailles dont, un instant, il a pensé faire le nid de ses amours...

Ils se reverront pourtant. De temps en temps, le roi va au couvent visiter sœur Louise-Angélique. C'est en la quittant, un soir d'orage, qu'il devra aller passer la nuit avec la reine. Une nuit dont Louis XIV sera le fruit. On dit que Louise était du complot fomenté pour rapprocher les deux époux, qui n'avaient plus aucune vie commune.

Six ans, presque jour pour jour, après leur séparation, Louis XIII se meurt. Au père Dinet, son confesseur, il remet discrètement un petit crucifix qu'il porte au cou.

— Pour sœur... Louise-Angélique !...

Le château de Vésigneux oublia Louise. En 1651, il recevait le prince de Condé. C'est à lui qu'un homme appelé Urbain Le Prestre vint confier son fils Sébastien pour qu'il en fît un soldat. Ce jeune Sébastien devint par la suite M. de Vauban, le grand maître des fortifications de France.

À la Révolution, le château fut pillé. Le comte de Bourbon-Busset mourut de chagrin en apprenant que son fils était emprisonné et attendait la mort au Luxembourg. Après être passé par diverses mains, dont celles des Chabannes, Vésigneux, racheté en 1926 par Mlle de Bourbon qui le fit restaurer, appartient toujours à la famille...

Le château n'est pas ouvert à la visite.

VILLETTE

La Vénus lycéenne

Fragilité, ton nom est femme.
W. SHAKESPEARE

« Un paysage délicieux, une société charmante, tous les talents réunis à la beauté dans la personne des filles de la maison, la musique, la peinture, le latin, le grec, toutes les langues, toutes les sciences. » Ainsi s'exprime dans le dernier quart du XVIIIe siècle un habitué, admirateur inconditionnel du charmant château de Villette et de ses habitants, le marquis de Grouchy, de vieille souche normande – on dit que l'un de ses ancêtres escortait Guillaume le Conquérant –, sa femme et ses trois enfants. Ce sont Sophie, l'aînée, qui est aussi l'héroïne de cette histoire, Emmanuel, alors garde du corps du roi Louis XVI mais qui sera un jour le maréchal de Grouchy, l'homme qu'à Waterloo l'Empereur attendra en vain, et enfin la petite Charlotte.

Tout le monde vit le plus gaiement, le plus aimablement du monde dans ce joli château des environs de Meulan : une large maison au bout d'une allée de vieux tilleuls, une maison qui semblerait presque simple s'il n'y avait la splendeur du parc orné de cascades et de jeux d'eaux, une maison où il fait bon vivre.

Mais en ce mois de décembre 1786, c'est de Sophie surtout qu'il est question à Villette : elle va, en effet, se marier et ce mariage agite la ville et la campagne, le monde intellectuel et celui des sciences, jusqu'à la grave

Académie où l'on se préoccupe d'envoyer aux noces une délégation : « On en prenait dans la classe de géométrie, dans celle d'astronomie », on cherchait les représentants les plus dignes de la docte assemblée. Et pas seulement à l'Académie des sciences mais aussi à l'Académie française dont le fiancé est un membre très représentatif.

Au fait, le fiancé, qui est-il donc ? Tout simplement Jean-Antoine de Caritat, marquis de Condorcet, le grand savant, auteur de brillantes recherches sur le calcul intégral et l'algèbre, celui que Voltaire a déclaré « l'homme le plus nécessaire de France ». On conçoit l'émotion suscitée par une telle union alors que le siècle des Lumières jette ses derniers feux avant de sombrer dans la marée sanglante de la Révolution.

Le moins que l'on puisse dire est que les fiancés ne sont guère appariés du côté de l'âge. Sophie, qui fut d'abord chanoinesse au chapitre de Neuville-les-Dames en pays de Dombes, a vingt-deux ans. Elle est ravissante avec le minois le plus éveillé et d'immenses yeux noirs vifs et intelligents. Condorcet, lui, en a quarante-trois et n'est pas mal du tout. Mais ce n'est pas là ce qui cause la surprise et l'émoi général. Simplement, un géomètre qui se marie semble enfreindre un principe de droit. Lorsque l'on est un mathématicien, on se doit de ne pas exécuter ce que d'Alembert appelle le « saut périlleux ».

Quoi qu'il en soit, Condorcet fait le saut périlleux et il le fait par amour. Il aime Sophie au point de refuser toute dot. Il se contente d'un contrat verbal. De son côté, Sophie, à ce qu'il paraît, aime, elle aussi, son mathématicien, bien que l'on ait vaguement fait allusion à un penchant pour La Fayette.

Le 28 décembre 1786, dans la chapelle de Villette, le curé de Condécourt bénit le couple en présence d'une assistance aussi nombreuse que choisie. La Fayette est témoin. Après quoi Sophie, sans trop de peine, quitte sa jolie maison pour l'hôtel des Monnaies dont son époux est le directeur. Elle est très heureuse et surtout immensément fière. Et puis Villette est si près ! On y reviendra fréquemment avec des amis.

Ils sont nombreux, ces amis, et célèbres pour la plupart : Mme de Staël, Beaumarchais, Franklin, Necker, Laplace, Volney, Cabanis qui un jour épousera la petite sœur Charlotte, Turgot, d'Alembert, Mirabeau, tout ce que Paris compte de grand, de brillant et de généreux car tous ne rêvent que de liberté et accueillent avec joie les prémices d'une révolution que l'on espère sereine. Ces sentiments sont d'ailleurs partagés par toute la famille de Grouchy et le jeune Emmanuel n'hésitera pas à s'engager dans les armées de la République.

Côté ménage, tout va bien chez les Condorcet. Sophie donne le jour à une petite Eliza dont, en dépit des mauvaises langues, il faut bien admettre qu'elle ressemble à Condorcet. Car, depuis le mariage, les langues vont leur train. Sophie, si jolie qu'Anacharsis Clootz l'a surnommée la Vénus lycéenne, a trop de charme et d'admirateurs pour que l'on ne ressorte pas toujours la fameuse différence d'âge. Mais cela n'entame en rien la sérénité du savant et, quand revient l'été, tout le monde se transporte à Villette où l'hospitalité du marquis est toujours sans défaut.

Naturellement, aucun membre de la famille ne songe à émigrer. Condorcet devient député de la Législative puis de la Convention. Mais la mort du roi le précipite d'un seul coup des hauteurs sublimes où il plane à une sanglante réalité. Une révolution qui tue ne saurait être la sienne. Bientôt, hélas, elle va s'emballer et l'entraîner sous les roues de son char devenu fou. Le 8 juillet 1793, après la chute de ses amis girondins, Condorcet, dénoncé par Chabot, est décrété d'arrestation. Prévenu à temps, il se réfugie d'abord chez Mme Helvétius, puis chez la veuve du sculpteur François Vernet, au numéro 15 de la rue Servandoni. Il y reste caché jusqu'au 25 mars 1794 et y compose son *Esquisse des progrès de l'esprit humain* qui est la preuve, chez ce proscrit, d'une bien grande magnanimité...

Pour ne pas mettre en danger celle qui l'abrite quand la Terreur fait rage, Condorcet quitte la rue Servandoni et erre, du côté de Clamart, à la recherche d'un asile qu'il ne trouvera pas. Arrêté sous un déguisement et emprisonné à

Bourg-la-Reine, il finit par s'empoisonner dans sa prison, pour éviter l'horreur de la guillotine. C'est seulement après Thermidor que Sophie, qui a vécu comme elle pouvait en faisant de petits portraits et autres travaux de peinture, apprend la mort d'un époux qu'elle croyait jusqu'alors réfugié en Suisse.

Sa douleur est profonde et ne s'apaise que lentement. C'est à Villette qu'avec sa fille elle viendra chercher, non pas l'oubli, mais une nouvelle sérénité. Là, rien n'a vraiment changé sinon que la vie y est moins large mais la chaleur familiale est juste ce qu'il faut à la jeune femme. L'un après l'autre les anciens amis réapprendront, eux aussi, le chemin du château où vit toujours son père.

Le Directoire est là avec ses folies et son appétit de vivre et d'oublier le cauchemar. Sophie, comme les autres, se laisse emporter par le tourbillon. À nouveau, elle aime. Mais cette fois avec passion, avec folie. Malheureusement, elle aime mal. Ou plutôt, elle est mal tombée.

L'objet de son amour, Mailla-Garat, neveu du conventionnel Joseph Garat et frère du fameux chanteur, est un petit Basque maigre et brun, vif comme l'éclair et roué jusqu'à l'âme mais doué d'une faconde intarissable, d'un toupet de première grandeur et d'une paire d'yeux qui affolent les dames. Vaniteux comme un paon par-dessus le marché, il se croit des dons littéraires et pense faire carrière dans le journalisme.

Conquise dès le premier regard, Sophie s'est prise pour lui d'une passion désordonnée et ne tarde pas à devenir sa maîtresse à l'infinie stupeur de sa sœur Charlotte, de son frère et du cercle d'amis fidèles qui ne comprennent rien. Ils se hasardent alors à quelques remarques en forme de douce mise en garde.

Sophie est trop fine pour ne pas comprendre et, craignant de choquer son vieux père, elle acquiert à Meulan, non loin de Villette, les restes d'un ancien couvent qu'elle rebaptise la Maisonnette. Là elle pourra recevoir en toute liberté son Mailla bien-aimé à qui elle écrit, entre-temps, des lettres enflammées :

« Je vais aller sur cette belle terrasse par un soleil ravissant te regretter, te presser dans mon cœur. » Ou encore :

« Si jamais il exista sur terre une femme à laquelle tout au monde ait donné le besoin du lien le plus intime, le plus complet, c'est moi certainement qui suis cette femme. »

Passion dépensée en pure perte. Sophie ignore que son Mailla bien-aimé la trompe abondamment et va jusqu'à amener certaines de ses conquêtes dans l'appartement que Mme de Condorcet a conservé, pour y passer les quelques semaines de l'hiver. Au nombre de celles-là se trouve, en premier plan, Aimée de Coigny, ex-duchesse de Fleury, ex-Jeune Captive du malheureux André Chénier et en passe de devenir ex-comtesse de Montrond[1]. C'est l'une des créatures les plus incandescentes qui se puissent rencontrer et elle est très belle. La considérant comme une amie, Sophie, en toute innocence, l'invite à la Maisonnette en compagnie de Garat. C'est là qu'un jour cruel elle apprend quel usage ces deux-là font de son hospitalité, de son amour et de son amitié. Avec beaucoup d'élégance et de magnanimité, Mme de Condorcet mettra fin à cet indigne amour.

Heureusement, un autre amour venait, un an plus tard, apaiser une blessure irritée par les procédés inqualifiables de Mailla-Garat qui n'a pas hésité à vendre à un collectionneur les lettres de Sophie. Cette fois, il s'agit du savant botaniste Claude Fauriel auprès de qui la charmante marquise de Condorcet achèvera les quelques années qui lui restent à vivre.

Elle s'éteint à Paris le dimanche 8 septembre 1822 des suites d'une cruelle maladie et repose au cimetière du Père-Lachaise.

Villette, qui avait vu les noces d'Eliza de Condorcet avec le général irlandais O'Connor, cessa d'appartenir à la famille de Grouchy en 1816 pour devenir le bien de la fille de Fouché, la comtesse de La Barthe-Thermes. Ajoutons que le château, bâti au XVIIe siècle pour le comte d'Auffray, avait été remanié plus tard par Jules Hardouin-Mansart à qui l'on doit les cascades et les bassins qui donnent tant de charme à cette belle maison d'autrefois.

Aujourd'hui, le château a été transformé en hôtel.

1. Voir Mareuil-en-Brie.

VINCENNES

La mort des rois

Nous n'irons plus aux bois
Les lauriers sont coupés.

Théodore DE BANVILLE

Qui veut voir Vincennes tel qu'il était lorsque, formidable forteresse féodale, il abritait les rois de France dont il était le « château du Bois » et peut-être la résidence préférée, doit regarder *Les Très Riches Heures* du duc de Berry. Servant de toile de fond à une brillante cavalcade, au milieu d'un bois vert, les neuf puissantes tours escortent l'énorme donjon. De ces tours il ne reste qu'une seule, la tour du Village qui regarde Vincennes et sert de portail d'entrée mais le donjon est toujours là et aussi la Sainte-Chapelle, ce joyau. Celle-ci plus ancienne que celui-là car si Saint Louis voulut la Chapelle, c'est seulement en 1337, au début de la guerre de Cent Ans, que Philippe VI ordonna la construction du géant.

Cependant, Vincennes existait depuis longtemps. Abandonnant pour quelques jours un Paris puant, étouffant dans son corset de murailles, les rois Capétiens, grands chasseurs devant l'Éternel, venaient y respirer la verte fraîcheur de la forêt tout en s'y livrant à leur sport favori. Ils y eurent d'abord un manoir dont la première mention est de 1162, que Philippe Auguste reconstruira, que Saint Louis agrandira. Plus que tous ses autres châteaux, le saint roi aime Vincennes. L'imagerie populaire a fait un triomphe aux goûts champêtres du monarque et à sa prédilection pour l'épais feuillage du chêne quand il s'agissait de rendre la justice.

Il est le principal acteur du premier grand événement qui s'y déroule. Le 19 août 1239, un cortège imposant s'approche du manoir au milieu de tout le petit peuple des environs. En tête, deux hommes pieds nus et en simple tunique blanche portent un brancard sur lequel repose un coffre de bois : le roi et son frère Robert d'Artois. Le coffre de bois en renferme un autre d'argent qui lui-même en renferme un troisième d'or pur. Et dans ce troisième coffre une relique insigne : la Très Sainte Couronne d'Épines que l'empereur Baudouin de Constantinople, à bout de ressources, a offerte au roi de France contre une très forte somme. Saint Louis est allé accueillir ce qu'il considérera toujours comme son plus grand trésor à Villeneuve-l'Archevêque, dans l'Yonne. À petites journées, il l'a ramenée par Sens jusqu'à son cher château de Vincennes où la Couronne passe une nuit avant de gagner Paris. Là, c'est l'abbaye Saint-Antoine-des-Champs qui va la recevoir en attendant que s'érige pour elle l'étonnant joyau qu'est la Sainte-Chapelle de Paris.

Vincennes aussi aura sa Sainte-Chapelle mais elle devra se contenter, plus modestement, d'une seule épine sainte. L'ordre de construction viendra neuf ans plus tard. Entre-temps, le roi viendra et reviendra à Vincennes où, par deux fois, il réunit les États généraux. C'est de là qu'en août 1270 il part pour la fatale croisade, pour Tunis où la peste l'emportera. La dernière nuit précédant le départ, il l'a passée tout entière en prière.

Des prières qui ne sauveront pas ses descendants d'un sort tragique dont, souvent, Vincennes sera le cadre. Et d'abord son fils, le nouveau roi Philippe III.

Quand il revient de la croisade à laquelle il a suivi son père, il ramène avec lui à Vincennes trois cercueils : celui de son père, naturellement, mais aussi celui de sa femme, Isabelle d'Aragon, morte en couches sur le chemin du retour, et celui du fils qui lui était né, lequel ne vécut que quelques jours.

Le mot cercueil est peut-être un bien grand mot d'ailleurs car il s'agissait en fait de coffres de dimensions plus réduites : il était d'usage, en campagne, lorsqu'il fallait ramener des corps précieux, de les faire bouillir afin d'en détacher les chairs après avoir prélevé le cœur et de ne garder que les os. Il est difficile d'imaginer comment un jeune homme, très épris de sa belle épouse, pouvait supporter cet épouvantable pot-au-feu.

Quoi qu'il en soit, le tragique retour frappe le peuple : « Le roi, dit-il, ne rapporta de croisade que des coffres vides et des tombeaux pleins d'ossements. »

Néanmoins, c'est à Vincennes que, trois ans après le dramatique retour, Philippe épouse Marie de Brabant qui est belle et qui lui plaît. Mariage d'inclination plus que mariage de nécessité car, en neuf ans de mariage, Isabelle d'Aragon lui a donné cinq enfants dont deux seulement, le futur Philippe le Bel et son frère Charles de Valois, survivront. Mais au moment du second mariage, le beau Philippe n'est pas l'aîné : c'est Louis qui meurt subitement un an après le remariage de son père. Or, à cette époque, le roi a un favori dont il a fait son chambellan : Pierre de La Brosse.

C'est un homme de peu, un ancien barbier qui doit à la faveur royale une fortune trop évidente pour ne pas causer de scandale. La reine et lui ne s'aiment pas et, quand le jeune prince meurt brusquement à Vincennes, le chambellan n'hésite pas à accuser Marie d'avoir empoisonné son beau-fils. Il espère ainsi se débarrasser d'une femme qui le gêne.

Le roi refuse de croire pareille accusation. D'autant que la reine se défend avec énergie et même en appelle au jugement de Dieu. Un jugement de Dieu auquel l'ancien barbier est incapable de faire face et pour lequel il ne trouve aucun champion. Du coup, la cause est entendue : Pierre de La Brosse sera pendu en dépit des protestations du peuple qui se retrouvait solidaire de l'un des siens. Mais ce n'était ni la première ni la dernière affaire judiciaire qui ne serait jamais élucidée.

Philippe le Bel se marie à Vincennes en 1284. Il épouse Jeanne de Navarre qui sera son unique amour et qui apporte aux rois de France le complément de titres qu'ils porteront désormais : « roi de France et de Navarre ».

C'est à Vincennes que Jeanne met au monde la plupart de ses enfants : les trois fils qui seront Louis X, Philippe V et Charles IV, une fille qui sera reine d'Angleterre et dont l'Histoire gardera le surnom, la Louve de France.

On sait ce que fut la fin du règne de Philippe le Bel : le procès des Templiers, la malédiction du grand maître à l'heure des flammes, le scandale amoureux qui envoie deux des belles-filles du roi à Château-Gaillard et la troisième à Dourdan[1]. On sait moins que ce fut sous les voûtes enluminées de Vincennes que la mort continua de frapper les rois.

Après la mort de Marguerite de Bourgogne, étranglée dans son cachot de Château-Gaillard, Louis X, qui a succédé à son père Philippe, se remarie avec Clémence de Hongrie. Il n'a même pas le temps de voir l'enfant qu'elle lui prépare : dans la nuit du 4 au 5 juin 1316, Louis le Hutin meurt dans sa chambre de Vincennes d'« un flux de ventre ». En dépit de l'apparence, le terme est discret car, pour la majorité de ceux qui composent l'entourage royal, l'affaire est claire : le roi a été empoisonné et l'empoisonneuse c'est Mahaut d'Artois, dont les filles Blanche et Jeanne croupissent encore en prison et dont la nièce, Marguerite, a été étranglée pour que le Hutin puisse se remarier.

Quelques mois plus tard, dans la nuit du 13 au 14 novembre, Clémence de Hongrie endure les souffrances de l'enfantement. Le jour va bientôt se lever sur la forêt quand le château s'emplit de joie : c'est un garçon. Suit immédiatement un second cri : Vive le roi Jean ! Et les cloches de sonner.

Cinq jours plus tard, les cloches sonnent encore mais en glas. Que s'est-il donc passé ?

La veille de ce triste jour, le petit roi portant couronne et couvert du manteau royal a été, selon la coutume, présenté aux pairs du royaume et au peuple par Très Haute et Très Noble Dame Mahaut d'Artois, comtesse de Bourgogne et comtesse d'Artois. Et c'est dans la nuit qui a suivi

1. Voir Château-Gaillard.

cette présentation que le petit roi Jean Ier a été pris de convulsions violentes. Il est mort en quelques instants laissant la place à Philippe le Long, deuxième fils de Philippe le Bel et gendre de Mahaut. L'inconduite de Marguerite de Bourgogne a fait ressusciter en France la vieille loi salique et écarter sa fille de la succession : plus jamais femme ne régnera au royaume des fleurs de lys.

Cette mort d'un bébé fait planer sur Vincennes l'un de ses plus lourds secrets car il semble que l'enfant d'une nourrice ait été substitué au petit roi tandis que celui-ci était emporté à Sienne par le père de l'enfant sacrifié, un jeune banquier siennois, Guccio Baglioni.

Le successeur, Philippe V, s'installe à son tour à Vincennes qu'il reprend à Clémence de Hongrie, déclarant que le château est domaine royal et sera désormais inaliénable. Mais c'est à Longchamp qu'il meurt d'une dysenterie dont il souffrait depuis longtemps. Vincennes verra encore la mort de Charles IV le Bel le 1er février 1328, à la suite d'une longue et douloureuse maladie, à trente-trois ans.

Cette fois, les Capétiens directs sont éteints. La couronne passe à leurs cousins, les Valois. Philippe VI qui la coiffe est un incapable, une tête folle pleine de la plus délirante chevalerie en dépit de la phrase qu'il se plaît à répéter : « Nous qui toujours voulons raison garder. » La raison, il ne saura jamais ce que c'est et l'Anglais en profitera pour envahir la France. Mais il sait bâtir et, sous son règne, le superbe Vincennes des *Très Riches Heures* s'érige et s'étale sous le soleil. Superbe... mais déjà dépassé quand Charles V l'achève. Et s'en va mourir à côté, au château de Beauté.

Une autre mort royale va ramener le son du glas. Henri V d'Angleterre, le vainqueur d'Azincourt, s'est fait remettre la forteresse lors de son mariage avec Catherine de France. Marié le 2 juin 1420, il meurt à Vincennes le 31 août 1422 « de la colique », précédant dans la mort son triste beau-père, Charles VI le Fou, qui mourra en octobre. N'ayant jamais été roi de France, il devra regagner Westminster mais Vincennes respirera les effluves du bouillon royal qui tenait toujours lieu d'embaumement.

La mort du souverain anglais semble avoir dégoûté les rois de France de rendre à Vincennes leur dernier soupir. Il s'en trouvera pourtant encore un, un jeune roi de vingt-quatre ans, Charles IX. Passionné de chasse – durant la Saint-Barthélemy il a tiré les protestants comme perdreaux depuis les fenêtres du Louvre – il aime profondément son château du Bois. Le 30 mai 1574, il y meurt de shakespearienne façon dans des draps rougis par la sueur de sang qui sourd de son corps tuberculeux. Les victimes de la Saint-Barthélemy crieront à la damnation.

Comme les Capétiens, les Valois et les Bourbons ont tous été de grands chasseurs. Château forestier, Vincennes leur offre un relais aux dimensions plus que royales. Pourtant Louis XI, veneur aussi passionné que les autres, s'avise de deux détails : d'abord le donjon est sinistre – et du coup il se fait construire un petit manoir à l'endroit où s'élève aujourd'hui le Pavillon du Roi –, ensuite, pour sinistre qu'il soit quand il s'agit d'y loger un roi, il présente toutes les couleurs joyeuses qui devraient convenir à des prisonniers d'État. Et voilà Vincennes devenu prison. Un rôle qu'il va remplir pendant de longues décennies. Désormais, les funérailles que l'on y célébrera, le cas échéant, n'y gagneront ni en pompe ni en majesté : un linceul, un brancard, quatre soldats aux points stratégiques, un moine pour ouvrir la porte du Ciel et ce sera tout. Néanmoins et en dépit de ce nouvel avatar, il semblerait que les rois aient aimé y recevoir des ambassadeurs. La raison en est simple : la formidable forteresse donnait de leur puissance une idée beaucoup plus impressionnante que le Louvre. Les envoyés de Soliman le Magnifique y furent peut-être sensibles lors de la réception que leur offrit François Ier. Et aussi ceux de Philippe II d'Espagne quand ils vinrent s'incliner devant Henri II. Mais, en tant que château royal, Vincennes a tout de même beaucoup perdu. Sur la Loire s'élèvent à présent des demeures de rêve et le climat est infiniment plus doux au jardin de la France qu'au cœur de la rude forêt capétienne.

Un seul des rois Valois échappe à la mode et, chose curieuse, c'est le plus raffiné de tous, le plus étrange aussi :

Henri III adore Vincennes. Peut-être parce que le cadre guerrier donne un relief inattendu à son élégance toujours extrême. De tous nos rois, c'est, avec Louis XIV, le seul qui ait eu les talents d'un vrai metteur en scène. Et que l'on n'excepte pas François Ier : celui-là eut Léonard de Vinci.

Fâcheux entracte : en 1590, après la mort d'Henri III assassiné par le moine Jacques Clément et un an de siège, les ligueurs de la duchesse de Montpensier s'emparent de Vincennes. C'est la duchesse qui a armé Jacques Clément – elle a même payé de sa personne – pour venger la mort de ses frères Henri de Guise et le cardinal de Lorraine, tués au château de Blois. Une furie règne alors sur la forteresse royale qu'elle laisse piller à loisir par ses soudards. Des soudards qui l'ont nommée gouverneur.

Vincennes attendra près de quatre ans pour voir un roi passer de nouveau son seuil. Et quel roi ! Henri IV devant qui les troupes fanatisées de la Ligue ont fini par fondre comme beurre au soleil. L'état du château le désole. Il aimerait bien le reconstruire ou même seulement le réparer. Malheureusement il n'a pas d'argent. La France qu'il faut guérir et les femmes – mais il n'a jamais fait de doute pour personne que la France ne soit femme – lui coûtent cher. La seule qui lui apportera une fortune, sa seconde femme Marie de Médicis, la grosse banquière, finira par le faire assassiner pour avoir la paix. Ou tout du moins sa paix à elle.

C'est pourtant elle qui reprend le projet de reconstruction et, le 17 août 1610, le jeune Louis XIII, encore en grand deuil – le coup de couteau de Ravaillac date de trois mois – pose la première pierre de ce qui sera le Pavillon du Roi. Nom parfaitement justifié : Louis XIII y passera une grande partie de sa jeunesse. Lui et surtout Richelieu reprennent l'idée de Louis XI. Le donjon avait vu passer quelques prisonniers de qualité mais le règne du grand cardinal inaugure la période des captifs de grande classe.

D'abord, le prince Henri II de Condé, père de la fameuse duchesse de Longueville qui, d'ailleurs, verra le jour à Vincennes, sa mère ayant obtenu permission d'accompagner son père. Ensuite, les Vendôme, Alexandre et César, bâtards d'Henri IV et de Gabrielle d'Estrées, le maréchal d'Ornano qui y meurt ainsi qu'Alexandre de Vendôme dans des conditions qui laissent flotter une senteur de poison. Le maréchal de Puylaurens qui a le même sort. On parle, même, mais à mots couverts, de certain cachot qui vaudrait « son pesant d'arsenic ».

Plus grands encore sont les prisonniers issus de la Fronde : le fameux duc de Beaufort, le roi des Halles, fils de César de Vendôme, qui s'évade, après trois ans de captivité, à l'aide d'une échelle de corde cachée dans un énorme pâté. Puis de nouveau des Condé : le plus grand d'abord, le fameux vainqueur de Rocroi, son frère Conti et son beau-frère Longueville. Et pour finir, en 1652, le trublion majeur de la Fronde, le fameux cardinal de Retz.

Revenu au pouvoir, Mazarin songe que Vincennes pourrait lui rendre de grands services, ne fût-ce que pour y abriter ses trésors mais sachant qu'il ne peut s'annexer un domaine royal pour lui tout seul. Il achève le Pavillon du Roi, fait élever celui de la Reine – le tout par Le Vau – et projette un parc magnifique avec jeux d'eaux et cascades qui rejoindraient la Seine. La mort ne lui laisse pas le temps de réaliser ce grandiose projet. Et c'est à Vincennes qu'il meurt, le 8 février 1651, au rez-de-chaussée du Pavillon du Roi (aujourd'hui Archives des armées, le Pavillon de la Reine enfermant celles de la Marine). On sait que Louis XIV préfère Saint-Germain et surtout Versailles qu'il a déjà en tête. Il trouvera tout de même le donjon assez bon pour recevoir le surintendant Fouquet arrêté après sa trop somptueuse fête de Vaux et qui va y attendre son procès en compagnie de son gardien particulier, d'Artagnan, capitaine-lieutenant des mousquetaires.

C'en est fini des pompes royales à Vincennes. Un temps résidence de souverains étrangers de passage, il restera prison puis accueillera toutes sortes d'avatars : fabrique de porcelaine, école de cadets. Parmi les prisonniers de marque : Diderot, Mirabeau, tout plein de sa passion pour Sophie de Monnier, le fameux Latude, recordman du monde de l'évasion qui s'en va, un jour, par la porte.

La Révolution transforme le château en poudrière et enferme au Pavillon du Roi les filles de joie. Mais l'heure du drame approche. Celui dont Talleyrand, qui n'en est pas tout à fait innocent, dira : « C'est plus qu'un crime, c'est une faute. »

Au soir du 20 mars 1804, vers cinq heures et demie, une voiture fermée enveloppée d'un escadron de cavalerie pénètre dans la cour du château. Elle renferme un jeune homme de trente-deux ans. C'est encore un Condé. C'est même le dernier.

Louis-Antoine-Henri de Bourbon-Condé, duc d'Enghien, a été enlevé cinq jours plus tôt, au mépris de tout droit et au prix d'une violation de frontière, à Ettenheim, petite ville de la Forêt-Noire où il menait une vie paisible en apparence auprès de celle qu'il aimait et dont on disait qu'il avait fait son épouse morganatique en dépit de l'opposition du vieux Condé. Charlotte de Rohan, nièce du célèbre cardinal de Rohan, héros de l'affaire du Collier[1], donne asile au jeune couple. L'enlèvement, dirigé par le général Hulin, a été ordonné par Bonaparte qui voit, dans le prince, le centre actif de toute l'agitation royaliste.

Quand il pénètre à Vincennes, Enghien ignore qu'il va mourir. Comment l'imaginerait-il ? Prisonnier politique, soit ! mais de là à imaginer qu'on va, quelques heures plus tard, sans même l'ombre d'un jugement, le fusiller dans un fossé boueux et l'y enterrer séance tenante, il y a un monde. C'est pourtant ce qui se produit. Réveillé à minuit dans le Pavillon du Roi où il a été installé, le prince, après un semblant d'interrogatoire, est conduit dans les fossés de Vincennes et passé par les armes. Il est alors deux heures trente. Le corps sera enterré sur place. Bonaparte n'a même pas accordé à sa victime l'audience qu'elle réclamait.

Quatre ans plus tard, en 1808, Napoléon, Dieu sait pourquoi, fera raser les tours de Vincennes à la hauteur de la cour, n'épargnant que le donjon et la tour du Village. Peut-être était-il gêné par cet antique symbole de la puissance royale ou par un souvenir plus récent ? Il faudra attendre 1816 pour que le corps du jeune duc d'Enghien soit tiré de son fossé et enterré dans la Sainte-Chapelle

1. Voir Saverne.

sous le mausolée de Bosio où il se trouve toujours. Mais, entre-temps, Vincennes a vécu une belle page de gloire.

En 1814, le gouverneur, c'est le général Daumesnil qui a perdu une jambe à Wagram. L'Empire s'écroule mais Vincennes, qui renferme encore une grande quantité de poudre, d'armes et de munitions, n'a pas cessé de se défendre avec acharnement. Et tandis que Marmont capitule à Belleville, Daumesnil réussit à faire rentrer encore d'autres armes.

Désespérant d'en venir à bout, les Alliés lui envoient un ambassadeur pour le prier de rendre sa forteresse.

« Je vous rendrai Vincennes quand les Autrichiens me rendront ma jambe ! » déclare Daumesnil, et comme l'autre insiste, menaçant de bombarder le château, il ricane : « Je ferai tout sauter avec vous et si je vous rencontre en l'air, je ne réponds point de vous égratigner. »

Il faudra l'abdication de l'Empereur pour convaincre l'héroïque mutilé des droits que Louis XVIII a désormais sur le château. Pour le punir de sa résistance, on lui offre un exil à peine déguisé à Condé. Mais Louis-Philippe, devenu roi, rappellera Daumesnil et c'est à Vincennes que finalement il mourra du choléra.

HORAIRES D'OUVERTURE

Du 2 mai au 31 août	10 h-18 h
Du 1er septembre au 30 avril	10 h-17 h

Fermé le 1er janvier, le 1er mai,
les 1er et 11 novembre et le 25 décembre.

http://www.chateau-vincennes.fr/

VIZILLE

Marie Vignon, duchesse

Une belle femme qui a les qualités d'un honnête homme est ce qu'il y a au monde d'un commerce plus délicieux.

Elles sont légion, en France, les anciennes forteresses remises au goût du jour pour le caprice d'une jolie femme. Vizille ne fait pas exception. Quand, en 1600, François de Bonne, seigneur de Lesdiguières et lieutenant général des armées du roi Henri IV pour le Dauphiné, le Piémont et la Savoie, entreprend la reconstruction du vieux château, mal retapé par les troupes catholiques en 1562 pour y tenir garnison, c'est dans l'unique intention de plaire à la dame de ses pensées et de ses « joyeux esbatements », Marie Vignon, une jolie marchande de soieries grenobloise dont Lesdiguières est fou depuis dix ans déjà. Il faut bien avouer qu'il y a de quoi.

La première rencontre a eu lieu le 16 décembre 1590.

Ce jour-là, Lesdiguières entre dans Grenoble à la tête des troupes protestantes dont il est le chef au nom du roi Henri IV qui, à cette époque, n'est pas tout à fait roi car il ne lui est pas encore apparu que Paris valait bien une messe.

Donc, Lesdiguières entre. Sur son passage, la foule se presse, clame son enthousiasme. Au premier rang, une adorable créature blonde, ronde et rose crie plus fort que tout le monde. Bien mieux, elle écarte ses voisins, s'avance au risque de se faire fouler aux pieds par le cheval et tend à Lesdiguières une petite branche de gui, ce qui oblige le héros à la regarder : « Dieu quel morceau ! » écrit René Fonvieille, biographe du couple. Et en vérité on ne saurait mieux dire. Lesdiguières est ébloui et quand il se penche pour embrasser la jolie créature, il y met tout son cœur. On se reverra ! Et bientôt même : quelques jours plus tard la dame à la branche de gui tombe dans les bras de Lesdiguières et n'en sortira plus avant que la mort ne les sépare, trente-deux ans plus tard.

Est-elle à ce point amoureuse la jolie Marie aux yeux vifs ? À première vue on a peine à le croire. Lesdiguières a déjà cinquante-sept ans mais, rompu depuis la prime jeunesse à la vie des camps – il a choisi l'armée parce qu'il lui était tout à fait impossible de reprendre la charge de son royal notaire de père – c'est un gaillard tout en muscles, sec comme un sarment avec une figure qui ne manque ni de noblesse ni d'une certaine beauté. Et si ses cheveux grisonnent, du moins sont-ils toujours tous présents à l'appel.

La liaison rapidement affichée cause un vrai scandale. Marie Vignon est mariée et elle a même trois filles en dépit de son jeune âge. Son époux, Ennemond Matel, le marchand de soieries de la rue Revenderie, n'est pas de ceux qui aiment à porter des cornes. Il bat sa femme comme plâtre chaque fois qu'il la voit rentrer au logis avec, aux yeux, certains cernes révélateurs. Quant à Lesdiguières, il est marié, lui aussi, depuis le 11 novembre 1566 où il a épousé Claudine de Bérenger. Mais il ne s'en soucie que par moments car on la dit fort malade, tandis que Marie, c'est la santé, la fraîcheur. Les pasteurs calvinistes du Graisivaudan peuvent crier au scandale, invoquer Sodome et Gomorrhe, ils ne peuvent rien contre une telle passion.

Comme des libelles venimeux commencent à circuler, Lesdiguières en vient à penser qu'il faut tout de même sauver les apparences : pour rencontrer Marie plus commodément et sans faire hurler toute la ville, il achète un petit château des environs, y installe Jean Vignon, le père de Marie, et peut ainsi rejoindre sa maîtresse sans attirer trop de monde aux fenêtres. Voilà pour le confort amoureux. Reste le mari, pratiquement privé de sa femme : Lesdiguières en fait un troisième consul de la ville, ce qui a au moins pour résultat d'obliger les rieurs à rire plus discrètement. Ennemond Matel pourrait refuser dignement le présent de son rival mais il ne résiste pas aux attraits des honneurs et une vie assez agréable s'instaure entre ces trois personnages.

En 1608, les travaux de Vizille sont déjà bien avancés et le couple irrégulier peut y passer quelques jours d'été. Le reste du temps, on vit au palais delphinal qui fut jusqu'en 1962 la mairie de la ville. Voyant son époux bien calmé Marie a fini par venir s'y installer tout à fait. C'est là qu'une triste nouvelle arrive : la pauvre épouse malade vient de mourir.

On ne sait de quel cœur Lesdiguières apprit la mort de sa femme. Son chagrin, en tout cas, fut de courte durée : Marie était là. Et puis le roi venait de le nommer maréchal de France. Ce sont de ces choses qui font plaisir. Mais il fut plus content encore lorsqu'en 1611 le nouveau roi Louis XIII le fit duc et pair.

Marie voyait avec un vif plaisir tous ces titres superbes couronner son amant mais soupirait un peu en songeant qu'elle ne pouvait pas les partager. Être duchesse c'était pourtant un joli rêve et elle le serait tout de suite sans doute si le malencontreux Ennemond Matel ne s'obstinait à s'épanouir sous le soleil. Mais comme elle était à la fois bonne catholique et pieuse, Marie s'interdisait sagement des rêves aussi dangereux.

Il se trouva alors que le destin jugea opportun de lui apporter une aide parfaitement inattendue. En 1614, Lesdiguières reçut un envoyé du duc de Savoie qui l'appelait au secours car sa réputation du plus grand soldat de son temps n'était plus à faire. La grande Élisabeth d'Angleterre ne soupirait-elle pas : « Plût à Dieu qu'il y eût en France deux Lesdiguières et que j'en puisse obtenir un du roi ! » ?

Donc un envoyé arrive. Il se nomme le colonel Alard et, à peine arrivé à Grenoble, il s'enquiert de ce qui pourrait faire vraiment plaisir à celui qu'il vient solliciter. L'affaire, en effet, n'est pas simple : le duc de Savoie a des démêlés avec le roi d'Espagne et le jeune roi Louis XIII vient d'épouser l'infante Anne. Si puissant que soit Lesdiguières, il lui sèra peut-être difficile d'intervenir dans un réseau diplomatique aussi délicat. Et tout à coup, Alard trouve le cadeau idoine : la belle Marie a un époux, cet époux est encombrant, supprimons l'époux ! Et un beau soir, alors qu'il revient de ses vignes, Ennemond Matel est tué d'un coup d'épée discret.

Discret mais tout de même bruyant. On arrête Alard et il va falloir à Lesdiguières des trésors de diplomatie et de ruse pour le tirer de sa prison et le renvoyer à son maître tout entier. Il y réussit et c'est avec un grand soulagement qu'il voit partir Alard. C'eût été pour lui un gros chagrin d'envoyer à l'échafaud un homme qui s'était si bien dévoué à son bonheur.

Pour combler la distance qui sépare un duc et pair d'une modeste Marie Vignon, il commence par obtenir pour elle le titre de marquise de Treffort. Puis, le 16 juillet 1617, au Touvet, dans la chapelle du château de Marcieu, Guillaume d'Hughes, évêque d'Embrun, marie François de Lesdiguières et Marie Vignon. Le mariage n'est guère valable du point de vue protestant mais l'essentiel est qu'il soit célébré.

Voilà Marie duchesse et dame de Vizille où elle fait une entrée superbe. Les travaux du château, confiés d'abord à Pierre La Cuisse puis, en 1617, à Guillaume Le Moyne, tirent vers leur fin. En 1620, il ne manque plus que le grand portail mais, dès l'année précédente, le couple ducal y a donné des fêtes brillantes en l'honneur de la princesse Christine de France qui s'en allait en Piémont épouser le prince Victor-Amédée. Et la duchesse Marie y tient presque toute l'année une cour pleine d'éclat et d'élégance.

En 1622, consécration suprême, elle reçoit le roi Louis XIII qui s'en revient de Provence. C'est alors qu'elle entend évoquer un projet mirifique : il s'agirait de faire de Lesdiguières un connétable de France. Malheureusement, il est toujours protestant et cela crée une impossibilité. Alors Marie prend contact avec François de Sales, l'auguste évêque de Genève, et, à eux deux, ils vont amener enfin Lesdiguières à abjurer ou plutôt à revenir à la religion de son enfance qu'il avait abandonnée pour entrer dans l'armée protestante. Le 26 juillet 1622, la cérémonie a lieu. Aussitôt après, Lesdiguières reçoit les lettres patentes qui lui confèrent la prestigieuse dignité militaire.

Quatre ans plus tard, le 28 septembre 1626, le connétable trouve la mort à Valence par la faute d'une mauvaise fièvre. Il a quatre-vingt-trois ans. Marie, souffrante, doit quitter Vizille et goûtera même de la prison par la faute de son gendre mais un ordre du roi lui rend la liberté et c'est à Grenoble qu'elle meurt en 1657.

Le château qui, avant sa reconstruction, avait reçu Louis XI, Charles VIII, Louis XII et François Ier, recevra en 1788 l'assemblée des trois ordres des États de Dauphiné, ce dont, à la Restauration, le duc d'Angoulême lui tiendra rigueur.

Après divers propriétaires, l'État français en fait l'achat comme résidence d'été pour les présidents de la République. Le président Coty puis le général de Gaulle y séjournèrent mais, en 1971, le président Pompidou et l'État français en faisaient don au département de l'Isère.

Horaires d'ouverture

Du 1er avril au 31 octobre	10 h-12 h 30 et 13 h 30-18 h
Du 2 novembre au 31 mars	10 h-12 h 30 et 13 h 30-17 h

Fermé le mardi, le 1er janvier, le 1er mai, les 1er et 11 novembre et le 25 décembre.

Le château abrite le musée de la Révolution française et le parc est classé monument historique.

http://www.domaine-vizille.fr

LES CHÂTEAUX
LEUR SITUATION GÉOGRAPHIQUE

L'Élysée, Paris
Amboise, Indre-et-Loire
Angers, Maine-et-Loire
Bagatelle, bois de Boulogne
Balleroy, Calvados
Bellême, Orne
Blaye, Gironde
Bonneval, à Coussac-Bonneval, Haute-Vienne
Le Bouihl, commune de Saint-André-de-Cubzac, Gironde
Boursault, Marne
Brissac, Maine-et-Loire
Bussy-Rabutin, Côte-d'Or
Candé, Indre-et-Loire
Carrouges, Orne
Castries, Hérault
Chamarande, Essonne
Chambord, Loir-et-Cher
Le Champ de Bataille, Eure
Châteaubriant, Loire-Atlantique
Château-Gaillard, commune des Andelys, Eure
Châteaugay, Puy-de-Dôme
Chinon, Indre-et-Loire
Clisson, Loire-Atlantique
Le Clos-Lucé, à Amboise, Indre-et-Loire
Compiègne, Oise
La tour de Constance, à Aigues-Mortes, Gard
Cropières, près Raulhac, Cantal
Dampierre, Yvelines
Entrecasteaux, Var
Eu, Seine-Maritime
Falaise, Calvados
Ferney, Ain
Fervaques, Calvados
La Genevraye, Orne
Grosbois, Seine-et-Marne

Hautefort, Dordogne
Château d'If, Bouches-du-Rhône
Jean d'Heurs, commune de Lisle-en-Rigault, Meuse
Josselin, Morbihan
Limoëlan, commune de Sévignac, Côtes-d'Armor
Loches, Indre-et-Loire
Louveciennes, Yvelines
Lunéville, Meurthe-et-Moselle
Malesherbes, Essonne
Mareuil-en-Brie, Marne
Meung-sur-Loire, Loiret
Montargis, Loiret
Monte-Cristo, Yvelines
Montségur-sur-Lauzon, Drôme
Montsoreau, Maine-et-Loire
Nantes, Loire-Atlantique
Nérac, Lot-et-Garonne
Nohant, Indre
Les Nouettes, à Aube, Orne
Offémont, commune de Tracy-le-Mont, Oise
Oiron, Deux-Sèvres
Pau, Pyrénées-Atlantiques
Polignac, Haute-Loire
Pontchartrain, Yvelines
La Roche-Courbon, commune de Saint-Porchaire, Charente-Maritime
Les Rochers, Ille-et-Vilaine
Royaumont, Oise
Sauveterre-de-Béarn, Pyrénées-Atlantiques
Saverne, Bas-Rhin
Sceaux, Hauts-de-Seine
Tourlaville, Manche
Trécesson, commune de Campénéac, Morbihan
Uzès, Gard
Vaux-le-Vicomte, Seine-et-Marne
Véretz, Indre-et-Loire
La Verrerie, commune d'Oizon, Cher
Vésigneux, commune de Saint-Martin-du-Puy, Nièvre
Villette, commune de Condécourt, Val-d'Oise
Vincennes, Val-de-Marne
Vizille, Isère

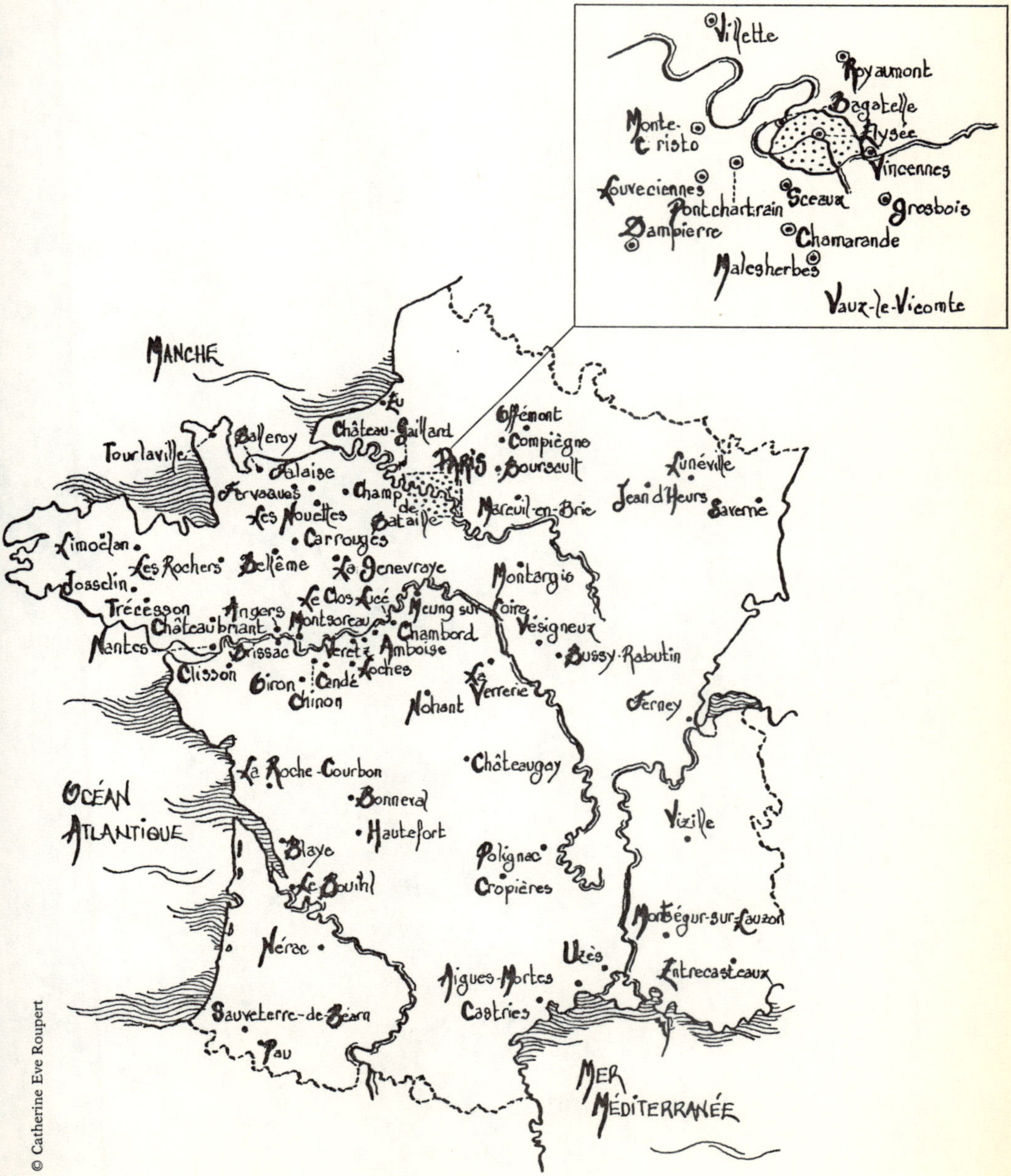

Villette
Royaumont
Bagatelle
Élysée
Monte-Cristo
Vincennes
Louveciennes
Pontchartrain
Sceaux
Grosbois
Dampierre
Chamarande
Malesherbes
Vaux-le-Vicomte
MANCHE
Eu
Château-Gaillard
Offémont
Compiègne
PARIS
Boursault
Tourlaville
Balleroy
Falaise
Fervaques
Champ de Bataille
Les Nouettes
Carrouges
Mareuil-en-Brie
Lunéville
Jean d'Heurs
Saverne
Limoëlan
Les Rochers
Bellême
La Genevraye
Josselin
Montargis
Trécesson
Angers
Le Clos Lucé
Meung sur Loire
Châteaubriant
Montsoreau
Chambord
Vésigneux
Nantes
Brissac
Véretz
Amboise
Bussy-Rabutin
Clisson
Oiron
Candé
Loches
Chinon
La Verrerie
Nohant
Ferney
Châteaugay
La Roche-Courbon
Bonneval
OCÉAN ATLANTIQUE
Hautefort
Vizille
Blaye
Polignac
Le Bouilh
Cropières
Montségur-sur-Lauzon
Nérac
Uzès
Aigues-Mortes
Entrecasteaux
Castries
Sauveterre-de-Béarn
Pau
MER MÉDITERRANÉE

Table

DU MÊME AUTEUR

CHEZ PERRIN

Le Sang des Koenigsmark :
- 1. Aurore, 2006.
- 2. Fils de l'Aurore, 2007.

Le Temps des poisons :
- 1. On a tué la Reine !, 2008.
- 2. La Chambre du Roi, 2009.

Dans le lit des rois, Nuits de noces, 2010.

Dans le lit des reines, Les amants, 2011.

CHEZ PLON

Dans le lit des rois, 1983.

Dans le lit des reines, 1984.

Les Loups de Lauzargues :
- 1. Jean de la nuit, 1985.
- 2. Hortense au point du jour, 1985.
- 3. Felicia au soleil couchant, 1987.

Le Roman des châteaux de France :
- 1. 1986.
- 2. 1986.
- 3. 1987.

La Florentine :
- 1. Fiora et le Magnifique, 1988.
- 2. Fiora et le Téméraire, 1989.
- 3. Fiora et le pape, 1989.
- 4. Fiora et le roi de France, 1990.

Le Boiteux de Varsovie :
- 1. L'Étoile bleue, 1994.
- 2. La Rose d'York, 1995.
- 3. L'Opale de Sissi, 1996.
- 4. Le Rubis de Jeanne la Folle, 1996.

Secret d'État :
- 1. La Chambre de la Reine, 1997.
- 2. Le Roi des Halles, 1998.
- 3. Le Prisonnier masqué, 1998.

Les Émeraudes du prophète, 1999.

Le Jeu de l'amour et de la mort :
- 1. Un homme pour le Roi, 1999.
- 2. La Messe rouge, 2000.
- 3. La Comtesse des ténèbres, 2001.

La Perle de l'Empereur, 2001.

Les Chevaliers :
- 1. Thibaut ou la Croix perdue, 2002.
- 2. Renaud ou la Malédiction, 2003.
- 3. Olivier ou les Trésors templiers, 2003.

Les Joyaux de la sorcière, 2004.

Marie des intrigues, 2004.

Marie des passions, 2005.

Les Larmes de Marie-Antoinette, 2006.

Le Collier sacré de Montezuma, 2007.

L'Anneau d'Atlantide, 2009.

Le Bal des poignards :
- 1. La Dague au lys rouge, 2010.
- 2. Le Couteau de Ravaillac, 2010.

La Chimère d'or des Borgia, 2011.

La Collection Kledermann, 2012.

AUX ÉDITIONS JULLIARD

Les Dames du Méditerranée-Express :
- 1. La Jeune Mariée, 1990.
- 2. La Fière Américaine, 1991.
- 3. La Princesse mandchoue, 1991.

Les Treize Vents :
- 1. Le Voyageur, 1992.
- 2. Le Réfugié, 1993.
- 3. L'Intrus, 1993.
- 4. L'Exilé, 1994.

AUX ÉDITIONS CHRISTIAN DE BARTILLAT

Cent ans de vie de château, 1992.

Un aussi long chemin, 1995.

De deux roses l'une, 1997.

Reines tragiques, 1998.

Tragédies impériales, 2000.

Elles ont aimé, 2001.

Des maris pas comme les autres. 2004.

Suite italienne, 2005.

Les Chemins de l'Aventure, 2006.

Les Reines du Faubourg, 2006.

Cet ouvrage a été imprimé par
CPI Firmin Didot à Mesnil-sur-l'Estrée
pour le compte des Éditions Perrin
11, rue de Grenelle
Paris 7e
en avril 2012

Composition et mise en page

NORD COMPO
multimédia

Imprimé en France
Dépôt légal : mai 2012
N° d'édition : 2814 – N° d'impression : 110995